AMSTERDAMER BEITRÄGE ZUR
NEUEREN GERMANISTIK
BAND 35–1992

GÜNTER GRASS:
EIN EUROPÄISCHER AUTOR?

herausgegeben von
GERD LABROISSE und
DICK VAN STEKELENBURG

Amsterdam – Atlanta, GA 1992

Die 1972 gegründete Reihe erscheint seit 1977 in zwangloser Folge in der Form von Thema-Bänden mit jeweils verantwortlichem Herausgeber.
Die bisher erschienenen Titel werden am Ende jedes Bandes spezifiziert aufgeführt, die in Vorbereitung befindlichen auf der hinteren Einbandinnenseite genannt.
Technische Redaktion: Anthonya Visser

Anschrift des Reihen-Herausgebers: Prof. Dr. Gerd Labroisse, Vrije Universiteit, Duitse Taal- en Letterkunde, De Boelelaan 1105, 1081 HV Amsterdam / Niederlande

CIP-GEGEVENS KONINKLIJKE BIBLIOTHEEK, DEN HAAG

Günter

Günter Grass : ein europäischer Autor? / hrsg. von Gerd Labroisse und Dick van Stekelenburg. — Amsterdam - Atlanta, GA 1992 : Rodopi. — Ill. — (Amsterdamer Beiträge zur neueren Germanistik, ISSN 0304-6257 ; Bd. 35)
ISBN: 90-5183-359-8 geb.
Trefw.: Grass, Günter / Duitse letterkunde ; geschiedenis ; 20e eeuw ; opstellen.

©Editions Rodopi B.V., Amsterdam - Atlanta, GA 1992
Printed in The Netherlands

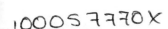

INHALT

Anschriften der Autoren:

Dr. Gertrude Cepl-Kaufmann
Heinrich-Heine-Univ., Germanistisches Seminar II
D - 4000 Düsseldorf 1

Prof. Dr. Irmgard Elsner Hunt
Colorado State Univ., Dept. of Foreign Lang. and Lit.
Ft. Collins, Colorado 80521 / USA

Dr. Werner Frizen
Ottostraße 73
D - 5000 Köln 30

Prof. Dr. Vridhagiri Ganeshan
Central Inst. of Eng. and For. Lang., Dept. of German
Hyderabad - 500007 / India

Dr. Dieter Hensing
Universiteit van Amsterdam, Duits Seminarium
NL - 1000 GD Amsterdam

Prof. Dr. Norbert Honsza
Uniwersytet Wrocławski, Inst. Filologii Germańskiej
P - 50-140 Wrocław

Prof. Dr. Manfred Jurgensen
Univ. of Queensland, Dept. of German
Brisbane, Queensland 4072 / Australia

Prof. Dr. Gerd Labroisse
Vrije Universiteit, Duitse Taal- en Letterkunde
NL - 1081 HV Amsterdam

Prof. Dr. Sigrid Mayer
Univ. of Wyoming, Dept. of Modern and Classical Lang.
Laramie, Wyoming 82071-3603 / USA

Volker Neuhaus
Univ. zu Köln, Inst. für dt. Sprache und Lit.
D - 5000 Köln 41

Dr. Sjaak Onderdelinden
Rijksuniversiteit Leiden, Duitse Taal- en Letterkunde
NL - 2300 RA Leiden

Dr. Dick van Stekelenburg
Vrije Universiteit, Duitse Taal- en Letterkunde
NL - 1081 HV Amsterdam

VORBEMERKUNG

Aus Anlaß des 65. Geburtstags von Günter Grass im Europa-Jahr 1992 legen wir das Sammelwerk mit Fragetitel *Günter Grass — ein europäischer Autor?* vor. Damit wird von dem bisherigen Prinzip der Reihe, keinen Autoren-Band zu bringen, abgewichen. Haben wir es doch in diesem Fall mit einem Autor zu tun, dessen Ruf, der wohl bedeutendste deutschsprachige Schriftsteller der Gegenwart, zudem ein vielbeachteter und -geachteter Mitarbeiter an der öffentlichen Meinung zu sein, auch von umstritteneren Publikationen seiner Hand nicht geschmälert wurde.

Günter Grass hat seine literarisch-künstlerische Produktivität und sein politisches Engagement nie auf den engeren bundesdeutschen Wirkungskreis beschränkt. Deshalb hatten die Herausgeber angeregt, Grass' Œuvre und die mit ihm aufgeworfenen Fragen diesmal aus den weiträumigeren Traditions- und Begründungszusammenhängen gesamteuropäischer Mentalitäts- und Geistesgeschichte zu begreifen, aber durchaus auch außer-europäische Perspektivierungen begrüßt. Nicht daß alle Beiträge dieses Bandes Europa 1992 explizite thematisieren, doch wird im literaturwissenschaftlichen Umgang mit dem Autor und seiner vielgestaltigen Rezeption 'Europäisches' mehrfach ins Auge gefaßt.

Schließlich ist anzumerken, daß sich der Großteil der Beiträge auf Grass' Publikationen aus dem letzten Jahrzehnt bezieht. Und sollte dabei diese oder jene kritische Konstatierung als Unkenruf gehört werden, so — hoffen wir — zumindest nicht im heutigen Wortsinn, als eine diesem Autor und seinen außerordentlichen Werken unheilkündende Prognose.

Amsterdam

Gerd Labroisse
Dick van Stekelenburg

Werner Frizen

"... weil wir Deutschen die Aufklärung verschleppten"[1] —
Metaphysikkritik in Günter Grass' früher Lyrik

1. 'Im Ei': eine Geschichte der Vernunft

Wer kennt heute noch Wekhrlin? Wilhelm Ludwig Wekhrlin,
geboren 1739 zu Bothang bei Stuttgart, gestorben 1792 zu Ansbach,
Journalist und Publizist seines Zeichens? Ehedem trug er nicht nur
einen illustren Namen, sondern war selbst eine Berühmtheit —
bewundert viel und viel gefürchtet. Denn dieser Sproß des württem-
bergischen Pfarrhauses lehrte seine Zeitgenossen das Fürchten mit
seinen Satiren, Zeitbetrachtungen, Pasquillen, Karikaturen, witzigen
Bosheiten, aber auch philosophischen Reflexionen und politischen
Denkschriften, vor allem mit seinen periodischen Schriften, den
Chronologen z.B. und *Das graue Ungeheur*, die ihn bald zum "ver-
dächtigen Autor" werden ließen. Bewaffnet allein mit dem Wort, das
ins Schwarze trifft, blieb ihm selber das Fürchtenlernen nicht erspart;
aus verschiedenen Städten wurde er ausgewiesen, wurde in Haft
gesetzt, seine *Chronologen* erlebten in der Schweiz gleich den Werken seines Vorbildes, Voltaires, eine Bücherverbrennung mit, er
wurde der Konspiration mit den Franzosen verdächtigt, mußte eine
Razzia über sich ergehen lassen und starb, wie Goedeke meint, an
den Folgen solcher Verdächtigungen. Ein Literat also, ein Aufklärer
im Vorfeld der Französischen Revolution mit einem Faible für
französisches Geistesgut, und ein europäischer Autor, der in seinen
Monatsschriften und "Ephemeriden" des öfteren "das Facit von
Europa" zog, auch eine "philosophische Karte Europens" entwarf,
Nachrichten und Anekdoten aus dem europäischen Ausland ver-
mittelte und in den achtziger Jahren des 18. Jahrhunderts einen
"Traum" von "Europa im neunzehnten Jahrhundert" träumte. In

---

1. Günter Grass, zit. nach Karl Ude: Günter Grass und das Christentum.
In: *Welt und Wort* 24 (1969). S. 180.

voltairianischer Weise verband er Kritik der Metaphysik mit Kritik der Politik, seinem Anspruch nach ein "Selbstdenker", der gleichwohl anderen, vor allem den französischen Aufklärern, nach-dachte. So auch in seinem "Monolog einer Milbe im siebenten Stock eines Edamerkäses", in dem er die *querelle* 'Voltaire contre Leibniz' in seiner Weise aufnimmt: Unter den Milben in einem überreifen Käse befindet sich eine mit Drang nach Höherem, eine "Philosophin", die, von Geschmack, Duft und Umfang ihrer Käsewelt angeregt, sich anschickt, ihren Käse als den besten aller denkbaren zu beweisen. Das stellt sie so an, daß sie mit einem Kausalitätsbeweis auf ein *ens realissimum* der eßbaren Milbenwelt beginnt, dann aber aus solchen aristotelischen Denkbahnen ausschert und bei Leibniz' Syllogismen, dem Schluß auf ein *ens perfectissimum*, endet: "Wie mächtig, wie wohlthätig mus Der seyn, der den Käs machte, ihn für Milben schuf! Unser Seyn war sein Wille, unser Wohlseyn sein Zwek. Denn vom Nuzen eines Dings schliessen wir auf seine Absicht". Und dann wiederholt die Milbe den Gottes'beweis' aus Leibniz' *Theodicée* von der Prüfung der möglichen Welten durch die oberste Intelligenz, Gott, die Erschaffung der vollkommensten aus dem Universum der möglichen ("hätte der Urheber einen beßern [Käs] machen können, so würde er ihn vorgezogen haben"), die Lehre vom Reich der Zwecke, der *économie générale du monde* und die von der Entelechie jeder einzelnen Monade ("weil Milben der Zwek sind, dem die Natur alle ihre Werke, als Mittel, subordinirt hat [...]"). Aber an dieser Zweckmäßigkeitslehre zeigt sich, daß die Milbe nicht nur Leibniz, sondern auch Wolffs Schulphilosophie durchstudiert hat, denn Wolff ändert die allgemeine Teleologie Leibnizens ja so, daß die Menschen zum Zweck der Schöpfung und alle anderen Geschöpfe und Einrichtungen ihm zum Mittel dienen. So deduziert Meister Pangloß in Voltaires *Candide*: daß die Nase geschaffen sei, um die Brille zu tragen. Darauf respondiert die Milbe, über das Talglicht meditierend, das nahe beim Käse steht: "Wie erquickend, wie wohlthätig ist sein Licht! Wie anpassend der Organisation meiner Augen! Ja, das Licht ist um der Milben willen gemacht!" Von dieser instrumentell-teleologischen Vernunft Wolffs — Fanal des aufgeklärten Rationalismus — bis hin zu dem teleologischen Gottes- und Unsterblichkeitsbeweis, den zu ihrer Zeit Berkeley erneuert hat, ist es für die metaphysische Milbe nicht weiter als ein Gedankenschrittchen: "Aber eben darum, weil Milben der Zwek sind, dem die Natur alle ihre Werke, als Mittel, subordinirt hat; eben darum, erha-

bene Milben, ist diese ephemerische Existenz nicht das ganze Erb-
theil, welches die Natur euch beschieden hat. Sollte sie nicht ewige
Zwecke lieben?" Als die Milbe dann noch Platos gedenkt und die
Höhlen-Metapher auf die Käse-Immanenz überträgt ("in der Höle des
Käses ist nur der rosenfarbne Morgen eines schönen Tags, dessen
Mittag eurer wartet"), mit Kant (oder mit Pangloß?) apriorische
Gewißheit für ihre "sublimen Gedanken" beansprucht, werden ihr
liliputanisches Weltgebäude, der Käse, und sie mit ihm vom zuhören-
den hungrigen Käsefreund verschlungen — aus Mitleid gewisserma-
ßen, und um sie vor weiteren Syllogismen zu bewahren. Ihr Ende im
Magen-Darm-Trakt ist eines *Candide* würdig, und seine Ironie weist
auf Nietzsche ("Der tolle Mensch") wie auf Kafka ("Kleine Fabel")
voraus: "Man sagt, sie habe noch zwischen den Zähnen des Würgers
behaubtet, ihre Erhaltung, ihr Wohl sey der Endzwek der Natur".
Leibniz — Wolff — Berkeley — Kant (Wekhrlin selbst nennt keinen
beim Namen[2]): Der Milbenmonolog erweist sich als ein satirischer
Streifzug durch die spekulative Philosophie des 17. und 18. Jahrhunderts, ein Potpourri aufgeklärt-absolutistisch-idealistischer Positionen,
ein metaphysikkritisches Pasticcio, das den aufgeklärten Kult der
teleologischen Vernunft am Abend der Aufklärung mit Swiftschen
Methoden und Voltaireschen Absichten verabschiedet. Diese Art von
metaphysischen Pasteten hatte Maître Pangloß im *Candide* "Meta-

2. In: *Das graue Ungeheur.* Bd. 10. 1787. S. 88-91; Reprint unter dem
Titel: *Das graue Ungeheuer.* Bd. 9-10. 1786-87. Nendeln 1976. Im selben
Heft handelt Wekhrlin über die Metaphysik, wobei er sich aphoristisch mit
den Gottesbeweisen auseinandersetzt und gleichzeitig den philosophiege-
schichtlichen Schlüssel für seine Bildgeschichte an die Hand gibt: "Leibniz
selbst, wenn er in der Theodicee die Providenz wegen der großen Summe
der Uebel auf unserm Drehding rechtfertigen will, siehet sich necessitirt,
diesen Ball durch Vergleichung mit dem Weltganzen zu einer Bagatelle zu
machen, und unserm Leiden [...] die überwiegende Seligkeit der Bewohner
andrer Welten gegenüber zu sezen" (S. 31f.). Oder: "Unsere allgemeinen
Grundsäze, z.B. von der Kausalität: Nichts geschehe ohne zureichenden
Grund u.s.w., wenn sie auch, unabhängig in unserm Verstand liegen, sind
doch nur auf Objekte möglicher Erfahrung, also nur innerhalb der Gränzen
der Sinnenwelt, anwendbar. Dies hat Kant augenscheinlich bewiesen". Und:
"Er hat zum wahren Vortheil der Religion [...] gezeigt, daß weder der
ontologische, noch der kosmologische, noch der physicotheologische Beweis
der ersten und größten theologischen Wahrheit soliden Grund habe [...]" (S.
51).

physico-theologico-cosmologico-nigologie" genannt; hier gewinnt die Metaphysik den Hautgoût überreifen Käses. Nahezu gleichzeitig mit Lessings Spätschriften warnt Wekhrlin vor dem Absolutismus der Vernunft und arbeitet an der 'Aufklärung' idealistischer Zwecklehren, die immer noch erkenntnisfroh den Endzweck zu wissen glauben, um das Subjekt einem Allgemeinen zu subsumieren. — Was mag dieser Milben-Monolog mit dem frühen Grass zu schaffen haben? Wie immer sich Grass' Begriff von Aufklärung im Laufe seiner Werkgeschichte wie auch seiner politischen Biographie gewandelt haben mag: die Aufklärung ist und bleibt sein Augenpunkt. Dem Anfänger, der sich noch nicht in die Tretmühle der politischen Vernunft begeben hat, in der es später nicht ohne einen "Glauben an die Vernunft" abgegangen sein mag, dem noch 'politikreinen', aber geschichtsbewußten Literaten geht es um die historische Fehlentwicklung der teleologischen Vernunft und ihres "Endziel"bewußtseins, um Metaphysikkritik, und also um Christentumkritik. Es ist mehr als das Problem der Theodizee, das Grass in die Voltairesche Tradition stellt; die Wege der Geschichte und die Holzwege der Vernunft stehen zur Diskussion. Und was bei Wekhrlin nur unausgesprochen hinter dem Buchstaben des Milbenmonologs verblieb, steht bei Grass im Zentrum: die erkenntnistheoretische Frage nach den Grenzen der Vernunft und damit nach den Bedingungen der Möglichkeit von Heilslehren. Die Verschärfung der cartesischen Fragestellung, die über Nietzsche hin zu Camus führt, potenziert die Problematik.

Auch in Grass' Gedicht 'Im Ei' wie in Wekhrlins "Monolog einer Milbe" liegt ein geschlossenes System vor, auch dieses in Form einer Höhle — im Ei —, einer Höhle aber ohne den platonischen Ausgang ins Sonnenlicht der Idee; auch hier verkappt sich eine kleine Theologie- und Philosophiegeschichte der Höhlenbewohner im allegorischen Bild, wenn es auch hier den Zuhörer des Monologs nicht gibt, der bei Wekhrlin ja außerhalb des Systems das System von seinem Archimedischen Punkt aus beurteilt, während hier selbst das lyrische Ich ganz in dieses System gebannt erscheint; auch hier wird die menschliche Vernunftgeschichte in liliputanische Tierwelten verfremdet, doch ganz ohne auktoriale Selbstherrlichkeiten: Das lyrische Subjekt ist nichts als ein Küken unter Küken. Das Problem ist seit 1787 dasselbe geblieben, doch die Selbstbezweiflung der Vernunft vorgeschritten, allem Fortschrittsglauben der Aufklärung zum Hohn.

Im Ei

Wir leben im Ei.
Die Innenseite der Schale
haben wir mit unanständigen Zeichnungen
und den Vornamen unserer Feinde bekritzelt.
Wir werden gebrütet.

Grass' lyrisches Küken beginnt wie die Milbe im Modus der Behauptung — in seinsfroher Existenzgewißheit: "Wir leben im Ei — Wir werden gebrütet". Es ist allerdings von vornherein nicht mehr die beste aller denkbaren Welten, in denen die anfangs noch so glaubensfrohe Kükengesellschaft Grassens existiert: "die Innenseite der Schale" ist nicht nur "mit unanständigen Zeichnungen", sondern auch mit "den Vornamen unserer Feinde bekritzelt": Ein urtümlicher Ritus findet hier statt, eine magisch-bannende Beschwörung kraft der manahaltigen Natur des Namens. Das gläubige Küken gehört in die Höhlen von Altamira, es ist ein Steinzeitküken.

Gleich der Milbe Wehrlins entwickelt das vordem naturreligiöse Küken mit der Zeit und dem Weiterforschen der Vernunft ein metaphysisches Bedürfnis, das die "Innenseite der Schale" aufsprengen und dem geschlossenen System auf den Kopf sehen will:

Wer uns auch brütet,
unseren Bleistift brütet er mit.
Ausgeschlüpft eines Tages,
werden wir uns sofort
ein Bildnis des Brütenden machen.

Wir nehmen an, daß wir gebrütet werden,
Wir stellen uns ein gutmütiges Geflügel vor
und schreiben Schulaufsätze
über Farbe und Rasse
der uns brütenden Henne.

Sich ein Bildnis gemacht zu haben: Das ist das allen alttestamentlichen Bilderverboten (Ex. 20, 4 u.ö.) entgegenstrebende spekulative Bemühen der Metaphysik gewesen. Es wird uns noch nachher beschäftigen, wenn es um Adornos Wörtlichnehmen eben dieses Bilderverbotes und seinen Metaphysikverzicht geht. Das "gutmütige[..] Geflügel" repräsentiert, humoristisch verniedlicht, die Providenz, "unendliche Güte", als welche Leibniz seinen Gott definiert hat; einer der "Schulaufsätze", die da geschrieben werden, könnte die

Theodicée sein, und das Küken befindet sich auf dem vernunftge-
schichtlichen Stande des Rationalismus.

Der aber ist, wenn nicht mehr eine *ancilla theologiae*, so doch
deren Filius, will er ja nur vernunftgemäß ratifizieren, was der Glaube
immer schon glaubte. Der dem Christentum innewohnende Welt-
deutungs- und Wahrheitsanspruch zeugt die spekulative Philosophie
aus sich selbst heraus. Von Leibniz bis Hegel (und Grass fügt immer
wieder hinzu: bis zu Marxengels und — Hitler) schleppt die Theodizee eine Historiodizee, eine Rechtfertigung der Geschichte, notwendig
im Gefolge, die scheinbar ebenso notwendig in einen Endzustand
einmündet, der eine große Herrlichkeit sein soll:

Wann schlüpfen wir aus?
Unsere Propheten im Ei
streiten sich für mittelmäßige Bezahlung
über die Dauer der Brutzeit.
Sie nehmen einen Tag X an.

Dritte Reiche aller Arten, von Joachim von Fiore bis zu Hitler, sollen
an diesem "Tag X" das Paradies im Himmel oder den Himmel auf
Erden anbrechen lassen — das gilt für die Propheten und Seher-
Küken[3] alles eins —, strittig ist nur das Datum: Naherwartung bei
Paulus, kabbalistische Zahlenspekulationen bei Augustinus, Weltzeit-
alterspekulationen mit Hilfe von Daniels apokalyptischen Visionen im
Mittelalter, Marktzyklenberechnung bei Marx, chiliastisches Zuwarten
auf das Zusichselbstkommen des Geistes, der adventistische Gestus
Hitlers. All diese Triaden faßt Grass zusammen unter dem Titel vom
"christlich-marxistischen Hoffnungsquark" (VI, 212).[4]

Die Küken-Menschheit ist überm Spekulieren grau geworden;
gegenwartsvergessen, um nicht zu sagen: seinsvergessen, ist sie der
Erde nicht treu geblieben:

Wir aber haben ein Dach überm Kopf.
Senile Küken,
Embryos mit Sprachkenntnissen

---

3. Vgl. dazu Wekhrlin (wie Anm. 2. S. 50) über die "Seher": "Thö-
richt sind daher alle Bemühungen unserer Seher, den Vorhang aufzuheben,
ehe es Zeit ist. [...]) Ueberirdische Freuden geniest der Sterbliche nicht, so
lang er noch an den finstern Wirbel der Materie gefesselt ist".
4. Vgl. Volker Neuhaus: Das christliche Erbe bei Günter Grass. In: *Text
+ Kritik* 1, ⁶1988. S. 108-119, hier S. 114.

reden den ganzen Tag
und besprechen noch ihre Träume.

Der *puer/senex-Topos* verdeutlicht hier den Status des nicht-erfüllten Lebens im spekulativen Sich-Vorwegsein, ein Lebensversprechen, das nie eingelöst wird. Die Erinnerung an Voltaire bietet sich wieder an: Candide kommt zu sich, wenn er seine Meierei bezieht, ganz schlicht: zu arbeiten beginnt und das Warten auf Utopia als Selbstverlust zu begreifen lernt. Grass' Küken hingegen, antwortlos in allen transzendenten Fragen, glauben nun an die *via regia* ins Unbewußte und suchen nach Sinn nicht in der Höhe Gottes, sondern in der Tiefe des Ich. Dies Küken-Wir ist ein spätzeitliches, das den Glauben an die Metaphysik durch den Glauben an die alleinseligmachende Psychoanalyse ersetzt hat.

Doch dann, zum Schluß, nimmt das lyrische Küken-Ich Abstand vom "Wir", vom Kollektiv, das von Beginn an verdächtig war als Träger der chiliastischen Heilserwartungen, indem es die Gewißheiten in den Modus der Frage und der Hypothese hinüberzieht und sich schließlich ganz von den Adventismen der Eibewohner distanziert:

Und wenn wir nun nicht gebrütet werden?
Wenn diese Schale niemals ein Loch bekommt?
Wenn unser Horizont nur der Horizont
unserer Kritzeleien ist und bleiben wird?
Wir hoffen, daß wir gebrütet werden.

Mit dieser Frage-Haltung vollzieht sich ein qualitativer Sprung in der Erkenntnisgeschichte des Ich: Die anaphorische Variation vom anfangs glaubensstarken "Wir werden gebrütet" über das skeptische "wir nehmen an, daß wir gebrütet werden" bis hin zur Frage "und wenn wir nun nicht gebrütet werden?" zeichnet die Bewegung in der Vernunftsgeschichte des lyrischen Kükens nach, dessen Ziel die Erschütterung der Erkenntnis ist, "daß wir gebrütet werden", und deren Weg über den Zweifel führt, der aber anders als der Descartes' kein willkürlicher, methodischer und provisorischer, sondern ein notwendiger, durch die Horizontenge gegebener, lebenslänglicher und existentieller ist. Dies zweifelnde Küken erst repräsentiert Grassens Denken.

Ein für allemal an den "Horizont" im Ei gebunden, kann auch das philosophierende Küken eine transzendierende Perspektive nicht finden; mit allen Propheten und sonstigen Brüdern im Ei hat es diesen Horizont gemeinsam; es gibt keinen Archimedischen Punkt, von dem aus es einen Stand gewinnen könnte, der Wahrheit verbürgt.

Dem kritischen Ich fehlt deshalb die Sicherheit, kritisch zu urteilen; es kennt seine Kontingenz, es kann und darf nicht zum neuen *praeceptor* seiner Mitbrüder werden, da es den Sinn der Eigeschichte nicht kennt: Auch es sitzt "im Ei". Das ist die folgerichtige Reduktion der Kopernikanischen Wende in der Transzendentalphilosophie und Bestätigung der Vermutung, daß 'Im Ei' kein kosmologisch-ontologisches, sondern ein geschichtsphilosophisches und auch ein transzendentalphilosophisches Gedicht ist, wie denn überhaupt das Staunen des frühen Grass über die Seinsgewißheiten der Philosophie erkenntniskritisch motiviert ist.[5]

Das philosophisch-lyrische Ich hat freilich einen Frage-Stand gewonnen, der es von den "Brüder[n] im Ei" abhebt; es hat, wiewohl gleich allen in den Horizont des Eies gebannt, eine neue Perspektive zumindest inauguriert, die wenigstens zeigen kann, daß der Mythos von der Geborgenheit unter der brütenden Henne 'Gott' nicht der einzig mögliche und schon gar nicht der beste aller möglichen ist.

Wenn das Subjekt das, was ist, in seinem An-Sich-Sein nicht erkennen kann, so Kant, dann sind — so Grass — auch Postulate von Ideen (wie Gott, Freiheit, Unsterblichkeit) als Regulative der Vernunft leerer Wahn. Kant wollte doch noch ein Löchlein in den Horizont bohren, den er selbst der Vernunft gezogen hatte. Ihm ging es um die Rettung der Geschichte vor einem ganz seiner Beschränktheit über-lassenen, in die Obdachlosigkeit seiner Verselbständigung entlassenen Menschen. Es ist für Grass gerade die Geschichte, die gezeigt hat, daß die Regulative Kants zur Erziehung des Menschengeschlechts nicht beigetragen haben. Sollte es einen Gott geben — auch das wird im Modus der Frage und der Befürchtung gesprochen —, dann nicht das *ens perfectissimum* Leibnizens, das "gutmütige Geflügel", dann nur einen zweiten, einen "jemand", den bösen Demiurgen der Manichäer und Gnostiker:[6]

Wenn wir auch nur noch vom Brüten reden,
bleibt doch zu befürchten, daß jemand,
außerhalb unserer Schale, Hunger verspürt,

---

5. Vgl. Volker Neuhaus: Das Chaos hoffnungslos leben. Zu Günter Grass' lyrischem Werk. In: Manfred Durzak (Hg.): *Zu Günter Grass. Geschichte auf dem poetischen Prüfstand.* Stuttgart 1985. S. 20-45, hier S. 23f.; Klaus Stallbaum: *Kunst und Künstlerexistenz im Frühwerk von Günter Grass.* Köln 1988. S. 17ff.

6. Vgl. Neuhaus: Erbe (wie Anm. 4). S. 112.

uns in die Pfanne haut und mit Salz bestreut. —
Was machen wir dann, ihr Brüder im Ei? (I, 80f.)

Mit dieser Furcht vor den Weltmetzgern sind wir wieder an den
Milbenwürger Wekhrlins gemahnt. Aber, wie gesagt, Grassens Ich
behauptet die kosmologische Katastrophe nicht schlichtweg, sondern
fragt angstvoll danach, gewitzigt durch eine Metaphysikgeschichte,
die auch ihre negativen Wahrheiten, auch das "credo, quia absur-
dum", noch zu bezweifeln gelernt hat. Indem Grass, anders als
Wekhrlin, das Ei als kosmologische Metapher wählt, gewinnt er
Vorteile konnotativer Art: nicht nur den der Geschlossenheit des
Systems (merkwürdigerweise kommt Wekhrlin gar nicht auf die Idee,
seinen Käse unter eine Käseglocke zu setzen), sondern auch den der
magisch-mythischen Assoziationen an das Ei als Sitz des Lebens und
an das Weltenei des pelasgischen Schöpfungsmythos und die Ophion-
schlange, die sich siebenmal darum windet und es ausbrütet, oder
auch die anderen mythischen Ungeheuer antiker Kosmogonien, die
die Erde umzingelt halten. Diese Mythen geraten bei Grass zu Chiffren, mit denen sich spielen läßt. Alle Dimensionen, Denk- und
Raumverhältnisse umkehrend, kann auch "der liebe Gott" drinnen
sitzen und das lyrische "Wir" draußen und vom Kaffee der frommen
Denkart schlürfen — wie im Gedicht 'Der Kaffeewärmer':

Wir wollen ihn uns warmhalten,
noch lange um den Tisch sein
und kleine Schlucke üben.
Unter dem Kaffeewärmer sitzt der liebe Gott
und kann es nicht verhindern,
daß er langsam kalt und böse wird. (I, 43)

Eine Böllsche Situation, in der alle in einer Eucharistie-Persiflage um
den Tisch des Herrn versammelt sind, weil es sich gesellschaftlich
auszahlt, sich den "Alten" warmzuhalten. Eine Feuerbachsche Situation aber auch, weil hier der Gott nicht nur kalt, sondern auch alt
wird — vor den Augen derer, die ihn 'aufgebrüht' haben.

2. 'Möbel im Freien': Gott ist tot

Wer warf die Gartenbank um?
Nun liegt sie da, grün und vergeblich,
stottert mit vier bewiesenen Beinen,
sucht den Beweis in der Luft.

Was da auf dem Rücken liegt und hilflos mit vier Beinen in der Luft rudert, erinnert nicht von ungefähr an Gregor Samsa, der sich hilflos seine Metamorphose in den greulichen Käfer erst selbst beweisen muß, bevor er an sie glaubt: Kurz vor diesem Gedicht hat Grass ein anderes mit dem Titel 'K, der Käfer' geschrieben. In einer grotesken Kafka-Welt kann durchaus das Tierische für das Menschliche, die Dingwelt für die Tierwelt und das Natürliche für das Supranaturale einstehen. "Wer warf die Gartenbank um?" klingt dann wie: "Wer hat ihn getötet?" Und die "bewiesenen Beine", die "den Beweis in der Luft" suchen, sind ein allegorisches Monstrum, das durch das Attribut "bewiesen" sich selbst erläutert: Bewiesen werden muß keine Bank, müssen auch nicht deren Beine; auch das merkwürdige Hysteron-Proteron (ein Bewiesensein, das seines Beweises noch harrt) findet in der Dingwelt keine Entsprechung. Die Paronomasie mit dem Wortfeld 'beweisen' gehört in diesem Falle nicht in die Mathematik oder die Naturwissenschaft, sondern in die Fundamentaltheologie: In der Luft, in der "Transzendenz", sucht nur einer nach dem Beweis seiner selbst: Gott. Wie er da liegt, "grün und vergeblich", hat man ihn wohl bewiesen, will heißen: versucht, ihn zu beweisen, harrt er gleichwohl seines immer noch ausstehenden Beweises — für immer "vergeblich", wie Kant 'bewiesen' hat.

Zwar könnte man meinen, in dieser Assoziationskette würde Gott mit dem Gottesbeweis verwechselt: Auf dem Rücken liege nicht der alte Gott, sondern seine Beweisbarkeit; doch erweist sich beides im Feuerbach-Nietzscheschen Horizont als identisch: Gott existiert da gemäß seines Bewiesenseins; Gott und das Sprechen von Gott sind identisch; eine *realitas obiectiva* hinterm Sprechen und Beweisen steht nicht zur Diskussion. Das folgt aus Kants Begrenzung der spekulativen Vernunft.

Die grüne Farbe verrät, daß bei den Gott beweisenden Beweisen nicht alles mit vernünftigen, wohl eher spekulativ-wunschhaften Dingen zugegangen ist (denn Grün ist Grass' Farbe der vergeblichen Hoffnung). Die grüne Gartenbank wieder aufzustellen hieße also, die Leerstelle des toten Gottes wieder zu füllen:

Aufstellen wieder. Wieder wie vorher
unter dem Sommer sitzen und Kaffee
mit einer Tante trinken und Kekse,
Hostien brechen.

"Wieder wie vorher" würde es sein, wenn Gott lebte — ein Regres-

sionstraum, der sich hier scheinbar zum Appell verwandelt: "aufstellen wieder". Die Anadiplose ("wieder — wieder") unterstellt
Hoffnung auf eine rückwärtsgewandte Utopie und deren Wiederkehr,
eine Sehnsucht, die jeder kennt, der im Sommer dabei war. Doch die
Zeiten sind finster:

> Nein, dieser Sommer ist pleite,
> Die Tante nährt weiße Würmer,
> die Kekse krümeln und passen
> in keine ererbte Monstranz.

Was anhebt wie ein Jahreszeitengedicht Georges, uns in den totgesagten Park zu entführen schien, dann im Vorbeihuschen an Trakls
Garten-Gedichte gemahnen wollte ("hindämmernd durch den däm-
mervollen Garten/Träum ich nach ihren [der Vögel] helleren Ge-
schicken... Da macht ein Hauch mich von Verfall erzittern"[7]), ist
tatsächlich ein spekulatives Gedicht: Die Signalwörter "Hostien" und
"Monstranz" zerstören die Bildeinheit von Herbststimmung, Trauer,
Rückblick und Vergänglichkeit (auf die das Zeichen des Kaffee-
trinkens deutet)[8] und geben den Blick frei auf den gründenden Grund
jeder Melancholie, die Abwesenheit von Sinn. Hier hat Grass die
"graue Messe", "eine Messe ohne Credo" (IV, 447) im Grunde
schon geschrieben, die er im *Tagebuch* als sein Programm ankündigt.
Das eucharistische Mahl hat sich wortwörtlich "verkrümelt", aus
dem Berachah-Wein ist kalter Kaffee geworden, die Realpräsenz im
ungesäuerten Brot erweist sich als "ererbte[r]" Mythos: Gott ist tot,
die "Tante" — ein Wesen, das auch in expressionistischen Gedichten, wie etwa in Heyms 'Styx', mit der Vorstellung vom abgelebten
Gott in Bezug gesetzt wird — füttert die "Würmer".

> Auch trinkst du den Kaffee
> zu heiß, halb im Weggehn,
> flüchtig, mit sichernden Blicken
> nach links, nach rechts und nach links.

Die Mahl- und Glaubensgemeinschaft stammt von gestern, sie gehört
dem Sommer des *sol invictus*, nicht dem Herbst der Neuzeit oder gar
dem Winter der Moderne, den Nietzsches Krähen angekündigt haben.
Die Reminiszenz an Gewesenes geschieht "en passant", halb im

---

7. Georg Trakl: *Das dichterische Werk*. Hg. von Walter Killy u. Hans
Szklenar. München 1972. S. 35.
   8. Vgl. Neuhaus: Chaos (wie Anm. 5). S. 26.

"Weggehn", perfekte Parodie auf die Gründung des Mahls, um das es hier geht, um das Pesach, das ursprünglich nichts anderes ist als ein *rite de passage'*, der Übergang vom Winter zum Sommer, also ein Frühlingsfest, dann geschichtlich interpretiert: der Übergang aus Ägypten nach Israel, aus der politisch-religiösen Sklaverei in die Selbstbestimmung: "So sollt ihr's [das Pesach-Lamm] essen: Um eure Lenden sollt ihr gegürtet sein und eure Schuhe an euren Füßen haben und den Stab in der Hand und sollt es essen als die, die hinwegeilen; es ist des Herrn Passa" (Ex. 12, 11). Pesach, das Vorbild der Eucharistie, diesen mythischen Ritus des Übergangs von Äon zu Äon, überbietet Grass durch ein neues "Weggehn", einen neuen Exodus aus der Theonomie in die Autonomie: "nur irdisch mündig will ich sein" (I, 271). "Mit sichernden Blicken" vergewissert sich der vereinsamte Mensch der Haltbarkeit, der Unumkehrbarkeit des — so Nietzsche — "ungeheuren Ereignisses", daß Gott tot ist:

> Gartenbänke, die einmal gestürzt,
> stehen nun ledig, kundig des Herbstes,
> zwischen den nassen Stachelbeersträuchern,
> vom Regen, Aufbruch, mitten im Satz,
> vom Mond, der nie stillsitzt, bevölkert. (I, 55)

"Gartenbänke, die einmal gestürzt", sind "kundig des Herbstes" — will heißen: sie wissen, wohin Zeit und Geschichte verliefen, und warnen davor, das Rad der Zeit zurückzudrehen. "Aufstellen wieder" — "Weggehn" — "Aufbruch" — so lautet die metaphorisch schlüssige Gedankenfolge: Wer Götter gekannt, will sie zunächst wieder inthronisieren; im Angesicht der Unmöglichkeit dieses Unterfangens wendet er sich ab vom toten Gott und bricht, "mitten im Satz", auf in ein Morgen, das nach dem Herbst nur ein Winter sein kann, ein Winter metaphysischer Kälte: "Requiem aeternam deo".

Mit den Bildern der Melancholietradition ratifiziert Grass die Botschaft des tollen Menschen. Deshalb fehlt dem Gedicht ganz der prophetische Trotz Nietzsches: Nur die Handlung selbst, das Umwerfen von Götzenbildern, trägt prophetischen Zeichencharakter, aber auf sie schaut das lyrische Ich feststellend und resümierend als auf eine Tat der Vergangenheit zurück, ohne wie der tolle Mensch unter den unmittelbaren Wirkungen des Ereignisses zu erzittern. Wehmütig gedenkt es des Zustandes einer im Glauben kompletten Welt. Wie in

Nietzsches 'Abschied', früher 'Vereinsamt'[9] betitelt, diesem Schaudern vor der Zeitenkälte nach dem Tode Gottes, das Grass' Gedicht so nahesteht, verbirgt sich bei Grass das Metaphysische unterm Naturlyrischen; aber es gibt das Durchbrechen des naturlyrischen Sprachspiels durch die Signale "Hostie" und Monstranz". Deshalb trifft nicht zu, daß es Grass' Lyrik an "Wegweisern zum Sinn"[10] mangele, im Gegenteil: Ihre Allegorie bedarf des Schlüssels, und sie besitzt ihn, da ihr der Werk- und Zeitkontext Nietzsches fehlt und weil sie — aus der historischen Distanz auf den Tod Gottes blickend — vom prophetischen Pathos Nietzsches unberührt ist; so aber handelt es sich gewissermaßen um eine *poésie au clef*.

Erstes Fazit: Grass' "Zurück zur Aufklärung" besteht nicht in einem schlichten Regreß; diese Devise ist angesiedelt in einer abendländischen Vernunftgeschichte. Auch besteht Grass' frühe Metaphysikkritik nicht einfach in einer Schelte auf die kaputte Schöpfung und die *natura corrupta* der sie immer weiter verderbenden unerlösten Menschheit, sondern ist gegründet in der Vorsicht einer Skepsis, deren stets wacher Ideologieverdacht sich die Bewahrung des Humanums verspricht — ein Ideologieverdacht, der nur aus den prägenden Erfahrungen mit Ideologie, die Geschiche machte, zu erklären ist. Grass resümiert mit dem Pathos der Distanz die Metaphysiktradition, vollzieht aber Nietzsches anthropologische Konsequenzen aus dem Tode Gottes nicht nach: Seine Skepsis gegenüber der menschlichen Natur läßt ihn nicht an eine absolute Autonomie und Vergötterung des Menschen glauben. Im 'Meißner Tedeum' heißt gar die Antwort auf die Frage "Wer [...] scheucht Gott Vater aus dem Busch?" — wohl angesichts fortbestehenden Gottesglaubens und in Umkehrung des Satzes "Gott ist tot": "Der Jäger hielt sein Pulver trocken; die Treiber sind, wie sagt man, tot" (I, 266). So steht das lyrische Ich verlassen im totgesagten Park in melancholischer Trauer über die Entgottung der Welt. So entspricht es wohl auch dem Epochengefühl der fünfziger Jahre.

9. Grass zitiert es auch im zweiten Gedicht seiner ersten Sammlung 'Vogelflug': Sein "bald wird es regnen" nimmt wieder die Naturstimmung der Melancholie auf (bei Nietzsche: "bald wird es schnei'n") und zudem die Metaphorik des Vogelflugs.
10. So Theodor Wieser (Hg.): *Günter Grass. Porträt und Poesie.* Neuwied/Berlin 1968. S. 35.

3. 'Die Krönung': Christologie nach Auschwitz

Auschwitz ist das Maß, an dem das Christentum gemessen wird. Aus der Kritik der Theodizeeversuche folgt deshalb notwendig die Kritik des Christentums. Das, was dessen Namen aussagt, der Anspruch auf Messianität eines Christus, gilt als *proton pseudos* einer Entwicklung, die im Hexenkessel jüdischer Apokalyptik begann und in der letztdenkbaren Kapitulation der Vernunft, in den Verbrennungsöfen von Auschwitz, endet: Der "Gasmann" hat sich als "Weihnachtsmann" verkleidet. In der *Blechtrommel* ist es die "Botschaft" des messianischen Trommlers Hitler, zu der die paulinischen Theologaltugenden von "Glaube, Liebe, Hoffnung" pervertiert sind, aber schon das Gedicht 'Die Krönung' aus der ersten Gedichtsammlung *Die Vorzüge der Windhühner* bereitet diese Stereotype in Grass' Denken vor:

Die Krönung

Blaue Flammen in den Zweigen.
Atmen noch im Gasometer
bittre Kiemen ohne Fisch.
Immer älter wird die Kröte,
lebt von Nelken, lebt von Düften
aus des Todes linkem Ohr.
Niemand folgte, kaum der Mörtel.
Ohne Segel und Gebärde,
in der grünen Truhe Pfingsten
trugen sie die Taube fort.
Glatt und aufgerollt die Kabel,
zwölf Lakaien und Beamte
führt die Schnur aus jedem Nabel
nur zur Wochenendpotenz.

Freitags krönten sie den König.
Von Geburt her blinde Nelken,
mit dem Atem einer Kröte,
mit dem blauen Gasometer,
Mitternacht und Mandelscheitel,
Vorstadt um Jerusalem. (I, 34)

So alogisch, wie das Gedicht sich gibt, ist es mitnichten. Das Titelgedicht der Sammlung über *Die Vorzüge der Windhühner* — Grassens Bild für seine bildreichen Kopfgeburten — widerspricht der These von der Interpretationsfeindlichkeit (so Wagenbach über *Die Blech-trommel*) oder des Solipsismus (so Piontek): "Weil sie die Tür offen lassen, der Schlüssel die Allegorie bleibt, die dann und wann kräht" (I, 10). Auch in diesem Gedicht "kräht" die Allegorie "dann und wann". Geradezu Weckrufe sind Kopf- und Schlußzeile: Es geht um Christus, nein: Jesus, um die Dornen-Krönung und das, was folgt in der "Vorstadt um Jerusalem", es geht also um mehr als um die Spott-Krönung, auch und vor allem geht es um den Tod Jesu *extra muros* (denn die Krönung fand *intra muros*, im Prätorium, statt). Der Name des Königs, der hier gekrönt wird, darf natürlich nicht genannt werden; daß er aber Jesus heißt und nicht Christus — die Inschrift des Pilatus bestätigt es: "dies ist Jesus, der Juden König" —, ist die Grundlage alles anderen: "freitags" wird Jesus gekrönt, nicht sonntags. Daraus macht dann Oskar Matzerath: "Karfreitag ist Schluß mit ihm" (II, 171f.). Das messianische Datum schlechthin, Ostern, kommt in Grassens Christologie — pardon: Jesulogie — nicht vor, es ist Konjektur der Gemeindetheologie *post factum*, nach dem *scandalum crucis*. Sie nimmt das Messiasgeheimnis, das vor allem Markus forciert, beim Wort. "Niemand folgte": Die Flucht der Jünger, Verrat und Verleugnung beim Hahnenschrei, bestätigen, daß es diesen Messianismus nicht gegeben hat, gelten geradezu als Beweis für den Irrationalismus des nachösterlich aufflammenden Jesus-Enthusiasmus, der den kerygmatischen Christus erzeugt.

Wenn also Karfreitag Schluß ist mit diesem "Bürschchen" Jesus, ist die Geschichte *post Christum natum* resp. *post Christum obitum* die Geschichte eines Irrtums: Weder Gottesherrschaft noch Kirche werden auf Erden gegründet. Pfingsten, des Lukas Gründungsveranstaltung für ein neues Israel, den neuen Zwölfstämmebund der zwölf Apostel, findet einfach nicht statt: "in der grünen Truhe Pfingsten / trugen sie die Taube fort". Warum "Truhe", "tragen" und "Taube" alliterieren, versteht sich von selbst: Auch der Heilige Geist fährt in die Grube, wenn es mit Jesus zu Ende geht. Die grünäugigen Versprechungen der Hoffnung werden durch diese ekklesiologische Folgerung endgültig begraben: "zwölf Lakaien und Beamte" sind da tätig, wo man sich eine Gottesherrschaft, die neue, eschatologische Zwölfstämme-Amphiktyonie versprochen hat. Es ist, wie wenn Grass Ernst Käsemanns, des evangelischen Theologen, Wort über die nachösterliche Zeit gekannt habe: Jesus verkündete die Gottesherrschaft — und es kam die Kirche. "Zwölf Lakaien und Beamte" besetzen den Platz der zwölf Stammväter des Gottesvolkes, der Apostel, und nennen ihn "Amt", sich selbst "Beamte". Sie nehmen also die Konstantinische Wende schon vorweg: Aus der Hoffnung auf die Erneuerung der gefallenen Schöpfung wird eine Staatsreligion. Das heißt in Grass' Nomenklatur nichts anderes als: Die ethische Revolution Jesu ist verkommen und mit ihr sein unbedingter Anspruch auf Verwirklichung des Liebesgebotes. Grass' Vorbehalt gilt der Eschatologie des Christentums in ihrer zwiefachen Gestalt: dem Noch-Nicht der futurischen Eschatologie der Basileia-Verkündigung (darüber unten mehr), und dem Schon-Jetzt, der präsentischen Eschatologie, dem Beginn der endzeitlichen Versprechungen in der Zeit der Kirche.

"Wochenendpotenz" hießt das Ergebnis der Kirchengeschichte — "Wochenendpotenz" nämlich, das weiß der Leser der *Blechtrommel*, ersetzt im Kleinbürgertum den Sinn:

> Matzerath neben Mama: Da tröpfelt Wochenendpotenz, da brutzeln die Wiener Schnitzel, da nörgelt es ein bißchen vor dem Essen und gähnt nach der Mahlzeit, da muß man sich nach dem Schlafengehen Witze erzählen oder die Steuerabrechnung an die Wand malen, damit die Ehe einen geistigen Hintergrund bekommt. (II, 59)

"Wochenendpotenz" ist ein Zeichen dafür, daß aus der Sache Jesu eine Angelegenheit des Wochenendes, nicht der Lebenswirklichkeit, des Alltags, geworden ist: sowohl in puncto Kult als auch in puncto ehelicher Sexualität. Und daß die eigentliche Sache vergessen wurde über einem Christentum der Zeremonien und der Stimmungen resp. der Sakramenten-'Verwaltung'. Beides, Sonntag und Familie, hat die Kirche zum *debitum*, zur Pflicht, erklärt. Grass' Kleinbürgerfiguren gehen am Wochenende zur Kirche, wie das kanonische Recht es befiehlt, sie zeugen, wie es sich aus der familiären Langeweile ergibt, und: sie besuchen am Sonntag Maiwiesen, Aufmärsche, Endzeitveranstaltungen des Tausendjährigen Reiches. Die "Ur-Blechtrommel" formuliert das in fast plumper Deutlichkeit, was in der Endfassung zurückhaltender durch den Hinweis auf die allegorische Vergleichbarkeit von Altären und Tribünen angedeutet wird (II, 139):

> Auch überschnitt sich die Gemeinde vor den Tribünen mit den Gemeinden einer Herz Jesu oder Luther Kirche auf recht abendländische Weise. Da die Kundgebungen meist erst um zehn Uhr Vormittags begannen, konnte man sich, wenn das Bedürfnis vorhanden war, schnell noch zuvor

einen Gottesdienst oder eine Messe mit den dazugehörigen Sakramenten genehmigen.[11]

Die Vergeblichkeit solcher kleinbürgerlichen und klein-christlichen Labesweg-Hoffnungen allegorisieren immer wieder die Vögel in ihrer Flüchtigkeit: Die Hoffnungen verflüchtigen sich wie die Taube des Heiligen Geistes. Die Farbe Grün taugt nur noch für die Truhe, in der die Taube zu Grabe getragen wird; Hoffnung und Glaube mit ihr, da die größte unter ihnen, die Liebe, fehlt. Glaube, Hoffnung, Liebe, diese Einheit der drei paulinischen Theologaltugenden (1 Kor. 13, 13), ist durch die christliche Geschichte auseinandergebrochen; ohne die Liebe sind Glaube und Hoffnung in nichts von den chiliastischen Versprechungen des Dritten Reiches verschieden, auf die "Leichtgläubige" (II, 244) hier wie dort sich einlassen. Gas (Zyklon B) — der Weihnachtsmann als Gasmann (Hitler als Größter Weihnachtsmann aller Zeiten [vgl. II, 766]) — Mandel- und Gasgeruch — Heiliger Geist: das ist die Assoziationskette, um nicht zu sagen: der Assoziations*zyklus*, durch den Christentum und Nationalsozialismus in einer Strukturhomologie gesehen, mehr noch: in einem Bedingungsverhältnis betrachtet werden. Gleich Nietzsche nennt Grass nicht Konstantin als Schuldigen dieser Pervertierung der jesuanischen Zeit, die ja viel früher einsetzt, sondern Paulus: Die entscheidende Zäsur in der frühen Geschichte des Christentums liegt also noch vor der Abfassung der Evangelien.[12]

In den Metaphern des Gedichtes: Die Kontrastfarbe Blau[13] domi-

---

11. *Die Tribuene*. S. 4, in originaler Orthographie.
12. Vgl. W.F.: Zwei Schelme im Unterricht. Zu *Felix Krull* und *Die Blechtrommel*. In: *Mitteilungen des Deutschen Germanistenverbandes* 30, 1983. S. 1-20, hier: S. 17; Neuhaus: Erbe (wie Anm. 4). S. 116.
13. Blau, das ist auch immer wieder die Todesfarbe Trakls, vor allem auch einer seiner Karfreitagsszenen ('Sebastian im Traum'):

Oder wenn er an der harten Hand des Vaters
Stille den finstern Kalvarienberg hinanstieg
Und in den dämmernden Felsennischen
Die blaue Gestalt des Menschen durch seine Legende ging,
Aus der Wunde unter dem Herzen purpurn das Blut rann.
O wie leise stand in dunkler Seele das Kreuz auf.

(Trakl [wie Anm. 7]. S. 52; vgl. auch "O! blauer Glanz, den sie in Scheiben weckt, / Umrahmt von Dornen, schwarz und starrverzückt" [S. 59]). Grass

niert über das Grün; der Tod triumphiert über die Liebe dank Glaube und Hoffnung. Der in der *Blechtrommel* paradoxerweise märchenhaft dargestellte Gestaltenwandel des Weihnachtsmannes zum Gasmann will als Märchen die Irrationalität dieses geschichtlichen Prozesses decouvrieren. Auch die Kröte, die in 'Krönung' auf dem Gasometer sitzt, gehört in diesen Märchen-Kontext: Ihr Atem ist ja das Gas, metaphorisch: der Geist, also die Kraft des Heiligen Geistes (Apg. 1, 8), die dem Gasometer entströmt, die Dynamis, die für den aufgefahrenen Christus hienieden Stellvertreterfunktion übernimmt.[14]

Von hier aus erhellt auch der nur scheinbar hermetische Gedichteingang:

> Blaue Flammen in den Zweigen.
> Atmen noch im Gasometer
> bittre Kiemen ohne Fisch.

Seine Pointe ist, daß alle Metaphern um die Trinität zentriert sind und alle trinitarischen Handlungsträger auf die Negation des Pfingstereignisses in der Kristallnacht hin orientiert werden: Das Alte Testament, so will es die das christliche Geschichtsbild begründende Typologie der paulinisch-augustinischen Tradition, verbarg in der *umbra*, im Schatten, die Wahrheit der Geschichte: Propheten haben dunkel die dahinter verborgene Wahrheit gekündigt; mit Christus brach das Reich des Sohnes an, er ist die wahre *imago* des Ziels, auf das die Geschichte zusteuert; aber erst die Zeit nach Christus, die Zeit

---

verschärft das theologische Problem — das gleichwohl auch bei Trakl anklingt: "Des Heilands schwarzes Haupt im Dornenstrauch" (S. 37) —, indem er Vater und Sohn gleichzeitig, in innertrinitarischer Prozession mit dem Geist, als gnostischen Todesgott exponiert.

14. Das Gedicht 'GASAG' bestätigt diese innertrinitarischen Spekulationen:

GASAG

> In unserer Vorstadt
> sitzt eine Kröte auf dem Gasometer.
> Sie atmet ein und aus,
> damit wir kochen können. (I, 41)

Die Kröte ist identisch mit dem "König", der im Gedicht 'Die Krönung' gekrönt wird — wie im Märchen vom Froschkönig —, der eine entsteht aus der anderen — , folglich ist Christus-König die Kröte, die das Dritte Reich versprochen und "ausgeatmet" hat.

der Kirche, ist die Zeit des Geistes, die Zeit der endzeitlichen Erfüllung, die Epoche der *veritas*. Seit Joachim von Fiore heißt diese das
"Dritte Reich". So ist auch in Grass' Gedicht das Dritte Reich, das
Reich des Geistes, kontaminiert mit seinen Vorgängern in der 'Heilsgeschichte': Im Dornbusch, "in den Zweigen" von Ex. 3, stellt sich
JHWH als Gott des jüdischen Volkes vor — "ich bin der, der für
euch da sein wird" — und gibt sich als Herr der Geschichte aus, der
gegen den Naturmythos der Nachbarvölker in die Schranken tritt und
den Exodus aus Ägypten in einen Zustand verspricht, der von Milch
und Honig fließt. Er ist der die Utopie begründende Vater-Gott, der
im feurig flammenden Dornbusch seine Epiphanie inszeniert ("blaue
Flammen in den Zweigen"). Ihm als Volks-Gott Israels folgt der
Sohn, auch er ein jüdischer "König", *Iesus Nazarenus, rex Iudaeo-
rum*, der "freitags" gekrönt wird — mit der Dornenkrone, geflochten
aus den Zweigen des Dornbuschs. Was vom Fisch übrigbleibt, sind
allein die Kiemen, die Atmungsorgane, die im Gasometer den Geist,
das Gas, aussenden. Auch Christus — erkennbar an dem Schibboleth
der Katakombenchristen und dem christologischen Symbol kat' exo-
chen, IXTHYS — , gehört in dieser Reduktion in eine Geschichte
falscher Geschichtshoffnung: des Exodus und des Eschatons. Denn
obwohl, nein: da Jesus, der Fisch — Grass' Vorbild Apollinaire nennt
ihn den "poisson divin" — von Liebe predigte, gehört er dem Tod:
"Nelken", Metaphern des Schlafes und des Todes, "blind" "von
Geburt her", säumen seinen Weg; Mandelduft des Gases, "Düfte"
überhaupt "aus des Todes linkem Ohr", sind mit dieser Nelken-
Metapher verbunden.[15]
Die faktische Geschichte hat den Ablauf im Jahr des Heils ver-
kehrt, Pfingsten, nicht Ostern, folgt auf Karfreitag. Die Epiphanie der
Taube ist die dritte dieses Gedichts. Warum die Taube Zeichen des

---

15. In der *Blechtrommel* hat sich Jan Bronski beim Familientreffen im
Uterus der Großen Mutter eine Nelke ins 'Knopfloch', sprich: in die "Ein-
schußlöcher seiner polnischen Postverteidigerbrust gesteckt" (II, 430). Hier
gehören Nelken auch zu den Zutaten der Aale, an denen sich Agnes Matzerath zu Tode ißt (vgl. II, 183), aber auch zu den "Backgewürzen" (II, 408),
die "vorweihnachtlich[e]" Assoziationen heraufbeschwören. Im Gedicht 'An
alle Gärtner' (I, 13) ist das Motiv verbunden wiederum mit denen der Kröte,
der Mandeln, des Gases. Auch im Barock fungieren die "Näglein" gelegentlich als Vergänglichkeitsmetapher: "Ros' und Nelken müssen bleichen; /
Wenn sie ihre Zeit erreichen" (Günther).

Heiligen Geistes ist, ist theologisch gar nicht so einfach zu beantworten und für Grass Anlaß ständigen Spottes und des Vergleichs mit der anderen Vogelspezies der Möwe (vgl. II, 189). Ob Grass bewußt war, daß die Taube wohl deshalb in die Geschichte Jesu geraten ist, weil ihr griechischer Name dem Zahlenwert von Alpha und Omega, Anfang und Ende der Weltzeit, entsprach, hängt von der Genauigkeit der Katechese ab, mit der ihn Pater Stanislaus in Düsseldorf instruiert haben mag. Zu wissen, daß der Geist eigentlich nicht an Pfingsten als Taube erscheint, sondern am Jordan bei der Initiation Jesu in seine Messiasrolle, bei seiner Adoption als Sohn des göttlichen Vaters (Mk. 1, 10), bedarf jedoch keiner tiefergehenden theologischen Instruktion. In dieser Theophanieszene am Jordan offenbart sich der Geist JHWHs in Gestalt der Taube und proklamiert zugleich die Gottheit des Sohnes. Diese Art von innertrinitarischen Vorgängen haben Grass immer wieder mit geradezu scholastischer Spekulationswollust erfüllt, so daß auch die familiäre Grundkonstellation der *Blechtrommel* aus ihnen zu erklären ist: Urmutter Anna (in der Lukanischen Kindheitsgeschichte die Mutter Marias) gebiert Agnes — Agnes gebiert Oskar, den zweiten Christus, gezeugt von Jan Bronski, dem Vater, assistiert von Matzerath, dem Vater im Geiste, und wird in ihrer Mutterrolle ersetzt endlich von einer 'wirklichen' Maria ("sie hieß nicht nur Maria, sie war auch eine"), mit der das Gotteskind später die inzestuöse heilige Hochzeit begehen wird: "Oh, Vater, Sohn und heiliger Geist!", seufzt Oskar, als er beginnt, das göttliche Kind zu spielen: "Es mußte im Geist etwas geschehen, wenn es um Jan, den Vater, nicht geschehen sein sollte. Es knöpfte sich Oskar, der Sohn, den Mantel auf [...] und rief auf dem Blech: Vater, Vater! bis Jan Bronski sich drehte [...]" (II, 156). Das "Dreieck" (II, 59) — drei "dreieinige, alleinseligmachende Trommelschläge" (I, 91) symbolisieren das Wort "Religion" — ist deshalb auch das Geheimnis der viereckigen Fotografien des Fotoalbums und die familiäre Skatrunde eine Variation der innertrinitarischen Prozessionen: Vater, Sohn und Geist, vermehrt um das weibliche Element der Muttergöttin.[16]

16. Wieder drängt sich eine Apollinaire-Reminiszenz auf — wieder aus dem *Bestiaire*, wenn es um die Faszination durch die 'Colombe' des Geistes und um diese Identifikation des lyrischen/narrativen Ichs mit deren zeugenden Funktion geht: "Colombe, l'amour et l'esprit / Qui engendrâtes Jésus-Christ, / Comme vous j'aime une Marie. / Qu'avec elle je me marie". (Guillaume Apollinaire: *Bestiarium*. Frankfurt 1978. S. 57.)

Ein weiteres Zwischenfazit: Die Christologie Grassens adaptiert die Unterscheidung zwischen historischem Jesus und kerygmatischem Christus, schätzt jenen wegen seines ethischen Programms und erachtet diesen als mißbräuchliche Konstruktion des frühen Christentums mit fatalen Folgen für die Ekklesiologie wie für die Profangeschichte. Er verwirft den Anspruch der Kirche, Heilsanstalt, sichtbares Zeichen einer Heilsgeschichte zu sein, und wirft der christlichen Historiographie und Geschichtstheologie das Dogma von der *historia tripartita* als geschichtsmächtigen Grund für die Fehlentwicklung der abendländischen Geschichte vor. Grassens Karfreitag hat einen Stellenwert in der Geschichte und Denk-Geschichte, der konträr zum spekulativen Karfreitag Hegels steht: An ihm kommt nicht der Geist zu sich selbst, sondern beginnt er seine Geschichte in der ihm äußersten Entfremdung.

4. 'Anton': Geschichte der Sinnlichkeit

Sein Gedicht über die Zentralfigur des östlichen Mönchtums, Antonius, den heroischen Büßer aus der ägyptischen Wüste, betitelt Grass 'Anton' — die Erwartungshaltung des Lesers von Anfang an falsch steuernd und die Rezeption irritierend. Auf 'gut Deutsch', also mit Initialbetonung, von Ánton zu sprechen, wenn ein heiliger Antónius gemeint ist, macht allein schon rhythmisch klar, wie Grass mit katholischem Heiligenkult umzugehen beliebt. Doch bewegt er sich mit seiner Ironie durchaus noch im Rahmen der katholischen Lizenz; denn Anton ist ein Heiliger des Volkes und der Folklore, Gegenstand auch humoristischer Darstellung und des volksreligiösen Spiels mit dem Heiligen. Durch seine Attribute, die Tiere, vornehmlich aber die Sau, gehört er zu den Heiligen, die, obwohl selbst von geradezu exzentrischer Spiritualität, dem Ländlich-Derben nahestehen und dem "Grob-Sinnlichen" durchaus Ventile boten — welche Ambivalenz der Grund ist für das große Interesse der Künste, vor allem der bildenden Kunst, an ihm. Er hat die Phantasie der Dichter von Baudelaire bis Flaubert und Trakl sowie die der Maler von Bosch bis Grünewald gereizt: In christlichen oder bürgerlichen Zeitläuften bot dies Sujet ausreichend die dialektische Möglichkeit, Sexualität ins bildliche oder sprachliche Bild zu bringen, wo sie verboten war; in der Moderne war es Anlaß, christliche Spiritualität auf ihren psychologischen Grund zurückzuführen: Baudelaire etwa gedenkt des tapferen Heiligen, wenn er über "femmes damnées", nämlich "vierges, démons, monstres, martyres" dichtet, von denen die einen da wandern, "où saint Antoine a vu surgir comme des laves / les seins nus et pourprés de ses tentations"; die anderen Bacchus', des Erlösers, Hilfe anflehn und die dritten "mêlent [...] l'écume du plaisir aux larmes des tourments" bei der Selbstgeißelung verbinden.[17] Und so lautet die geistesgeschichtliche Formel, die sich in Antonius konkretisiert: *aut Christus aut Dionysos*; es ist auch die Formel Hölderlins, Nietzsches, der Expressionisten auch, die — wie etwa Georg Heym — Erlösung vom weltfeindlichen Erlöser erflehten.

Der Eremit Antonius also, von je Paradigma katholischer Triebsublimierung und Standhaftigkeit gegen dämonische Versuchungskünste, die die Tradition immer wieder gleichgesetzt hat mit den Verführungskünsten des *instrumentum diaboli*, des Weibes, Antonius (der *inclusus*) mit der Sau ist Grassens Haus-Heiliger — wie seine Haus-Heilige neben Dorothea von Montau (der *inclusa*) die vielfingrige Magdalena ist, die zum Lustverlust konvertierte Hure.

Das ist auch der große Vorwurf Grassens gegen den Katholizismus, das Böse mit dem Geschlechtlichen identifiziert, Erlösung von Triebverzicht abhängig gemacht, folglich Natur entwertet, damit den einzig verbleibenden Wert im Grau der Wirklichkeit, Eros, unter Kuratel gestellt und der dualistischen Zerstörung der Natur Vorschub geleistet zu haben. Deshalb hat er sich zeitweilig, als er der katholischen Kirche noch angehörte, als "heidnischen Katholiken"[18] bezeichnet, indem er so nicht nur seinen Universalismus betonte, sondern in dieser *contradictio in adiecto* bewahren wollte, was ihm am Katholizismus noch bewahrenswert erschien: einerseits nämlich seine mythopoietisch-sinnliche, bildhaft-faßliche Ausdruckskraft, seinen Bonsens für Kult, andererseits seine potentielle ethische Triebkraft für gesellschaftliche Reformen. Gleichzeitig will diese Formulierung dem Katholizismus jene Verteufelung der Geschlechtlichkeit austreiben, worin Grass den wesentlichen Grund für die katholische Unheilsgeschichte erkennt.

Um zum Anfang zurückzukehren: Voltaire endet seine Metaphy-

---

17. Charles Baudelaire: *Die Blumen des Bösen. Les Fleurs du Mal.* Hg. von Friedrich Kemp. München 1986. S. 246.

18. So nach dem Bericht von Karl Ude (wie Anm. 1). Vgl. zum Zusammenhang auch Claudia Mayer-Iswandy: *"Vom Glück der Zwitter". Geschlechterrolle und Geschlechterverhältnis bei Günter Grass.* Frankfurt/Bern/New York/Paris 1991. S. 78ff.

sikkritik im *Candide* mit einem 'laboremus', Grass mit einem 'amemus'. Grass kennt den ganzen parfümierten Qualm der christlichen Verdrängung von Sexualität wie auch das Parfum des *paradis artificiel*, das der Enthemmer bedarf, um diese Geschichte der Verneinung von Sinnlichkeit zu negieren. Sein Evangelium von der Emanzipation des Fleisches, das, wenn es denn nicht barock ist, ebenso bei den Jungdeutschen, Feuerbach etwa, zu finden sein könnte, verkappt er gleich ihnen in der ironischen Negation des Gegenteils. Seinen "Anton", so belastet durch die christliche und nichtchristliche Tradition, bringt er überdies wie Flaubert in der *Tentation de Saint Antoine* mit einer anderen — weiteste Assoziationsfelder eröffnenden — Ikone in Kontakt, der des *unicornis*, des Einhorns. So daß der Verkappung wohl schon zu viel getan ist und manches Enigmatische ungelöst bleiben muß:

Anton

Ausgestreckt liegst du
auf deinen Brettern,
die niemand gehobelt hat.

Beide gehören
dem einen Wurm nur,
der schweigt oder pocht lautlos.

Unwiderlegbar
bildet die Spinne
auf dir einen rechten Winkel.

Nicht du zählst die Hufe,
dein Ohr, welches fremdgeht,
bewegt sich und zählt die Spechte.

Du, unaufmerksam,
mager und salzig
liegst unter rauhen Zungen.

Sie aber äsen,
höllische Ziegen,
die an karge Felder gewöhnt sind.

Bieten dir Euter,
protzen mit Zitzen,

doch du nimmst die Lippen zurück.

Siehst nicht die Fliege
in deinem Auge,
die ungesehen in deinem Auge ertrinkt.

Versuchung sind Tiere,
die du dir erfunden.
Fabelhaft sind sie und kommen näher.

In Anschaun vermehrt sich
das Einhorn und weiß schon,
wer heute dem Einhorn ergeben sein wird. (I, 68f.)

Todessymbolik führt den Heiligen ein: Bretter und Hobel sind Metaphern der Hinrichtung, ein *memento mori*, dem nur der Totenschädel fehlt, der nun einmal nicht zu den tradierten Attributen des Asketen zählt. Statt dessen ist der Wurm am Werke; "lautlos pochend" gewinnt er durch dies Oxymoron die Funktion der Totenuhr. Die liegende Position des Eremiten ist ikonographisch bekannt (etwa vom Isenheimer Altar); sie schließt Hieronymus Boschs "Versuchungen" des dort meist sitzend oder kniend meditierenden Antonius als figurales Vorbild aus.[19] Äußerlich statuarisch wie ein Säulenheiliger — man erinnert sich, daß der seiner Schuld sich erinnernde Oskar Matzerath zunächst als Stylit, eine Extremform des *inclusus*, geplant war —, scheint der Heilige in meditativer Versenkung Zentrum eines Stillebens zu sein, in dessen Statik die Spinne, Melancholie-Metapher nicht erst seit Baudelaires *spleen*-Gedichten, ihr fatal-rechtwinkliges Netz wirken kann. Das Pochen der Totenuhr (auch das eine romantische Metapher der Melancholie, entwickelt aus dem Stundenglas, das auch Dürers Sinnender beigegeben ist) setzen die Spechte fort — eine Tierart, die in Legende und Ikonographie des Heiligen freilich unbekannt ist.

Doch dann belebt sich die *nature morte* entschieden und gibt den Spielraum für ein Innendrama, eine Psychomachie, frei, die ins räum-

19. Zu einer von Boschs "Versuchungen" (heute in Lissabon) gehört die durch den gedeckten Tisch, der von verborgenen Dämonen präsentiert wird. Daraus ergibt sich wohl ein guter Grund, daß Grass nicht an Bosch gedacht hat: Er hätte sich die Chance, neben den anderen Todsünden auch diese, die *gula*, die Völlerei, ins Bild zu bringen, schwerlich entgehen lassen.

liche Umfeld des Meditierenden projiziert wird. Zunächst emanzipiert sich das Ohr, der akustische Sinn, es "geht fremd", hat also etwas Erotisches vor. Der Heilige beginnt, sein Unbewußtes aus der Hut zu entlassen. Noch ist unklar, ob die Hufe, die zu hören sind, den folgenden Ziegen oder — wie bei Flaubert — dem Einhorn gehören — oder gar Pferden, die in der Folklore eng mit Antonius verbunden sind, aber im Gedicht nicht erscheinen. "Unaufmerksam", da meditierend geteilt zwischen Bewußtem und Unbewußtem, "mager und salzig" — asketisch abgehärmt, eine Wüstengestalt —, kämpft der Abt mit den Ungetümen der Geschlechtlichkeit, die ihn umgeben. Bei den einen Malern sind es die scheußlichsten Dämonen, bei den anderen die Frauen selbst, wie sie der Teufel geschaffen, wieder bei anderen erscheinen die Dämonen in grotesker Verbindung mit tierischer Ungestalt. An diesem Durcheinander ist die gesamte christliche Tradition schuld, insbesondere aber der Heilige Athanasius mit seiner *vita Antonii*.

Meines Wissens aber wird der Klausner in Bild- und Wortkunst von Ziegen weder beleckt noch gesäugt. Zwar ist er der Patron und Protektor der Haustiere, aber ihn umgibt meist anderes Getier, die Sau in erster Linie. Wie kommen also die motivgeschichtlich ungewöhnlichen Ziegen in Grassens Antonius-Bild? Weil sie erstens — als dionysische Tiere — im Verein mit dem Bock berühmt sind für ihre Geilheit und weil sie zweitens so schön alliterieren mit "Zitzen" und "Zungen".[20] Drittens gibt es dann doch mindestens eine *tentatio Antonii*, auf der unter den Dämonen mit Tierköpfen auch ein Dämon mit Ziegenkopf zu sehen ist und nebst ihm einer — das ist das Verblüffendste an dieser Konstellation, weil das Einhorn noch weniger unter die tierischen Gefährten des Heiligen gehört — mit dem Kopf des *unicornis*: Gemeint ist ein Kupferstich Martin Schongauers (ca. 1470), und auch er findet sich in Colmar. Das Einhorn — viertens — ist übrigens in vielen Darstellungen, auch denen des Hôtel de Cluny, mit einem Ziegenbart verziert. So sagt doch der *Jüngere*

20. Auch im 'Meissner Tedeum' wird dem Lob auf die Jungfrauengeburt und die Erlösung die Antiphon entgegengesetzt: "Du, meiner Ziege leergemolkner Spott, / Schlag unterm Gürtel" (I, 267): "Schlag unterm Gürtel", versteht sich, meint da wieder die Leibfeindlichkeit, die mit der 'Erlösung' einsetzt — und also meint auch das Meckern der Ziege den Spott über diese Entwicklung.

Physiologus: "unte ist deme chitzîne gilich".[21] Daraus folgt zum einen, was die Suche nach der Bildvorlage angeht, daß Grass verschiedene Bildassoziationen, vornehmlich aus dem Colmarer Museum stammend, kontaminiert hat. Zum anderen wirft das "Tier, das es nicht giebt", vom Schluß her seinen Schatten auf die anderen Bildelemente zurück: So entsteht um den ruhend-meditierend-spirituellen Pol Antonius die Handlung mit den Ziegen, in der alle Sinne in ihren verschiedenen Funktionen, synästhetisch, verlebendigt werden, was in sich schon eine emblematische Verdichtung des anthropologischen Dualismus des Christentums bedeutet. Auch findet sich dieser Kontrast im Detail wieder: Nach dem Gehör, dem *auditus*, verlebendigt sich der *gustatus*, der Geschmackssinn, dann der *tactus*, der Sinn der Berührung; beteiligt ist wohl auch der *odoratus*, der Geruchssinn (das *basium*, dem sich der Heilige natürlich verweigert, aktiviert doch wohl Geruch und Geschmack). Folgt zuletzt der *visus*, das Gesicht, in der grammatisch so auffälligen Lesart: "In Anschaun vermehrt sich / das Einhorn". Diese Sinne, deren Lustgewinn sich aber Antonius standhaft versagt, sind nun nichts anderes als die Sinne, denen die Teppiche des Musée de Cluny, die Teppiche mit dem Einhorn, Bildgestalt verleihen.[22] Grass wird sie in seiner Pariser Zeit kennengelernt haben: Auch Oskar Matzerath läßt sich ja von einem Bildteppich mit dem Einhornmotiv, einer "Kopie nach älterer Vorlage", zum "Nachspielen" der "Fabel" von der Geburt Christi animieren (II, 462f.).

21. Zitiert nach: Detlef C. Kochan: Einhorn und Dame. Zur Legende des Einhorn-Fanges in der literarischen Tradition. In: Gerhard P. Knapp u. Gerd Labroisse (Hg.): *Wandlungen des Literaturbegriffs in den deutschsprachigen Ländern seit 1945*. Amsterdam 1988. S. 183-235, hier S. 198.
22. Nach seit den zwanziger Jahren gängiger und auch vom Museum selbst vertretener Auffassung gelten die Einhorn-Teppiche als Darstellung der Sinne: Die Dame hält dem Einhorn den Spiegel vor, sie spielt auf einer Orgel, sie berührt das Horn des Einhorns, sie genießt aus einer Schale eine Süßigkeit, und ihr werden Nelken auf einem Tablett präsentiert (vgl. Rüdiger Robert Beer: *Einhorn. Fabelwelt und Wirklichkeit*. München 1972. S. 184). Jochen Hörisch interpretiert sie als "quinque lineae amoris", als aus der römischen Antike bekannte Stufenleiter der erotischen Annäherung (*visus, allocutio, tactus, basium, coitus*), was aber nach seiner eigenen Auffassung die andere traditionelle Deutung nicht ausschließt, sondern unterstützt und forciert (vgl. "O dieses ist das Tier, das es nicht giebt". In: Jochen Hörisch (Hg.): *Das Tier, das es nicht gibt*. S. 185-236, hier S. 217f.)

So ergibt sich die schlichte psychoanalytische Summe: Die erotischen Tiere, die Antonius umdrängen, sind psychogene Halluzinatio-
nen, Projektionen seines Unbewußten, oder, wie Rilke das Einhorn
nennt: Tiere, die "es nicht giebt". 'Fabelhaft' haben die Tiere von
Beginn an die Phantasmen des Heiligen unterlaufen und sich in der
Fabel vom Einhorn konkretisiert. Alles von Antonius' brünstigen
Wünschen konzentriert sich in diesem erotischen Fabeltier; zeigt es
doch — allen kontroversen Deutungen der Tapisserien zum Trotz —
der phallischen Phantasie eines sublimierenden katholischen Heiligen
das Ziel seiner Wünsche, ob auf den Teppichen im letzten nun der
coitus oder ein Sich-Verweigern[23] dargestellt ist. Es macht ja gerade
die Faszination dieser Hieroglyphe aus, daß sie in ihrer Polyvalenz,
die die Tradition geschaffen hat, *sic et non* umgreift; daß sie gleichzeitig den *amor carnalis* konnotiert wie dessen christliche Sublima-
tion, die Christus zum *spiritalis unicornis* erklärt, weil er der *unigeni-
tus* ist, und die Szene im *hortus conclusus* zur spirituellsten aller Be-
gattungen umfunktioniert, der Überschattung Mariens durch den
Geist.[24]
Diese Ambivalenz darf — jedenfalls hier bei Grass — nicht
aufgelöst werden, weil sie den christlichen Dualismus wie in einer
Ikone enthält. Grass' Gedicht ist also kein Kontrafakt der Teppiche,
sondern enthält wie diese beides, Verzicht und Verzückung, nur mit
explizit nichtchristlicher Deutung. Der fabelhaft standhafte Einsiedler
projiziert, nur in der Phantasie höchst fruchtbar, eine Vermehrung der
Fabeltiere; seine unbewußte Kapitulation vor der Macht der fünf
Sinne folgt daraus: Das phallische Einhorn "weiß", wer — auch
unter den Asketen der ägyptischen Wüste — ihm ergeben ist. Wieder
werden wir an die Projektionstheorie gemahnt.
Die Konfrontation Antonius' mit dem Einhorn hat deshalb mindestens zwei Effekte: Zum einen verweist sie auf den christlichen
Sinnlichkeitsverzicht durch die *unio mystica* in allen seinen Dimensionen und auf deren psychoanalytische Pathologie, zum anderen
auf deren Grund, die Spiritualisierung Jesu zum weltfeindlichen
Logos und seine Deszendenz in die Welt durch die Geistzeugung.
Daß Grass sich für diesen Vorgang nicht einen beliebigen Heiligen
der *Analecta Bollandiana* aussucht, versteht sich von selbst: Es muß

23. Kochan (wie Anm. 21). S. 184.
24. Zu dieser Typologie paßt, daß in der Paradiesesszene Adam und Eva
nicht selten das Einhorn beigegeben wird.

Antonius sein, weil er als Vater des klassischen anachoretischen Mönchtums gilt.

Formal übt sich Grass in Sprachverzicht, ja Sprachaskese — und das bei einem Sujet, das zu voluptuöser Sprachmagie, zum dekadenten Mystifizieren, zum Durcheinander von Ekstasis und Geilheit geradezu einlädt: An einem motivgleichen Jugendgedicht Trakls, 'Der Heilige', hätte Grass solch eine genüßlich-dämonistische Sexualpathographie voll von schwülstiger Sinnlichkeit ablesen können.[25] Aber Grass verzichtet auf ästhetizistische Wonnen der Entlarvungspsychologie. Grass kennt auch nicht mehr das metaphysikkritische Pathos Feuerbachs oder Nietzsches, nicht mehr den ikonoklastischen Anlauf gegen die herrschende Staatsreligion, die Zynismen, die das 19. Jahrhundert brauchte, um sich der Frömmelei der Viel zu Vielen zu erwehren. Grass' Verse sind skelettiert wie der Körper des Asketen ("mager und salzig"), immer wieder ansetzend mit einem episches Ausschwingen versprechenden Hexameter, der oft durch Tonbeugungen gestört wird oder aber gleich versandet in der Wüste dürftiger Trochäen, während in den ersten beiden Zeilen selten mehr als ein *cursus planus* zustandekommt.

In seinem Asketen-Gedicht muß sich der Autor selbst einem Askese-Programm unterzogen haben, einer Askese ungleich ernsterer Art als der monachischen, einer ästhetischen Askese.

25. Vgl. etwa das motivgleiche Jugendgedicht Trakls, 'Der Heilige', das dieselben Muster kennt wie das Gedicht Grassens (Projektion der Versuchung durch eine neurotische Psyche, Verwechselbarkeit von Brunst und Inbrunst, Kontrast Christus-Dionysos):

Wenn in der Hölle selbstgeschaffener Leiden
Grausam-unzüchtige Bilder ihn bedrängen
- Kein Herz ward je von lasser Geilheit so
Berückt wie seins [...].
Doch formt nur qualvoll-ungestillte Lust
Sein brünstig-fieberndes Gebet [...].
Und nicht so trunken tönt das Evoe
Des Dionys, als wenn in tödlicher,
Wutgreifender Ekstase Erfüllung sich
Erzwingt sein Qualschrei: Exaudi me, o Maria!
(Trakl [wie Anm. 7]. S. 150)

Auf all' diese Wirkungsmittel und den allzu billigen Hohn verzichtet Grass.

5. 'Askese': lyrischer Metaphysikverzicht

Was für Voltaire und das 18. Jahrhundert der *désastre de Lisbon-ne*, ist für Grass und das 20. Jahrhundert Auschwitz (resp. Stutthof) — mit dem alles entscheidenden Unterschied freilich, daß das eine Werk der Natur, das andere Menschenwerk war. Das Vertrauen auf die Vernunft ist durch die Geschichte in unüberbietbarer Radikalität erschüttert: Der Tod, der Meister aus Deutschland, hat die Geschichte zur Schädelstätte gemacht. In der Vorlesung "Schreiben nach Auschwitz" hat Grass denn auch bekräftigt, daß er die Judenvernichtung nicht nur als "Zäsur", sondern als "Zivilisationsbruch"[26] erlebt habe und immer noch erlebe, der "kein Ende hat", als eine Zäsur, die sich weder politisch verkleistern lasse noch künstlerisch ohne dauernde Schadenfolge bleiben könne. Daraus ergibt sich für Grass eine permanente Kritik der "Funzel Vernunft" (V, 193) oder des Ohnmachtsbewußtseins in der "Tretmühle Vernunft" (IV, 561), das alle seine Vorstellungen begleitet. Diese "Kritik" ist zu verstehen in Kants Sinne als Untersuchung der Möglichkeiten der Vernunft, Definition ihrer "Grenzen" (IV, 556) und der sich daraus ergebenden 'Krisis der Vernunft': "Es galt, den absoluten Größen, dem ideologischen Weiß oder Schwarz abzuschwören, dem Glauben Platzverweis zu erteilen und nur noch auf Zweifel zu setzen, der alles und selbst den Regenbogen graustichig werden ließ".[27] So Grass, Kant parodierend ("ich mußte also das *Wissen* aufheben, um zum *Glauben* Platz zu bekommen"[28]), Kant gegen sich selbst verteidigend und gleichzeitig auf die poetischen Konsequenzen der skeptischen Epoché verweisend, den Glaubensverzicht, der alle munter-utopischen Regenbogen-Farben (seit Noah und auch in Dürers 'Melencolia I' Zeichen der Hoffnung) des poetischen Vor-Scheins grau einfärbt.

Aus der Einsicht in die Grenzen der Vernunft folgt ihre Selbstbegrenzung. "Kann es sein, daß Gott und der Zweifel identisch sind?",[29] soll Grass einmal gefragt haben. Wenn dem so ist, dann bedeutet diese rhetorische Zuspitzung doch allenfalls, daß vom *credo* nichts bleibt als das *dubito*, das über Descartes weit hinausgeht, weil

---

26. Günter Grass: Schreiben nach Auschwitz: In: *Die Zeit*. Nr. 9. 23.2.1990. S. 17-19, hier S. 19.
27. Ebd. S. 18.
28. Immanuel Kant: *Kritik der reinen Vernunft*. 2. Aufl. S. XXXI.
29. Vgl. Karl Ude (wie Anm. 1).

es in einem *ignorabimus* endet: Grass' Zweifel ist nicht, noch einmal
sei's betont, methodisch-transitorisch, sondern existentiell-permanent,
weil er in der Natur des Denkens begründet ist: nicht *dubito, ergo
cogito*, sondern *cogito, ergo dubito*. Die Geschichte der Aufklärung
findet deshalb ihr Ende, d.i. ihre Aufhebung, in der Philosophie des
Absurden, wenn sie so definiert wird, wie Camus es tut: "L'absurde,
c'est la raison lucide qui constate ses limites".[30] "Absurd" heißt
deshalb nicht: zu behaupten, daß es keinen Sinn gibt, sondern zu wissen, daß es nicht möglich ist, einen Sinn zu erkennen: Der Absurdismus gründet auf einem gnoseologischen, nicht auf einem ontologischen Problem.

Welche Folge sich aus der Zäsur "Auschwitz" künstlerisch ergibt,
das war vor allem für den jungen Grass die Frage: Zu verstummen
hätte sein Verbalisierungstrieb, den er einmal ganz unpoetisch mit
dem klinischen Phänomen der Diarrhöe verglich, nicht verkraftet;
positive Helden in ihrer "Eindeutigkeit" hingegen muteten ihn
"obszön" an in ihrem Antifaschismus und bleiben Brecht überlassen,
oder besser: den *auctores minores* des sozialistischen Realismus.
"Verstummen oder belehren" ist folglich eine falsche Alternative,
von der freilich die erste Möglichkeit Grass nicht wenig beeindruckt
haben muß.

In jenen Tagen hatte ja Adorno Hegels Satz vom Ende der Kunst
so radikalisiert und aktualisiert, daß er drei Totenklagen in Folge an-
stimmte: die auf die Lyrik (1949, in "Kulturkritik und Gesellschaft"), eine zweite auf die Tragödie (1951, in den "Minima
Moralia") und die letzte auf den Roman (1954, in Höllerers *Akzen-
ten*), alle drei zusammengefaßt in der Erklärung der Nichtigkeit der
traditionellen Kultur. Die erste nun endet mit jenem folgenschweren
Satz, den Grass dann auch vierzig Jahre später zitiert und der seiner
Vorlesung den Titel geliehen hat: "[...] nach Auschwitz ein Gedicht
zu schreiben, ist barbarisch, und das frißt auch die Erkenntnis an, die
ausspricht, warum es unmöglich ward, heute Gedichte zu schreiben".
Der ungestüme frühe wie der darüber skeptisch sinnende spätere
Grass, beide hatten recht, wenn sie diesen Adorno-Satz nicht wörtlich
nahmen. Ihn wörtlich zu nehmen hätte nicht im Sinne seiner Dialek-
tik sein können, der, wie der spätere Grass feststellt, durch die
"Zuspitzung" wirken wollte, der deshalb nur im "Umfeld", im

---

30. Albert Camus: *Le Mythe de Sisyphe*. Paris [60]1953. S. 70.

Kontext dieser "Verbotstafel"[31] zu finden war: "Noch das äußerste Bewußtsein vom Verhängnis droht zum Geschwätz zu entarten. Kulturkritik findet sich der letzten Stufe der Dialektik von Kultur und Barbarei gegenüber [...]".[32] Dann erst folgt jenes berühmte und folgenschwere Diktum — "nicht als Verbot", so Grass, sondern "als Maßstab", als "kategorischer Imperativ",[33] als Regulativ der poetischen Einbildungskraft. Es läßt sich nur verstehen als Antithese zum "Geschwätz", und Adorno hat es nicht zurückgenommen, sondern in seiner Intention zurechtgerückt, wenn er es 1966 wieder aufgreift: "Während die Situation Kunst nicht mehr zuläßt — darauf zielte der Satz über die Unmöglichkeit von Gedichten nach Auschwitz —, bedarf sie doch ihrer".[34] Ob der junge Lyriker die wahre Absicht Adornos geahnt hat, ob der spätere Essayist sie nur geahnt haben will, weil Adorno sie später so übersetzt hat, steht hier nicht zur Debatte, wird auch von Grass selber in der Schwebe gelassen, sondern die sich durchsetzende poetische Mitteilungskraft, die also das "Verbot", wenn es denn überhaupt eines war und als solches verstanden wurde, die das Verbot von Lyrik als eines Barbarismus — für selber barbarisch erklärte: "Geradezu widernatürlich kam mir Adornos Gebot als Verbot vor; als hätte sich jemand gottväterlich angemaßt, den Vögeln das Singen zu verbieten". Der junge Grass also wählt den dritten Weg — zwischen Verweigerung und "Geschwätz", zwischen Verstummen und dem von Adorno so gehaßten Hedonismus.

Doch untertreibt Grass einerseits kräftig, wenn er die Reaktion gegen Adorno "auf Unkenntnis, das heißt auf bloßem Hörensagen"[35] fußen läßt. Dessen geflügelte Worte waren damals zwar in aller Intellektuellen Munde und wären so auch Grass im Kollegengespräch immer zugänglich gewesen, aber er muß von ihnen auch Genaueres gewußt haben. Adorno erhebt zwar seine Stimme nur in einem Chor von Klageweibern, die die Krise oder gar das Ende des Romans bejammern, und steht nicht allein, wenn er die Paradoxie feststellt: "[...] es läßt sich nicht mehr erzählen, während die Form

31. Grass (wie Anm. 28). S. 17.
32. Theodor W. Adorno: Kulturkritik und Gesellschaft. Heute in: *Prismen*. Frankfurt/M. [3]1987. S. 7-26, hier S. 26.
33. Grass (wie Anm. 28). S. 17f.
34. Theodor W. Adorno: Die Kunst und die Künste. Heute in: *Ohne Leitbild*. Frankfurt/M. 1967. S. 168-192, hier S. 192.
35. Grass (wie Anm. 28). S. 18.

des Romans Erzählung verlangt".[36] Doch ist es wohl Adornos autochthone Begründung, die Eingang ins Proömium der *Blechtrommel* findet: "Auch habe ich mir sagen lassen", so der Erzähler, "daß es sich gut und bescheiden ausnimmt, wenn man anfangs beteuert: Es gibt keine Romanhelden mehr, weil die Individualität verlorengegangen [ist], weil der Mensch [...] eine namen- und heldenlose Masse bildet" (II, 9). Denn das ist ja der springende Punkt von neomarxistischer Kulturkritik: die von Hegel gescholtene Insuffizienz des kulturstiftenden oder kulturkritisierenden Subjekts zurückgeführt zu haben auf sein Vermitteltsein und seine Verdinglichung. Deshalb spezifiziert Adorno im genannten romantheoretischen Aufsatz: "Etwas erzählen heißt ja: etwas *Besonderes* zu sagen haben, und gerade das wird von der verwalteten Welt, von Standardisierung und Immergleichheit verhindert [...], als wäre der Weltlauf wesentlich noch einer der Individuation, als reiche das Individuum mit seinen Regungen und Gefühlen ans Verhängnis noch heran".[37] Die Romane, "die zählen", so Adorno, seien "negative Epopöen", die Abschied nehmen von der Bürgerlichkeit, dem Realismus, der vorfreudschen Psychologie, der Gegenständlichkeit, dem Objektivismus: Das dichterische Subjekt habe bei Kafka, bei Proust, bei Joyce, seine eigene Ohnmacht erfahren — und zugleich "die Übermacht der Dingwelt"; dabei auf eine Welt-Sinn verbürgende Theodizee verzichtet und deshalb eine "assoziative Dingsprache" entwickelt als Zeugnis eines Zustandes, "in dem das Individuum sich selbst liquidiert und der sich begegnet mit dem vorindividuellen, wie er einmal die sinnerfüllte Welt zu verbürgen schien".[38] *Die Blechtrommel* könnte — *ante partum* — nicht glänzender beschrieben sein denn als solche "negative Epopöe": als epische Verwirklichung der Liquidation des Subjekts im Faschismus — der Faschismus als letzter Versuch, "vorindividuell" der Geschichte Sinn zu unterlegen —, und auch als Prophezeiung der Ambivalenz des Romans, der z.B. Adornos Untergang des Subjekts zitiert, frecherdings aber Heldencharakter beansprucht und doch nichts anderes ist als ein von der Geschichte der losgelassenen Masse entmachteter und für übergeschnappt erklärter Kretin hinterm Guckloch der Irrenhaustür.

36. Theodor W. Adorno: Form und Gehalt des zeitgenössischen Romans. In: *Akzente* 1 (1954). S. 410-416, hier S. 410.
37. Ebd. S. 411.
38. Ebd. S. 415.

Nicht weniger muß Grass — wie gleichzeitig mit ihm Dürrenmatt in seinen *Theaterproblemen* — von den *Minima Moralia* beeindruckt gewesen sein, in denen "meines Wissens zum ersten Mal Auschwitz als Zäsur und unheilbarer Bruch der Zivilisationsgeschichte begriffen wird".[39] Geht es Adorno in diesen ja vor allem um das Hegelsche Problem der Nichtdarstellbarkeit von Geschichte, das diesen veranlaßte, der Reflexion den Primat vor der Kunst einzuräumen, und zwar so, daß Adorno aus der "Auslöschung des Subjekts" auf das Ende des Geschichtsdramas, überhaupt aufs "Absterben der Kunst", zurückschließt: Wo keine Männer, die Geschichte machen, so Adorno, fingiere die Bühne eine falsche Vermenschlichung durch Psychologisierung — der Fall Schillers; wo kein nachvollziehbarer Sinnzusammenhang, da auch kein sinnvoller Handlungszusammenhang, kein Plot oder nur dessen willkürliche Restauration — der Fall des Kunstgewerbes; wo undurchschaubare ökonomische und politische Strukturen die Geschichte determinieren oder gar das "reine Unmenschliche" des Faschismus triumphiere, sei eine lehrhaft-didaktische Reduktion auf das Parabelhafte gleichbedeutend mit Infantilismus — der Fall Brechts.

Diese Auslöschung des Subjekts wird dann am Labesweg Ereignis. Adornos Maxime: "Aufgabe von Kunst heute ist es, Chaos in die Ordnung zu bringen",[40] hat Grass mit seinem symmetriefeindlichen Trommlerchaoten in die Praxis umgesetzt und am eigenen Leibe erfahren, was das in der Restauration der fünfziger Jahre bedeutete. Adornos Verpflichtung des einzelnen auf einen allgemeinen Schuld- und Verblendungszusammenhang, der allein Auschwitz ermöglicht habe, und die Schuldbewältigung durch die Kunst sind Grassens Anliegen geblieben bis auf den heutigen Tag.

Untertreibt Grass also einerseits, wenn es um Adornos Gevatterschaft bei seiner frühen Epik geht, so tut er andererseits recht, wenn er Adornos Ge- und Verboten eine "Irritation" mit Langzeitwirkung einräumt, die als Widerstand Einfluß auf die Programmatik seiner frühen Lyrik geübt habe. Sinnigerweise zitiert Grass in seiner Vorlesung als Beleg für die adäquate Realisation des "Kategorischen Imperativs" Adornos sein Gedicht, das, obwohl erst 1959 publiziert, "eigentlich in meinem ersten veröffentlichten Buch unter dem Titel 'Die Vorzüge der Windhühner' [von 1956] hätte stehen müssen": ein

---

39. Grass (wie Anm. 28). S. 17.
40. Theodor W. Adorno: *Minima Moralia*. Frankfurt/M. 1951. S. 298.

durch und durch allegorisches Gedicht, das Adornos Bilderverbot wie
dem Bilderbedürfnis der Gesellschaft zugleich gerecht werden will
durch den gemeinsamen Nenner der "Askese", den Verzicht also auf
Metaphysik und theologisches Hoffnungsversprechen — doch proklamiert im Formgewande eben eines theologischen Aktes:

Askese

Die Katze spricht.
Was spricht die Katze denn?
Du sollst mit einem spitzen Blei
die Bräute und den Schnee schattieren,
du sollst die graue Farbe lieben,
unter bewölktem Himmel sein.

Das Ende der Eschatologie wird in Form einer Gottesrede proklamiert. Das "du sollst" wie die Redeeinleitung nehmen die biblischen
Formeln auf, die da verstanden wurden als theologaler Rahmen, in
den die Gesetze des Bundes aufgenommen, durch den sie legitimiert
und sanktioniert wurden: "So spricht JHWH, dein Gott". Das
Sprechen der Katze ist also nicht allein das Sprechen JHWHs, sondern auch das Gebieten des immer noch als "Gottvater" mißverstandenen Adorno, der den Vögeln das Singen verbieten will. Nur die
Form des Imperativs parodiert den mißverstandenen Adorno; sein Inhalt aber, Bräute und Schnee zu schattieren und unter bewölktem
Himmel zu sein, enthält nichts anderes als Adornos Metaphysikverbot
in der Kunst ("Du sollst dir kein Bildnis machen!") und gleichzeitig
den Anspruch an die Kunst, "Platzhalter der Wahrheit"[41] zu bleiben
(der Himmel ist nicht weggewischt, doch bewölkt); das ist Adornos
Dialektik aus den *Minima Moralia*, Wahrheit nicht mit Hoffnung zu
verwechseln und erst in der Negation von Wirklichkeit eine Gestalt
zu finden, "in der Wahrheit erscheint".[42] In der fünften Zeile der
Strophe gewinnt der scheinbare Widerspruch seine prägnanteste
Gestalt: "du sollst ... lieben": Was Kant am Liebesgebot Jesu für
unsinnig erklärt hatte, die Formulierung eines Sentiments in der Form
eines Sollensanspruches, ist hier seiner *Grundlegung zur Metaphysik
der Sitten* zum Trotz zum Postulat für eine komplette Existenzform
geworden. "Grau" heißt sie unter Verzicht auf das Weiß der

41. Ebd. S. 145.
42. Ebd. S. 123.

Schwarz-Weiß-Malerei.

Die Katze spricht.
Was spricht die Katze denn?
Du sollst dich mit dem Abendblatt,
in Sacktuch wie Kartoffeln kleiden
und diesen Anzug immer wieder wenden
und nie in neuem Anzug sein.

Was wie Kleider- und Ritualvorschriften der Thora klingt, integriert jetzt aber auch Formeln prophetischer Rede, die immer schon verquer stand zu der der Priester und Geboteerlasser: "Sack und Asche" signalisieren die Buße, die prophetische Metanoia-Predigt; das Grau der Asche dominiert auch hier. Das Immer-wieder-Wenden der Textilien läßt die Farben verdämmern, ob ins Kartoffelbraune oder Aschgraue, spielt keine Rolle; und das "Abendblatt" muß her, um die Blöße zu decken, weil es ja die Geschichte des Tages kondensiert hat im Grau des Gedruckten. Die Dienstanweisung für den Sprachkünstler lautet also: Dämpfung aller Farben ins Aschgraue, Demontage der geschichtlich-farbenfrohen Versprechungen, prophetische Kritik der Politik, aber ohne prophetische Vertröstungen auf einen Tag JHWHs:[43]

Die Katze spricht.
Was spricht die Katze denn?
Du solltest die Marine streichen,
die Kirschen, Mohn und Nasenbluten,
auch jene Fahne sollst du streichen
und Asche auf Geranien streun.

"Asche", das ist die 'Substanz', die von den Dingen übrigbleibt, wenn Saturn, der Kinderfresser, sich ihrer bemächtigt hat: "Nachts kommt Saturn / und hält seine Hand auf. / Mit meiner Asche / putzt seine Zähne Saturn. / In seinen Rachen / werden wir steigen" (I, 130). Übersetzt man alle Appellativa in ihren Farbwert, betrifft das Farbenverbot das Blau ("Marine"), das Rot ("Kirschen, Mohn und Nasenbluten") und das Schwarz-Weiß-Rot ("auch jene Fahne sollst du streichen"): von "blaustichiger Innerlichkeit" spricht Grass in seiner Poetikvorlesung; Preußischblau und das Blau des Jesus in der Herz-Jesu-Kirche sind hinzuzudenken wie auch das Gas-Blau der

43. Vgl. dazu Dieter Stolz: Der frühe Grass und die Literatur des Absurden. In: *Germanica Wratislaviensia* 82 (1988). S. 229-379, hier S. 290.

Gaskammern und die Blausäure; über Schwarz-Rot-Gold oder ehedem Schwarz-Weiß-Rot erübrigt sich jedes weitere Wort, ebenso wie
über Rot: Über alle diese grellen Töne soll die Adornofarbe Grau sich
ergießen. Blau = Katholizismus, Rot = Marxismus, Schwarz-Weiß =
Preußen, Schwarz-Weiß-Rot = Faschismus: das sind die "Schwarz-
Weiß-Farben", auf die die Askese Verzicht tun muß. An ihren
Farben sind sie zu erkennen: Glaube, Liebe, Hoffnung (vgl. IV,
289f.) und der ganze "christlich-marxistische Hoffnungsquark" (VI,
212). Grass, in seiner späteren Selbstexegese, muß noch einmal
wiederholt werden: "Es galt, den absoluten Größen, dem ideologischen Weiß oder Schwarz[44] abzuschwören, dem Glauben Platzverweis zu erteilen [...]".

Am Metaphysikverzicht Grassens in der Kunst hat Adorno wohl
entscheidenden Anteil. Er ist identisch mit dem Verzicht, die Geschichte des Nationalsozialismus zu dämonisieren: Wer Gott nicht
glaubt, kommt auch ohne die Dämonen aus: "[...] provoziert hat
mich die damals gängige, ja regierungsamtliche Dämonisierung des
Nationalsozialismus".[45] Auch die wichtige Grass-Formel 'sive faschismus sive catechismus' — "aufgewachsen bin ich zwischen /
dem Heiligen Geist und Hitlers Bild" (I, 209) —, die er für sich
dann erweitert durch ein 'sive marxismus', die 'Totalitarismusthese',
findet sich in den *Minima Moralia* so ausgesprochen, daß ihr gemein-
samer Nenner der Absolutheits- und Unbedingtheitsanspruch ist, bei
dessen Kritik Grass ja in seiner Reminiszenz Adornos Wort wieder
aufgreift: "[...] nicht umsonst ist Katholizismus nur ein griechisches
Wort für das lateinische Totalität, das die Nationalsozialisten realisiert
haben".[46]

44. Auch dazu Adorno: *Prismen* (wie Anm. 34). S. 24f.: "Die Welt
wird mit leerlaufenden Kategorien in Schwarz und Weiß aufgeteilt und zu
eben der Herrschaft zugerichtet, gegen welche einmal die Begriffe konzipiert
waren".

45. Grass (wie Anm. 28). S. 18.

46. Adorno: *Minima* (wie Anm. 42). S. 172; hier auch Hitler als
"Trommler", als Marionette des industriellen Potentials (S. 135) dargestellt,
hier die Beschwörung der "tödlichen Traurigkeit", die 1933 den "Rausch,
die Fackelzüge, die Trommeleien begleitete" (S. 132), hier die Definition
des Glücks als einer Angelegenheit des Seins, nicht des Habens: "Man hat
es nicht, sondern ist darin. Ja, Glück ist nichts anderes als das Umfangen-
sein, Nachbild der Geborgenheit in der Mutter" (S. 143); hier auch die

Drei Gebote der Katze waren es bisher; der Refrain in den Anfangszeilen hat ihre Zusammengehörigkeit signalisiert:

Du sollst, so spricht die Katze weiter,
nur noch von Nieren, Milz und Leber,
von atemloser saurer Lunge,
vom Seich der Nieren, ungewässert,
von alter Milz und zäher Leber,
aus grauem Topf: so sollst du leben.

Die Unterbrechung des formalen Schematismus der Katzen-Rede und
die Einführung der neuen Metaphernreihe mit Speisevorschriften —
die wiederum an die Gesetzlichkeit von Thora und Talmud gemahnt
— verspricht mehr als eine bloße *variatio* auf die anderen Farb-
Bilder zu sein: Zum einen zwar immer noch die Konnotationen des
Farbwertes Grau fortspinnend, wenn auch verschoben auf andere
Sinnesgebiete, meinen die genannten Innereien ja nicht nur die
scheinbar unansehnlichsten Bestandteile der vom Tier stammenden
menschlichen Nahrung, sondern zudem alle den Stoffwechsel und
Verdauungsvorgang, das "Verarbeiten" von Verdaulichem und
Unverdaulichem aus der Vergangenheit, meinen also die Arbeit des
psychischen Apparats im Umgang mit der Schuld, die Trauerarbeit
als vorzügliche Aufgabe des Schriftstellers, der, wie es später das
Tagebuch formuliert, "gegen die verstreichende Zeit" (IV, 400) schreibt.[47]

Verpflichtung für die Kunst: "Aufgabe der Kunst heute ist es, Chaos in die
Ordnung zu bringen" (S. 298).
    47. Woher rührt nun aber die Grass-Farbe Grau? Nur aus dem "spitzen
Blei" des Graphikers und seiner Schraffuren? Oder wäre es gar denkbar,
daß es in der Unzahl der Melancholiedichter ausgerechnet Baudelaire war
(unmittelbar oder durch Trakl vermittelt), der Grass den poetischen Wert des
"Grau und seine[r] unendliche[n] Abstufungen" (Grass [wie Anm. 28]. S.
18) lehrt? Ist es ein Zufall, daß Baudelaires *spleen*-Farbe Grau als Stellvertreter der Askese, des *ennui*, des Hoffnungsverzichts beim "bildsüchtigen"
(Grass [wie Anm. 28]. S. 17) Grass in vergleichbaren Motivsequenzen
wieder erscheint, nämlich denen von Regen/Wasserfäden ("Lamento bei Regen", Vorspiel der *Blechtrommel*), "Dürers Schraffuren als Dauerregen" im
Tagebuch (IV, 271), Gitter (des Lebensgefängnisses wie das des im Zeichen
des Saturn geborenen Oskar Matzerath), Spinnennetzen (in den Gedichten
'Credo', 'Anton') als Ausdruck einer hoffnungslosen Innenlandschaft:

Quand le ciel bas et lourd pèse comme un couvercle

Daß dieses Grau der neuen Dichter-Welt nach 1945 aus dem
Grauen fließt, bestätigt die letzte Strophe:

Und an die Wand, wo früher pausenlos
das grüne Bild das Grüne wiederkäute,
sollst du mit deinem spitzen Blei
Askese schreiben, schreib: Askese.
So spricht die Katze: Schreib Askese. (I, 98)

Zwar endet das Ganze, die Form wahrend, mit dem bestätigenden
"So spricht Gott, der Herr"; doch wird die Gottesrede der Bundes-
gesetze unterlaufen von einer anderen Bildlichkeit, der der Apokalyptik des Buches Daniel, dem des Menetekels, das Belsazar das Ende

---

Sur l'esprit gémissant en proie aux longs ennuis
Et que de l'horizon embrassant tout le cercle
Il nous verse un jour noir plus triste que les nuits.
[...]
Où l'Espérance, comme une chauve-souris
S'en va battant les murs de son aile timide
Et se cognant la tête à des plafonds pourris;

Quand la pluie étalant ses immenses traînées
D'une vaste prison imite les barreaux,
Et qu'un peuple muet d'infâmes araignées
Vient tendre ses filets au fond de nos cerveaux, [...].
(Baudelaire [wie Anm. 17]. S. 157f.)

Ist es ein Zufall, daß Grassens Dekalog des Graus und des Grauens von
einer Katze (einer grauen oder einer schwarzen?) gesprochen wird? Daß die
Katze *die* mystische Hieroglyphe Baudelaires ist, in 'Les chats', seinem
berühmtesten Gedicht, Zeichen der Kontemplation und sphinxhafter Weisheit, in 'Le chat' vor allem ein engelgleiches Tier, ja ein göttliches Wesen?
So würde sich auch erklären, warum die Gottes-Rede des neuen, hoffnungslosen Bundes nach Auschwitz der Katze in den Mund gelegt ist. Ist es doch
auch Baudelaire, der, von V. Hugo und E.A. Poe ausgehend, den Begriff des
Absurden ins 20. Jahrhundert vermittelt. Doch sind diese Motive im Angesicht der überwältigenden Bildtradition der Melancholiedichtung selbst in
ihrer Häufung zu unspezifisch. Es ist übrigens Victor Hugo, der in seinem
'Saturn'-Zyklus die traurige Muse in Zusammenhang bringt mit der *unio
mystica* der ägyptischen Mönche: "Il est certain aussi que [...] les saints qui
peuplaient la Thébaide austère / Ont fait des songes comme moi".

verkündete. Mit spitzem Blei (der Sonderform der spitzen Feder,[48] dem Schreibgerät der Schwermut) hält der Dichter der Negation seine Endzeitgesichte fest, wo sonst die Geschichten der Utopie ("das Grüne") wucherten: Melancholie, so definiert später das *Tagebuch*, heißt die Schwester der Utopie (IV, 558). Der Kyklos und der Chiasmus ("Askese schreiben, schreib: Askese") wie die *variatio* ("schreib: Askese"/"Schreib Askese") beschreiben die Zukunft der Poesie, nicht nur das Wort "Askese" zu predigen, sondern "Askese zu schreiben", schreibend zu praktizieren; schreibend Adornos Verbot zu widerlegen, Askese schreibend, sich der Melancholie zu erwehren: "Nur noch Askese, als Aufhebung der Melancholie, kann ihr [Dürers Zentralgestalt von "Melencolia I"] neue Utopie eingeben: ein durch Strenge und Zucht befriedetes Dasein". (IV, 565)

Ein letztes Fazit: Wenn Grass von "Askese" spricht, meint er das Gegenteil von dem, was das Christentum meint: nicht manichäistische Verteufelung der Sinnlichkeit zum Zwecke der Transzendierung des Irdischen, sondern Selbst-Bescheidung in der Immanenz mit der Intention der Reaktivierung einer integralen Sinnlichkeit: Die Gedichte 'Anton' und 'Askese' verhalten sich zueinander wie These und Antithese.

Trotz der Mißverständnisse und der Kolportagen ist der Poeten-Generation der fünfziger Jahre in Adorno ein Über-Vater erwachsen, der die *poésie pure* 'verbietet', den Hedonismus in der Kunst zügelt, zur Standortbestimmung und Verweigerung zwingt, und der Grass bewegt, einen dritten Weg zwischen Brecht und Benn, *litterature engagée* und *l'art pour l'art*, zu suchen, und von der vaterlosen Generation in der Rolle des Patriarchen-Gottes akzeptiert wird, mag er auch ein verkannter Patriarch sein: "Denn wenn ich auch mit vielen Adornos Gebot als Verbot mißverstanden habe, blieb dessen neue, die Zäsur markierende Gesetzestafel dennoch in jeder Blick-

---

48. Nietzsches 'An die Melancholie' beginnt mit einer solchen Pervertierung des Musenanrufs, die "Feder", die die Melancholie preisen soll, zu "spitzen". Nietzsche ist es dann auch, der in seinen Nachlaß-Notizen feststellt, daß die Melancholie im Gefolge der Aufklärung auftritt, als die Bedingung gleichsam für den Schopenhauerschen Pessimismus.

richtung sichtbar".[49]

Später, als die Studentenrevolution über Adorno hinweggerollt war, hat Grass Adorno immer auch von diesen Folgen her gesehen, die für ihn identisch waren mit den Geschichtssprüngen von Marxismus-Faschismus-Christentum, und nach den Ursachen gefragt; seinen Tod erklärt sich der Erzähler des *Tagebuchs* so: "[Adorno] Hielt das nicht aus. Wurde beim Wort genommen und durch Wörter verletzt. Hatte eine Krankheit, die anders hieß. Starb an Hegel und den studentischen Folgen" (IV, 450). Schon vorher, 1965, hatte er ihm den indirekten Vorwurf gemacht, ein Goldmund zu sein, der narzißtisch in seine wohlgesetzten Worte verliebt ist: "Er saß in dem geheizten Zimmer / Adorno mit der schönen Zunge / und spielte mit der schönen Zunge. [...] Es nahm Adorno seinen runden / geputzten runden Taschenspiegel / und spiegelte die schöne Zunge" (I, 259). Dieser Vorwurf der Sprachartistik und Unverbindlichkeit wie der des Hegelisierens sollen aber den entscheidenden Stellenwert in Grass' geistiger Biographie nicht verdunkeln: Adorno präparierte ihn für die Aufnahme Camus':[50] "Hier [im Zusammenhang mit Adornos Askese-Gebot] etwa datiert sich als Parteinahme, während des damals virulenten Streits zwischen Sartre und Camus, meine Entscheidung für Sisyphos, den glücklichen Steinewälzer".[51] So hat Adorno, dessen Publizität in der Literatur begann, als *Doktor Faustus*-Teufel und Korrepetitor Thomas Manns in musiktheoretischen Fragen, auch sein Epitaph in der Literatur gefunden.

Der Schlüssel für Grass' frühe Lyrik ist vor allem im *confinium* von Theologie, Philosophie und deren Verhältnis zur Zeitgeschichte, ihrem Standhalten gegenüber der Geschichte zu suchen: Diese Weltanschauungsgedichte, um nicht zu sagen: philosophischen Gedichte, enthalten Überprüfungen spekulativer Positionen, sie vollziehen ein

---

49. Grass (wie Anm. 28). S. 18; auch die Grundformel des *Tagebuchs*, "Stillstand im Fortschritt" (IV, 556), scheint mir durch Adorno inspiriert zu sein: "Dialektik im Stillstand" heißt es umgekehrt bei ihm (*Prismen* [wie Anm. 34]. S. 240). Das Bild von der Schnecke der Zeit schließlich findet sich auch in Heines schwarzgalligem Gruft-und-Grab-Gedicht 'Ruhelechzend'.

50. Zum Camus-Einfluß vgl. Stolz (wie Anm. 45); W.F.: *Die Blechtrommel* — ein schwarzer Roman. Grass und die Literatur des Absurden. In: *arcadia* 21 (1986). S. 166-189.

51. Grass (wie Anm. 28). S. 18.

ästhetisches Probedenken. Als solche sind sie Etuden für den *chef d'oeuvre.*

Die Methodik der Präsentation ist dem Christentum so tief verpflichtet, daß diese Verpflichtung jedem einleuchtet. Doch besteht sie nicht einfach in einer Negation christlicher Inhalte oder partieller Übernahme des verkappten katholischen Sensualismus, sondern auch und vor allem in der formalen Anwendung christlichen Geschichtsdenkens, ohne im mindesten *im* Sinne dieser Geschichtsinterpretation zu denken. Immer mehr drängt sich der Verdacht auf, daß Grass die Hermeneutik des Christentums so verinnerlicht hat, daß sich sein poetisches Sprechen mit ihr erklären läßt. Vielleicht bedürfen wir doch keines so umfangreichen theoretischen Überbaus, um Grassens Bildgebrauch zu verstehen: Der partizipiert an christlichen Anschauungsmustern, an mittelalterlich-barocker Allegorese ebenso wie an christlicher Geschichtshermeneutik nach Art und Weise der Typologie.[52] Aus diesem Verfahren würde sich dann auch ohne weiteres erklären lassen, warum die Wirklichkeitsbereiche bei Grass ihre konstituierenden Grenzen verloren haben und durcheinanderwirbeln: Die Lehre vom *quadruplex sensus*, vom vierfachen Sinn der Schrift wie der Natur, erlaubt ja die 'Überdetermination' ein und desselben Phänomens durch verschiedenste Konnotationen.

So ließ sich aus den hier ausgewählten frühen Gedichten eine nahezu komplette Metaphysik- und Theologiekritik rekonstruieren: eine Auseinandersetzung mit der Theodizee im Geist der europäischen Aufklärung; eine Theologie im engeren Sinne: die Toterklärung Gottes; eine Kritik von Christologie, Ekklesiologie und Eschatologie als Kritik des paulinischen Christentums und seiner Folgen; eine Kritik der dualistischen Anthropologie; und ein Programm der Metaphysik-Askese im postchristlichen Zeitalter. Das geistesgeschichtliche

---

52. Zur Adam-Christus/Eva-Maria-Typologie habe ich oben verschiedene Belege präsentiert; bezeichnend ist auch die typologische Umkehrung des AMEN in NEMA im 'Meissner Tedeum' (I, 271), insofern es dem typologischen Anagramm EVA — AVE formal entspricht und dessen heilsgeschichtliche Gültigkeit inhaltlich widerlegen will. "Amen" ist ja das Wort für das "Es kommt nichts mehr", für das Ende Heiliger Geschichten. Gottfried Keller hat übrigens in seinem "Landvogt von Greifensee" das Ende des Geschlechts der Herren von Landolt dadurch markiert, daß sie sich selbst in der Rückenansicht portraitieren und darunter ebenfalls das Wort "Amen!" in verkehrter Schrift schreiben lassen.

Panorama Grassens, das dabei berührt wird, reicht von Voltaire bis
Baudelaire, von Nietzsche bis Adorno, von Apollinaire bis Camus —
fürwahr das Panorama eines Europäers, eines Europäers, der an
Deutschland leidet![53]

---

53. Zum "Leiden an Deutschland" vgl. Dieter Stolz: "Denk' ich an
Deutschland in der Nacht..." Dreams and Nightmares of Günter Grass,
Writer and Citizen. In: Arthur Williams (Hg.): *German Literature at a Time
of Change 1989 — 1990: German Unity and German Identity in Literary
Perspective.* Bern 1991.
Dieter Stolz, dessen Dissertation zur Motivik in Günter Grass' Werken kurz
vor dem Abschluß steht, danke ich sehr für die kritische Durchsicht des Ma-
nuskripts und nützliche Hinweise. Insbesondere befriedigt mich, daß wir unabhängig voneinander zu vielen vergleichbaren Ergebnissen gekommen sind.

Manfred Jürgensen

Die Sprachpuppen des Günter Grass

> "Eine alte Geschichte will ganz
> anders erzählt werden."
> (Günter Grass: *Schreiben nach
> Auschwitz*)

'Aus dem Alltag der Puppe Nana', jene Gedichtsequenz aus der frühen Lyriksammlung *Gleisdreieck* (1960), ist nicht nur ein Parade-stück spielerischen Sprachwitzes, sie gibt sich zugleich als werkim-manente Poetik und damit als Schlüssel einer umfassenden Aus-druckslogik zu erkennen. Wie Kleist entwirft Grass eine Sprachma-rionette, deren künstliche Bewegungen verfremdende Perspektiven auf sozialhistorische Verhaltensmuster projizieren. Günter Grass ist auch als Schriftsteller Bildhauer geblieben; nicht nur in der Lyrik, wenn-gleich bezeichnend ist, daß er seinen Zugang zur Literatur im Gedicht gefunden hat. *Die Blechtrommel* (1959) ist von den Gedichtbänden *Die Vorzüge der Windhühner* (1956) und *Gleisdreieck* (1960) zeitlich und poetologisch eingerahmt. Dem zweiten und dritten Teil der Danzig-Trilogie, *Katz und Maus* (1961) und *Hundejahre* (1963), folgt die Lyriksammlung *Ausgefragt* (1967). Auch die Reden und Aufsätze *Über das Selbstverständliche* (1968) veranschaulichen auf program-matische Weise die gesellschaftliche Haftbarkeit[1] und politische Gegenständlichkeit dieser sprachbildlichen Verpuppungen. In ihrer künstlerischen Eigenständigkeit werden sie zum Ausdruck politischer Identifizierung: der Autor hält seine Ansichten für "selbstverständ-lich". Die Manipulierbarkeit seiner Bildpuppen gehört zu ihrer wesenseigenen Funktion.

Hühner, Vogelscheuchen, Nonnen, Amseln und Köche werden ma-

---

1. Vgl. die letzte Strophe des Gedichts 'Diana oder die Gegenstände': "Doch du, Diana, / mit deinem Bogen / bist mir gegenständlich und haft-bar". Günter Grass: *Gesammelte Gedichte*. Darmstadt/Neuwied 1971. S. 133.

rionettenhaft dargestellt — meist in choreographischer Komposition als Puppenballett. Nicht nur die in *Gleisdreieck* enthaltenen Zeichnungen und Gedichte geben die formale Struktur der Grassschen Bildersprache zu erkennen. Ähnlich dinghafte Verpuppungen finden sich im vorangegangenen und nachfolgenden Gedichtband. Bildverpuppung heißt hier die spielhafte Mechanisierung bestimmter Projektionen, Ansichten oder Standpunkte. Was Grass in "Diana — oder die Gegenstände" eine gegenständliche und haftbare Phantasie nennt, ist die Überprüfung vorgefaßter Meinungen und Ideen durch eine rollenhaft kritische Einbildungskraft. Sprachliches Handeln wird so zu einer vielschichtig beweglichen Kontrolle, die Poetik des Autors zur politischen Aussage. "Immer lehnte ich ab, / von einer schattenlosen Idee / meinen schattenwerfenden Körper verletzen zu lassen", lautet Grass' Absage an abstrakte Ideologien.[2] Seine sprachliche Karikierung Heideggers und geschichtsphilosophische Persiflierung Hegels sind in solchem Kontext zu verstehen. Grass' Sprachbild sucht keine metaphorische Umschreibung, sondern ist eine Konstruktionsfigur im Dienste historischer Konkretisierung.

Als sprachkritische Instanz schafft das Puppenbild die werkspezifische Perspektive des Grassschen Aussagestils — in der Lyrik, im Drama, im Roman und im Essay. Wie in der Bildhauerei orientieren sich Gegenstand und Widerstand aneinander (vgl. Grass' Aufsatz "Der Inhalt als Widerstand"[3]), sie fallen im künstlerischen Ausdruck zusammen. Dabei geht es dem Autor um die politischen Entsprechungen seiner Werkästhetik. Nicht nur in der Kunst herrscht eine widerständlich gegenständliche Identität, Grass erkennt darin ein Grundwesen der Gesellschaftspolitik. Seine Sprache inszeniert sozialhistorische Prozesse: in bildlicher Zerrperspektive beginnen die Puppen zu tanzen.

Richtig verstanden ist Grass' kunstphilosophischer Aufsatz "Die Ballerina"[4] somit zugleich ein politisches Dokument. Wie der Schreibvorgang (den Grass stets unter Bezug auf spezifische Themen mit problematisiert, so daß seine Romane ausnahmslos ihre eigene Entstehungsgeschichte erzählen) ist auch die Wahrnehmung des

---

2. Ebd.

3. Günter Grass: Der Inhalt als Widerstand. In: *Akzente* 4 (1957). H. 3. S. 229.

4. Günter Grass: Die Ballerina. In: Rolf Geißler (Hg.): *Günter Grass Materialienbuch*. Darmstadt/Neuwied 1976. S. 24-32.

DIE VOGELSCHEUCHEN (1)[5]

5. Alle Bilder in: *Gleisdreieck*. Neuwied/Berlin 1960. Wiedergabe mit freundlicher Genehmigung von Günter Grass.

DIE VOGELSCHEUCHEN (2)

DIE PUPPE NANA

ZAUBEREI MIT DEN BRÄUTEN CHRISTI (1)

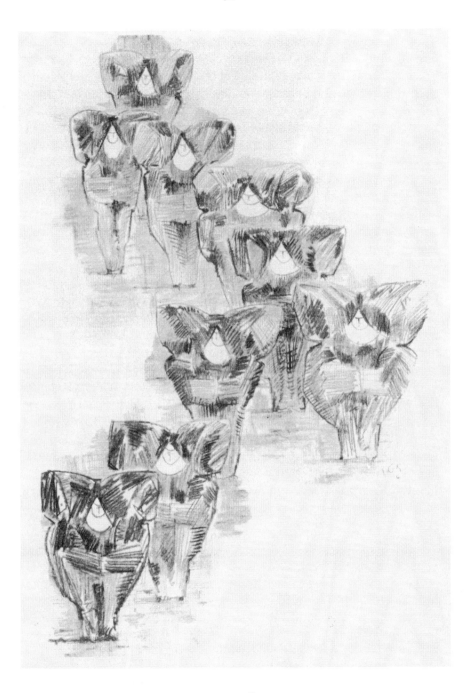

ZAUBEREI MIT DEN BRÄUTEN CHRISTI (2)

demokratischen Wahlrechts weder ein willkürlich subjektiver noch ein vorgeschrieben objektiver Ausdruck, sondern eine musterhafte Verpuppung politischer Vorstellungen.[6] Politik bedeutet Grass die Erkennbarkeit des Möglichen, das Wählen einer Vision gegenständlicher Haftbarkeit. Dem entspricht die Suche des Schriftstellers nach der Darstellbarkeit des Wirklichen, der vergegenwärtigenden Konkretisierung einer historischen Zeitgenossenschaft. Das künstlerische und politische Werk des Bundesbürgers Grass ist ein andauerndes Puppenballet, in dem eine gegenstimmige Sprache ihre widersprüchliche Aussage tanzt.[7] Wie Jonathan Swifts *Märchen von der Tonne*, *Gullivers Reisen* oder *Satiren*,[8] die sich vornehmlich im Gefolge der zeitgenössischen empirischen Philosophie der Mittel veränderter Perspektiven bedienen (Riesen, Zwerge, Pferde), artikuliert sich Grass' politische Aussage in bildformaler Perspektive. Fiktionale Gestalten, spielerische Erzählbilder und verfremdende Blickwinkel wirken als kompositorische Ausdrucksformen seiner Gesellschaftskritik. Grass' verpuppte Sprachfiguren widersetzen sich einer komplizenhaften Ästhetik des Realismus. Sie imitieren und duplizieren nicht, sondern dienen der Entschlüsselung gesellschaftlicher und historischer Vorgänge.

Bereits in seinem ersten Gedichtband *Die Vorzüge der Windhühner* warnt Grass vor dem "Glatteis" einer bloßen Widerspiegelung der Wirklichkeit ("Spiegel üben laut Natur"); Dinge und Ereignisse — auch Menschen — "können brechen überm Spiegel, / zweimal doppelt". Helfen kann da allenfalls "meiner Puppe trocknes Innen, / meiner Sanna Sägespäne".[9] Die Möglichkeit einer kritisch wachsamen Darstellung der glatten Welt ergibt sich aus transparent künstlicher Verzerrung. Der trommelnde Ich-Erzähler Oskar Matzerath ist

---

6. Vgl. die subjektive "Ausdruckstänzerin", "die Ballerina" und "die große, ganz und gar künstliche Puppe" in: "Die Ballerina". A.a.O. Entsprechend sollte auch der Titel der Reden, Aufsätze, Offenen Briefe und Kommentare *Über das Selbstverständliche* (Neuwied/Berlin 1968) gedeutet werden.

7. Vgl. Manfred Jurgensen: *Über Günter Grass. Untersuchungen zur sprachbildlichen Rollenfunktion*. Bern/München 1974.

8. Jonathan Swifts *Märchen von der Tonne* (1704), *Gullivers Reisen* (1726) und *Satiren* (dt. 1965).

9. "Lamento bei Glatteis". Günter Grass: *Gesammelte Gedichte*. A.a.O. S. 51.

nichts anderes als eine Grasssche Sprachpuppe, die über deutsche Geschichte berichtet, indem sie "Sägespäne" streut. Die literarische Erzählkonstruktion entwirft eine Darstellung der Welt 'von unten'. Im 'bösen Blick' der Zwergmarionette fallen Inhalt und Form sozial-kritisch zusammen; der Erzählprozeß selbst gestaltet sich in sprach-bildlicher Verfremdung als dämonisch-infantiles Trommeln. In seinem "Rückblick auf *Die Blechtrommel*"[10] bestätigt Grass: "Interessant alleine blieb die Suche nach einer entrückten Perspektive...".[11] Das sprachliche Zerrbild lehrt die Erzählpuppe tanzen. (Daß Grass in den Nachkriegsjahren vorübergehend als Schlagzeuger sein Brot verdient und 1954 die Schweizer Tänzerin Anna Margareta Schwarz geheiratet hat, verleiht seiner Werkästhetik eine zusätzlich authentische Dimen-sion.)

Auch im zweiten Teil der Danziger Trilogie, der Novelle *Katz und Maus*, leitet sich aus einer leitmotivischen Dingsymbolik ein Erzähl-tanz ab, der sich immer wieder zum redensartlich spielerischen Titelbild in Bezug setzt. Die Gegenstände werden fragwürdig, sie verstecken ihren wahren Charakter. Büchsenöffner verwandeln sich zu Ritterkreuzen, das "Ding da"[12] ist ein "Bonbon",[13] Mahlkes "Maus", Spielzeug der Katze des Erzählers, Schraubenzieher und Adamsapfel, Reliquie des Opfers und des Erlösers. 'Zauberei mit den Bräuten Christi' lautet ein Gedicht des Sammelbands *Gleisdreieck*. In *Katz und Maus* choreographiert Grass sprachbildliche Zaubereien mit Gegenständen, deren Bildgestaltung einen widerständlichen Erzähl-prozeß bedingt: Dingpuppen tanzen. In *Hundejahre* schließlich, dem letzten Teil der Danzig-Trilogie, erweisen sich die drei Erzählmario-netten Brauchsel (unter deutlicher Anspielung auf den 'Erzählfluß' Weichsel), Harry Liebenau (Ballettmeister, Augenzeuge und Opfer geschichtlicher Metamorphosen) und Walter Matern (vergilkundiger Autor einer höllischen Hunde-Chronik) erneut als zerrperspektivische Formvarianten einer widerständlich-kritischen Gestaltung verdrängter sozialhistorischer Verhaltensweisen. Eine Extremsituation solcher Bildverpuppungen findet sich in den explizit politischen Romanen

---

10. Günter Grass: Rückblick auf *Die Blechtrommel* oder Der Autor als fragwürdiger Zeuge. In: Rolf Geißler (Hg.): *Günter Grass Materialienbuch.* A.a.O. S. 80-86.
  11. Ebd. S. 80.
  12. Günter Grass: *Katz und Maus.* Neuwied/Berlin 1961. S. 172.
  13. Ebd. S. 173.

Örtlich betäubt (1969) und *Aus dem Tagebuch einer Schnecke* (1972).[14] In *Örtlich betäubt* wird das Bild buchstäblich zum Ding: der Fernsehschirm des Zahnarztes soll den Erzählerpatienten von seinen Schmerzen ablenken. In der traditionellen, konsumorientierten Ästhetik können Bildfolgen einer 'örtlichen Betäubung' entsprechen. Nicht umsonst rät Grass zum "Verzicht auf angerilkte Irgendwie-Stimmungen und den gepflegten literarischen Kammerton".[15] Der Roman läßt historisch präzise Bilder aufeinanderprallen; dem Dialog mit dem Zahnarzt werden fugenhaft Projektionen und Reflexionen des Patienten eingegliedert. Geschichtslehrer und Heilkundiger behandeln die Bewältigung des Schmerzes "im Bild und in Wahrheit".[16] Sie beziehen sich auf das gleiche "Raumbild"[17] der Praxis, Schauplatz der Diagnose und der Behandlung. "Die Tonwiedergabe ist vorzüglich", bemerkt der Erzähler mit hintergründiger Ironie, "gleichzeitig wird in der Praxis und auf dem Bildschirm in Zimmerlautstärke gesprochen".[18] Arzt und Patient werden von einer "geheime[n] Kamera"[19] verfolgt, sie sind erneut manipulierte Erzählpuppen, die narrative Bild-Dialoge austauschen. *Örtlich betäubt* ist ein Ballett der Meinungen, Überlegungen und Projektionen, dessen Sprachpuppen häufig nicht mehr als Figurenskelette ohne sinnliche Präsenz sind. Die gedankensprachliche Erzählprobe betäubt herkömmliche Vorstellungen von Handlung und Charakterisierung.

Aus dem Tagebuch einer Schnecke folgt solcher diskussionsfreudigen Sprachinszenierung, doch scheinbar gelingt es Grass hier, die rhetorischen Erzählabstraktionen dadurch zu überwinden, daß er rollenhaft autobiographisch schreibt. Aber selbst das Titelbild der Schnecke als Symbol eines allzu langsamen gesellschaftspolitischen Fortschritts wird in der Sprachrolle des Autors überstrapaziert. Es ist,

14. Vgl. Grass' Bemerkung in *Schreiben nach Auschwitz* (Frankfurt/M. 1990. S. 33): "Sobald ich mich [...] der Gegenwart, gar einem bundesdeutschen Wahlkampf bis ins provinzielle Detail zuwendete und mich überdies als Bürger politisch engagierte, war das Urteil fixfertig: Er sollte lieber bei Danzig und seinen Kaschuben bleiben". Sie bezieht sich konkret auf die Prosa *Örtlich betäubt* und *Aus dem Tagebuch einer Schnecke*.
15. Günter Grass: *Schreiben nach Auschwitz*. A.a.O. S. 19.
16. Günter Grass: *Örtlich betäubt*. Neuwied/Berlin 1969. S. 139.
17. Ebd. S. 138.
18. Ebd. S. 139.
19. Ebd.

als nähme der Bericht eines Wahlkampfes die Stimmabgabe wörtlich: der Roman besteht aus einer Sammlung von Stimmen, die ironisiert, verzerrt oder didaktisch zu Sprachmarionetten werden. Der Autor ist diesmal unmittelbar für das eigene Bild verantwortlich: seine Verpuppung ist sein Kunstwerk. Er notiert diesbezüglich: "Eine doppelt behauste Schnecke zeichnen".[20] Erwartungsgemäß lautet der Titel seines nächsten Prosabandes *Der Bürger und seine Stimme* (1974). Die politische und die künstlerische Stimme bleiben aufeinander bezogen. Darin liegt das Besondere der Grassschen Einbildungskraft, die gelegentlich zur barockhaft manipulativen Sprachdiktatur ausarten kann. Seine Dichtung bleibt die Kunst der Überredung.

Der Butt, erschienen 1977, markiert einen neuerlichen Höhepunkt im Erzählbarock des streitsüchtigen Autors. Grass' fiktionalisierte Ernährungsgeschichte ist in ihrer vielschichtigen, spielerischen Sprachverpuppung durchaus mit der *Blechtrommel* zu vergleichen: hier wie da herrschen eine märchenhaft-dämonische Infantilerotik, die konstruierte Logik gewagter Erzähler-Metamorphosen und historische Vergegenwärtigungen durch ein sprachkonstitutiv allzeitiges Ich ("Ich, das bin ich jederzeit"[21]). Die Sprache wird zum Zeugen; das entworfene Erzähl-Ich historisiert sich, es feiert sprachliche Wiedergeburten. "Denn ich war immer dabei".[22] Der in neun Monate eingeteilte Roman orientiert sich an strategisch plazierten Gedichten, die der fast siebenhundert Seiten langen Erzählgeburt als Nabelschnur dienen. Bereits am Ende des ersten Erzählabschnitts sucht der Autor in einem Gedicht programmatisch zu erklären, "worüber ich schreibe".[23] Die folgende Bildaufzählung soll den historischen, patriarchalischen Abstraktionen entgegenwirken. Wie immer integriert Grass seine Werkästhetik in den Erzählprozeß. Er antizipiert kritischen Einspruch gegen sein Konzept sprachlicher Verpuppung. Ihm seien "Grenzen gesetzt" worden, berichtet der fiktionale Augenzeuge, "als ich den Butt [...] zum Bild machte [...]. Das sei nur erfunden und deshalb nicht wahr".[24] Die Erzählstruktur des Romans ist eine verspielt-ritualistische Anrufung der so verführerischen wie strengen

20. Günter Grass: *Aus dem Tagebuch einer Schnecke*. Neuwied/Darmstadt 1972. S. 211.
21. Günter Grass: *Der Butt*. Darmstadt/Neuwied 1977. S. 9.
22. Ebd. S. 262.
23. Ebd. S. 14ff.
24. Ebd. S. 31.

Muse Diana,[25] die dem Künstler Bildverpuppungen als widerständliche Gegenstände eingibt. In solcher Sprachinspiration versinnlicht sich musterhaftes Verhalten und konkretisieren sich historische Abstraktionen. Ein wandelbar dinghaftes Ich wird zum Puppenspieler und zur Marionette.

Es gehört zum Charakter des Gesamtwerks dieses Autors, daß formal widerständliche Erzählverpuppungen von Gedichtsammlungen und politischen Aufsätzen abgelöst werden. Das einheitliche Anliegen der Grassschen Einbildungskraft wird so deutlich ablesbar: künstlerisches Wirken und staatsbürgerliche Verantwortung bestimmen einander, die Phantasie gibt sich als politisches Bewußtsein zu erkennen. Grass' programmatische Absicht läßt sich an der inhaltlichen und formalen Geschlossenheit seiner Werkfolge belegen. Titelbilder verwirklichen zentrale Gedankenkonzepte in gattungsbezogener Form. Auch das ist ein Puppenballett, narrativ, lyrisch, argumentativ formale Bewegung als gestalterische Reflexion. Das Gedankenbild lernt genreorientiert und sprachkonstitutiv 'tanzen'.

Musterhaft erscheint zwischen dem Romen *Der Butt* und der Erzählung *Das Treffen in Telgte* (1979) die Sammlung politischer Essays unter dem bezeichnenden Bildtitel *Denkzettel* (1978), zwischen der Erzählung (sowie einer Neuauflage der ersten drei Prosawerke als geschlossene Trilogie[26]) und den *Kopfgeburten* (1980) der Band *Aufsätze zur Literatur* (1980). Fiktion und Agitation, sprachbildliche Gestaltung und sozialpolitische Reflexion bleiben aufeinander bezogen: die staatsbürgerliche Motivation schafft sich ihr künstlerisches Motiv. "Zeichnen und Schreiben"[27] vereinen sich in der Stimmabgabe oder Ausdruckswahl dieser gesellschaftsorientierten Einbildungskraft. Auch der 1982 erschienene Band *Zeichnungen und Texte 1954-1977* muß so als Darlegung einer umfassenden Werkästhetik gedeutet werden. Nicht nur, daß die Sprache 'gezeichnet' bleibt, so wie die Zeichnungen als Sprachbilder wirken. "Wir könn-

25. Vgl. "Als sie mich traf, / traf ihr Gegenstand meine Seele, / die ihr wie ein Gegenstand ist". In: 'Diana oder die Gegenstände'. A.a.O.

26. Günter Grass: *Danziger Trilogie*. Darmstadt/Neuwied 1980.

27. Vgl. Günter Grass: *Zeichnungen und Texte 1954-1977 (Zeichnen und Schreiben Bd. 1)*. Darmstadt/Neuwied 1982, und Günter Grass: *Zunge zeigen*. Darmstadt 1988.

ten über die Inhalt gewordene Form reden [...]".[28] Grass hat für jedes einzelne seiner Werke ein kennzeichnendes Titelbild, eine zentrale Gedankenverpuppung entworfen. Die Gesamtfolge dieser graphischen Konstruktionen läßt die Inhalt gewordene Form Revue passieren, den Tanz der Bildpuppen deutlich werden. Daß sich viele Motive inhaltlich und formal überschneiden, sind ebenfalls Tanzbewegungen in der Choreographie des Gesamtwerks. (Besonders wirksame Vorwegnahmen und Rückbezüge finden sich in *Der Butt* und in *Kopfgeburten*.[29])

Joachim Kaiser hat *Das Treffen in Telgte* als "ein konkretes Märchen" bezeichnet.[30] Eher ist es wohl eine kodifizierte Geschichtsparabel des deutschen Literaturbetriebs. Die Treffen der 'Gruppe 47' werden analogisch rückverlegt (ein Schlüsselkonzept Grassscher Werkästhetik und Sozialgeschichte[31]) in das letzte Jahr des Dreißigjährigen Krieges — eine Entsprechungschiffre nicht zuletzt auch für die Konstituierung der Bundesrepublik Deutschland und der Deutschen Demokratischen Republik dreißig Jahre vor dem Erscheinen der Erzählung. Grass' Fiktion deutscher Literaturgeschichte verpuppt sich zur satirischen Parabel. *Das Treffen in Telgte* ist eine erzählerische Analogreflexion, in der historische Ereignisse zum Bild geraten. Wieder erweist sich das formfiktionale Ich des Berichterstatters als konstitutiver Zeuge, der kategorisch von sich behauptet: "Ich weiß, wer ich damals gewesen bin [...]".[32] Mehrfach bekräftigt er: "Ich weiß es".[33] Die tautologische Rhetorik seiner Frage: "Woher ich das alles weiß?", beantwortet er mit absolutem Sprachan-

---

28. Günter Grass: *Kopfgeburten oder Die Deutschen sterben aus.* Darmstadt/Neuwied 1980. S. 82.
29. Z.B. das Formbild der Schwangerschaft und die Satire auf den Feminismus, aber auch in ironisch gebrochenen, formfiktional autobiographischen Bezügen: "Wir feiern Silvester. Es soll gekochte Rinderbrust mit grüner Soße geben. Und davor Fisch: Butt natürlich." (In: *Kopfgeburten*. A.a.O. S. 179.)
30. Joachim Kaiser in der *Süddeutschen Zeitung*, zit. nach dem Umschlag Günter Grass: *Das Treffen in Telgte*. Darmstadt/Neuwied 1979.
31. Daher auch der Ausgangspunkt seiner Frankfurter Poetik-Vorlesung: "[...] will ich mich vorerst um Jahrzehnte zurücknehmen [...]". (In: *Schreiben nach Auschwitz*. A.a.O. S. 7.)
32. *Das Treffen in Telgte*. A.a.O. S. 181-182.
33. Ebd. S. 62.

spruch: "Ich saß dazwischen, war dabei".[34] Grass beruft sich auf das Zeugnis eines allzeitigen Erzählimpulses. Sowohl im individuellen Künstlertum als auch in der umfassenden literarischen Kultur ist dieser Antrieb "von Anfang an dabei".[35] Der Erzählprozeß selbst ist eine geschichtliche Instanz (so wie die Geschichtsschreibung immer auch Dimensionen kultureller Fiktionalität in sich trägt). Günter Grass prüft die Erzählbarkeit und (damit) die Wirklichkeit deutscher Geschichte. Wo es dabei zu sprachformaler Bildverpuppung kommt, konstruiert der Text einen Dialog mit der Gegenwart. In *Das Treffen in Telgte* schließt die werkästhetische Reflexion (angemessenerweise) eine geschichtliche Bildverpuppung als verdichtete Sichtbarmachung der Gegenwart ein: "Schon im Davor begann das Danach".[36] Der Erzählstil vermittelt Geschichte in bildlicher Perspektive. Trifft sich die deutsche Literaturgeschichte der Gegenwart (und darin inbegriffen die zeitgenössische politische Lage) mit dem erzählfiktionalen Treffen in Telgte? Grass' gegenständliche Muse Diana "läßt sich nur laufend [...] fotografieren", sie "trifft [...] die Gegenstände der Natur / aber auch ausgestopfte".[37] Der Leser soll den Bildcharakter geschichtlicher Entsprechungen erkennen. Gibt die folgende Schilderung als komponierte historische Analogie ein richtiges Bild deutscher Gegenwart?

> Einzig die Dichter, das sagte der Aufruf, wüßten noch, was deutsch zu nennen sich lohne. Sie hätten "mit vielen heißen Seuffzern und Zähren" die deutsche Sprache als letztes Band geknüpft. Sie seien das andere, das wahrhaftige Deutschland.[38]

Fiktional zitiert 1979, dreißig Jahre nach der Teilung Deutschlands, analogisch verpuppter Ruf nach nationaler und kultureller Einheit. Grass' geschichtlich orientierte Literaturpolitik entwirft Fiktionen bezugsimmanenter Gleichzeitigkeit. Seine Sprachmarionetten sind Ausdruck musterhafter Entsprechungen.

Auch in *Kopfgeburten* behauptet der Autor, "es hätten sich die deutschen Schriftsteller, im Gegensatz zu ihren separatistischen Lan-

---

34. Ebd. S. 114.
35. Ebd. S. 157.
36. 'Danach'. In: *Gesammelte Gedichte*. A.a.O. S. 260. Vgl. auch das Drama *Davor*. In: *Theater heute* 4 (1969).
37. 'Diana oder die Gegenstände'. A.a.O.
38. *Das Treffen in Telgte*. A.a.O. S. 92.

desherren, als die besseren Patrioten erwiesen".[39] Wie so oft bei Grass, greifen Gedanken und Motive auf mehrere Werke über. Rückbezogen rekonstruiert und erneuert er eigene werkgeschichtliche Reflexionen. So wiederholt er: "seit dem Dreißigjährigen Krieg sind einige innerdeutsche Rechnungen noch immer nicht beglichen".[40] Die Erklärung ist, gemeinsam mit seiner nochmals bekräftigten "These von den beiden deutschen Staaten einer Kulturnation",[41] ein deutlicher Rückbezug auf *Das Treffen in Telgte*, eine Art historisch-fiktionales Eigenzitat. Es ist die Besonderheit seiner "Vorstellung, die nicht Ruhe gibt", die ihn drängt: "ich könnte mich rückdatieren".[42] Der Gefahr einer Abtreibung der Geschichte setzt Grass literarische Kopfgeburten entgegen, die den Leser in die Werkgenese einbezieht. In der Formmanipulation seiner Sprache sollen "die Marionette und die Ballerina [...] eine Ehe eingehen".[43] Die Transparenz der Puppenkonstruktionen dient dem analogischen Mitdenken.

Mehr noch als zuvor entwirft Grass in *Kopfgeburten* erzählerische Film-Bilder. Längst hat er erkannt, daß "für den Film schreiben verführerisch ist".[44] Es erlaubt ein Puppenspiel von besonderer Konzentration: "Immer das Bild sprechen lassen", registriert der Autor, "[...] Bildsprache".[45] Er verschreibt sich nicht länger einem Sprachballett der Verzerrung (wie ehedem im Roman *Hundejahre*), sondern inszeniert eine Erzählchoreographie der kühnen Sprünge: "Einstellungen ergeben sich aus Einstellungen".[46] Das Titelbild "Kopfgeburten" motiviert sprachliche Gedankenspiele, die wiederum ausdrücklich "Zeitverschiebung(en)"[47] einbeziehen. Grass' Titelbildentwürfe geben sich als Erzählform zu erkennen.

Dem "Gespräch mit dem Butt"[48] folgt ein Dialog mit der "Rättin". Die bildliche Rede trifft auf wörtlichen, historischen und

39. *Kopfgeburten.* A.a.O. S. 18.
40. Ebd. S. 48.
41. Ebd. S. 172.
42. Ebd. S. 24.
43. Die Ballerina. A.a.O. S. 32.
44. *Kopfgeburten.* A.aO. S. 38.
45. Ebd.
46. Ebd.
47. Ebd. S. 14.
48. Günter Grass: *Die Rättin.* Darmstadt/Neuwied 1986. S. 158.

gesellschaftlichen Widerstand.[49] Die Einbildungskraft des Autors variiert, verwandelt und überführt sozialpolitische oder kulturhistorische Vorstellungen. Es sind "Reizwörter",[50] die Grass neue Erzählperspektiven finden lassen. In *Die Rättin* beschreibt er das im Titelbild verpuppte erzählerische Temperament im Augenblick seiner 'Stimmabgabe': "Ihr Nagen ohne Unterlaß, ihr Besserwissen. Nicht mehr ich rede, sie spricht auf mich ein".[51] Das Bild wird formal eigenständig, wo es sich als moralischer Erzählimpuls ausweist. Der Autor Grass bekennt sich zu einem für deutsche Schriftsteller besonders angemessenen Schreibstil, dem "Nagen ohne Unterlaß".

Oskars Trommeln, das Katz-und-Maus-Spielen, die Frühschichten, Briefe und Materniaden, die schmerzhafte Doppelbild-Konfrontation, die Schnecken- und Buttdialoge, die rückwärtige Schriftführung, die filmischen Reiseszenen und Gedankenbilder, das Nagen der Rättin: sie alle verbinden sich zu einem umfassenden Erzählakt, der stets seine eigene Entstehungsgeschichte in sich birgt. Der Erzählimpuls (der sich, je nach Anlaß, unterscheiden kann) gestaltet sich selbst zum Bild. Intimität und Provokation, Poesie und Witz, Verfremdung und Dokumentation verpuppen sich in widerständlicher Form. Oskar Matzerath feiert in *Die Rättin* als Videoproduzent Auferstehung; Autor und Erzähler wünschen sich "einen Film".[52] Im Selbstzitat lernen die Grassschen Bilder laufen. Das fortgesetzte Schreiben erweist sich als ständiger Neubezug auf vorangegangenes Erzählen: "Aus allen Wipfeln fallen Zitate".[53] In der kulturmythologischen, märchenhaften Herkunft andauernden Erzählens verpuppt sich die Sprache auf doppelte Weise: "Nie hatte ich die Rättin, von der mir träumt, so außer sich von Bild zu Bild springen sehen [...]".[54] Erzählen ist vorstellbare Geschichte, das Bild Formzitat der Wirklichkeit: Grass' Kunst ist wie die Realität eine Dynamik von Zitatsequenzen. In seiner Frankfurter Poetik-Vorlesung *Schreiben nach Auschwitz* (auch dieser Titel ein Zitat) präzisiert Grass den sprunghaften Charakter seines Sprachpuppen-Stils. Er beschreibt seine Position als deutscher Schriftsteller in geschichtlicher und werkästhetischer Konkor-

49. Vgl. Der Inhalt als Widerstand. A.a.O.
50. *Die Rättin.* A.a.O. S. 7.
51. Ebd. S. 10.
52. Ebd. S. 54.
53. Ebd.
54. Ebd. S. 142.

danz als "zwischen Widersprüchen seßhaft", als "Zeugen" eines bestimmten "Zeitraums".[55] Seine bildhafte Verpuppung (im Sozial-politischen wie im Kunstgeschichtlichen) orientiert sich am Gegenständlichen des Widerstands. Die Zerrbilder seiner Erzählmarionetten schaffen eine haftbare Perspektive der Wahrheitssuche. In gesellschaftshistorischem Bewußtsein und in künstlerischer Einbildungskraft will er sich "zurücknehmen",[56] "um Jahrzehnte"[57] oder Jahrhunderte. Seine Literatur sucht der (nicht nur) deutschen Geschichte als Mitwisser, Mittäter beizukommen. Der Akt des Erzählens schafft sich zeitgenössische Zeugen. Das Mitteilbare ist als Vorstellungsdrang von Anfang an da; über den Autor geschichtlicher Entwürfe heißt es in *Der Butt* programmatisch lapidar: "Ich, das bin ich jederzeit".[58] Die Verpuppung historischer Zeugenschaft ist eine ästhetische und eine moralische Konstruktion, eine mehr als formale Stimmabgabe des Autors. Wie schmerzhaft nah sich unbewältigte Geschichte und rückläufige Sprachkunst sind, beweist "die zwingende Gegenständlichkeit"[59] der Schuhe, Brillen, Haare, Leichen von Auschwitz und anderen Vernichtungslagern. Solche dinghafte Zeugenschaft "verweigert sich der Abstraktion".[60]

Im Kontext seiner künstlerischen Schul- und Lehrzeit spricht Grass von einer Bildhauerin, der er "bildnerische Provokationen"[61] verdankt. Er nennt sie eine "kriegsdienstverpflichtete [...] Lehrerin".[62] Kunst und Geschichte, Schönheit und Gewalt, kreativer Wille und Zerstörungsdrang bleiben auch autobiographisch aufeinander bezogen. Grass berichtet: "Ein Risiko eingehend, hat sie mich mit dem Werk der Künstler Kirchner, Lehmbruck, Nolde, Beckmann *entsetzt und gleichwohl infiziert*".[63] Mag sein, daß Entsprechendes für manche Leser der Grassschen Sprachkunstwerke gilt.

Immer wieder betont Grass die Dinghaftigkeit seiner Vorstellung. In seiner Poetik-Vorlesung verleiht er deshalb "der Steinmetz- und

---

55. *Schreiben nach Auschwitz.* A.a.O. S. 7.
56. Ebd.
57. Ebd.
58. *Der Butt.* A.a.O. S. 9.
59. *Schreiben nach Auschwitz.* A.a.O. S. 9.
60. Ebd.
61. Ebd. S. 11.
62. Ebd. S. 10.
63. Ebd. Meine Hervorhebung.

Steinbildhauerlehre"[64] besonders großes Gewicht. Nachdrücklich erinnert er daran, daß seine "künstlerische Entwicklung [...] übers Gedicht zur Schriftstellerei führte".[65] Es sind Dinggedichte besonderer Art, "zeichnend geprüfte Gebilde, die vom Autor Abstand nahmen und jene Selbständigkeit gewannen, die Veröffentlichung erlaubt".[66] Grass nennt sie "Gelegenheitsgedichte",[67] sicherlich in einem anderen als Goetheschen Sinn: die Verdichtung des Augenblicks soll sich dinghaft vergegenständlichen, das Bild zum provokativen Bezugspunkt bestimmter Deutungsversuche werden. Diese gezielte Bildstruktur unterscheidet sich von den ästhetizistischen Übungen des jungen Grass. Über seine frühe Lehrzeit berichtet der Autor: "Bildsüchtig nahm ich Bilder und Bildfolgen auf, ohne Plan, einzig auf die Kunst und ihre Mittel fixiert".[68] Die immer filmischer anmutenden "Bildfolgen" der letzten zwei Jahrzehnte erheben das sprachlich geformte Bild zum moralischen, sozialpolitischen und künstlerischen "Maßstab".[69] Als Bildhauer hat Grass den "Streit zwischen gegenständlicher und gegenstandsloser Kunst"[70] in seiner Lehrerwahl praktisch miterlebt. 1953 zieht er von Düsseldorf nach Berlin, der Schüler von Mages und Pankok wechselt über zu Karl Hartung. Programmatisch erklärt Grass: "In Berlin [...] wollten die Dinge benannt werden."[71] Die "Dinge" können auch Trümmer sein, geschichtlicher Abfall, "Stoffreste".[72] Das Grass-Ding bezeugt historische Gegenständlichkeit. Entsprechendes gilt für das Bild als sprachliche Verdinglichung. (Bezeichnenderweise verwendet der Autor auch Bilder für seine eigenen Werke, die Danzig-Trilogie nennt

64. Ebd. S. 11.
65. Ebd. S. 12.
66. Rückblick auf *Die Blechtrommel* oder Der Autor als fragwürdiger Zeuge. A.a.O. S. 81.
67. Ebd. Vgl. auch Günter Grass: Das Gelegenheitsgedicht oder — es ist immer noch, frei nach Picasso, verboten, mit dem Piloten zu sprechen. In: Theodor Wieser (Hg.): *Günter Grass.* Neuwied/Berlin 1968. (Porträt & Poesie 8.) S. 149-152.
68. *Schreiben nach Auschwitz.* A.a.O. S. 12f.
69. Ebd. S. 14.
70. Ebd. S. 20.
71. Ebd.
72. Vgl. das Ballett *Stoffreste*, Uraufführung Stadttheater Essen 1957 (Choreographie Marcel Luitpart). Auch hier dient der inszenierte Tanz der Veranschaulichung Grassscher Werkästhetik.

er eine "profane epische Zwiebel".[73]) Es kann daher kaum über-
raschen, daß *Hundejahre* Grass "nah geblieben ist":[74] das epische
Vogelscheuchen-Ballett ist eine radikale sprachbildliche Inszenierung,
eine musterhafte Veranschaulichung des werktheoretischen Essays
Die Ballerina. Der Roman ist in der Tat ein Schlüsselwerk
Grassscher Sprachverdinglichung.[75]

Grass' erzählerische Zeitgenossenschaft ist bildkonstitutiv, formfiktional allumfassend. Im *Tagebuch einer Schnecke* bemüht er sich
um eine Zeitgestaltung, die er später "Vergegenkunft"[76] nennt. *Der
Butt* dagegen versucht, "Geschichte rückläufig abzuspulen und die
Sprache in die Schule des Märchens zu schicken".[77] Fast wäre es
angebracht, ein solches Anliegen als Erzählmythologie zu bezeichnen.
Alle Grass-Romane suchen den Erzählimpuls selbstdarstellerisch zu
gestalten, weil er kulturell wichtiger als jedes vordergründige Geschehen bleibt. Die in spielerischer Transparenz forcierte "Rückdatierung
der 'Gruppe 47'"[78] in *Das Treffen in Telgte* oder der Entschluß des
Kopfgeburten-Autors, "den erzählenden Text zu utopischen Sprüngen
nötigen"[79] zu wollen, akzentuieren den Erzählprozeß als vorrangiges
Anliegen. Dabei tanzen Grass' Erzählpuppen in "Sprüngen", die
auch vom Leser große Agilität verlangen. Erst in ihrer (widersprüchlichen) Erzählbarkeit verwirklicht sich Geschichte. Ob getrommelt oder
gezischt, ob nagend oder fragend, ob rückläufig oder vorläufig: in
seinen Verpuppungen der Zeit fallen Historie und Fabel zusammen.

Grass' noch immer weitgehend verkannte Theaterspiele werden
von der gleichen werktheoretischen und sozialpolitischen Dimension
getragen. Auch sie stehen in einem vielschichtigen Bezug zur Lyrik
und Epik, zur Bildhauerei und zum Ballett. Nirgends zeigt sich der
Puppencharakter Grassscher Sprachfiguren deutlicher als auf der
Bühne. Erwartungsgemäß stehen seine Schauspiele dem Ballett
besonders nahe. Eines der frühen Ballett-Libretti trägt nicht zufäl-

73. *Schreiben nach Auschwitz.* A.a.O. S. 30.
74. Ebd. S. 32.
75. Vor allem in seinem "Vogelscheuchen"-Ballett (Haseloff/Brauxel).
1970 erscheint das Libretto zu dem Ballett *Vogelscheuche.* Vgl. dazu
Manfred Jurgensen: *Über Günter Grass.* A.a.O.
76. *Schreiben nach Auschwitz.* A.a.O. S. 33.
77. Ebd. S. 37.
78. Ebd. S. 39.
79. Ebd.

ligerweise den Titel *Stoffreste* (1957).[80] Grass' Bildpuppen tanzen in
formaler Geschlossenheit, die über Einzelgattungen hinausreicht. Wie
kein anderer deutscher Autor hat sich Günter Grass einer allumfassenden Verdinglichung des Wirklichen verschrieben. Seine Einbildungskraft dient einer Verwandlungskunst der Konkretisierung. Ihre zerr-
bildliche Gegenständlichkeit ist eine widerständliche Verpuppung der
Geschichte. Als sprachverdinglichter Marionettentanz wird der
historische Mensch erzählbar.

"Eine widerständliche Verpuppung der Geschichte": hier liegt
auch die Verbindung zur europäischen Dimension der Grassschen
Bild-Ästhetik. Mit radikaler Deutlichkeit gibt sie sich in dem Indien-
Buch *Zunge zeigen* (1988) zu erkennen: dort ist nicht nur vom
"Menschenbild"[81] und einem "Ins-Bild-Kommen"[82] geschichtlicher Ereignisse die Rede, der gegenwärtige Aufenthalt und Erzählbe-
richt des Autors werden gleichermaßen als "Bilder"[83] einer ver-
fremdenden Erfahrung ausgewiesen. Grass faßt seinen Aufenthalt im
Subkontinent wie folgt zusammen: "Er schrieb und zeichnete, zeichnete und schrieb".[84] Daß es dabei keineswegs um flüchtige Reise-
Impressionen geht, verdeutlichen wiederholt Bemerkungen wie:
"Überall Bilder, die einander nicht löschen dürfen".[85] Der Autor
entwirft vorgefundene Bilder: er verwandelt sie in einen Erzähltext
und zeichnet ihre widerständliche Verpuppung ("Beim Zeichnen...
spare ich [...] Platz aus für Kali [...] weil sie ins Bild paßt [...]"[86]).
Die Gegenüberstellung mit indischen "Bilderfluchten" ("die Pinsel-

---

80. Die Rolle der Bildpuppen in Grass' Ballett-Libretti zeigt sich auch
besonders deutlich in *Fünf Köche. Ballett.* 1959 und *Die Vogelscheuchen.
Ballett.* 1970. Das Theaterstück *Die bösen Köche* erschien 1961, der Gedichtband *Gleisdreieck* (1960) enthält mehrere Koch/Köchinnen-Bezüge —
im Text und als Zeichnung (vgl. *Zeichnungen und Texte 1954-1977.* A.a.O.).
Auch das frühe Theaterspiel *Hochwasser* (1960) hat deutlich kunstanschauli-
che Dimensionen, die im Zusammenhang mit dem Hochwasser an der
Weichsel, dem Erzählfluß der *Hundejahre* (1963), offenkundig werden. Im
Theater und im Ballett inszeniert Grass seine Werkästhetik der Sprachverpuppung.
81. Günter Grass: *Zunge zeigen.* Darmstadt 1988. S. 30.
82. Ebd. S. 15.
83. Ebd. S. 108.
84. Ebd. S. 109.
85. Ebd. S. 102.
86. Ebd. S. 87.

zeichnungen Zainul Abedins"[87]) akzentuieren die Andersartigkeit der Grassschen Sprach-Bilder. Der deutsche Autor gestaltet Bezugs- und Deutungsentwürfe, europabezogene Mahnskizzen. Er schreibt und malt "als Europäer, [...] verstört von indischen Wirklichkeiten".[88] Am Bild orientiert sich eine neu bestimmte Moral:

Vorsätze in schlafloser Nacht: zurück in Deutschland, alles, auch mich an Calcutta messen. Schwarz in schwarz am Thema bleiben. Nur noch Geschriebenes, Gezeichnetes öffentlich. (Allenfalls Wahlkampf um zwei drei Prozent.) Vorsätze [...][89]

Das Elend des Ausdrucks leitet sich aus dem Ausdruck des Elends ab: zukünftig will der Künstler Grass eine ethische und ästhetische Eigenständigkeit des Werks anstreben, nicht als Vertreter einer sich selbst genügenden Kunst, sondern als moralischen Skrupel eines rollenhaft privilegierten deutschen Autors. Das Bild soll den Personenkult und die moralische Didaktik ersetzen. Es wird, so meint Günter Grass, "viel schwarze Tinte vonnöten [sein], um diese Bilder zu halten [...]".[90] Seine Zeichnungen sind gleichermaßen Distanzierung wie Intensivierung, sowohl Flucht als auch Vergegenwärtigung. So ist die selbstkritische, aber auch werkästhetische Bemerkung zu verstehen: "Es ist, als wollte ich mich, weil mit Absicht weit weg, noch weiter wegzeichnen [...]. Es ist, als müßte ich mir zeichnend ins Wort fallen".[91] Gass unterscheidet also sehr deutlich zwischen "Wirklichkeitsbildern"[92] und seiner "Flucht in Zeichnungen".[93] Die seit langem praktizierte Werkästhetik dient einem Anliegen: "Zeichnend kann ich im Wirrwarr [...] Ordnung erkennen".[94]

Das Erkennen einer Ordnung ist für Grass gleichbedeutend mit Selbsterkenntnis, eine Grundhaltung der europäischen Aufklärung, mit der sich dieser Autor von jeher identifiziert hat. Das Sprachbild bleibt dabei der stilistische Selbstausweis des Autors: "Die vielen Kühe vor dem Bahnhof: gehörnte Geduld"[95] gibt sich als charakteristische

87. Ebd. S. 76.
88. Ebd. S. 67.
89. Ebd. S. 61.
90. Ebd. S. 57.
91. Ebd. S. 54.
92. Ebd. S. 51.
93. Ebd. S. 54.
94. Ebd. S. 49.
95. Ebd. S. 45.

Ausdrucksform zu erkennen. Entscheidend wird dieser bildhafte Sprachgebrauch im kulturellen Selbstverständnis des deutschen Künstlers im gesamteuropäischen Kontext. In einem *Spiegel*-Gespräch mit Willie Winkler, veröffentlicht im November 1989, erklärt Grass lapidar: "Wir müssen uns neu definieren".[96] Die Eigenbestimmung Deutschlands wird einen erheblichen Einfluß auf die Zukunft eines vereinigten Europas ausüben. Selbstverständnis und Selbstverständliches: für Grass bleiben die Begriffe gerade auch im europapolitischen Bereich aufeinander bezogen. Wenn er davon spricht, "den Polen gegenüber das Selbstverständliche [zu] tun",[97]so leitet sich sein kategorischer Imperativ aus einem deutschen sozialdemokratischen Selbstverständnis ab, das sich zu einem "westeuropäischen"[98] Sozialismus in Beziehung setzt. Immer wieder klagt Grass darüber, "wie sehr es den Deutschen an Selbstverständliches mangelt".[99] Unter solchem Bezug heißt es in seiner Rede "Die kommunizierende Mehrzahl" (29. Mai 1976 vor dem Presseclub Bonn) "Selbstverständliches soll zur Sprache kommen [...]".[100] Grass' unmittelbarster Beitrag zu einem (nicht nur westlich orientierten) Europa ist eben die aktive Mit- oder Neugestaltung eines gewandelten Deutschland-Bildes, sein anhaltender Aufruf zu einer nicht nationalistischen Selbsterkenntnis, sein Appell an eine deutsche Kulturnation.[101]

So warnt Günter Grass davor, "verzeichnete Bilder als Wirklichkeit"[102] zu deuten. Er bekennt sich zu einer "Vernunft im Sinne der europäischen Aufklärung",[103] die er durch Bilder und Gegenbilder, Vorbilder und Verzerrungen zu bestimmen sucht. "Aber haben wir jenes Bild verstanden", fragt er in seiner Rede zum 1. Mai 1970, "das den Bundeskanzler der Bundesrepublik im ehemaligen Konzentrationslager Buchenwald zeigte?"[104] Im Wahlkampf 1965 bezieht er sich auf die Ostberliner Siegesparade der Volksarmee und

96. Günter Grass: *Deutscher Lastenausgleich. Wider das dumpfe Einheitsgebot. Reden und Aufsätze.* Frankfurt/M. 1990. S. 15.
97. Ebd. S. 38.
98. Ebd. S. 55.
99. Ebd. S. 102.
100. Ebd. S. 90.
101. Ebd. S. 15.
102. Ebd. S. 67.
103. Ebd. S. 71.
104. Ebd. S. 76.

bemerkt: "Insgesamt ein Bild, das vergessen machte, daß dieser Möchtegern-Staat sich 'Friedenslager' nennt".[105] Diesen "Wirklichkeitsbildern"[106] stellt er die eigenen sprachbildlichen Ausdrucksformen an die Seite: "Es gibt keine springenden Schnecken".[107] Er meint, in Deutschland "das Bild einer mäßig besorgten und nur unterschwellig hoffnungsvollen Nation"[108] zu erkennen. Dieser gezeichneten Wirklichkeit sucht er mit eigenen Sprachbildern kritisch beizukommen, denn "der Vernunft [...] mangelt es an [...] fotogener Symbolkraft".[109]

Auch in seinem Dialog mit Françoise Giroud, *Wenn wir von Europa sprechen* (1989), klagt Grass über das "Unvermögen" der Deutschen, "sich selbst zu definieren".[110] Es geht Grass darum, "Europa als Ganzes zu begreifen [...], um ein Gegengewicht zu schaffen gegen die Machthybris [...]".[111] Seine vorgefundenen und seine selbstentworfenen Schreib- und Malbilder wollen einer ganzheitlich europäischen Kultur dienlich sein; sie sollen identifizieren, ausweisen, warnen, denken, vor allem aber Beziehungen herstellen zwischen den einzelnen Teilen, aus denen sich Europa zusammensetzt. Es ist sicherlich auch der Versuch, die Angst vor einer sich wandelnden Wirklichkeit zu bannen (vgl. "Wenn man vor lauter Angst die europäische Position nicht wahrnehmen will [...]"[112]), Gedanken und Ideen im Bilde zu gestalten, um so eine Auseinandersetzung im Rahmen des Kunstwerks zu ermöglichen. Auch als Autor benutzt Grass die Kollektividentität "wir als europäische Sozialisten",[113] wobei er seine Werkbilder argumentativ verwendet. So wie er die Schreckensbilder in Bengalen und anderswo aufzeichnet, sind seine Sprach- und Zeichenpuppen Ausdruck "schrecklicher Erfahrungen" in Europa.[114] Eben darin äußert sich die Idee seiner

105. Ebd. S. 114.
106. *Zunge zeigen.* A.a.O. S. 51.
107. *Deutscher Lastenausgleich.* A.a.O. S. 84.
108. Ebd. S. 60.
109. Ebd. S. 61.
110. Günter Grass/Françoise Giroud: *Wenn wir von Europa sprechen.* Frankfurt/M. 1989. S. 7.
111. Ebd. S. 16.
112. Ebd. S. 36.
113. Ebd. S. 124.
114. Ebd. S. 119.

umfassenden Gestaltung:

> Die ganze Europa-Idee leidet darunter, daß die eigentliche Idee ver-
> lorengegangen ist. Ihre Grundlage waren gemeinsame schreckliche
> Erfahrungen in zwei Weltkriegen, mit Folgen bis in jede Familie hinein
> [...].[115]

Aus dieser "Idee" nährt sich der Grasssche Bildstil. Gerade das
ausführliche Gespräch mit Françoise Giroud zeigt, wie beschränkt die
gewöhnlichen Sprachaustausche auch bei engagierten Künstlern und
Publizisten bleiben können. (Der Leser vermißt immer mehr die
Bildhaftigkeit der argumentativen Dialoge des seinerseits mißglückten
Romans *örtlich betäubt. Wenn wir von Europa sprechen* mutet wie
die Transkription einer Fernsehdiskussion an.) Dagegen liest sich
Grass' *"Werkstattbericht" Vier Jahrzehnte* (1991) wie das allumfas-
sende Bekenntnis eines Künstlers, dessen Werk sich von jeher an
europäischer Bildhaftigkeit orientiert hat. Freilich schließt das eine
gezielte Übertragbarkeit ein, so wenn in Calcutta *Die Plebejer* auf
einer Dachterrasse geprobt wird und die spezifische Bedeutung des
Grassschen "Selbstverständnis" und des entsprechenden "Selbstverständlichen" erneut offenkundig wird:

> Die Selbstverständlichkeit, mit der das Ensemble den Aufstand der
> ostdeutschen Arbeiter aus dem Jahr '53 auf die kommunistisch regierte
> Metropole Calcutta übertrug. Wie sich Calcutta und Berlin, die deutsche
> und die bengalische Teilung einander näherten.[116]

Es ist das europäische Anliegen der Aufklärung, das Grass in Indien
erklären läßt: "Niemals zuvor ist mir das Zeichnen, sobald die
Wörter versagten, so notwendig gewesen".[117] Die Ratten seines
vorangegangenen Romans trifft er in Calcutta wieder: "Ich freue
mich, meinem Getier zu begegnen, und zeichne [...]".[118] *Zunge
zeigen* ist ein Buch der andauernden Vergleiche. So montiert Grass
gleichsam die Slumhütten Calcuttas auf die Stadtszene Frankfurts, um
zu verdeutlichen: "die Schönheit [wäre] sogleich auf Seiten der Hütte
und auch die Wahrheit, die Zukunft sogar [...]".[119] Auch der indische Revolutionsführer Subhas Chandra Bose ("auch Netaji, der

---

115. Ebd.
116. Günter Grass: *Vier Jahrzehnte. Ein Werkstattbericht.* A.a.O. S. 311.
117. Ebd. S. 295.
118. *Zunge zeigen.* A.a.O. S. 24.
119. Ebd. S. 35.

verehrte Führer genannt"[120]) wird zur deutschen und europäischen
Geschichte in Beziehung gesetzt: er ist dem Autor "vor Stalingrad
oder kurz danach ins Bild gekommen".[121] Das Bild des verehrten
"Führers" und Faschisten gerät in Grass' Händen zum musterhaften
Vergleich.

So sind die Grassschen Sprachpuppen verfremdende Ausdrucks-
formen einer europäischen Aufklärung, mit denen der deutsche Autor
eine übernationale Erzähl- und Gestaltungsperspektive entwirft. Sein
Bekenntnis zur europäischen Sozialdemokratie motiviert die Warn-
und Wunschbilder der Gedichte und Romane, der Wahlreden und der
Grafik, der Essays und der Theaterstücke. Der Bürger einer deutschen
Kulturnation hat sich eine Sprache der Gegenständlichkeit und
Haftbarkeit, der Eigendefinition und Puppenhaftigkeit geschaffen, die
Kritik am Nationalsozialismus als Form eines mangelnden Selbstver-
ständnisses übt — so wie der Künstler Grass Vergleich-Metaphern als
"Alleskleber"[122] diskreditiert.

120. Ebd. S. 15.
121. Ebd.
122. Günter Grass: Schreiben. In: *Gesammelte Gedichte*. Darmstadt/Neu-
wied 1971. S. 171f. ("Vergleiche und ähnliche Alleskleber. Diese Geschichte muß aufhören".)

Norbert Honsza

"Ich sag es immer, Polen sind begabt". Zur ästhetischen Motivation bei Günter Grass

Es scheint heute fast eine Zumutung und zugleich eine Herausforderung zu sein, zum Grassschen Werk als Opus noch etwas Sinnvolles und "Entdeckendes" hinzufügen zu wollen. Sinn und Zweck literarischer Produktion haben sich in den letzten Jahrhunderten, trotz riesiger Fortschritte auf anderen Gebieten, kaum geändert. Das Wort "Werk" ist in der Geschichte der Kunst und Literatur genügend strapaziert worden. Wir begehen indes keine Fahrlässigkeit, die Produktionen von Günter Grass als Kunstwerke zu bezeichnen, obwohl wir uns bewußt sind, mit dieser selbstverständlichen und schlichten Äußerung eine Kontroverse auszulösen, zumal es Grass persönlich und seinen Werken an Widersachern niemals fehlte, wobei wir von diffusen und bewußt verfälschenden Phrasen überhaupt nicht reden wollen. Da zeigt Heinrich Vormweg viel Mut, wenn er sagt, daß das Grasssche Schaffen "geradezu ein Bollwerk — ein Bollwerk gegen die totale literarische Verödung und zugleich gegen eine allzu flotte Remythisierung des Werkbegriffs" ist.[1]

Die vitale Sprache, die Bildkraft, das präzise "Handwerk" im besten Sinne des Wortes, das sind nur einige Merkmale der Grassschen Prosa. Eine weitere Aufzählung könnte uns zu einer phrasenhaften und lächerlichen Apotheose hinreißen. Die Werke von Grass erlauben auch ästhetische Selbsterkenntnis, wobei man die vieldimensionale geschichtliche Realität niemals aus dem Auge verlieren kann, da doch für den Zeitgenossen sowohl der Autor als auch der zeitbezogene Hintergrund präsent sind. Denn es mag schon stimmen, wenn manche Kritiker meinen, daß viele Grasssche Helden (nicht nur aus der *Danziger Trilogie*) "Projektionen der Autorerfahrung und Widerspiegelung zugleich einer sozusagen kollektiven Erfahrung" sind. Nur

---

1. Heinrich Vormweg: Das Werk von Günter Grass. In: Rudolf Wolff (Hg.): *Günter Grass. Werk und Wirkung.* Bonn 1986. S. 61.

wenigen Autoren der Nachkriegsjahre ist es gelungen, so intensiv und provokant die eigene Lebensgeschichte mit der deutschen und polnischen Geschichte zu verknüpfen. Und das alles, ohne den Boden der Kunst zu verlassen. "Und erzählt ist sie in aller Schamlosigkeit, ungerührt die Dinge so ins Bild setzend, wie sie in ihrer Deformation sich zeigen. Das Obszöne, das Fäkalische, das Religiöse, das Phantastische, das kleinbürgerlich Kleinkarierte, das Geheimnisvolle, das Poetische — alles und jedes ist mit der gleichen Lakonie und bildstarken Genauigkeit beispielhaft verzeichnet".[2]

Das Borocke und grotesk Phantastische leben in Grass' Prosι vom pikaresken Erzählen. Seine Lust am Fabulieren ist unübertroffen, "denn solange wir noch Geschichten erzählen, leben wir" — heißt es in den *Hundejahren*. In einer Zeit, in der man mit dem Sartreschen Schlagwort "Antiroman" jonglierte und die Fabel für tot erklärte, hat sich Günter Grass in der *Danziger Trilogie* sozusagen freigeschwommen. Unterwegs gab es viele Einwände und viel Widerstand. Doch viele ästhetische Mittel (die keiner hausbackenen Ästhetik entstammen, wie manche Kritiker suggerieren), die er schon in der *Danziger Trilogie* angewandt hatte, sind später im *Butt* und in der *Rättin* einfallsreich erweitert worden. Das Beziehungsfeld seiner Werke hat er 1985 schlicht als Zeitgenossenschaft bezeichnet.

Das Phänomen des Ästhetischen ist keineswegs "rein" und "eindeutig" erfaßbar, erst recht nicht bei Günter Grass. Da muß man schon einige — seinerzeit von Manfred Durzak ins Gespräch gebrachte und namhaft gemachte — Faktoren der Meinungsbildung berücksichtigen. Bei Günter Grass scheint allenfalls die ästhetische Kategorie zu einer historischen Kategorie zu werden. Die heterogene Vielfalt seiner Werke läßt nur bedingt hierarchische Strukturen aufbauen und ein übergreifendes Bezugsfeld aufstellen.

Mit einigen Werken von Grass ist ein "polnischer Mythos" oder eine sogenannte "polnische Schlinge"[3] verbunden, die im Zusammenhang mit der Darstellung der Verteidigung der Polnischen Post in Danzig in der *Blechtrommel*, in einigen Gedichten und auch in außerliterarischen Aussagen zur Sprache kamen und womöglich auch Emotionen und manchmal seltsame (Fehl)Interpretationen zum Ausdruck brachten. Wahrscheinlich würde es in diesem Aufsatz zu

2. Ebd. S. 65.
3. Vgl. Maria Janion: Das "Polentum" bei Günter Grass. In: Elvira Grötzinger und Andreas Lawaty (Hg.): *Suche die Meinung*. Wiesbaden 1986.

weit führen, wenn wir im Kontext der Grasschen Werke die komplizierten sozialpsychologischen und gesellschaftlich-politischen deutsch-polnischen Verhältnisse bzw. polnisch-deutschen Beziehungen zu erörtern versuchten. Denn da scheinen stereotype Bilder und Klischees — geprägt durch den Zweiten Weltkrieg — vom niederträchtigen Deutschen und edlen Polen längst ihre Gültigkeit verloren zu haben. Da muß man schon eher an die von Maria Janion in Erinnerung gebrachte Aussage von Witold Gombrowicz erinnern: "Der Pole ist von Niederlagen geprägt, der Deutsche von Siegen". Im komplizierten deutsch-polnischen Verhältnis ist wohl bis heute die etwas legendäre moralische Sphäre mit den vielen Toten und Geschändeten keineswegs befriedigend verarbeitet worden. Denn ad hoc formulierte Urteile von bestialischen Mördern und ungerechten Vertreibungen können auf beiden Seiten voraussichtlich nur eine imaginäre Genugtuung hervorrufen. Da kommt es zu oft zu einem gefährlichen Wechselspiel zwischen realer Geschichte und traumatisiertem Bewußtsein. Wenn wir auf eine zum politischen Klischee reduzierte Darstellung von Günter Grass eingehen, dann werden wir auf der einen Seite mit einer "schändlichen Propaganda" und "Verhetzung des polnischen Nationalgefühls" und auf der anderen Seite mit "Diffamierung und Verrat" des Deutschtums konfrontiert.

Diese fast unwillkürliche — wie man meinen könnte — Zwiespältigkeit der polnischen und deutschen Sicht bringt in der ästhetischen Beurteilung der Werke von Grass gravierende Probleme (und Unterschiede) mit sich, die mit Argumenten statt mit Emotionen aus dem Wege geräumt werden sollten. Grass hat sein ästhetisches Konzept keineswegs auf einer deutschen Niederträchtigkeit und einem polnischen Edelmut aufgebaut. Auch aus dem Grunde nicht, weil er zu gut weiß, daß beide Nationen ein unterschiedliches und demzufolge ein ambivalentes Verhältnis zu Moral und Politik haben. Es bleibt dahingestellt, ob er an Bismarcks staatlichen Egoismus oder an die Priorität romantischer Ideale in der polnischen Devise "Kampf für Eure und unsere Freiheit" dachte. Die polnische Literatur umschwebt eine tragische, zeitweise nostalgische Aura des Ritterethos, wie sie eindrucksvoll Adam Mickiewicz in der Gestalt des Konrad Wallenrod zur Sprache gebracht hat.[4] Die Überzeugung, daß Polen eine fast missionarische Mission zu erfüllen habe, um das Ritterethos zu bewah-

4. Vgl. Anna Witkowska: Wallenrod — Czyj współczesny? In: *Polityka* (1991). Nr. 15. S. 8.

ren, ist eine weit verbreitete Anschauung, die bis in die Gegenwart reicht und wohl sogar bei der Entstehung der Gewerkschaft "Solidarität" eine Rolle gespielt haben könnte. Daß es gelegentlich bei Grass zu parodistischen Verzerrungen kommt, ist nur ein Beweis dafür, daß er den "Mythos vom Polentum" bewußt in einer phantasmagorischen Darstellung zeigt, um in den vielleicht etwas dunklen und undurchsichtigen polnischen Patriotismus einzudringen, ihn zu erkunden und verstehen zu lernen, gelegentlich auch etwas anzuzweifeln und zu verhöhnen. Denn daß der Patriotismus manchmal übertrieben ist und an Irrsinn grenzt, daran läßt der Schriftsteller keinen Zweifel:

Pan Kiehot

Ich sag es immer, Polen sind begabt.
Sind zu begabt, wozu begabt,
begabt mit Händen, küssen mit dem Mund,
begabt auch darin: Schwermut, Kavallerie;
kam Don Quichotte, ein hochbegabter Pole,
der stand bei Kutno auf dem Hügel,
hielt hinter sich das Abendrot
und senkte die weißrotbegabte Lanze
und ritt den unbegabten Tieren,
die auf Motore angewiesen,
direkt ins Feldgrau, in die Flanke...

Da brach begabt, da küßten unbegabt
— ich weiß nicht, war'n es Schafe Mühlen Panzer —,
die küßten Pan Kiehot die Hände,
der schämte sich, errötete begabt;
mir fällt kein Wort ein — Polen sind begabt. (Bd. I, 97)[5]

In trockener Tonart wird ein nationales Stereotyp angesprochen und wohl auch moralisch bewertet. Klar und deutlich weist der Dichter auf die Symbolik im polnischen Geschichtsdenken hin.

"Der polnische Patriotismus-Mythos zeichnet sich vor allem dadurch aus, daß der Ausbruch des nationalen Instinkts im Augenblick der Bedrohung des Vaterlands ein heftiger und endgültiger ist, der alles vereinnahmt, der sich nicht nur in die Mentalität, das gesellschaftliche Verhalten, die Ideologie einmischt, sondern intensiv die

5. Alle zitierten Stellen stammen aus: Günter Grass: *Werkausgabe in zehn Bänden.* Hg. von Volker Neuhaus. Darmstadt/Neuwied 1987.

ganze Persönlichkeit mitreißt und jede andere Motivation, Reaktion, jede andere Handlungsweise auslöscht. Daher ist dieser Patriotismus auch manchmal übertrieben, grenzt an Irrsinn, und man kann ihn als eine Art exaltierter Verrücktheit betrachten, die zum Untergang, zum Tode führt. Die äußerste Verkörperung der patriotischen Selbstzerstörung ist der sogenannte verrückte Patriot, ein sowohl metaphorischer als auch realer Irrer. Würde dies nicht an die Sphäre des Instinkts überrationalen Bewußtseins grenzen, so verfielen Patrioten wie Tadeusz Rejtan nicht in wirklichen Wahnsinn, wobei sie mit allen rationalen Verhaltensweisen und Motivationen brechen und durch ihre sogenannte Sinnesverwirrung Zeugnis ablegen für die Kraft des vaterländischen Gefühls".[6]

Mit Hitlers Attacke — so Grass in der *Blechtrommel* — "war Polen noch nicht verloren, dann bald verloren und schließlich, nach den berühmten achtzehn Tagen, war Polen verloren, wenn sich auch bald darauf herausstellte, daß Polen immer noch nicht verloren war; wie ja auch heute, schlesischen und ostpreußischen Landsmannschaften zum Trotz, Polen noch nicht verloren ist". Und dann kommt jene fast "orgiastische" Stelle in der *Blechtrommel*, in der die ästhetische Motivation des Heldentums und des Untergangs einen bezeichnenden Ausdruck gefunden hat:

Oh, du irrsinnige Kavallerie! — Auf Pferden nach Blaubeeren süchtig. Mit Lanzen, weißrot bewimpelt. Schwadronen Schwermut und Tradition. Attacken aus Bilderbüchern. Über Felder bei Lodz und Kutno. Modlin, die Festung ersetzend. Oh, so begabt galoppierend. Immer auf Abendrot wartend. Erst dann greift die Kavallerie an, wenn Vorder- und Hintergrund prächtig, denn malerisch ist die Schlacht, der Tod ein Modell für die Maler, auf Standbein und Spielbein stehend, dann stürzend, Blaubeeren naschend, die Hagebutten, sie kollern und platzen, ergeben den Juckreiz, ohne den springt die Kavallerie nicht. Ulanen, es juckt sie schon wieder, sie wenden, wo Strohmieten stehen — auch das gibt ein Bild — ihre Pferde und sammeln sich hinter einem, in Spanien er Don Quijote heißt, doch der, Pan Kiehot ist sein Name, ein reingebürtiger Pole von traurig edler Gestalt, der allen seinen Ulanen den Handkuß beibrachte zu Pferde, so daß sie nun immer wieder dem Tod — als wär' der 'ne Dame — die Hände anständig küssen, doch vorher sammeln sie sich, die Abendröte im Rücken — denn Stimmung heißt ihre Reserve —, die deutschen Panzer von vorne, die Hengste aus den Gestüten der Krupp von

6. Maria Janion. A.a.O. S. 289f.

Bohlen und Halbach, was Edleres ward nie geritten. Doch jener, halb spanisch, halb polnisch, ins Sterben verstiegene Ritter — begabt Pan Kiehot, zu begabt! — der senkt die Lanze bewimpelt, weißrot lädt zum Handkuß Euch ein, und ruft, daß die Abendröte, weißrot klappern Störche auf Dächern, daß Kirschen die Kerne ausspucken, ruft er der Kavallerie zu: >Ihr edlen Polen zu Pferde, das sind keine stählernen Panzer, sind Windmühlen nur oder Schafe, ich lade zum Handkuß Euch ein!<
Und also ritten Schwadronen dem Stahl in die feldgraue Flanke und gaben der Abendröte noch etwas mehr rötlichen Schein. — Man mag Oskar diesen Schlußreim verzeihen und gleichfalls das Poemhafte dieser Feldschlachtbeschreibung. Es wäre vielleicht richtiger, führte ich die Verlustzahlen der polnischen Kavallerie auf und gäbe hier eine Statistik, die eindringlich trocken des sogenannten Polenfeldzuges gedächte. Auf Verlangen aber könnte ich hier ein Sternchen machen, eine Fußnote ankündigen und das Poem dennoch stehenlassen. (Bd. II, 304f.)

Der Autor verliert keine Gelegenheit, um den polnischen Faden in das Erzählgewebe einzubeziehen, auch wenn es "nur" die polnische Nationalfarbe ist. So bekam der bei Schwetz arbeitende Großvater "Streit mit dem Sägemeister wegen eines von Koljaiczeks Hand aufreizend weißrot gestrichenen Zaunes". Der Sägemeister "zerschlug die polnischen Latten auf Koljaiczeks Kaschubenrücken zu soviel weißrotem Brennholz, daß der Geprügelte Anlaß genug fand, in der folgenden, sagen wir, sternklaren Nacht die neuerbaute, weißgekälkte Sägemühle rotflammend zur Huldigung an ein zwar aufgeteiltes, doch gerade deshalb geeintes Polen werden zu lassen" (Bd. II, 22).

Der Brandstifter war dann in ganz Westpreußen kaum vor "zweifarbig aufflackerndem Nationalgefühl" zu halten. "Wie immer, wenn es um Polens Zukunft geht" — lesen wir in der *Blechtrommel* —, "war auch bei jenen Bränden die Jungfrau Maria mit von der Partie, und es mag Augenzeugen gegeben haben — vielleicht leben heute noch welche —, die eine mit Polens Krone geschmückte Mutter Gottes auf den zusammenbrechenden Dächern mehrerer Sägemühlen gesehen haben wollen" (Bd. II, 22).

Auch die rotweiß lackierte Blechtrommel wird leitmotivisch Werkzeug der Erinnerungsweckung. Mit ihrer Hilfe sucht Oskar "das Land der Polen", das verloren ist, "noch nicht verloren, schon wieder verloren, an wen verloren, bald verloren, bereits verloren, Polen verloren, alles verloren, noch ist Polen nicht verloren" (Bd. II, 124).

Der polnische Motivfaden ist fest in das kommunikative Bezugssystem und die Argumentationsstrategie der *Blechtrommel* eingesponnen. "Die politischen Spannungen sind dem Mittelstandspersonal im

77

Langfuhrer Labesweg wie auf den Leib geschrieben, der Roman ist mit dem Dreieck Jan Bronski-Alfred Matzerath-Oskars Mutter bis in die letzten Verästelungen hinein auf das politische Hintergrundproblem hin konzipiert. Der privat-menschliche und der deutsch-polnische Bereich verquicken sich wie selbstverständlich; so wenn es ungefähr 1936 zu dem gewöhnlichen "Familienkrach" kommt und zwar wegen "Eifersucht und Polnischer Post". Ein anderes beiläufiges, jedoch für die Verknüpfung von personalem Vorder- und historischem Hintergrund charakteristisches Exempel ist Matzeraths Haltung gegenüber seiner polnischen Schwiegermutter, die er, "aller Politik zum Trotz, fast widerwillig verehrte und während der Kriegsjahre versorgte". An solchen für sich genommen eher geringfügigen, leicht zu überlesenden Details macht Grass den ganzen Irrsinn einer Epoche deutlich, in der die hereinbrechenden ideologischen Forderungen selbst die elementarsten menschlichen Verwandtschaftsbeziehungen durchkreuzen und zerstören".[7]

Am Ende des Romans erscheint nochmals (wohl als Erinnerungsrequisit) die polnische Kavallerie, diesmal noch unrealer, nämlich in der Düsseldorfer Vorortlandschaft:

Hufe donnerten, Nüstern schnaubten, Sporen klirrten, Hengste wieherten, Hussa und Heissa... nichts davon, nichts donnerte, schnaubte, klirrte, wieherte, nicht Hussa, nicht Heissa schrie es, sondern glitt lautlos über die abgeernteten Felder hinter Gerresheim, war dennoch eine polnische Ulanenschwadron, denn weißrot, wie die gelackte Trommel des Herrn Matzerath, zerrten die Wimpel an Lanzen, nein, zerrten nicht, schwammen, wie auch die ganze Schwadron unterm Mond, womöglich vom Mond herkommend, schwamm, links einschwenkend in Richtung unseres Schrebergartens schwamm, nicht Fleisch, nicht Blut zu sein schien, dennoch schwamm, gebastelt, dem Spielzeug gleich, herangeisterte, vielleicht vergleichbar jenen Knotengebilden, die der Pfleger des Herrn Matzerath aus Bindfäden knüpft: eine Polnische Kavallerie geknotet, ohne Laut, dennoch donnernd, fleischlos, blutlos und dennoch polnisch und zügellos auf uns zu, daß wir uns zu Boden warfen, den Mond und Polens Schwadron erduldeten, auch über den Garten meiner Mutter, über all die anderen, sorgfältig gepflegten Schrebergärten fielen sie her, verwüsteten dennoch keinen, nahmen nur den armen Viktor mit und auch die beiden Henker, verloren sich dann gegen das offene Land unterm Mond hin —

7. Hanspeter Brode: *Die Zeitgeschichte im erzählenden Werk von Günter Grass. Versuch einer Deutung der "Blechtrommel" und der "Danziger Trilogie"*. Bern 1977. S. 99.

verloren, noch nicht verloren, beritten in Richtung Osten, nach Polen, hinter dem Mond. (Bd. II, 713f.)

Das Malerische und Romantische der früher geschilderten Szene sind hier vielleicht etwas verschwommener, vielleicht auch weniger melancholisch ausgefallen, dennoch verweist diese Episode erneut auf einen Zusammenhang zwischen der ästhetischen und der historischen Kategorie. "Es ist etwas von ossianischer Stimmung in diesem gespenstischen Bild, wo die polnische Kavallerie am Himmel "schwimmt" — als sei der Autor ein Barde, der die toten Ritter in Ossians "Fingel" besingt, dem schwermütigsten Werk der Weltliteratur".[8]

Günter Grass hat nur einige Gedichte verfaßt, die wir wörtlich Polengedichte nennen können. Aber es gibt eine Reihe von Gedichten, in denen diese Problematik im Hintergrund bzw. chiffriert auftaucht: "Die chiffrierten Erinnerungen, Bruchstücke von Gedanken, verinnerlichte Erfahrungen und Gegenstände bilden ein Zeichennetz, das die innere Biographie des Dichters und seiner Generation umwebt. Man darf diese Zeichen nicht eindeutig interpretieren. Mit der vereinfachten Kategorisierung in polenfreundlich oder polenfeindlich wird man diesen Texten ungerecht. Man muß sich immer bewußt sein, daß Grass diese Gedichte für sich schreibt und auch zum Teil für seine Landsleute, für sich, aber nicht der Rechtfertigung wegen, für seine Landsleute, um ihnen etwas zu sagen, was sie nicht wissen. Eine Auseinandersetzung mit sich und eine private Botschaft zugleich, so sollte man sie auffassen. Die Polengedichte sind ein sich stets wiederholender Versuch, eigene Komplexe zu bewältigen, sie sollen auch das Mißtrauen des Dichters gegenüber seinen Landsleuten durchbrechen, die Polengedichte provozieren schließlich stereotype Meinungen und Urteile, sie zwingen den Dichter und Leser zur erneuten Verifikation der Gesichtspunkte. Vielleicht deshalb kommt es immer wieder zu neuen Versuchen, in denen der Dichter sein Verhältnis zu Polen überprüft, immer wieder kommt Grass nach Gdańsk, besucht seine kaschubische Heimat, macht Exkursionen in Landschaft und Geschichte, und schreibt dann diese neuen Erfahrungen in Prosa oder Gedichtform nieder".[9]

Günter Grass sprechen die polnischen Nationalsymbole nicht

8. Maria Janion. A.a.O. S. 294.

9. Stefan H. Kaszyński: Die Polengedichte von Günter Grass. In: *Studia Germanica Posnaniensia* XII (1983). S. 8f.

wegen ihrer feierlich-pathetischen "Dimension" an. Wesentlich
überzeugender wirkt auf ihn die "ästhetische Variante" einer volks-
tümlichen Intimität, die wir so vordergründig in der 'Polnischen
Fahne' finden:

Viel Kirschen die aus diesem Blut
im Aufbegehren deutlich werden,
das Bett zum roten Inlett überreden.

Der erste Frost zählt Rüben, blinde Teiche,
Kartoffelfeuer überm Horizont,
auch Männer halb im Rauch verwickelt.

Die Tage schrumpfen, Äpfel auf dem Schrank,
die Freiheit fror, jetzt brennt sie in den Öfen,
kocht Kindern Brei und malt die Knöchel rot.

Im Schnee der Kopftücher beim Fest,
Pilsudskis Herz, des Pferdes fünfter Huf,
schlug an die Scheune, bis der Starost kam.

Die Fahne blutet musterlos,
so kam der Winter, wird der Schritt
hinter den Wölfen Warschau finden. (Bd. I, 33)

Eine tiefe Symbolik steckt natürlich auch in der ständigen Erinnerung
sowohl an die polnischen Nationalfarben als auch an die Jungfrau
Maria. In 'Adebar' erreicht die Symbolik über die groteske Perspektive eine völlig neue ästhetische Dimension:

Einst stand hier vieles auf dem Halm,
und auf Kaminen standen Störche;
dem Leib entfiel das fünfte Kind.

Lang wußt ich nicht, daß es noch Störche gibt,
daß ein Kamin, der rauchlos ist,
den Störchen Fingerzeig bedeutet.

Tot die Fabrik, doch oben halbstark Störche;
sie sind der Rauch, der weiß mit roten Beinen
auf feuchten Wiesen niederschlägt.

Einst rauchte in Treblinka sonntags
viel Fleisch, das Adebar gesegnet,
ließ, Heißluft, einen Segelflieger steigen.

Das war Polen, wo die Jungfrau
Maria steif auf Störchen reitet,
doch — wenn der Halm fällt — nach Ägypten flieht. (Bd. I, 61)

Der polnische Faden oder die polnische Motivgeschichte in Grass'
Werken entzieht sich eindeutig kollektiven Stereotypen und ist stets
von ästhetischen Motivationen getragen. Auch seine öfteren Reisen
nach Polen können als solche gedeutet werden. Ziemlich nüchtern,
aber auch mit Humor erinnert er an seine erste Polenreise:

> Die Arbeit an der Schlußfassung der Kapitel über die Verteidigung der
> Polnischen Post in Danzig machte im Frühjahr 1958 eine Reise nach
> Polen notwendig. Höllerer vermittelte, Andrzej Wirth schrieb die Ein-
> ladung, und über Warschau reiste ich nach Gdańsk. [...]
> In Gdańsk schritt ich Danziger Schulwege ab, sprach ich auf Friedhöfen
> mit anheimelnden Grabsteinen, saß ich (wie ich als Schüler gesessen
> hatte) im Lesesaal der Stadtbibliothek und durchblätterte Jahrgänge des
> *Danziger Vorposten*, roch ich Mottlau und Radaune. In Gdańsk war ich
> fremd und fand dennoch in Bruchstücken alles wieder: Badeanstalten,
> Waldwege, Backsteingotik und jene Mietskaserne im Labesweg, zwischen
> Max-Halbe-Platz und Neuem Markt; auch besuchte ich (auf Oskars
> Anraten) noch einmal die Herz-Jesu-Kirche: der stehengebliebene katholi-
> sche Mief. [...]
> Auf der Rückreise machte ich in Warschau die Bekanntschaft des heute in
> der Bundesrepublik namhaften Kritikers Marcel Reich-Ranicki. Freundlich
> wollte Ranicki von jenem jungen Mann, der sich als deutscher Schriftstel-
> ler ausgab, wissen, welcher Art und gesellschaftlichen Funktion sein Ma-
> nuskript sei. Als ich ihm die *Blechtrommel* in Kurzfassung erzählte
> ("Junge stellt dreijährig Wachstum ein..."), ließ er mich stehen und rief
> verstört Andrzej Wirth an, der unsere Bekanntschaft vermittelt hatte:
> "Paß auf! Das ist kein deutscher Schriftsteller. Das ist ein bulgarischer
> Agent" — In Polen fiel es auch mir schwer, meine Identität zu bewei-
> sen".[10]

Es wäre natürlich zu simpel, Günter Grass im Zusammenhang mit
dem "Polensyndrom" als bösen Spötter abzustempeln.[11] Wie sehr

10. Günter Grass: Rückblick auf die *Blechtrommel*. In: *Werkausgabe in
zehn Bänden*. Hg. von Volker Neuhaus. Darmstadt/Neuwied 1987. Bd. IX.
S. 631f.
11. Bolesław Fac erinnert in *Günter Grass im Ausland. Text, Daten,
Bilder*. Hg. von Daniela Hermes und Volker Neuhaus. Frankfurt/M. 1990
(Fast alle seine Bücher... S. 155-169) an eine Episode aus dem Jahre 1963,
als in der Zeitschrift *Kultura* ein namhafter polnischer Schriftsteller die

man einerseits das Polenbild in seinen Werken strapaziert und wie wenig man andererseits in diesem Kontext der ästhetischen Motivation Aufmerksamkeit schenkt, zeigen so manche Kritiken, die im Laufe der 33 Jahre mit viel polemischem Geschick veröffentlicht wurden. Mit der *Blechtrommel* und der darin enthaltenen deutschpolnisch-kaschubischen Thematik ist dem Autor einer der größten literarischen Coups in der europäischen Literatur gelungen.

Die Danziger (deutsch-polnisch-kaschubische) Landschaft, Geschichte und Kultur ist im Schaffen von Günter Grass ein allgegenwärtiges Element und bildet — was fast eine Binsenwahrheit ist — einen ontologischen Bestandteil seiner ästhetischen Motivation, wobei hier die emotionelle Verbundenheit mit der Kaschubei (wir sprechen ein kulturpolitisches Phänomen an) eine wesentliche Rolle spielt, was der Autor auch niemals bestritten hat. "Wegen meiner Abstammung habe ich eine starke Bindung mit Polen, insbesondere mit der Kaschubei. Die Familie meiner Mutter ist kaschubisch. Hier in Gdańsk und seiner Umgebung habe ich viele, vielleicht an die hundert Verwandte. So groß ist diese Familie, und diese Mischung des Halb-Kaschuben Günter Grass ist selbstverständlich für mein literarisches Schaffen von entscheidender Bedeutung. Ich unterhalte diese Verbindungen, schreibe von ihnen; wenn Sie meinen ersten Roman *Die Blechtrommel* in die Hand nehmen, begreifen Sie sofort, daß es kein deutscher, daß es ein polnischer Roman ist".[12]

Geschichte und Gegengeschichte — das ist zweifelsohne ein großes Thema in der *Blechtrommel* von Günter Grass. Die Geschichte

---

Blechtrommel angegriffen hatte (Wojciech Zukrowski), weil dort angeblich die Polen als Dummköpfe dargestellt wurden, und ein anderer Kritiker (Jan Koprowski) mit Bravour in *Tygodnik Powszechny* antwortete: "Gibt es bei uns keine Dummen im Gegensatz zu allen anderen Ländern? Wenn man das Gesamtwerk von Grass betrachtet, so wird seine Polenfaszination deutlich und unanfechtbar, sogar dann, wenn sie groteske Formen annimmt. Bilder und Fakten, die aus dem Kontext des Romans, seines Klimas und seiner Stimmung gerissen sind, können verletzen und schockieren. Aber wenn man das Gesamtwerk betrachtet, sieht man einen Schriftsteller, der sich mit seiner polnischen Abstammung auseinandersetzt und für den Polen selbst, in einer mythologisierten Weise dargestellt, eine dominierende und konstante Obsession bedeutet. Dies ist nicht wenig" (S. 165).

12. Jan Koprowski: O Gdańsku, historii, literaturze. Rozmowa z Günterem Grassem. In: *Literatura* 1975. Nr. 38. S. 3.

läuft gleichsam den biographischen Daten der Helden hinterher. Kann aber eine private Geschichte parallel zur Weltgeschichte und Historie verlaufen? Was bleibt vom Individuum: Tagebücher, Briefe, vielleicht ein Fotoalbum? Oskar rettet nach dem Krieg auf dem Weg nach Westdeutschland ein Fotoalbum, das die magische Kraft besitzt, seine Privatgeschichte "festzuhalten". Das Fotoalbum ist hier unverwechselbarer Bestandteil einer privaten Biographie, zugleich aber auch Geschichtsbuch, obwohl die politisch-historische Realität manchmal nur beiläufig erwähnt wird. Die Simultaneität des privaten Geschehens und des historischen Umfeldes gibt dem Roman fast eine Rahmenhandlung. Der kleine Mann ist mit der großen Politik verzahnt: egal, ob freiwillig, spontan oder erzwungen. Die Rezeption der Zeitgeschichte und ihre fiktionale Umsetzung in der *Blechtrommel* ist zu Recht mit vorrangigem Interesse betrachtet worden. Die kleinbürgerlichen Verhältnisse, die im Danziger Vorort Langfuhr herrschen, könnten wahrscheinlich auf einen anderen Ort nicht übertragen werden. Die Verknüpfung der polnisch-deutschen Beziehungen ist hier außerordentlich groß. Die einzelnen Figuren repräsentieren somit auch das Dritte Reich, Polen und den Freistaat Danzig.

Grass' Anhänglichkeit für seine kaschubischen (polnischen?) Ahnen, für die Landschaft und zuletzt auch für die Topographie der Stadt Danzig wird anhand chraraktervoller und "farbiger" Menschentypen gezeigt. Der polnisch gesinnte Kaschube Jan Bronski ist im Grunde genommen eine erneute Don Quijote-Variante, der den verhängnisvollen Versuch unternimmt, in einer nationalistischen deutschen Umgebung polnisch zu optieren. Bei allen grotesken Verzerrungen ist Bronski für den Autor eine musterhafte Polenfigur, das Sinnbild eines "edlen Polen", der im konfliktreichen Danziger Raum als eine fast dekadente Gestalt "herumgeistert". "Grass amputiert seinem edlen, polnischen Don Quijote eine sonst für diese Gestalt charakteristische Eigenschaft: kämpferischen Mut mit nationalistischer Färbung. Wir finden sie dagegen in den heutigen historischen Reminiszenzen der *Danziger Trilogie* als konstant polnisches Merkmal, genauso wie an anderen Stellen die sprichwörtlich stereotype "polnische Wirtschaft", die nicht blühen, aber auch nicht zusammenbrechen will. Jan Bronski ist also ein weicher polnischer Romantiker, dessen polnischer Patriotismus auf Worte und Symbole beschränkt ist: Zum Märtyrer der polnischen Sache wird er lediglich durch Zufall und List seines perfiden mutmaßlichen Sohnes, der ihn in die polnische Post

am Hevelius-Platz kurz vor deren Belagerung lockt".[13]
Günter Grass kennt sich sehr gut in der polnischen Geschichte aus. Somit ist für ihn auch die Irrationalität und Anhänglichkeit für national-religiöse Symbole ein konstantes Merkmal des polnischen Nationalcharakters. Das betrifft auch die ironisch gedeutete Symbolik der Schwarzen Madonna von Tschenstochau, die ein fester, obwohl manchmal etwas grotesker Bestandteil der polnischen Geschichte ist. "Im Jahre zwanzig" — lesen wir in der *Blechtrommel* —, "da Marszalek Pilsudski die Rote Armee bei Warschau schlug und das Wunder an der Weichsel von Leuten wie Vinzent Bronski der Jungfrau Maria, von Militärsachverständigen entweder General Sikorski oder General Weygand zugesprochen wurde, in jenem polnischen Jahr also verlobte sich meine Mama [...]" (B II, 42f.).
Günter Grass ist besessen, nationale Klischees mit Realitätsverwurzelung in das stereotype Bild des polnischen Nationalcharakters "einzuschreiben" und sowohl Ereignisse als auch Figuren zu sakrifizieren. Dabei werden sehr oft Personen ziemlich schonungslos in eine Tragifarce verwickelt. Grass versucht auf eigene und unverwechselbare Weise (erstaunlich, wie emotionsfrei) die jüngste Geschichte zu interpretieren. Die deutsch-polnische (konfliktbelastete) Verflechtung wird von ihm als Bestandteil der europäischen Zeitgeschichte reflektiert und thematisiert. Statt dem Leser Geschichtslehren zu erteilen, provoziert er ihn ständig mit Verzerrungen, die geschickt in sein ästhetisches Programm eingebaut sind.

---

13. Jan Miziński: *Geschichte, Gegenwart, Zukunft. Zum Prosaschaffen von Günter Grass.* Lublin 1987. S. 18.

Dieter Hensing

Günter Grass und die Geschichte —
Camus, Sisyphos und die Aufklärung

I

Es ist gebräuchlich, unter den frühen Nachkriegsautoren wenigstens zwei Generationen voneinander abzuheben. Sinnvoll daran ist die Unterscheidung verschiedener Ausgangspositionen. Die "ältere" kennzeichnet sich durch ihre Neigung, Gegenwart und jüngste Vergangenheit an jener humanistischen, aufklärerisch-klassischen Welt- und Geschichtsvorstellung zu messen, die ihr noch immer als unverbrüchliche und regenerierbare Basis erscheint. Für die "jüngere" hingegen ist die Erfahrung der Hitler- und Kriegszeit primär. Überlieferte Weltvorstellungen mißt sie an dieser Erfahrung. Die eine Generation "redet" aus dem Fundus ihrer Überzeugungen, die andere "schweigt" aus Ratlosigkeit.[1]

Günter Grass (1927) und seine direkten Altersgenossen sind für diese "jüngere" Position die wohl beispielhaftesten Jahrgänge. Grass wird sechzehnjährig Luftwaffenhelfer und anschließend Soldat. Die Schulausbildung bricht ab, bevor sie zusammen mit anderen Einflüssen und Erfahrungen eine verläßlich erscheinende Basis hat formen können. Die Kriegserfahrung geht darüber hinweg und ist stärker. Nach der Kriegsgefangenschaft wird ein Versuch, die Schulausbildung fortzusetzen, sehr rasch aufgegeben. Zwei Schulstunden — so Grass — genügten. Als im Geschichtsunterricht der Eindruck entstand, das alte Unterrichtsprogramm werde, ohne die jüngste Geschichtserfahrung einzubeziehen, ganz einfach fortgesetzt — "Wo waren wir stehengeblieben? Bei der Emser Depesche" —, beendete

---

1. Hans Werner Richter: Warum schweigt die junge Generation? (1946). In: *Der Ruf. Unabhängige Blätter für die junge Generation. Eine Auswahl.* Hg. von Hans A. Neunzig. München 1976.

Grass seinen Schulversuch.[2] Was dann in der Folgezeit in eigener Regie gelesen und als Bildung angeeignet wird, unterliegt der unnachsichtigen Zensur eben jener jüngsten Geschichtserfahrung. Im Vergleich zeigt sich, daß Grass und seinen Altersgefährten das geschichtliche Patt droht. Das Mißtrauen gegenüber den tradierten Anschauungen weckt Zweifel an der Möglichkeit, der Realität überhaupt mit einem erklärenden und sie verfügbar machenden Welt- und Geschichtsverständnis beizukommen. Es untergräbt das Vertrauen, geschichtlich sinnvoll handeln, Fortschritt bewirken und das Humane befördern zu können. Das Bewußtsein des Patt erzeugt das Gefühl von Bewegungslosigkeit, von Festliegen oder sinnlosem Kreislauf, von Stillstand, selbst noch als "Stillstand im Fortschritt".

Siegfried Lenz (1926), nur ein Jahr älter als Grass, hat diese Zweifel immer wieder als das eigentliche existentielle Problem seiner Generation behandelt. Lenz hatte 1943, siebzehn Jahre alt, ein sogenanntes Notabitur gemacht und war zur Kriegsmarine eingezogen worden. Nach der Kriegsgefangenschaft begann er ein philologisches Studium, brach es aber unbefriedigt ab. Er will, wie auch Grass, seine eigenen Erfahrungen formulieren und wählt kritisch aus, was ihm dabei behilflich sein kann. So überzeugt ihn Hemingways Auffassung, die Welt sei grundsätzlich eine "Welt im Krieg", ihr "waltendes Gesetz" sei die "Wirklichkeit des Kampfes", und das "unvermeidliche Los" des Menschen sei die Niederlage. Auch die Sieger seien am Ende Besiegte.[3] Diese Sicht läßt den Gedanken geschichtlich relevanten Handelns kaum zu. Im "Antagonismus zwischen Traum und Vergeblichkeit, zwischen Sehnsucht und Erfahrung, zwischen Auflehnung und demütigender Niederlage" droht die geschichtliche Lähmung.

Es ist kennzeichnend, daß Lenz die Erfahrung geschichtlicher Ohnmacht zurückverlegt bis in die Vorkriegszeit. Freilich war sie damals noch nicht die Erfahrung der Niederlage, sondern die der "vollendeten Tatsachen":

Alles war schon da, als ich geboren wurde, ich hatte strenggenommen keine Daseinsberechtigung, ich war überflüssig, entbehrlich, ein fahr-

---

2. Vgl. Heinrich Vormweg: *Günter Grass. Mit Selbstzeugnissen und Bilddokumenten*. Reinbek 1986. (rowohlts monographien 359.) S. 27f.
3. Vgl. die Rückschau in dem Aufsatz: Mein Vorbild Hemingway, Modell oder Provokation (1966). In: Siegfried Lenz: *Beziehungen. Ansichten und Bekenntnisse zur Literatur*. München 1972. S. 37-47.

lässiger Luxus; die Gesellschaft hatte sich ohne mich bereits in Rollen und Privilegien geteilt; die Besetzungsliste meiner Stadt war komplett.[4]

Die Antwort auf seine Fragen fand Lenz nicht bei Hemingway, sondern bei Camus, und zwar in dessen Spekulationen über die paradoxe Revolte des Sisyphos. Die Nähe ist unverkennbar. Nimmt man den Antagonismus zwischen Auflehnung und demütigender Niederlage als unvermeidlich und unabdingbar hin, wie Camus die Ohnmacht gegenüber dem Absurden, kann der mögliche Spielraum zu handeln nur in der widersprüchlichen "Chance der Niederlage", in der "Auflehnung gegen ein unvermeidliches Los" gefunden werden. Die in diesem Handeln dem Menschen verbleibende Würde ist die paradoxe "Würde der Aussichtslosigkeit".[5]

Albert Camus' Abhandlung *Der Mythos von Sisyphos. Ein Versuch über das Absurde* (1942) lag seit 1950 in deutscher Übersetzung vor. Aktualität und Bedeutung des Textes für Autoren wie Grass und Lenz sind evident. Und das ist alles in allem auch zur Genüge bekannt. Für den frühen Lyriker und Dramatiker Grass hat man die Verbindung zum Absurden schon immer herausgehoben. Für den Grass seit der *Blechtrommel* ist diese Verbindung und speziell die zu Camus erst in den letzten Jahren genauer berücksichtigt worden.[6] Ich

---

4. Ich zum Beispiel. Kennzeichen eines Jahrgangs (1966). In: *Beziehungen*. S. 9. — Die persönliche wird hier schon im Titel ausdrücklich als Generationserfahrung ausgegeben.

5. Diese Formulierungen finden sich ebenfalls in dem genannten Hemingway-Aufsatz, ohne daß Lenz auf Camus verweist. Aber das Vorbild Camus ergänzt hier unverkennbar das Vorbild Hemingway. Lenz spricht explizit von Camus und dessen *Mythos von Sisyphos* einige Jahre zuvor in dem Essay: Das Doppelgesicht der Gleichgültigkeit (1961). Der Gedanke vom paradoxen Spielraum des Handelns ist dort wie folgt formuliert: Es kommt darauf an, "das vergebliche, das aussichtslose Opfer anzuerkennen. Denn wenn es einen Reichtum der Geschichte gibt, dann besteht er ausschließlich in der klarsichtigen Vergeblichkeit des Opfers". In: *Beziehungen*. S. 53.

6. An erster Stelle ist hinzuweisen auf die einschlägigen Arbeiten von Werner Frizen, beginnend mit dem Beitrag: *Die Blechtrommel* — ein schwarzer Roman. Grass und die Literatur des Absurden. In: *Arcadia* 21 (1986). H. 2. S. 166-189. — Eine der neuesten Darstellungen ist die umfangreiche Dissertation von Dieter Arker: *Nichts ist vorbei, alles kommt wieder. Untersuchungen zu Günter Grass' "Blechtrommel"*. Heidelberg 1989. (Beiträge zur neueren Lit.gesch. III, 97.) In der Arbeit von Arker sind

möchte einige Unterscheidungen anbringen. Was ist genau Schwierigkeit und Problem der Einstellung zur Geschichte bei Camus und den "jungen" Nachkriegsautoren?

Für Camus ist die Welt absurd, weil jedes Erkennen versagt. Die Welt bleibt fremd und ist in einer seltsamen Dichtigkeit undurchdringlich. Jedes Bemühen, verstehend und erklärend in sie einzudringen, prallt ab. Es erschließt sich kein Sinn. Ich kann die Welt berühren und daraus schließen, daß sie existiert. "Damit aber hört mein ganzes Wissen auf; alles andere ist Konstruktion".[7] Der Begriff des Absurden zielt denn auch nicht auf eine Definition von Welt und Geschichte, sondern meint gerade deren Unbestimmbarkeit. Ließe sich sagen, was das Absurde ist, wäre es nicht mehr absurd. Andeutungen wie Chaos, Labyrinth und Widersprüchlichkeit meinen denn auch wohl nicht bestimmte Eigenschaften, sondern sind zu verstehen als Metaphern scheiternden Erkennens. Vor dem Absurden werden alle sinnspekulierenden Philosophien und Theologien nichtig. Sich mit dem Absurden wie auch immer auseinandersetzen zu wollen, ist von vornherein müßig, es mit einem Sprung ins Metaphysische zu transzendieren, heißt, ihm auszuweichen und die gegebene durch eine andere Unerkennbarkeit und Unerweisbarkeit zu ersetzen. Dieser unvermeidliche, geradezu vollständige Verzicht auf Welterklärung und Geschichtstheorie ist eine sehr radikale Variante und ein griffiger Anhaltspunkt des vielgenannten "Ideologieverdachts" und "Geschichtsverdachts" in der Nachkriegszeit.[8] Und er zeigt sehr genau das Problem von "Geschichtsbewußtsein" und "Politikabstinenz" überhaupt. Camus beantwortet die Frage, was es bedeutet, im Universum des Absurden zu leben, mit den Worten:

> Nichts anderes zunächst als die Gleichgültigkeit der Zukunft gegenüber und das leidenschaftliche Verlangen, alles Gegebene auszuschöpfen. Der Glaube an den Sinn des Lebens setzt immer eine Wertskala voraus, eine

---

die Beiträge von Frizen noch nicht erwähnt. — Vgl. ferner z.B.: Klaus Stallbaum: Literatur als Stellungnahme. *Die Blechtrommel* oder Ein aufgeräumter Schreibtisch. In: *Günter Grass*. München 1988. (Text + Kritik. H. 1. 6. Aufl.) S. 37-47.

7. In der Taschenbuchausgabe des *Mythos von Sisyphos* (rororo 12375, Aufl. 1988). S. 21.

8. Arker (1989) weist sehr aufschlußreich an verschiedenen Stellen auf den weiteren Kontext hin (einleitend S. XVI und weiter z.B. S. 213f., 262 und S. 330-337).

Wahl, unsere Vorlieben. Der Glaube an das Absurde lehrt nach unseren Definitionen das Gegenteil. (S. 54)

Geschichtliche "Gleichgültigkeit", ja Geschichtsverzicht ist die Folge des Patt, das kein Verstehen und Vorausschauen und also auch kein sinnorientiertes Handeln zuläßt. Lenz hat das in seiner Beschäftigung mit Camus sehr genau als die zentrale Frage herausgehoben.[9]

Camus versucht, aus dem alles lähmenden Patt herauszukommen. Die Lösung, die er postuliert, unterliegt aber a priori dem Widerspruch, eigentlich keine Lösung sein zu können. Camus nennt zwei Möglichkeiten, sich zu verhalten: Resignation und Revolte. Resignation bedeutet Verzicht und letztlich Selbstmord. Die Lösung soll in der Revolte liegen. Freilich ist auch sie zunächst und in striktem Sinne nicht mehr als der ohnmächtige Aufstand gegen das Absurde. Sie stellt den "Anspruch auf eine unmögliche Transparenz", geht aus von der "Gewißheit eines niederwerfenden Schicksals" (S. 49). Insoweit wird das Antinomische und Aussichtslose der Revolte genau und ohne Abstriche bezeichnet. Die weitere Entfaltung des Gedankens macht dann aber einen fragwürdigen Salto: Die Revolte, ohnmächtig gegenüber dem Absurden, fällt auf sich selbst zurück. Sich selbst gehörend, ist sie frei, sinnvoll zu werden in sich selbst. Bleiben Ziel und Sinn der Geschichte angesichts der Ohnmacht des Erkennens unfaßbar, werden sie letztlich auch irrelevant; die Revolte löst sich von ihnen ab. Wie oben zitiert: In der "Gleichgültigkeit der Zukunft gegenüber" richtet sich das ganze Verlangen darauf, "alles Gegebene auszuschöpfen", die pure geschichtslose Gegenwart.

> Wenn aber das Absurde alle meine Chancen einer ewigen Freiheit zunichte macht, dann gibt es mir ja eine Handlungsfreiheit wieder und steigert sie sogar noch. Der Verlust der Hoffnung und der Zukunft bedeutet für den Menschen einen Zuwachs an Verfügungsrecht. (S. 51)

Das Problematische der Lösung ist unverkennbar. Die Verselbständigung der Revolte droht sie aus der Verklammerung mit dem Absurden und damit überhaupt von Welt und Geschichte abzuziehen. Genau genommen hört die Revolte auf, Revolte zu sein.

Die Gefahr widerspiegelt sich in der Umdeutung des Mythos von Sisyphos, denn mit dieser Umdeutung schafft sich Camus ein Sinnbild der gemeinten Revolte. Wie die Revolte in der Ablösung vom

---

9. Vgl. den bereits genannten Essay: Das Doppelgesicht der Gleichgültigkeit.

Absurden ihren Sinn in sich selbst findet, so macht auch Sisyphos durch einen Akt der Ablösung aus dem "übergeordneten" sein "persönliches" Geschick. Er lehrt "die größere Treue, die die Götter leugnet und die Steine wälzt". Die Abhängigkeit von den Göttern verneinend, verselbständigt er sein Tun. "Sein Schicksal gehört ihm. Sein Fels ist seine Sache". Sisyphos ist "ein glücklicher Mensch" (S. 100f.).

Die Revolte und ihr Sinnbild Sisyphos verletzen die Bedingungen, von denen Camus ausgegangen war. Das Absurde sollte in seiner Evidenz anerkannt und hingenommen und ihm sollte nicht ausgewichen werden. Die Revolte, die sich verselbständigt, die Revolte um der Revolte willen, überläßt das Absurde sich selbst und verliert die Dimension der Geschichtlichkeit.[10]

Lenz hält am Absurden gewissenhafter fest, wenn er — wie oben zitiert — das Paradox der Revolte als "Chance der Niederlage", "Auflehnung gegen ein unvermeidliches Los", "klarsichtige Vergeblichkeit des Opfers", "Würde der Aussichtslosigkeit" prägnant formuliert und nicht auflöst. Man muß darauf bestehen, daß für den Menschen der individuell existentielle, aber auch der geschichtliche Sinn seines Daseins, darin liegt, die eigenen Möglichkeiten herauszufinden. Das aber versagt eine Welt, die ihn festlegt in Niederlagen und vollendeten Tatsachen und ihn also ohnmächtig macht.

Lenz betont nicht so sehr das gnoseologische Problem, daß sich die Welt gegen alles Erkennen sperrt und deshalb absurd erscheint. Das Kriterium ist für ihn, daß die Welt festliegt und der Mensch in diesem Festliegen selbst auch festgelegt ist. Die Begründung der geschichtlichen Lähmung ist also eine andere als bei Camus, und damit entfällt eigentlich auch dessen Begriff des Absurden! Die Übereinstimmung liegt aber in der Annahme eben jener Lähmung. Und Sisyphos ist und bleibt für Lenz Sinnbild genau dieses Patt, ohne Scheinfreiheit.

An der paradoxen Forderung der Auflehnung gegen die Aussichtslosigkeit arbeitet sich Lenz noch lange ab. Was zum Beispiel tut eine Widerstandsgruppe, die sich aller Möglichkeiten zu handeln beraubt

10. Arker (1989) nennt in seiner Umschreibung von Camus' Revolte die "Absage an Hoffnung und Zukunft", die "Aufwertung der Gegenwart" und das "Auskosten des gelebten Augenblicks" deren letzten Sinn, konkludiert daraus aber nicht die Frage nach dem drohenden totalen Geschichtsverlusts (vgl. bes. S. 513).

sieht, die aber die Auflehnung gegen diese Aussichtslosigkeit nicht aufgeben will und im geschichtlichen Patt aushält? Welche geschichtlichen Möglichkeiten bleiben, wenn der einzelne Mensch oder ein ganzes Volk festliegen in den "Hypotheken der Vergangenheit"?[11]

Ilse Aichinger (1921) hat das Paradoxe solcher Situationen in einigen ihrer Parabeln genau auf den Punkt gebracht. Sie zeigt, welchen Reiz eine Lösung hätte, wäre sie nicht eo ipso unmöglich. So ist die Ohnmacht und Unfreiheit des "Gefesselten", des Mannes, der sich mit Stricken umwunden an einer Böschung vorfindet, die Unmöglichkeit, sich zu bewegen.[12] Er nimmt diese Situation unbefragt als gegeben hin. Sie läßt nur das paradoxe Bemühen zu, herauszufinden, ob Bewegung unter der Bedingung ihrer Unterbindung möglich ist. Das scheint der Fall zu sein. Die Erzählung berichtet von der fabelhaften Entwicklung des Gefesselten, der sich in der Fessel eine jedes normale Maß übersteigende Bewegungsfreiheit verschafft. Eine höchst eindrückliche, geradezu wunderbare, aber eben dadurch auch irreale Leistung. Je schärfer die Paradoxie, nicht zuletzt in der hyperbolischen Steigerung, hervortritt, desto unwirklicher erscheint die Lösung. Unmögliches müßte möglich werden. Unfreiheit müßte ohne alle Abstriche als Freiheit begriffen und gelebt werden können. Nur im Irrealis der Fiktion erscheint das erreichbar.

Auch eine Parabel wie die "Spiegelgeschichte" spitzt das Paradox bis aufs Äußerste zu und macht in dieser Zuspitzung die Lösung ebenso eindrücklich wie fraglich. Ein auswegloser Sterbeprozeß verwandelt sich in einem kunstvollen Erzählvorgang spiegelverkehrt zum Geborenwerden. Nur das Unmögliche, Tod als Geburt, verwandelt Aussichtslosigkeit in Hoffnung und Zukunft.

Auch Aichingers Darstellung hat nachweislich zu tun mit jüngster Geschichtserfahrung. Zur Zeit der Judenverfolgung konnte die sichere Aussicht auf den Tod nur in einer ganz und gar paradoxen "größeren Hoffnung" Leben aufgehoben werden.[13]

11. Vgl. die Romane *Stadtgespräch* von 1963 und *Deutschstunde* von 1968. Von den "Hypotheken der Vergangenheit" spricht Lenz in seinem Hemingway-Aufsatz.

12. Die Erzählung "Der Gefesselte", ebenso wie die im Folgenden erwähnte "Spiegelgeschichte" gehörten beide zu dem Band *Rede unter dem Galgen. Erzählungen* von 1952. Sie finden sich heute z.B. in der Taschenbuchausgabe *Meine Sprache und ich. Erzählungen*.

13. Vgl. den Roman *Die größere Hoffnung* von 1948.

Zu erinnern ist ferner, daß der paradoxe Gedanke der Ermöglichung einer Existenz dort, wo sie unmöglich erscheint — Leben in der Ausweglosigkeit des Todes, Hoffnung im Angesicht der Aussichtslosigkeit —, eine über Kierkegaard dem Existentialismus vermittelte christliche Denkfigur ist. Sie bildet den Kern der Rechtfertigungslehre. Rein im Glauben und nur aufgrund des Glaubens wird der in seiner 'sündigen' Existenz aussichtslos verlorene Mensch dennoch gerechtfertigt und erlöst. Freilich, dieser Glaube hebt das Paradox metaphysisch auf. Entfällt mit dem Glauben der metaphysische Sprung, entfällt auch die Möglichkeit der Lösung.

Noch einmal zurück zur nicht-parabolischen Darstellung. Als weiteres Beispiel der "jungen" Position und als sehr naher Altersgenosse von Grass sei Tankred Dorst (1925) genannt. Im Alter von achtzehn Jahren ohne Schulabschluß Soldat. Erst 1950 Abitur. Dann ein Studium, das wenig später aufgegeben wird. Die übliche Biographie dieser Jahrgänge. Während der Mitarbeit an einer studentischen Marionettenbühne stößt Dorst bei Studien zum Marionettentheater auf expressionistische Experimente mit einer "reinen Marionette". Abstrakt, nicht vorgeformt, in keiner Veranlagung festgelegt, versinnbildlicht diese Marionette eine große Freiheit. Die Faszination, die von ihrer Entdeckung ausgeht, ist begreiflich.[14] Aber die Freiheit hat ihre Kehrseite. Der reinen Marionette, in der nichts vorgezeichnet ist, die nichts mitbringt, die aus sich heraus keine Identität entwickeln kann, muß alles von außen zukommen. Aus Freiheit wird Determination. Als Dorst ab Ende der 50er Jahre auch Schauspiele entwirft, zeigt er Menschen, die nichts anderes verkörpern als die Rolle, die ihnen der Zufall zuspielt. Die Möglichkeit, sich als Person aus eigener Entscheidung zu verhalten, die Fähigkeit zur geschichtlichen Einstellung, ist hier nicht gegeben. Anfang der 60er Jahre formuliert Dorst in einem Nachwort zu diesen frühen Stücken das Gefühl geschichtlicher Ortlosigkeit:

> Was meinen Stücken und, wie ich meine, einigen Stücken meiner Zeitgenossen einen kennzeichnenden Akzent gibt, ist vielmehr ein Gefühl der Ortlosigkeit. Sie versuchen ohne ein festes Wertsystem auszukommen, sie wissen, daß sie die Welt nicht bessern, ja sie bauen nicht einmal auf die Sicherheit der Wahl zwischen Gut und Böse, Freiheit und Unfreiheit — also auch nicht auf den positiven Helden und den sonst immer wirksamen

---

14. Dorst hat die Entdeckung beschrieben in der kleinen Schrift *Geheimnis der Marionette*. München 1957.

Durchbruch von Nacht zu Licht. Welches Licht denn? Eine Dramatik der Absage also, des 'Ich-weiß-nicht', des absoluten Scheins, der vorgetäuschten Haltung statt des metaphysischen Halts: keine Tragödien, sondern Farcen, Grotesken, Parabeln [...].[15]

Wie Lenz unterscheidet sich auch Dorst in gewisser Weise von Camus. So sehr Vorstellungen des Absurden (wenigstens in einem allgemeinen Sinn) vorhanden sind, ist als Begründung der geschichtlichen Ohnmacht nicht in erster Linie das Camussche Erkenntnisproblem, sondern das von der Vorstellung der "reinen Marionette" abhängige Menschenbild anzusehen. Die Übereinstimmung jedoch liegt auch hier im geschichtlichen Problem selbst. Und also stellt sich auch hier dieselbe zentrale Frage: Bleibt trotz allem eine Möglichkeit geschichtlich relevanten Handelns übrig? Wie Lenz die Möglichkeit der "Chance der Niederlage" erwägt, erprobt Dorst das Paradox selbständigen Verhaltens marionettenhaft unselbständiger Figuren. Er tut es zum Beispiel an so kniffligen Fällen wie Toller und Hamsun.[16] Eine überzeugende Antwort findet er nicht. Der Gedanke geschichtlicher Ohnmacht behauptet sich denn auch wieder neu und ohne jede Einschränkung in dem mythologisierenden Monsterschauspiel *Merlin oder Das wüste Land* (1981), ja er weitet sich gerade dort zu einer umfassenden Vision der Menschheitsgeschichte aus: Anfang und Ende der Geschichte werden beherrscht vom Bösen und der Barbarei. Nicht Gott, sondern der Teufel ist der große Marionettenspieler. Gottes Heilsgeschichte wie auch alle menschlichen Versuche, die Geschichte zu humanisieren, hängen an den Spielfäden des Teufels. Sie sind vergeblich und entspringen nicht einmal eigener geschichtlicher Initiative. So hat König Artus die Heilsidee der Tafelrunde nicht selbst ersonnen. Das geschichtliche Denken und Handeln der leeren Marionette Artus erwächst aus den Einflüsterungen des Zauberers Merlin. Doch auch dieser täuscht sich in seinen geschichtlichen Möglichkeiten; sein Vater ist der Teufel, seine Ideen

15. Die Bühne ist der absolute Ort. Unter diesem Titel erschien das Nachwort in einer Ausgabe früher Stücke 1962. Wiederabgedruckt in: *Stücke I*. Frankfurt 1978 und in der Ausgabe *Frühe Stücke. Werkausgabe 3*. Frankfurt 1986, beidemal S. 212-216 und beidemal ohne den genannten Titel. Zitat S. 214.
16. Vgl. die Stücke *Toller* (1968) und *Eiszeit* (1972).

gehorchen dem Spiel dieses Vaters.[17]

Camus' Denkmodell mit seiner Absage an alle Vorstellungen einer Welt mit einer als sinnvoll zu erkennenden und sinnvoll zu machenden Geschichte ist die Absage an das Denkmodell der Aufklärung, das, wie relativ auch immer, den Gedanken der Erkennbarkeit der Welt, der Macht der Vernunft, der Möglichkeit des Fortschritts und der humanisierenden "Erziehung des Menschengeschlechts" festhält. Die radikale Gegenstellung des Camusschen Modells zu dem der Aufklärung bleibt auch dann erhalten, wenn ihm nicht der gnoseologische Absurdismus, sondern — wie bei Lenz und Dorst — eine andere Idee des geschichtsverhindernden Verhältnisses von Mensch und Welt zugrunde liegt.

Auf eine einfache Formel gebracht: Camus oder die Aufklärung, das war und ist nach 1945 eine der großen Fragestellungen des europäischen Geschichtsdenkens. Sie vor allem trennte die "junge" von der "älteren" Generation und scheidet die Positionen bis heute. Die "junge" konnte sich, ihren eigenen Erfahrungshorizont vor Augen, kaum anders denn für das Modell Camus' entscheiden. Abschwächungen, Annäherungen, Zwischenpositionen sind nicht gut denkbar. Die versuchte, aber nicht gerade plausible Umdeutung des Mythos von Sisyphos zu einer 'dritten' Lösung ist dafür die Probe aufs Exempel. Nur Konversion erscheint möglich.[18]

II

Wie steht es nun mit dem Geschichtsverständnis bei Günter Grass? Welche Rolle spielen dabei das Absurde, vor allem aber Camus und dessen Sisyphos? Welche Rolle spielt die Aufklärung?

17. Die Entwicklung von Dorsts Geschichtsbild kommt detaillierter zur Sprache in meinem Aufsatz: Die Marionetten und Spieler bei Tankred Dorst — Tradition und Verarbeitung. In: *Literarische Tradition heute. Deutschsprachige Gegenwartsliteratur in ihrem Verhältnis zur Tradition.* Amsterdam 1988. (Amsterdamer Beiträge zur neueren Germanistik. Bd. 24.) S. 261-296.

18. Selbstverständlich soll mit der einfachen Formel nicht gesagt sein, daß nicht auch das Denkmodell Camus' seine Tradition hat. Auch die gemeinte Gegenstellung ist bekanntlich älter. Man denke nur an ihre scharfe Konturierung zur Zeit der Jahrhundertwende. Aber es geht hier um die Formel für die Situation nach 1945.

Grass hat selbst mehrfach auf seine frühe Camus-Lektüre und deren Wichtigkeit für ihn hingewiesen. Das wird in neueren Arbeiten stark berücksichtigt. Der Umstand, daß Grass seine Hinweise erst sehr spät gegeben hat, nämlich erst ab 1980, wird registriert, aber offensichtlich nicht als besonders wichtig empfunden. Nun ist aber nicht zu übersehen, daß Grass seine Äußerungen aus aktuellem Anlaß macht. Ab 1961 hatte er sich zunehmend gesellschaftlich und politisch engagiert, dabei seine frühen Vorbehalte überwindend. Er hatte, wenn auch bescheiden und immer wieder zweifelnd, an einen gewissen geschichtlichen Fortschritt geglaubt. Als im Verlauf der 70er Jahre der Zweifel zunimmt und sich die Frage nach der Möglichkeit und dem Sinn gesellschaftlich und politisch engagierten Handelns wieder neu stellt, verdeutlicht sich Grass seine Position schließlich an Camus' Ausführungen über Sisyphos. Immer wieder geht es dann um diese Gestalt. Es ist nicht ausgeschlossen, daß das damalige aktuelle Bedürfnis die Erinnerung an die Frühzeit verzeichnet. Jedenfalls muß gesagt werden, daß das für Grass in jener späteren Zeit so wesentliche Element Sisyphos noch lange gefehlt hat. Es gibt da zunächst auch nichts Vergleichbares.[19] Wenn aber das besondere Element

19. Vgl. noch unten Abschnitt IV und Anm. 41. — Es ist auffällig, daß auch in der neuesten ausführlichen Spurensuche, bei Arker (1989) nämlich, die Konturen noch verwischt bleiben. In seiner Einleitung findet sich folgende, vorgreifend zusammenfassende Bemerkung: "In der BT [*Blechtrommel*] besteht eine ausgeprägte Affinität zum französischen Existentialismus in seiner absurdistischen Ausformung. [...] Erst 1980, im Umkreis um die 'Kopfgeburten' und die Reisegesellschaft 'Sisyphos', erfährt die Öffentlichkeit von dem tiefen Eindruck, den Camus' Essay bei dem Autor hinterlassen hat. Auch andere zeitgenössische Denkströmungen, die einen Lebensentwurf aus eigener freier Entscheidung propagieren, werden in ihrem Einfluß auf die Zentralfigur nachgezeichnet. Dabei kommt es nicht darauf an, Grass als einen Existentialisten Sartre'scher oder Camus'scher Prägung auszuweisen, sondern darauf, den bestimmenden Einfluß von Zeitströmungen und intellektuellen Moden aufzudecken, die in der BT im Unterschied zu den bald darauf folgenden Werken viel spürbarer sind" (S. XIX). Die zeitliche Diskrepanz zwischen der *Blechtrommel* und der Äußerung von 1980 wird hier nicht veranschlagt. Für die Einflüsse, die auf die Zentralgestalt Oskar Matzerath eingewirkt haben sollen, wird als gemeinsam hervorgehoben, daß sie "einen Lebensentwurf aus eigener freier Entscheidung propagieren". Ein solcher Optimismus dürfte aber nicht nur in der *Blechtrommel* fehlen, sondern Grass überhaupt fremd geblieben sein. Das bestäti-

Sisyphos fehlt, muß gefragt werden, ob Camus überhaupt anfangs eine so spezifische Rolle gespielt hat. Grass lebte ab 1956 für einige Jahre in Paris und konnte in dieser Hochburg absurden Denkens und Schreibens recht vielfältig mit dem Absurdismus vertraut werden.

Nicht nur Sisyphos fehlt in den frühen Werken von Grass, auch das Problem, auf das sich diese Gestalt bezieht, das ihr logisch also vorausgeht und das Camus mit seiner Umdeutung beantworten will, wird von Grass anfänglich nicht angesprochen. Die Frage, welche Verhaltensmöglichkeiten dem Menschen angesichts des Absurden offenstehen, die geschichtliche Frage also, scheint den frühen Grass noch nicht sonderlich zu beschäftigen. Werner Schultheis glaubte in Ausführungen zur frühen Dramatik von Grass sogar behaupten zu dürfen, die Anfänge hingen überhaupt nur sehr schwach mit dem Absurden zusammen, es zeige sich vielmehr ein reiner Spielcharakter, "Spiel um des Spieles willen".[20] Und Heinrich Vormweg umschreibt die anfängliche Situation nicht viel anders. Er beurteilt die frühe Bildphantasie von Grass und ihre Empfänglichkeit fürs Surreale, Absurde und Groteske als etwas, das sich zunächst rein artistisch in sich selbst bewegt und erst "nach und nach über die Rotation innerhalb der Materialien, die vor allem sich selbst bedeuten,

---

gen eigentlich auch die späteren Ausführungen von Arker selber. Und auf Camus trifft die Formel gewiß auch nicht zu. Denn für ihn und seinen Sisyphos ist die Lösung so einfach ja nicht, oder man müßte sich ganz an die fragliche Freiheit des "glücklichen" Sisyphos halten und das hintergründige Problem des geschichtlichen Patt und der paradoxen Revolte davon abziehen. Am ehesten trifft die Formel von der Freiheit auf Camus' Kontrahenten Sartre zu. Aber dann wird man für Grass sehr wohl unterscheiden müssen, von wem er geprägt wurde. Grass selber hat nachträglich immer wieder angegeben, er habe sich im Streit Camus-Sartre eindeutig für Camus entschieden. Wenn Arker im Blick auf Grass Unterscheidungen im weiten Feld des absurdistischen Existentialismus für nicht so wichtig hält, warum hebt er dann später doch immer wieder gerade auf Camus und Sisyphos ab? — Vgl. auch den die Dissertation von 1989 vorankündigenden Artikel Arkers: *Die Blechtrommel* als Schwellenroman? Stichworte zur inneren Diskontinuität der 'Danziger Trilogie'. In: *Günter Grass*. München 1988. (Text + Kritik. H. 1. 6. Aufl.) S. 48-57, bes. S. 52f.

20. Werner Schultheis: Vom Schaukelpferd zum Zahnarztstuhl. Günter Grass und sein Drama der Verhinderung. In: *Wissen aus Erfahrungen. Werkbegriff und Interpretation heute*. Festschr. für Herman Meyer. Hg. von Alexander von Bormann u.a. Tübingen 1976. S. 881-902. Zitat S. 883.

hinausdrängt, zur Demonstration von etwas, zu einer Aussage".[21] Auch Arker spricht von den ästhetischen "Ungereimtheiten" eines "widerspruchsvollen Spielens mit mehreren Formen und Gehalten", glaubt aber, daß seit 1958 "die anti-ideologischen Absichten dominieren", so wie Grass zu der Zeit auch selber von einem "überscharfen Realismus" spricht, um die Dinge "von aller Ideologie zu befreien".[22] Das könnte heißen, daß Grass zu dieser Zeit geschichtliche Sinnbilder zerschlägt, es dabei aber auch beläßt. Höchstens wird das Problem Geschichte bewußt. Recht aufschlußreich ist in dieser Hinsicht die Beobachtung von Werner Frizen, daß bei der Umarbeitung der letzten Vorstufe der *Blechtrommel* zur Endfassung die Profilierung gerade des Geschichtlichen entschieden zunimmt. Hinter und in der anfänglichen Familiensaga, dem weitgehend Privaten und Individualgeschichtlichen, wird das Allgemeingeschichtliche verstärkt. Die weltgeschichtlichen Vorgänge werden "in der bekannten akausal-absurdistischen Form" deutlich erweitert.[23]

Daß das Thema der absurden Geschichte möglicherweise erst in der Schlußphase der Entstehung der *Blechtrommel* für Grass wirklich Gewicht bekommt, könnte auch das Gedicht "Im Ei" (1958) bestätigen, ein 'Grundsatzgedicht', wie Frizen es nennt. Frizen und Volker Neuhaus haben dieses Gedicht unabhängig voneinander besprochen. Ihre Darlegungen erschienen so gut wie gleichzeitig.[24] Beide arbeiten heraus, wie genau in diesem Gedicht das Problem der begrenzten Einsicht in Welt und Geschichte als Problem sichtbar wird. Eingeschlossen wie in einem Ei können wir das, was mit dem Ei geschieht, ob es zum Beispiel ausgebrütet oder in die Pfanne gehauen werden wird, nicht wissen. Wir haben keinen Einblick in Sinn und Ziel der Geschichte. Wir können, wie es Neuhaus formuliert,

21. Vormweg (1986). S. 38.

22. Arker (1989). S. 58 und S. 66. Die Aussage von Grass wird S. 52 zitiert.

23. Werner Frizen: Anna Bronskis Röcke — *Die Blechtrommel* in "ursprünglicher Gestalt". In: *Die "Danziger Trilogie" von Günter Grass. Texte, Daten, Bilder.* Hg. von Volker Neuhaus und Daniela Hermes. Frankfurt 1991. S. 144-169. Zitat S. 150.

24. Volker Neuhaus: Das Chaos hoffnungslos leben. Zu Günter Grass' lyrischem Werk. In: *Zu Günter Grass. Geschichte auf dem poetischen Prüfstand.* Hg. von Manfred Durzak. Stuttgart 1985. S. 20-45. — Werner Frizen (1986), bes. S. 173 ff.

über den vorgegebenen blinden und stummen Horizont, der uns um-
schließt, [nicht] hinauskommen; was er an Sinn hergibt, ist der, den wir
selbst in Wünschen, Träumen, Sehnsucht und Haß darauf projizieren. (S.
25)

Neuhaus bezieht sich in seiner Deutung nicht auf den Absurdismus,
seine Deutung schließt diesen Bezug aber auch nicht aus. Der Absurdismus ist, wenn man so will, lediglich die besondere Form, in der
sich in den 50er Jahren ein viel allgemeinerer und auch schon älterer
gnoseologischer Pessimismus manifestiert. — Frizen umschreibt den
gedanklichen Gehalt des Gedichts kaum anders als Neuhaus, betont
ebenfalls die gnoseologische Immanenz und die Unmöglichkeit, diese
Eingeschlossenheit zu transzendieren (vgl. S. 177), bezieht das aber
sehr direkt und nachdrücklich auf den Absurdismus. Er nennt verschiedene einzelne Übereinstimmungen zwischen Szenen im frühen
Werk von Grass und Autoren des Absurden, nennt aber auch speziell
Camus. Das liegt nahe, insofern der gnoseologische Aspekt sowohl
bei Camus wie im Gedicht "Im Ei" wichtig ist (vgl. dazu bes. S.
175-180). Andrerseits gehört damals das Nicht-wissen-Können mehr
oder weniger zu jeder Vorstellung vom Absurden. Ob sich Grass
Ende der 50er Jahre bereits in einem mehr als allgemeinen Sinne auf
Camus bezieht, ist nicht so leicht zu entscheiden.

III

Ich möchte zunächst am Beispiel der *Blechtrommel* die anhängigen
Fragen weiter verfolgen.

Als Grass in der Endfassung des Romans dem Geschichtlichen
und mit ihm der Frage nach dem geschichtlichen Bewußtsein und
dem geschichtlichen Verhalten besondere Aufmerksamkeit schenkt,
bedient er sich nicht nur absurdistischer Vorstellungen, sondern
bezieht er bekanntlich auch barocke Weltauffassung und die Auseinandersetzung mit dem christlichen Erbe ein.[25] An diesen beiden
Komponenten der Ausgestaltung des Welt- und Geschichtsbegriffes

---

25. Arker (1989) geht in all seiner Ausführlichkeit auf diese Konstellation und die möglichen Differenzierungen im Blick auf die absurde
Grundierung des Geschichtsbildes der *Blechtrommel* nicht näher ein. Er
behandelt wohl, im Zusammenhang mit dem "demokratischen Sozialismus"
von Grass (also ab 1961/65), den Aspekt der christlichen Ethik (S. 446ff.).

ist für unsere Fragestellung hervorzuheben, daß in ihnen weder der Erkenntnisaspekt maßgeblich ist, noch auch etwas der Sisyphos-Idee Vergleichbares in Erscheinung tritt. Ein Sisyphos-Gedanke ist genau genommen sogar ausgeschlossen.

Neuhaus umschreibt den barocken Einschlag knapp und klar wie folgt: Oskar Matzerath betrachtet von seinem Anstaltsbett aus, dessen Gitterschranken ihm nicht hoch genug sein können, die Welt draußen als 'verworrenes Leben'. Solche Züge der Darstellung entsprechen dem Modell des simplicianischen Pikaroromans mit dem Gegensatz von Einsiedelei und Welt. Die Welt ist des Teufels Wirtshaus. Mitzumachen lohnt sich nicht; man kann nur die Teilhabe verweigern und sich zurückziehen. Schon Oskars früher Entschluß, das Wachstum einzustellen und der Ewig-Dreijährige zu bleiben, ist Verweigerung und Weltflucht. Auch sein Vorgänger, der Säulenheilige (in einer Vorform des Romans), zog sich aus der Welt zurück, auf seine Säule nämlich.[26]

Nicht das Erkenntnisproblem bildet hier die gedankliche Grundlage. Die Welt ist im Hauptsächlichen durchaus bekannt. Ihre alles bestimmende Eigenschaft ist die unveränderbar gegebene chaotische Wirrnis als teuflische Veranstaltung. Sinn und Ziel der Geschichte sind nicht gnoseologisch ungewiß, es gibt sie nicht und kann sie nicht geben. Eine weltinterne Revolte wird auch gar nicht erst erwogen. Vor der Welt als abgründigem Chaos kann man nur resignieren. Und also bleibt nichts als völlige Aussichtslosigkeit. Der barock-christliche Sprung, die Aussicht ins erlösende Jenseits, kommt für den jeder metaphysischen Spekulation abholden Grass nicht in Frage. In diesem Metaphysikverzicht stimmt er mit Camus, aber auch wieder nicht nur mit ihm überein.[27]

Übereinstimmungen und Unterschiede liegen für den barocken Einschlag wie folgt: Wie bei Lenz und Dorst unterscheidet sich die Begründung der geschichtlichen Ohnmacht von Camus; sie ist nicht primär gnoseologischer Art. Damit entfällt auch der spezielle Camussche Begriff des Absurden. An seine Stelle kann zwar ein allgemeinerer Begriff treten, ein Begriff des Absurden, der sich auf alle möglichen Verursachungen geschichtlicher Ohnmacht erstreckt, das

---

26. Volker Neuhaus: *Günter Grass*. Stuttgart 1979. S. 34-38.

27. Die Entmetaphysierung der Geschichtsvorstellungen wird sehr schön im Aufriß dargestellt von Christoph Eykman: *Geschichtspessimismus in der deutschen Literatur des zwanzigsten Jahrhunderts*. Bern 1970. Vgl. S. 7-41.

100

heißt auf alles, was Geschichte sinn- und ziellos erscheinen läßt und geschichtliches Handeln aussichtslos macht. Für einen solchen Begriff muß man dann aber weniger auf Camus und mehr auf den breiteren zeitgenössischen Kontext verweisen.[28] Die Übereinstimmung dagegen liegt im geschichtlichen Problem selbst, vor allem in der daraus resultierenden Frage nach der Stellung des Menschen. Dies ist für Camus, aber auch für die "jungen" deutschen Nachkriegsautoren die entscheidende Frage. Camus' Antwort hinwiederum fehlt vorläufig bei Grass; Sisyphos kommt nicht vor.

Ähnliches zeigt sich in Grass' Auseinandersetzung mit dem christlichen Erbe.[29] Nach Neuhaus sieht Grass die Welt als "gefallene Schöpfung" ohne Aussicht auf heilsgeschichtliche Korrektur. Grass' Adaption des Christentums ist "die Botschaft von der gefallenen Schöpfung und dem erlösungsbedürftigen, aber auf ewig unerlösten Menschen" (S. 111). Nun gibt es aber vielerlei Äußerungen von Grass, die besagen, daß die Welt niemals, auch vor dem Fall nicht, gut gewesen ist. Insofern erübrigt es sich, von einem "Fall" zu sprechen. "Am Anfang war der Sprung", "Deine Fehlplanung, Gott!", "eine verpfuschte Schöpfung", der Mensch eine "anfällige fehlerhafte Konstruktion", "Wer hat dem lieben Gott / einst das Konzept versaut?" Neuhaus zitiert diese Formeln (die durchweg späteren Texten entstammen, aber durchaus der *Blechtrommel* entsprechen), geht auf den Widerspruch aber nicht ein. Angesichts der nachdrücklichen, weil für Grass so wesentlichen Eliminierung jeden Erlösungsgedankens erscheinen die schärferen Formulierungen konsequenter. Für eine gefallene Schöpfung wäre deren Erlösung und Wiederherstellung immerhin noch denkbar, für die von vornherein verpfuschte Schöpfung ist der Gedanke widersinnig. Käme Gott als Heiland in Frage, brauchte er auch als Schöpfer kein Stümper gewesen zu sein. Neuhaus macht übrigens nachdrücklich darauf aufmerksam, wie deutlich Gott seiner Göttlichkeit entkleidet wird. In den *Hundejahren* zum Beispiel wird er herabgewürdigt zur "Urvogelscheuche" und ist er Vogel und Vogelscheuche zugleich, ein Widerspruch in sich (vgl. S. 112), "die Gestalt gewordene Selbstaufhebung

28. Vgl. noch einmal oben Anm. 19.
29. Ich beziehe mich hier auf Volker Neuhaus: Das christliche Erbe bei Günter Grass. In: *Günter Grass*. München [6]1988. (Text + Kritik. H. 1.) S. 108-119.

der Schöpfung".[30] Die Formel von der "gefallenen Schöpfung" spiegelt die Grundanschauung von Grass unscharf, auch wenn er selbst sich dieser Formel bedient. Ihr Gebrauchswert liegt darin, eine kurze, allgemein bekannte und verständliche Formel zur Bezeichnung einer Welt zu sein, die nicht in Ordnung ist und aus sich selbst heraus auch nicht zur Ordnung kommt. Genauer gemeint ist aber doch wohl die Welt als die von vornherein und ein für allemal gegebene "Fehlplanung" mit der unveränderbar "anfälligen fehlerhaften Konstruktion" des Menschen. In einer solchen Welt mit einem solchen Menschen ist sinnvolle Geschichte ausgeschlossen.

Zur Ergänzung und Bestätigung ein exemplarischer und in der *Blechtrommel* zugleich zentraler Fall von Widerlegung christlicher Geschichtsanschauung. Es geht um die Kapitel "Kein Wunder" (S. 158-172) und "Dreißig" (S. 717-731).[31] Zwischen beiden spannt sich ein Bogen. Im ersten Kapitel erzählt Oskar Matzerath von einem Kirchenbesuch und spricht dabei rückschauend auch von seiner Taufe. Als die Familie auf dem "heidnischen Namen" besteht, unternimmt Hochwürden allerlei heilig-magische Handlungen; "das sollte den Satan in mir vertreiben" (S. 160). Der Satan aber hält stand. Und so wird Oskar katholisch auf heidnisch-teuflischer Grundierung. Ist das Heilige in seiner Ohnmacht mehr als Schein? Jedenfalls wird es auf die Probe gestellt. Es wird dreimal gelästert und verleugnet und dann noch einmal versucherisch herausgefordert.

Oskar, den grotesken Mischling, fasziniert das Katholische, aber es fasziniert ihn so, wie ihn rote Haare fesseln; rote Haare möchte er am liebsten "umfärben" (S. 162). Der Kirchenbesuch demonstriert, wie solche Umfärbung lästernd und leugnend das Heilige verblassen läßt. Es schwindet hinter allerirdischster Trivialität. Oskar geht aufs Ganze, er richtet sich ohne Umwege auf den Erlöser selbst, und das — wie gesagt — gleich dreimal. An den Statuen, die den Heiland verkörpern, setzt er an. Der erste Jesus steht da als "bemalter Gips", "in preußisch-blauem Rock", mit einem "tomatenroten, glorifizierten und stilisiert blutenden Herzen". Peinlich vollkommen gleicht er nicht Gott, sondern "dem mutmaßlichen Vater Jan Bronski". Er hat dieselben "selbstbewußten blauen Schwärmeraugen", den "immer

30. Diese letztere Formulierung gebraucht Neuhaus an anderer Stelle; vgl. 1979. S. 91.

31. Günter Grass: *Die Blechtrommel. Roman* (1959). Zitiert wird nach der Taschenbuchausgabe in der Aufl. von 1988.

zum Weinen bereiten Kußmund", das "die Frauen zum Streicheln verführende Ohrfeigengesicht" (S. 163). Der zweite Jesus wird wahrgenommen als "Athlet mit der Figur eines Zehnkämpfers". "Was hatte der Mann für Muskeln!". Aus dem süßen Vorsprecher bei Gott wird der "süße Vorturner", der "Sieger im Hängen am Kreuz unter Zuhilfenahme zölliger Nägel". Nicht Jesus der Erlöser, sondern "der Sportler aller Sportler" (S. 164). Anläßlich der "dritten plastischen Darstellung" wird der Begriff des Kreuzes in einer weit ausholenden Assoziationskette immer banaler eingeschwärzt; die Bedeutung des Heiligen verrutscht semantisch ins Teuflisch-Unheilige, zu "Hakenkreuz", "Gelbkreuz", "Kreuzverhör" usw. (S. 165).

Als sich der Verhöhnte nicht rührt, wird der Satan in Oskar zum Versucher. Er wendet sich dem ihm gleichenden "dreijährigen Heiland nackt und rosa" auf dem Schoße Marias zu (S. 165-172). "Der hätte mein Zwillingsbruder sein können". Mit einer Trommel auf dem Oberschenkel und Trommelstöcken in den erhobenen Händen "wäre ich es gewesen, der perfekteste Oskar". Er stellt dem Gottessohn Trommel und Stöcke zur Verfügung und fordert ihn auf, ein Wunder zu tun. So soll sich entscheiden, wer der wahre Jesus ist, "wer von den beiden Blauäugigen, Eineiigen sich in Zukunft Jesus nennen durfte". Nichts geschieht.

Als weder die lästernden Verleugnungen noch die herausfordernde Versuchung beantwortet werden, wirft sich Oskar auf die Fliesen "und weinte bitterlich, weil Jesus versagt hatte". Er weint nicht wie Petrus, der bereute, Jesus dreimal verraten und also selbst versagt zu haben. Nicht der Mensch mit seiner satanischen Grundierung, sondern das Göttliche steht zur Debatte. Wenn Jesus versagt, ist er nicht der Heiland, den man in ihm sieht. Auf den Karfreitag wird kein Ostern folgen. Es ist Karmontag,

und Karfreitag ist Schluß mit ihm, der nicht einmal trommeln kann, der mir keine Scherben gönnt, der mir gleicht und doch falsch ist, der ins Grab muß, während ich weitertrommeln und weitertrommeln, aber nach keinem Wunder mehr Verlangen zeigen werde.[32]

Das Kapitel als ganzes ist eine groteske Widerlegung und Verneinung der christlichen Vorstellung von der Erlösung und der Überwindung

---

32. Zum Karfreitag ohne Ostern in *Katz und Maus* vgl. Neuhaus (1979). S. 81.

des Bösen. Gott ist nicht erschienen, der Satan nicht ausgetrieben. Die Welt bleibt "verpfuscht", ihre Geschichte sinn- und ziellos, Fortschritt erscheint unerreichbar.

Allerdings wird die Frage an dieser Stelle der *Blechtrommel* noch nicht endgültig entschieden. Der Bogen spannt sich bis zum Ende hin. Oskar sieht sich weiterhin als getauften Satan, "zwiespältig", "mit einem Rest katholischen Glaubens", "weder im Sakralen noch im Profanen beheimatet" (Anfang des nächsten Kapitels, S. 173). Er schwankt jahrelang zwischen abwartender Nachfolge und Selbstversuch. Wer ist der wahre Jesus? Als er dreißig wird (vgl. das Schlußkapitel des Romans), sich nichts offenbart hat, für ihn aber die Zeit gekommen ist, zu entscheiden, ob er selbst auftreten und Jünger sammeln soll, unterläßt er es. Was vermag ein solcher Versuch gegen das Übermächtige und Undurchschaubare der "Schwarzen Köchin". "Fragt Oskar nicht, wer sie ist!" Aber sie ist überall, war immer schon da, und ihr Schatten wird schwärzer (S. 730f.). Auch die Möglichkeit, zwischen Goethe und Rasputin zu wählen, erlischt. Goethes olympische Ruhe war Oskar schon immer unheimlich. Aber jetzt erscheint dieser Inbegriff des Hellen "verkleidet, schwarz und als Köchin, nicht mehr licht und klassisch, sondern die Finsternis eines Rasputin überbietend" (S. 722). Auch er, das humanistisch-aufklärerische Element: "umgefärbt".[33]

Bis hierhin läßt sich folgendes festhalten:

Der Grass der *Blechtrommel* denkt durchaus im Rahmen des Modells Camus. Kerngedanke dieses Modells und damit Kriterium für die Frage der Übereinstimmung mit ihm ist der Geschichtsbegriff und die daraus resultierende abgründig skeptische Beurteilung der geschichtlichen Möglichkeiten des Menschen.

Die konkrete Füllung und Begründung dieser Anschauung kann abweichen. Das wurde deutlich bei Lenz und Dorst und wird neuerlich deutlich bei Grass. Sobald Grass barocke Vorstellungen und ein "umgefärbtes" Christentum einbezieht, wird der für Camus kennzeichnende gnoseologische Absurdismus ersetzt durch die Auffassung

---

33. Auf die Schwarze Köchin als dunkles Zeichen am Ende des Romans und auf die Einschwärzung Goethes wird natürlich häufiger hingewiesen (vgl. z.B. Neuhaus [1979]. S. 57 und S. 59). Ich erwähne sie hier als Signale in dem Spannungsbogen zwischen Oskars Taufe und seinem entscheidenden dreißigsten Jahr. In diesem Spannungsbogen erfüllt sich seine Lebensgeschichte und enthüllt sich zugleich die universale Geschichte.

von der bösen, chaotischen und verpfuschten Welt, in der mitzumachen nicht lohnt.

Das Camussche Element Sisyphos fehlt vorläufig bei Grass und
kann fehlen, ohne daß das Geschichtsmodell als solches brüchig wird.
Sisyphos, wie Camus ihn gestaltet, ist ein höchst problematischer
Zusatz, der den Grundgedanken eher aufweicht als erhärtet.

Wenn an diesem Modell all das, was wirklich spezifisch ist für
Camus — zum einen der gnoseologische Absurdismus als Begründung des Welt- und Geschichtsverständnisses und zum andern die
Konsequenz Sisyphos —, auswechselbar oder entbehrlich ist, was
berechtigt dann überhaupt dazu, von einem Modell Camus zu sprechen? Es ist insofern statthaft, als bei Camus der geschichtliche
Grundgedanke sehr prägnant als alles bestimmender und organisieren-
der Kerngedanke wirksam ist; er wird modellhaft deutlich. Es ist
statthaft, weil Camus' Denken von der "jungen" Generation nach
1945 als repräsentativ für eigene geschichtliche Erfahrungen empfunden werden konnte, gerade auch in der Gegenstellung zu allem
Aufklärerischen. In diesem Sinne ist es also durchaus möglich, daß
Grass im Grundsätzlichen mit Camus übereinstimmt, im Spezifischen
aber von ihm abweicht und dabei die Nähe viel stärker empfindet als
das, was ihn von ihm trennt. Vielleicht erklärt das auch, warum er
rückschauend eine Übereinstimmung betont, die in dem Maße gar
nicht vorhanden ist, jedenfalls nicht in der früheren Zeit, und viel
mehr den Absurdismus im allgemeinen betrifft.

Für die *Blechtrommel* ist noch einmal hervorzuheben, daß ihre
Grundposition zwar unverkennbar dem Modell Camus entspricht, daß
sich in der Ausgestaltung aber Verschiedenstes mischt: Surrealisti-
sches, Absurdistisches, Barockes, umgefärbt Christliches und anderes.
In dieser konkreten Ausgestaltung sind Camus und das Absurde nicht
allein bestimmend (das Absurde weder im speziell Camusschen noch
in einem allgemeineren Sinne). Es kennzeichnet die Situation, daß
sich Frizen und Neuhaus mit ihren Interpretationen des Gedichts "Im
Ei" sehr nahe stehen, der eine jedoch nachdrücklich auf den Absurdismus verweist, während der andere diesen Bezug auslassen kann.
Neuhaus lehnt übrigens, wie sich an anderer Stelle zeigt, die Annahme nicht ab, daß das Denken von Grass mit dem Absurdismus zu
tun hat. Aber er faßt diesen Begriff offensichtlich sehr weit und
locker. Die spezielle Bedeutung Camus' veranschlagt er gering. Da ist
zwar, wie er sagt, eine "Prädisposition für Camus' Ideen", aber:
"Die Camus-Lektüre bewirkte lediglich, daß ihm [Grass] 'der Begriff

des Absurden zur Person wurde'''. Neuhaus kann sogar sagen: "Grass' Weltbild [...] unterscheidet sich in nichts von dem spezifisch christlicher Autoren. Auch sie gestalten als irdisch-sichtbare Seite ihres Glaubens eine heillose Welt, die nur als absurdes Spiel anzusehen ist, dem sie dann allerdings sozusagen auf einer höheren Ebene bewußt 'das Wagnis des Glaubens' entgegensetzen".[34] Neuhaus ist offensichtlich der Umstand nicht geheuer, daß Grass sich so ausgiebig auch auf nicht-absurdistische Bereiche wie das Barocke und das Christliche bezieht.

IV

In den Jahren 1961/65 beginnt Grass seine intensive gesellschaftlich-politische Tätigkeit, vor allem in der Gründung von Bürgerinitiativen zur Unterstützung des Wahlkampfs der SPD. Neben die geschichtliche Skepsis tritt die Hoffnung auf bescheidenen Fortschritt. Dieser Prozeß manifestiert sich jedoch mehr als Übergang, als Positionswechsel, denn als Entwicklung einer in sich widersprüchlichen Position zwischen Absurdismus und Aufklärung. Sisyphos ist hier nicht vonnöten und kommt auch nicht vor![35]

Als in den Bundestagswahlen vom November 1972 die SPD zum ersten Mal zur stärksten Partei vor der CDU/CSU wird, sieht Grass das als Chance des "demokratischen Sozialismus" und als Möglichkeit für Fortschritt. In der Siebenjahresbilanz vom Februar 1973[36] schlägt aufklärerisch-optimistisches gegenüber absurdistisch-pessimistischem Vokabular stark durch. Grass macht ausdrücklich darauf aufmerksam, daß er in der Bemühung um "demokratische Bürgerinitiativen" von der aufklärerischen Vorstellung des Bürgers als des "gesellschaftlich verantwortlichen Citoyens" ausgehe. Er vertraut darauf, daß "durch zielstrebige Reformpolitik jene aufgeklärt-bürger-

---

34. Neuhaus (1988). Beide Zitate S. 114.

35. Im allgemeinen wird die Stellung von Grass in dieser Zeit als zwiespältig beurteilt. Arker (1989) z.B. betont den "qualitativen Sprung" (S. 339) zwischen der früheren Zeit und jetzt, meint aber, Grass "amalgamiert die Bestandteile Absurdismus, Skeptizismus und Nonkonformismus auf eine widerspruchsvolle Weise mit dem 'offenen' Programm der SPD nach dem Godesberger Parteitag" (S. 336, vgl. auch S. 366-369).

36. Der Schriftsteller als Bürger — eine Siebenjahresbilanz. In: *Werkausgabe*. Bd. 9: *Essays Reden Briefe Kommentare*. S. 577-593.

liche Gesellschaft entsteht", die man Demokratie nennen kann. Und recht zuversichtlich äußert er, die Bundesrepublik verfüge inzwischen über eine große Zahl "aufgeklärter Bürger und also die Demokratie" (vgl. bes. S. 584f.). Immer wieder auch beruft er sich in jener Zeit auf die "Vernunft" als wirksames Werkzeug. Grass' Skepsis gilt jetzt nicht mehr so sehr der Frage, ob überhaupt Fortschritt möglich ist, sondern der Frage der Gangart. Geschichtsentwürfe als ausgreifende, zielversessene Programme zur Verwirklichung der aufklärerischen Utopie der "Erziehung des Menschengeschlechts" lehnt er nach wie vor ab. Fortschritt muß von Mal zu Mal die vorhandenen Möglichkeiten nutzen, bewegt sich schrittweise vorwärts, bescheidet sich zur "Kriechdisziplin" im Schneckentempo, ist jederzeit revisionsbereit, nimmt Rückschritte in Kauf wie bei der "Springprozession", drei Schritte vor, zwei zurück (S. 577f). Genau genommen ist das mehr Vorsicht als Skepsis.[37]

Etwas vorbehaltlicher, aber gewiß nicht pessimistisch, klingt der

37. Grass' Auffassungen berühren sich durchaus mit der Diskussion der Aufklärung in den 70er und 80er Jahren. Er trug auch direkt dazu bei. Zur Veranstaltungsreihe "Das Elend der Aufklärung" hielt er im Juni 1984 den Eröffnungsvortrag (s. u. S. 116). Grass ist zu der Zeit schon wieder recht skeptisch. Seine Auffassungen in den frühen 70er Jahren berühren sich eher mit den vorsichtig-zuversichtlichen, wenngleich kritischen Erwägungen, wie sie auf dem Kongreß über die "Zukunft der Aufklärung" im Dezember 1987 Ausdruck fanden, z.B. bei Helmut Dubiel: "Wenn kein aufgeklärter Monarch, keine Avantgarde-Partei und kein Expertengremium — kurzum kein dem gesellschaftlichen Streit sich entziehender meta-politischer Gesamtplan mehr legitime Geltung im öffentlichen Raum beanspruchen kann, hängt die Zukunft der Aufklärung einzig ab von den Institutionen, politisch-kulturellen Umgangsformen und moralischen Grundorientierungen, in deren Rahmen sich der Prozeß demokratischer Willensbildung vollzieht. Ein mit 'Demokratie' gleichgesetzter, geläuterter Begriff der Aufklärung ist nicht mehr bezogen auf eine exklusiv ausgezeichnete Lebens- und Denkweise, sondern auf die politische Form, in der sich die Vielzahl gesellschaftlicher Gruppierungen und Orientierungen zueinander in Beziehung setzt. Der Grundkonsens einer demokratisch aufgeklärten Gesellschaft ruht nicht mehr auf vorgegebenen partikularen Ähnlichkeiten und auch nicht auf stumm akzeptierten 'Sachzwängen', sondern bildet sich in der Kette durchgestandener Konflikte, wechselseitig akzeptierter Divergenzen und der gemeinsam ertragenen Offenheit des geschichtlichen Verlaufs". *Die Zukunft der Aufklärung.* Hg. von Jörn Rüsen u.a. Frankfurt 1988. S. 27f.

bekannte Aufsatz "Vom Stillstand im Fortschritt" von 1972,[38] entstanden wohl noch vor dem Wahlsieg der SPD. Geschichtliche
"Utopie" und geschichtliche "Melancholie" heben sich nicht gegenseitig auf, bilden keinen paralysierenden Widerspruch, kein lähmen-
des Patt, sondern eine "Doppelherrschaft" (S. 545). Mögen sie sich
auch logisch ausschließen, praktisch befruchten sie sich. Utopie
allein, mit der Versuchung zur voreiligen Zielsetzung, bedarf der
retardierenden Melancholie. Melancholie, mit der Versuchung zum
resignierenden Geschichtsverzicht, bedarf der antreibenden Utopie.
Die Doppelherrschaft wird beschrieben als Ergänzungsverhältnis und
nicht als Antagonismus. Melancholie und Utopie, das ist "Stillstand
im Fortschritt", der "zwittrig Fortschritt aus Stillstand zeugt" (S.
557). Grass beurteilt die Einsicht in dieses Wechselverhältnis als die
im Humanismus beginnende und fortan "die Neuzeit prägende
Erfahrung" (S. 556). Er meint also ein europäisches Denkmodell. Ist
es ein drittes zwischen dem Modell Camus und dem Modell Aufklärung? Es ist in seiner grundsätzlichen, wenn auch vorsichtigen
Zuversichtlichkeit durchaus ein aufklärerisches. Wenngleich in
Gegenbegriffen und geradezu paradox formuliert, sind ihm die
aussichtslosen Paradoxien des Modells Camus fremd. Grass tendiert
in der Einschätzung der geschichtlichen Möglichkeiten durchaus zu
einer vorsichtigen aufklärerischen Position.[39]

38. Vom Stillstand im Fortschritt. Variationen zu Albrecht Dürers
Kupferstich 'Melancolia I'. Anhang zum Prosatext *Aus dem Tagebuch einer
Schnecke*. S. 244-264, in der Ausgabe Slg. Lucht. 310; S. 544-567 in der
Werkausgabe. Bd. 4, nach der hier zitiert wird.
39. Vgl. Gertrude Cepl-Kaufmann: *Günter Grass. Eine Analyse des
Gesamtwerkes unter dem Aspekt von Literatur und Politik*. Kronberg 1975.
(Skripten Lit.wiss. 18.) S. 223-229. Cepl-Kaufmann betont stärker das
Melancholische und Skeptische und berücksichtigt m.E. zu wenig den
Aspekt der fruchtbaren "Doppelherrschaft" von Melancholie und Utopie.
Ähnlich Sigrid Mayer: Zwischen Utopie und Apokalypse: Der Schriftsteller
als 'Seher' im neueren Werk von Günter Grass. In: *Literarische Tradition
heute*. A.a.O. S. 79-116, vgl. bes. S. 82-84. Mayer geht auf die Frage der
"Doppelherrschaft" überhaupt nicht ein. Ebensowenig tut das Günter
Blamberger in seinem *Versuch über den deutschen Gegenwartsroman.
Krisenbewußtsein und Neubegründung im Zeichen der Melancholie*. Stuttgart
1985. Vgl. die "Anmerkungen zum Problem der Melancholie bei Günter
Grass' *Aus dem Tagebuch einer Schnecke*" (S. 135-141). — In der Sicht
Cepl-Kaufmanns ist Grass' Verhältnis zur Aufklärung überhaupt recht

Es ist in dieser Hinsicht auch aufschlußreich, daß er in seiner Argumentation von 1972 statt auf Camus und Sisyphos auf Saturn, das 'goldene Zeitalter' und — damit zu assoziieren — die saturnalischen Feste zu sprechen kommt. Er sieht Saturn als die antike Gottheit jener den Menschen auferlegten utopisch-melancholischen "Spannung" (S. 544f.). Im 'goldenen Zeitalter' war diese Spannung aufgehoben. Das dürfte im Kontext des Essays als Anstoß gemeint sein, in der Spannung etwas Förderliches und nicht einfach das abschreckend Aussichtslose zu sehen. In diesem Sinne assoziiert sich auch der Gedanke an die saturnalischen Feste im alten Rom, bei denen einmal im Jahr die Gegensätze Herr und Knecht, Freier und Gefangener aufgehoben waren, Gleichheit herrschte, und auf diese Weise der Utopie des 'goldenen Zeitalters' gedacht wurde.

Grass spricht in diesem Zusammenhang von "Steinen", aber sie gehören Saturn und nicht Sisyphos. Geschichtlicher Mut äußert sich darin, "den saturnisch lastenden Wackersteinen jenen Funken ab(zu)schlagen, der uns utopische Lichter setzt" (S. 567). Die Steine sind hier das Bild für den "Stillstand" im Fortschritt, für das drohende melancholische Resignieren angesichts der widerständigen Realität, für das Gewicht, das die Bewegung verweigert und der Utopie im Wege liegt. Auch in der Bilanz von 1973 spricht Grass vom "Stein" als diesem Widerstand: "Sieben Jahre lang versuchten viele mit mir gemeinsam, einen Stein zu bewegen. Man sagt, er sei ein wenig verrückt worden" (S. 593). Auch dies hat nichts mit Sisyphos zu tun. Und ähnlich verhält es sich mit dem Gedicht "Irgendwas machen"

---

vordergründig. So urteilt sie z.B., der Begriff 'Vernunft' sei, mit oder ohne Berufung auf die Aufklärung, für Grass vor allem ein praktischer Begriff: Vernünftig ist, "was sich in der Erfahrung als praktisch durchführbar erwiesen hat" (S. 123). 'Vernunft' erweise sich auch immer mehr als moralische Kategorie und werde zur Formel für eine Haltung, die letztlich weniger auf der Aufklärung als vielmehr direkt auf der christlichen Ethik ruhe (vgl. den Abschnitt S. 121-131). Dagegen zu halten ist, daß Grass — wie vordergründig oder angepaßt auch immer — die Aufklärung beschwört, weil sie Inbegriff der Gegenposition zum Modell Camus ist. Zweifellos geht christlich Ethisches in diese Position ein. Vgl. dazu auch Neuhaus (1988). S. 117 und Arker (1989). S. 446ff.

aus der Zeit kurz vor 1967.[40] Dreimal wird der "Stein" genannt als Inbegriff widerständiger, schwer beweglicher Realität. Man sollte sich auf Hebelgesetze besinnen: "Dabei gibt es Hebelgesetze. / Sie aber kreiden ihm an, dem Stein, / er wolle sich nicht bewegen". Dem bloßen Klagen und Protestieren gibt die politische Realität nur scheinbar und täuschend nach: "Da erbarmt sich der Stein und tut so, / als habe man ihn verrückt". Aber geschehen ist letztlich nichts: "Schon setzt der Stein, der bewegt werden wollte, / unbewegt Moos an". In dieser Zeit um 1967 ist angesichts der Wahl- und Koalitionsmiseren der SPD (große Koalition mit der CDU/CSU 1966 und die Angst vieler vor dem Verlust der parlamentarischen Opposition) die Gefahr resignierender Melancholie noch besonders groß.[41]

40. Das Gedicht findet sich in der Sammlung *Ausgefragt* von 1967. In: Günter Grass: *Die Gedichte 1955-1986*. Darmstadt 1988. S. 182-186. In der *Werkausgabe*. Bd. 1. S. 183-187.

41. Dieter Arker (1989) vermerkt in einer Fußnote (S. 516, Anm. 291), daß Grass vor 1980 zweimal von Sisyphos spricht: Er nennt zum einen die oben bereits zitierte Textstelle aus der Bilanz von 1973, die aber m.E. nichts mit Sisyphos zu tun hat. Auch Arker muß einräumen: "Sisyphos wird interpretiert als einer, der in Bewegung versetzt, was andere nicht bewegen können. Hier verläßt Grass das Camus'sche Terrain. Es geht ja nicht darum, Unbewegliches zu verrücken, sondern um den absurden Kreislauf". Warum dann aber überhaupt die Assoziation Sisyphos? Arker verweist zum andern auf einen Satz im *Tagebuch einer Schnecke*, der lautet: "Käme in nordischen Sagen ein Sisyphos vor, müßte er Willy [Brandt] heißen" (Ausgabe Slg. Lucht. 310. S. 218). Die Umschreibung, die Grass bietet, ist jedoch merkwürdig. Drei Punkte werden genannt: (1) Brandt ist jemand, "der beim Aufstieg von Kehre zu Kehre Niederlagen gesammelt, verpackt und mitgeschleppt hat", und diese Last nicht abwerfen will. Das ist durchaus ein Sisyphos-Bild. (2) "Sobald er Schritte macht, bewegt er Vergangenheit, seine unsere: die nationalen Wackersteine. Ein Packpferd, das nur läuft, wenn ihm Übergewicht aufgetragen wird". Dies ist übrigens der einzige Satz, den Arker aus dem Kontext zitiert, offenkundig wegen der genannten Steine. Aber für eine Assoziation Sisyphos bietet sich damit nicht ohne weiteres ein Anhaltspunkt. Hier gilt womöglich der gleiche Einwand, den Arker gegenüber der Textstelle von 1973 erhebt. (3) Brandt ist ein Mann von "Zögerphasen Verzettelungen". "Wenn er spricht, schieben seine Sätze einander. Jeder schiebt jeden vor sich her und wird von jedem, der folgt, geschoben, Rangiergeräusche. Wo, wenn nichts zieht, ist die Schubkraft?" Und er kann so lange umschreiben, "bis er nur noch Umschreibung, ungenau ist". Dieser Hinweis auf das Zögerliche, Umständliche, Schwerfäl-

Als Ende der 70er Jahre die geschichtliche Entwicklung national und international mehr Unheil als Fortschritt verheißt, verdrängt die Skepsis neuerlich die Hoffnung, schlägt Optimismus wieder um in Pessimismus, siegt die Melancholie über die Utopie. In zwei Reden von 1978 ironisiert Grass die hellen Utopien, beargwöhnt er ihre Vorstellungen als Wahnbilder und verweist er auf die schwarzen Utopien bei Döblin, Orwell und Kafka. Deren Visionen sind dabei, sich zu verwirklichen.[42] Was geschichtliche Realität zu werden droht, ist das genaue Gegenteil dessen, was Grass in der aufklärerischen Utopie vorgezeichnet gesehen und mit seinem eigenen praktischen "demokratischen Sozialismus" voranzutreiben versucht hat. Es ist, wie bei Döblin und Orwell vorausbeschrieben, ein "oligarchischer Kollektivismus, als ein weltweites Machtgefüge", auf den "Begriffe wie Demokratie, Liberalismus oder Arbeiterselbstverwaltung und demokratischer Sozialismus" nicht mehr zutreffen. Alles ist "eingeschmolzen in einen einzigen, totalen, alles kontrollierenden Machtwillen" (S. 729). Und es ist, wie in Kafkas Schloßroman vorgebildet, die den Menschen entmächtigende "Allumfassung" einer "totalen Bürokratie", die, selbstherrlich und selbstläufig, "sich nicht nur der hier und da angestrebten demokratischen Kontrolle entzieht, sondern auch jeder vernünftigen Sinngebung versperrt bleibt" (S. 745f.).[43]

lige ermöglicht, dem Buch gemäß, eher die Assoziation "Schnecke" als Sisyphos. Auch die Schlußbemerkung "Jemand vom Stamme Zweifel" weist in diese Richtung, denn dann ist die Figur Zweifel aus dem Buch und mit ihr das politische Zweifeln gemeint, die Skepsis gegenüber klarumrissenen, zielbewußten Programmen, das Kriechtempo statt zielstrebiger Eile. Und am Schluß: Warum fügt Grass nach der dreifachen Charakterisierung Brandts den Vergleich mit Sisyphos gerade dem Satz an: "Jemand, der nur zögernd ich sagt und dennoch von sich nicht absehen kann"? Kurzum: Die Bezeichnung Sisyphos bleibt blaß und ungenau. Vielleicht darf man daraus sogar schließen, daß der Sisyphos-Mythos für Grass in dieser Zeit von 1972 noch kein tragendes Konzept ist.

42. Im Wettlauf mit den Utopien (Juni 1978). In: *Werkausgabe*. Bd. 9. S. 715-736; Kafka und seine Vollstrecker (August 1978). Ebd. S. 737-757.

43. Sigrid Mayer (1988) behandelt die Entwicklung der Utopiewerte bei Grass vom *Tagebuch einer Schnecke* an. Sie betont für den "Wettlauf mit den Utopien" die Asienerfahrungen von Grass und seine Skepsis angesichts der Entwicklung der Dritten Welt, aber es ist m.E. nicht zu übersehen und für die Entwicklung von Grass auch gerade sehr bezeichnend, wie nachdrücklich in der Einschwärzung für die westliche Welt diejenigen Tendenzen

Erst jetzt, in dieser hoffnungs- und aussichtslosen Situation, erscheint Sisyphos! 1980, in den *Kopfgeburten*, wird ausführlich auf ihn eingegangen.[44] Sisyphos ist hier Inbegriff des Mutes zu handeln, wo der Sinn des Handelns in Frage steht. Wie sieht das genau aus, und wie verhält es sich zu Camus? Camus spricht — wie eingangs ausgeführt wurde — zum einen von der paradoxen Revolte der vergeblichen Auflehnung. Sie ist die Revolte der Pattstellung, geschichtlich ergibt sie nichts. Lenz nennt ihren Ertrag sehr treffend "Würde der Aussichtslosigkeit". Camus versucht, über dieses Patt hinauszukommen, und postuliert deshalb zum andern eine Revolte, die sich gegenüber dem Absurden und

---

betont werden, welche die demokratischen und aufklärerischen Ansätze der voraufgegangenen Zeit, also das, woran sich Grass' Hoffnung geklammert hatte, zunichte machen.

44. *Kopfgeburten oder Die Deutschen sterben aus* (1980). Vgl. in der Ausgabe Slg. Lucht. 356. S. 80-82 und in der hier zitierten *Werkausgabe.* Bd. 6. S. 211-213. — In einigen Äußerungen von Grass schimmert durch, daß bei der frühen Lektüre der 50er Jahre Camus nicht schon in allem bedeutsam geworden ist. So heißt es in der hier angegebenen Passage der *Kopfgeburten*: "Und als mir dann später der Begriff des Absurden zur Person wurde [...]" (S. 212). Und in der Rede "Literatur und Mythos" vom Juni 1981 steht: "Nach Ende des Zweiten Weltkrieges [...] las ich zum erstenmal Camus' *Mythos vom Sisyphos*, ohne recht zu begreifen, was mich faszinierte. Heute, gebeutelt von Erfahrungen und auch gezeichnet von der produktiven Vergeblichkeit des politischen Steinewälzens, ist mir Camus wieder nah [...]" (*Werkausgabe*. Bd. 9. S. 794). Eine besonders genaue Aussage von 1980 zitiert Arker: "Und gleichzeitig habe ich bei der Arbeit an diesem Buch [*Kopfgeburten*] entdeckt, wie stark mich Camus' Buch *Der Mythos von Sisyphos* in den fünfziger Jahren, als ich jung war, beeindruckt und beeinflußt hat. Ich habe dann lange Zeit das aus den Augen verloren, und bei der Arbeit an diesem Buch wurde mir deutlich, daß das mein Mann ist" (S. 516). Für den Sachverhalt, daß Sisyphos erst 1980 bei Grass klar erkennbar in Erscheinung tritt, scheinen mir diese Hinweise von Belang. — Wie wenig man sich bislang den Zeitsprung deutlich gemacht hat, wurde an früherer Stelle bereits erwähnt (s. o. S. 11). Als Beispiel wurde zunächst Arker genannt (Anm. 19). Es kann im Mißverständnis der Situation zu merkwürdigen Beurteilungen kommen, wie etwa bei Neuhaus (1979), wenn er bemerkt, Sisyphos habe in der Tat "noch" die politischen Vorstellungen des "späteren Grass" beeinflußt (S. 146), oder wenn er sagt (KLG-Artikel. S. 4), Sisyphos begegne ebenso in Grass' politischer Phase wie "noch" in den *Kopfgeburten* (S. 4). Auch Stallbaum (1988) unterscheidet nicht.

112

damit gegenüber der Geschichte verselbständigt. Nur so läßt sich das lähmende Paradox sprengen. Es fällt auseinander: entweder geschichtliche Ohnmacht oder ungeschichtliche Freiheit. Grass will, folgt man der Äußerung in *Kopfgeburten*, in dieser Alternative nicht stecken bleiben. Er deutet Sisyphos, so könnte man es sehen, noch einmal um, vielleicht mehr unbewußt als bewußt, die Argumentation ist nicht besonders klar. Geschichte scheint nun vorgestellt zu werden als ein infiniter Prozeß, der ohne einen erkennbaren Fortschritt sich aufbauender Ergebnisse diffus offen verläuft. So nimmt sich jedes Handeln einerseits "vergeblich" aus, ist aber andrerseits als Teilhabe an der Permanenz dieses unabschließbaren Prozesses auch wieder nicht a priori "sinnlos". Man muß nur eben davon absehen, daß Geschichte auf etwas hinausläuft, daß Handeln ein Ziel hat und endlich etwas erreicht: "Deshalb verlache ich jede Idee, die mir die letzte Ankunft, die endliche Ruhe des Steins auf dem Gipfel verspricht". Das Euphorische, das bei Camus der geschichtlich zweifelhaften Freiheit einer ganz und gar persönlichen Aneignung des Steins entspringt, scheint bei Grass mit der sinnunbestimmten, ziellosen Offenheit des Geschichtsverlaufs verbunden zu sein. Wenn die geschichtliche Stellung des Menschen nicht notwendigerweise als "Fluch und Strafe" der Vergeblichkeit verstanden werden muß, ist auch das Steinewälzen davon befreit, dann ist es nicht mehr ein auferlegtes Schicksal des Scheiterns, sondern eigenes, wenngleich sinnoffenes geschichtliches Tun. In dieser Weise wäre dann das sehr euphorische Camus-Zitat zu lesen: "Darin besteht die ganze verschwiegene Freude des Sisyphos. Sein Schicksal gehört ihm. Sein Stein ist seine Sache" (S. 212, vgl. Camus S. 100).

Zur Frage dieses Geschichtsverständnisses lassen sich noch einige andere einschlägige Stellen heranziehen. Man vergleiche zum Beispiel die Äußerung in dem Essay "Orwells Jahrzehnt II" vom Februar 1983: Sisyphos wälzt wissentlich und aus freiem Willen den Stein, "der nie zur Ruhe kommt".[45] Das endlos wechselnde Bergauf und Bergab macht auch hier mehr den Eindruck der sinnunbestimmten als der sinnlosen Permanenz der Bewegung. Es ist ein vergeblich "anmutendes" Steinewälzen. Allerdings, aufgrund der Ungewißheit erschöpft sich die Bedeutung darin, daß der Steinewälzer nicht aufgibt: "Erst wenn wir aufgeben, den Stein am Fuße des Berges liegen lassen und nicht mehr Sisyphos sein wollen, erst dann wären

45. *Werkausgabe*. Bd. 9. S. 846.

wir ganz verloren" (S. 852).

Eine Diskussion im Juni 1985 zwischen Johano Strasser, Oskar Negt, Horst Wernicke und Günter Grass geht von der Fraglichkeit von 'Fortschritt' aus. Was man gewohnt ist, Fortschritt zu nennen, erscheint heute vielen "als der gerade Weg in die Barbarei, als fortschreitende Enthumanisierung und Zerstörung von Freiheit, gar als Tendenz zum kollektiven Selbstmord".[46] Aus der Zweifelhaftigkeit des Fortschritts ergibt sich die Frage nach der Hoffnung bei Ernst Bloch und der Hoffnungsskepsis bei Camus. Und hier wiederholt Grass seine Auffassung, die er allerdings als die Neudeutung Camus ausgibt, daß Sisyphos gegenüber den ideologischen Ausgeburten aller Hoffnung gerade die ideologiefreie Permanenz scheinbar hoffnungslosen, weil ziellosen Weitermachens verficht, das aber nicht als deprimierend empfindet, denn er ist gerade so der "fröhliche" Steinewälzer. Nur um eines geht es ihm, und darum bittet er die Götter: "ihm seinen Stein zu lassen", denn er fände es schrecklich, "wenn eines Tages dieser Stein oben liegen bliebe, was ja Ziel jeder Utopie ist". Grass fügt hinzu: "eine so tief humane Sicht menschlicher Existenz und menschlicher Möglichkeiten, daß sie mich bis heute überzeugt" (S. 327). Etwas später heißt es noch einmal: "Revisionismus [...], diese Skepsis gegenüber allem Endgültigen, in der Theorie und in der Praxis", das ist "eine Camussche Position, eben die des fröhlichen Steinewälzers" (S. 332). Nur Hoffnung und zielsüchtige Entwürfe können enttäuscht werden, und nur dann auch gibt es "Resignation" (S. 340).

Daran ist einiges auffällig: Grass scheint hier nicht nur konkrete Entwürfe als Versuche, die alte aufklärerische Utopie zu verwirklichen oder ihr doch wenigstens nahezukommen, konkrete Fortschrittsprogramme also, abzulehnen, er scheint den Gedanken von Fortschritt überhaupt und damit auch Utopie als irrelevant abzuweisen. Es sieht so aus, als ob er seinen zwischenzeitlichen, vorsichtig aufklärerischen Standpunkt revidiere. Geschichte ist weder absurdistisch noch utopistisch zu verstehen, sie ist einfach ein infiniter Verlauf ohne Ankunft, dem die ganze Kategorie Hoffnung, Fortschritt, Sinn, Utopie, Ideolo-

---

46. Die Diskussion findet sich unter dem Titel: Sisyphos und der Traum vom Gelingen. In: *Werkausgabe*. Bd. 10. S. 323-341. Zitat S. 323. — Die Umkehrung des Fortschrittbegriffs entspricht der Umkehrung des Vernunftbegriffs, von der Grass ein Jahr zuvor in der Eröffnungsrede zur Veranstaltungsreihe "Das Elend der Aufklärung" spricht (siehe unten S. 116).

gie unangemessen ist. Die einzig mögliche Verhaltensweise ist das ebenfalls infinite Steinewälzen. Ebenso wie an der Geschichte prallen auch an ihm die Sinnfrage, der Zielgedanke, die Erwartung von Ankunft ab.

Das klingt hübsch, aber löst Geschichte unvermeidlich in Geschichtslosigkeit auf und macht jedes Handeln leer. Es ist eine Scheinposition zwischen hellen und schwarzen Utopien, eine Wanderung auf einem Niemandsgrad. Grass denkt diese Position aus, aber nimmt sie nicht wirklich ein. Der Grass seit Ende der 70er Jahre kämpft verzweifelt gegen die schwarzen Utopien an, aber sie gewinnen gegenüber den hellen immer mehr Realitätswert. Der Sisyphos der *Kopfgeburten* und einiger ähnlicher Zeugnisse suggeriert eine Möglichkeit, die irreal ist und die keine überzeugende Antwort bietet auf die Frage, mit der Grass seine Überlegungen zu Sisyphos in jenem Buch von 1980 einleitet: "Und wie wird sich Sisyphos in Orwells Jahrzehnt verhalten?" (S. 211).[47]

Der tatsächliche Grass ist ein anderer. Zum Beispiel im Gespräch mit Siegfried Lenz im Januar 1981.[48] Hier schlägt die schwarze Sicht des Verlusts von Zukunft durch. Geschichte ist kein infiniter, sondern ein finiter Prozeß. Sisyphos' Handeln ist pures Weitermachen, trotziges Nichtaufgeben gegen alle Zeichen der Zeit, gegen die Einsicht, nicht gehört zu werden. "Es soll gesagt sein, es soll zumindest die Ausrede nicht da sein, niemand hätte etwas gesagt" (S. 277). Grass wird auch widersprüchlich in seiner Darstellung dessen, was Sisyphos verbildlicht. Er sieht im Handeln der Menschen keine geschichtliche Bewegung mehr: "Es gibt keine Bewegung. Das ist

---

47. Interessant zu dieser Frage sind die Ausführungen von Frederick Alfred Lubich: Günter Grass' *Kopfgeburten*: Deutsche Zukunftsbewältigung oder "Wie wird sich Sisyphos in Orwells Jahrzehnt verhalten?" In: *The German Quarterly* (1985). H. 3. S. 394-408. Für Lubich ist Sisyphos die Chiffre für den paradoxen Spielraum des Fortschritts im Stillstand, Orwells 1984 die Chiffre für eine Totalisierung, die jeden entgegengesetzten Impuls aussichtslos macht, ja gar nicht mehr aufkommen läßt. Das im Zuge der Totalisierung Installierte wird endgültig und tödlich fixiert. Der paradoxe Spielraum eines Sisyphos hört auf! Lubich gibt hier die Einschwärzung des Geschichtsbildes von Grass sehr treffend wieder. Aber das Merkwürdige ist eben, daß Grass sich auf Sisyphos erst ausdrücklich beruft, nachdem ihn Orwells 1984 als schwarze Utopie bereits überzeugt hat.

48. *Werkausgabe*. Bd. 10. S. 255-281.

eine Erkenntnis, die ich nach zehn Jahren gewonnen habe". Und nun
der merkwürdig distanzierte Hinweis auf Camus: Nicht ohne Grund
beziehe ich mich, "oft ironisch, manchmal auch zynisch", im Buch
Kopfgeburten auf Camus! (S. 278). Gleich danach aber wird doch
wieder ernsthaft von der Aktualität der Position des Sisyphos als
eines mit seinem Stein "glücklichen Menschen" gesprochen. Lenz
sieht, daß der schwarzsichtige kein glücklicher Sisyphos sein kann,
und reagiert: "Das stimmt so nicht" (S. 279).

1982 unterscheidet Grass zwischen der Schnecke und Sisyphos.
Das Bild von der "Schnecke gleich Fortschritt" wird ihm fragwürdig, weil der Fortschritt als solcher zweifelhaft geworden ist. In
Orwells Jahrzehnt "läßt sich nicht einmal mehr diese Schnecken-
Hoffnung aufrechterhalten". Das Unheil schreitet zu rasch fort, als
daß man sich noch ein solches Kriechtempo erlauben könnte. Und
was ist dann Sisyphos?

> Es bleibt diese [...] heroische Sisyphos-Geste übrig: nicht total zu resi-
> gnieren, sondern von der Erkenntnis auszugehen, daß der Stein oben nicht
> liegenbleibt, ihn dennoch zu wälzen und ihn immer wieder am Fuß des
> Berges zu erwarten. Das beginnt sich bei mir eigentlich abzuzeichnen.
> Das ist ein sehr schwieriger Vorgang. [...] Es ist gegenwärtig eine in sich
> geschlossene, ausweglose Lage.[49]

Die Möglichkeiten des Sisyphos werden hier sehr viel weniger
euphorisch begrüßt als zwei Jahre zuvor. Sisyphos ist das pure,
verzweifelte Nichtaufgebenwollen, nicht in einem infiniten, sondern
in einem finiten Prozeß. Und noch einmal zwei Jahre später heißt es:

> Ich hab' das als ganz junger Mann gelesen, den Mythos von Sisyphos, ich
> bin vom Stamme Sisyphos. Deswegen werde ich selbst dann, wenn ich
> erkenne, es hilft nicht mehr weiter, es ist zu spät — und es gibt sehr viele
> Anzeichen für dieses Zuspät [...] —, dennoch den Stein weiterwälzen.
> Aber das ist keine Verbreitung von falschem Optimismus. Jetzt falschen

---

49. Grass im Gespräch mit Manfred Durzak: Geschichte ist absurd
(1982). In: Manfred Durzak (Hg.): *Zu Günter Grass. Geschichte auf dem
poetischen Prüfstand.* Stuttgart 1985. S. 9f. — Von 1982 auch stammt
Grass' Terracotta "Doppelschnecke" mit Köpfen nach beiden Seiten. Der
Bewegungsantrieb in die eine Richtung hebt den in die andere auf. Abgebil-
det bei Vormweg (1986). S. 93.

Optimismus zu verbreiten, halte ich für fahrlässig.[50]

Wenn nach Grass' Urteil die schwarzen gegenüber den hellen Utopien recht zu behalten scheinen, dann auch deshalb, weil sich die hellen in sich selbst als Täuschung erweisen. Dadurch ist die Desillusio-
nierung extra hart. Als im Juni 1984 in Berlin die Veranstaltungsreihe
"Vom Elend der Aufklärung" beginnt, hält Grass den Eröffnungsvortrag. Er spricht von den zweifelhaften Qualitäten der Vernunft. Sie ist
nicht nur das aufklärerische Instrument, als das sie gegolten hat. Sie
kann die ganze Utopie der Aufklärung in ihr Gegenteil verkehren.
Vernunft als Traum, als Vorgriff in die Zukunft, ist nämlich

> gleichwohl fähig [...], erschreckende Visionen und Utopien der
> Schreckensherrschaften zu entwerfen. Vergangenheit und Gegenwart
> bestätigen diese Deutung, denn alle bis heute wirksamen Ideologieentwür-
> fe sind Träume aufklärender Vernunft und haben — hier als Verelendung
> produzierender Kapitalismus, dort als mit Zwang herrschender Kom-
> munismus — ihre Ungeheuerlichkeit bewiesen.[51]

So entstehen Sinnverkehrungen wie "Diktatur der Toleranz" und
"Tyrannei der Tugend" (S. 889) und droht aus der "Erziehung des
Menschengeschlechts" das "Ende des Menschengeschlechts" zu
werden (S. 888f.). Wenn der "demokratische Sozialismus" sich in
den Spuren der Aufklärung glaubte weiterbewegen zu können, dann
im Vertrauen auf die Vernunft, freilich einer Vernunft, die in ihrer
besonderen Gangart, Schritt für Schritt, immer revisionsbereit, Ideologie als Programmierung der Zielverwirklichung vermeiden sollte.
Grass hatte gerade damit seinem abgrundtiefen Ideologieverdacht
Rechnung tragen wollen. Nicht von ungefähr begründet er die Um-
schläge der Aufklärung ins Gegenteil ihrer Utopie mit der Ideologie-
süchtigkeit der Vernunft. Die katastrophalen Auswirkungen, die erst
in jüngster Zeit in ganzem Umfang sichtbar werden, lassen Grass

---

50. Günter Grass, Hansjürgen Rosenbauer, Ulrich Wickert: Trommler
und Schnecke. Ein Fernsehgespräch (Mai 1984). In: *Günter Grass. Auskunft
für Leser.* Hg. von Franz Josef Görtz. Darmstadt 1984. S. 46. — Dies ist
übrigens eine der Auskünfte von Grass, in denen er den Eindruck erweckt,
als habe Sisyphos schon von früh an für ihn eine entscheidende Rolle
gespielt.
51. Der Traum der Vernunft (Juni 1984). In: *Werkausgabe.* Bd. 9. S.
886-890. Zitat S. 886. — Vgl. auch den Essay: Die Zauberlehrlinge (Dezember 1983). Ebd. S. 880-885.

fürchten, jede andere Gangart sei zu träge, die "Schnecke" sei bereits überholt. Und dem "freudigen" Steinewälzer von 1980 steht seine "Heiterkeit" nun schlecht zu Gesicht. Sein Steinewälzen ist die verzweifelte, ganz und gar unglückliche "heroische Geste", nicht zu resignieren. Grass kommt hier der paradoxen Revolte Camus' als der Auflehnung der Aussichtslosigkeit (ohne die "glückliche" Lösung also) und dem, was Lenz die "Chance der Aussichtslosigkeit" nennt, sehr nahe. Nur daß "Revolte" und "Chance" dem drohenden geschichtlichen Patt eine existentielle Sinnmöglichkeit abgewinnen wollen, die der heroischen Trotzgeste des Sisyphos bei Grass abgeht.

V

Ist *Die Rättin* (1986) "ein Versuch, das beschädigte Projekt der Aufklärung erzählend fortzuschreiben", wie Grass in seiner Poetik-Vorlesung von 1990 sagt?[52] Sie liest sich anders. Nur hintergründig, in der verzweifelten Gebärde des Protests, und als Reminiszenz gleichsam, ist von jenem Projekt die Rede.

Grass betreibt wieder sein altes Handwerk der "Umfärbung" christlicher Heilslehren. Und er betreibt es sehr gründlich. Auf die mißlungene Schöpfung des Menschen folgen drei Sintfluten, bis der "Pfusch" aufgeräumt und verschwunden ist und die Erde nur noch den Ratten zur Verfügung steht. Bei keiner Sintflut gibt es Heilsansätze, die nicht schon von vornherein Unheilsansätze wären. Auch eine Aufklärung hat in diesem Geschichtsbild keinen Platz, oder sie erweist sich von vornherein als Fehlschlag.

Die Ich-Person findet, wie sie es sich gewünscht hat, unterm Weihnachtsbaum "anstelle der Krippe mit dem bekannten Personal" die Ratte. Die Geburt des Erlösers ist ersetzt durch die Ankunft eines Widersachers. Statt Heilsgeschichte kündigt sich Endgeschichte an (S. 7).[53] Und aus der Position des bereits eingetretenen Endes triumphiert die Ratte: "Schluß! [...] Euch gab es mal. Gewesen seid ihr, erinnert als Wahn" (S. 10).

Dann rollt sich die Geschichte im ganzen auf. Allen alttestamentlichen Verheißungen zum Trotz ist darin immer wieder Endgeschichte

---

52. *Schreiben nach Auschwitz. Frankfurter Poetik-Vorlesung.* Frankfurt 1990. S. 40.
53. Ich zitiere nach der Buchausgabe von 1986.

und nicht Heilsgeschichte präfiguriert. Das zeigt sogleich die erste Geschichtsetappe (vgl. S. 11-14): Was Gott geschaffen hat, muß er vernichten; es erweist sich als mißlungen. "Den eigenen Pfusch verfluchend", läßt er die Sintflut kommen. Sofern er mit ihr in der Rettung Noahs zugleich eine neue Menschheit beabsichtigt haben sollte, mißrät auch diese zweite Schöpfung schon im Ansatz. Von Noah nämlich gilt, was auch von der ersten Menschheit gesagt werden mußte: "Des Menschen Bosheit war gros auff Erden und ihrer Hertzen Tichten und Trachten war böse imer dar". Noah verletzt Gottes Gebot, als er die Ratte aus der Arche ausschließt. Und als Gott strafend reagiert, schweigt er "verstockt" und "dachte, wie von Jugend an gewohnt, Böses bei sich". Die neue Zeit beginnt mit Fluch und Strafe statt mit der Heilsverheißung des Regenbogens als Zeichen eines neuen Bundes: "Fortan sollen Ratz und Rättlin auff Erden des Menschen gesell und zuträger aller verheißenen Plage seyn..."

Bezeichnend auch dies: Die Ratten haben überlebt, entgegen der Absicht Noahs, allerdings auch ohne Gottes Hilfe, "nicht in Gottes Hand, wohl aber in unterirdischen Gängen". Immerhin, Gott hat die Bedrohung der menschlichen Gattung leben lassen, Noah hat sie vernichten wollen. Welches geschichtliche Ziel wird Gott hiermit unterstellt? Warum kann die Ratte sagen: "Da lachte der seiner Stümperei überdrüssige Gott, weil Noahs Ungehorsam an unserer Zählebigkeit zunichte geworden war"? Warum also freut sich Gott schadenfroh über das Überleben des Widersachers der Menschen? Und warum verflucht Gott die Ratte nicht, wie er es in der Bibel nach dem Sündenfall mit der Schlange getan hat? Und wer hebt den Fluch, den statt seiner Noah selber ausspricht, wieder auf, ja kehrt ihn um? Die Worte: "Sie soll verflucht seyn, in unserem Schatten zu wühlen, wo abfall liegt", beschwören nicht über die Ratte, sondern über den Menschen das Ende herauf. Da der Mensch Abfall häuft, vermehrt er mit ihm die Ratten. Und da der Müll die Menschen überdauert, können auch die Ratten ihn überdauern. Gott selber scheint Endgeschichte und nicht Heilsgeschichte im Sinn zu haben.

Als sich die Ich-Person zu Weihnachten die Ratte wünscht, hofft sie "auf Reizwörter für ein Gedicht, das von der Erziehung des Menschengeschlechts handelt" (S. 7). Worin nun könnten die Reizwörter liegen? Doch wohl nur in dem, was die Aufklärung angesichts der präfigurierten Geschichte widersinnig macht. Die von der Schöpfung her verpfuschte Geschichte bleibt nach der Sintflut verpfuscht. Ihr definitives Ende ist nur noch einmal neu vorausbestimmt. Versuche zur Erziehung des Menschengeschlechts sind eitel.

Die zweite Etappe der Geschichte verläuft denn auch wie folgt: Was immer sich als Humanisierung ausnimmt, das heißt als der "seit Noahs Zeiten wiederholte Versuch, dem Menschengeschlecht ein weniger mörderisches Verhalten einzuüben," bleibt vergeblich. Die "Humangeschichte", utopisch gemeint als "Erziehung des Menschengeschlechts", führt gerade umgekehrt dahin, daß der Mensch das Ende seines Geschlechts verursachen kann und auch tatsächlich bewirkt und obendrein als unausweichlich akzeptiert. Als "allerletzte Weltanschauung" herrscht der "Finalismus" (S. 74). So veranstaltet der Mensch im atomaren Knall selbst die zweite Sintflut. Und er veranstaltet, monströs genug, auch die 'Rettung'. Kurz zuvor ist es ihm gelungen, genmanipulierend Rattenmenschen bzw. Menschenratten zu züchten. Diese überleben auf dem Schiff, auf dem die Frauen, die unterwegs sind nach Vineta, verglühen (S. 414-419). Nicht die geschichtliche Alternative, von der die Frauen träumen, ein weiblicher gegen einen männlichen Weg, bekommt eine Chance (S. 395f.), sondern die neue, wiederum Endzeit präfigurierende Zwitterzucht. Gott, der Stümper, ist übrigens nicht mehr im Spiel. Grass hat ihn nach der ersten Sintflut mit Fluch und Strafe den weiteren Untergang noch einleiten lassen, danach kommt er nicht mehr vor.

Die dritte Phase der Geschichte beginnt in der Zynik des Textes wie folgt: Die "mit Glockengeläut begrüßte Anlandung" der Arche nach dem Großen Knall ist "als Fortsetzung der Humangeschichte zu begreifen" (S. 424). Die neue Gattung "Rattenmensch oder Menschenratte" ist eine "Anreicherung":

> Seitdem es uns altgewohnt nicht mehr gibt, sind wir neuerdacht immerhin wieder möglich geworden. Einzig die Ratte, behaupte ich, konnte den Menschen erhöhen und ihn verbessern. Nur diese Genkette überbot die Natur. Einzig dergestalt gelang es, die Schöpfung fortzusetzen. (S. 427)

Freilich, auch das mensch-rattige Zwitterwesen ist nur eine Übergangserscheinung. Es muß in einer dritten Sintflut zugunsten des rein Rattigen untergehen. Im zynischen Tenor der Darstellung liegt im Rattigen die Zukunft der "Humangeschichte", im Menschlichen hingegen deren Gefährdung. "Alles lief wieder mal schief. [...] Es ist zuviel Mensch in ihnen". Wünschenswert wäre gewesen "mehr Ratteninstinkt und weniger menschliche Vernunft" (S. 496f.). Das Übergangswesen Menschenrättin sagt:

> Indem wir den Anteil Ratte in uns bejahen, werden wir wahrhaft human.

Und weil wir unseres menschlichen Anteils bewußt sind, ist uns das Rattige wesentlich geworden. Ursprünglich Menschenwerk zwar, weisen wir über unsere Schöpfer hinaus, denen rückblickend unser Mitgefühl gilt. Sie scheiterten an sich, während wir, dank des Rattigen in uns, zukünftig sind. (S. 480)

In der dritten Sintflut versuchen die mensch-rattigen Zwitter sich noch einmal auf das Schiff zurückzuziehen, auf dem sie die zweite Flut überlebt haben. Aber diesmal wird ihnen die Arche vorenthalten. Die Flut der zukünftigen, von allem Menschlichen freien Ratten hat das Schiff bereits überspült (S. 501, 504). Endgültiges Ende der menschlichen Geschichte.

Fortschreibung des Projekts der Aufklärung? Insbesondere von der zweiten Sintflut an färbt die Zynik der Darstellung alles, was von der Schöpfung her gegen den "Pfusch" als geschichtlicher Anstieg einer sich zunehmend humanisierenden Menschheit gedacht und utopisch versucht worden ist, alles also, was unter ein Denkmodell Aufklärung gerechnet werden kann oder könnte, radikal um ins Gegenteil. Die Vernunft wird negativ gegen den Ratteninstinkt gesetzt; dank ihrer Vernunft sind die Menschen an sich selbst gescheitert; das Humane bzw. die Fortsetzung der Humangeschichte wird den Ratten zugeordnet. Das aber heißt, hinter dem Modell Aufklärung wird wieder in aller Schärfe das Modell Camus sichtbar. Der Widerstreit beider Grundvorstellungen von der Geschichte ist überdeutlich. Da ist die Vorstellung der von Anbeginn an irreparabel verpfuschten Welt, dieses Gegenbild zur besten aller Welten. Geschichte führt zwangsläufig zu Fehlentwicklungen und nicht zu Fortschritt, ein Gedanke, der sich als negative Teleologie entfaltet, wenngleich Grass damit auf das Gebiet von Geschichtsspekulationen gerät, wie er sie immer abgelehnt hat. Der andere Grundgedanke weist die deterministische Einbindung des Menschen in die negative Teleologie ab. Hier ist der Mensch nicht absolut böse, wie Noah von Jugend auf böse war und blieb. Er ist seiner Veranlagung nach eher unbestimmt, sich selbst anvertraut. Seine Gabe der Vernunft ist ambivalent und bedarf der verantwortlichen Anwendung. Unter dieser Voraussetzung hätte Geschichte als Humangeschichte eine Chance haben können und besteht die Utopie der Aufklärung und der Erziehung des Menschengeschlechts zurecht und ist sie ein notwendiger Appell. Die selbst verursachte Katastrophe der atomaren Sintflut und der Aberwitz eines genmanipulierten rattigen Menschen ist hier ein Versagen des Men-

schen an sich selbst. Grass stellt die zweite Phase der Geschichte
einerseits dar als von der Sintflut her negativ präfiguriert, andererseits
kommt Gott in dieser Phase nicht mehr vor und steuern die Menschen selbst das Geschehen. Aber der Widerstreit beider Geschichts-
bilder, dieser paradigmatische Widerstreit zweier europäischer Geschichtsvorstellungen, erscheint vorentschieden. Die schwarze Variante nimmt sich realistischer aus. Die schweren Zweifel und ihre
Geschichtsskepsis entspringen den enttäuschten Bemühungen um
einen der Aufklärung folgenden "demokratischen Sozialismus", der
Einsicht in die Anfälligkeit des Menschen dank seiner human-bar-
barischen Ambivalenz und seiner zwiespältigen Vernunft, und sie
entspringen der Erfahrung gerade der neuesten Geschichte, in der sich
das Destruktive (vor allem in der weltbedrohenden atomaren Energie
und der Umweltverseuchung, dem "Müll") gegen das Erhaltende und
Aufbauende durchzusetzen scheint.

Am Ende der *Rättin* ringt sich die Ich-Person gegen allen An-
schein der geschichtlichen Entwicklung noch einmal zur Hoffnung
durch, in allervorsichtigster Form: "Mir träumte, ich dürfte Hoffnung
fassen". Die Antwort ist scharf und unmißverständlich: "lauthals
lachen die Ratten uns aus / seitdem wir mit letzter Hoffnung / alles
vertan haben" (S. 502f.).[54]

54. Zur Frage von Utopie und Utopieverzicht in der *Rättin* vgl. auch
Irmgard Hunt: Zur Ästhetik des Schwebens: Utopieentwurf und Utopieverwurf in Günter Grass' *Die Rättin*. In: *Monatshefte* 81 (1989). S. 286-297.
Hunt räumt ein, daß sich in den Essays "fast vollkommene Schwarzsicht"
zeigt, "rapide Verschattung der Hoffnung", daß Orwells Negativ-Utopie
gegenüber der Sisyphos-Mythe zu gewinnen scheint (S. 287f.), meint aber
dennoch, Grass halte in der Fiktion trotz allem und mit Vorbehalten auch die
Positiv-Utopie fest. Es erscheint mir fraglich, ob das Vineta-Motiv, auf das
Hunt sich vor allem stützt, dieses Urteil rechtfertigt.

Volker Neuhaus

Günter Grass' *Die Rättin* und die jüdisch-christliche Gattung der Apokalypse

Mit dem Eintritt in die achtziger Jahre, in "Orwells Jahrzehnt",[1] verfinstert sich Grass' Zukunftsbild zusehends. Die 1980 erschienenen *Kopfgeburten* schließen auf der Erzählerebene mit dem Silvestertag 1979, an dem Grass nach dem russischen Einmarsch in Afghanistan ein Dritter Weltkrieg möglich erscheint — ausgelöst von "dieser und jener Stimmung" oder auch einem "Übersetzungsfehler".[2] Aber auch unabhängig von der akuten Gefahr haben die Hochrüstung, der mit der Überbevölkerung wachsende Hunger in der Welt, die globale Umweltverschmutzung solch katastrophale Ausmaße angenommen, daß keins der herrschenden Systeme sie mehr zu lösen vermag. Grass widerruft in den *Kopfgeburten* erstmals ausdrücklich das Anfang der siebziger Jahre entwickelte Bild von der Schnecke als dem Emblem des Fortschritts: "Es war mein Irrtum, auf die Schnecke zu setzen. Vor zehn und mehr Jahren sagte ich: Der Fortschritt ist eine Schnecke. Die damals riefen: Zu langsam! Das geht uns zu langsam! mögen [mit mir] erkennen, daß uns die Schnecke entglitten, davongeeilt ist. Wir holen sie nicht mehr ein. Wir sind im Rückstand. Die Schnecke ist uns zu schnell".[3]

Diese Einsicht hatte Konsequenzen für Grass' literarisches wie für sein politisches Selbstverständnis, da für beide der Faktor "Zeit" eine entscheidende Rolle spielte: Literatur entfaltet ihre Wirkungen allmählich, oft über lange Zeiträume hinweg, während politisches

---

1. Siehe die beiden Reden dieses Titels in: Günter Grass: *Werkausgabe in zehn Bänden*. Hg. von Volker Neuhaus. Darmstadt und Neuwied 1987. Bd. IX. S. 775-788 und S. 844-852, im folgenden zitiert als WA mit nachgestellter römischer Bandnummer. Bei Zitaten aus der *Rättin* werden die Seitenangaben nach Band VII in Klammern in den laufenden Text eingefügt.
2. WA VI. S. 269.
3. Ebd. S. 241.

Handeln dem "demokratischen Kleinkram"[4] gilt und in der "Tretmühle der Vernunft"[5] die Stufen so langsam und mühsam bewegt
werden müssen, daß sich zwangsläufig der Eindruck "Vom Stillstand
im Fortschritt"[6] einstellt. Für beides fehlt die Zeit, wenn die Zukunft
der Menschheit im ganzen fraglich wird. Beim Haager Schriftstellertreffen vom 24. bis zum 26. Mai 1982 äußert Grass diesen Gedanken
erstmals und fordert als Konsequenz, den Schreibtisch zu verlassen
und sich in Ost und West "mit der Friedensbewegung" "gemein"
zu machen — "denn so weitermachen, als beträfe die bevorstehende,
womöglich bevorstehende Katastrophe alle anderen Bereiche unserer
Existenz, aber nicht die Literatur — so weitermachen können wir
nicht mehr!"[7] Entsprechend radikalisiert sich zunächst Grass' politisches Engagement. Er, der wie kein anderer Kritiker von Fehlentwicklungen in der Bundesrepublik stets auf Einhaltung der politischen
Spielregeln, wie sie unsere Gesetze und vor allem unser Grundgesetz
vorgeben, insistiert hatte, ruft nun zum gewaltlosen Widerstand vor
allem gegen die Nachrüstung auf und wirkt erstmals bei entsprechenden Aktionen mit.[8]

Parallel dazu stellt er Überlegungen zu seiner literarischen Reaktion auf den drohenden Verlust der Zukunft als des angestammten
Wirkraums von Dichtung an. Deutlich ausgesprochen werden sie
erstmals in seiner Rede "Die Vernichtung der Menschheit hat
begonnen" anläßlich der Verleihung des Feltrinelli-Preises in Rom
am 25.11.1982. Angesichts des drohenden Todes der Menschheit
durch Verhungern, an Umweltgiften oder im atomaren Holocaust
"weiß ich, daß jenes Buch, das zu schreiben ich vorhabe, nicht mehr
so tun kann, als sei ihm Zukunft sicher. Der Abschied von den
beschädigten Dingen, von der verletzten Kreatur, von uns und unsern
Köpfen, die sich alles und auch das Ende all dessen ausgedacht

---

4. Vom mangelnden Selbstvertrauen der schreibenden Hofnarren unter
Berücksichtigung nicht vorhandener Höfe. In: WA IX. S. 153-158, hier S.
158.
5. Rede von der Gewöhnung. In: WA IX. S. 199-212, hier S. 212.
6. WA IV. S. 544-567. Zur grundsätzlichen Unterscheidung zwischen
literarischem und politischem Engagement bei Grass siehe Volker Neuhaus:
Günter Grass. Stuttgart 1979. S. 125-129.
7. WA IX. S. 812f.
8. Vgl. Günter Grass: *Widerstand lernen. Politische Gegenreden 1980-
1983*. Darmstadt/Neuwied 1984.

haben, müßte mitgeschrieben werden".[9]

Bei der Suche nach einer Form, in der "das Ende [...] mitgeschrieben werden" kann, stößt Grass auf die spätjüdische und frühchristliche Gattung der Apokalypsen — deren berühmteste, die des Johannes auf Patmos, wird nicht nur in der Feltrinelli-Rede erwähnt,[10] sondern zum ersten Mal im Juni 1981 in der Rede über "Literatur und Mythos" auf dem Schriftstellertreffen in Lahti in Finnland.[11] Aus dem Vorbild der Gattung Apokalypse, mit der sich Grass in dieser Zeit offenbar intensiv beschäftigt hat, gewinnt er "als Schriftsteller" die Möglichkeit, "seine Offenbarung zu Papier [zu] bringen", ohne daß "eine Doomsday-Kolportage, ein trivialer Science-fiction-Aufguß dabei" herauskommt.[12] Grass weist in der *Rättin* selbst fast überdeutlich auf die enge Anlehnung der Rättin-Visionen an Bibel und Apokryphen hin, wenn es ganz zu Anfang heißt: "[...] schließlich spricht sie endgültig, als habe sie Luthers Bibel, die Großen und Kleinen Propheten, die Sprüche Salomonis, Jeremiä Klagelieder, wie nebenbei die Apokryphen, den Singsang der Männer im Feuerofen, die Psalmen alle und Siegel nach Siegel des Johannes Offenbarung gefressen" (11).

Im heutigen allgemeinen Sprachgebrauch begegnet der Begriff 'Apokalypse' fast nur noch als Metonymie; die Form, in der in der Bibel und deren Umfeld vom Weltumbruch erzählt wurde, steht jetzt stellvertretend für den Inhalt, der zudem generell auf den einen Aspekt 'Weltende' reduziert wird, als eingängiges Beispiel sei auf Coppolas *Apocalypse Now* hingewiesen. Die biblische Philologie bezeichnet ausschließlich die Gattung so, die durch "bestimmte formale Eigenschaften", die ihre festen "Stilelemente" ausmachen, und durch eine bestimmte "Vorstellungswelt"[13] gekennzeichnet ist.

Bereits 1971 hat Amos N. Wilder gegen diese Verkürzung im Begriff des 'Modern Apocalyptic' protestiert: "But the second thing we miss in most modern apocalyptic is the phase of miraculous renovation and that world affirmation which has gone through the

---

9. WA IX. S. 830-833, Zitat S. 832.
10. Ebd. S. 830f.
11. Ebd. S. 792-796.
12. Ebd. S. 793.
13. Philipp Vielhauer: *Geschichte der urchristlichen Literatur. Einleitung in das Neue Testament, die Apokryphen und die Apostolischen Väter.* Berlin/New York 1975. S. 487-492.

experience of world negation". "A hierophany properly means both Nay-saying and Yeah-saying, and the catastrophic imagination alone is therefore not genuinely apocalyptic".[14]

Noch pointierter tritt Klaus Vondung für den korrekten Sprachgebrauch ein: "Die Apokalypse ist kein Ereignis, sondern ein Text, der ein Ereignis in bestimmter Weise beschreibt und deutet".[15] Als Merkmale dieser Textsorte nennt er den qualitativen und moralischen "Dualismus [...] zwischen der alten und der neuen Welt", die "Vision vor dem inneren Auge" und das — auch im zeitlichen Sinne — "Drängende der Bilder".[16] Vor diesem Hintergrund nennt er den "heutige[n] Wortgebrauch" mit Recht "verwunderlich". Doch "unsere Zeitgenossen sprechen eben so", was nicht einmal als "Säkularisierung" zu erklären ist; "denn beim heutigen Wortgebrauch wird das neue Jerusalem ja nicht verweltlicht, sondern fällt einfach weg. Allenfalls die Tatsache, daß der Untergang der Welt nicht durch Gott bewirkt, sondern von den Menschen selbst in die Hand genommen würde, könnte als Moment der 'Verweltlichung' gesehen werden".[17] Trotz dieses sehr präzisen Ausgangspunkts bemerkt Vondung bei den vier kurzen Seitenblicken, deren er *Die Rättin* würdigt, nicht, daß in ihr eine ausgeführte Apokalypse im von ihm skizzierten strengen philologischen Sinn vorliegt, die zudem diese Gattung konsequent säkularisiert, wie noch zu zeigen sein wird.[18]

Thomas W. Kniesche scheint bislang als einziger auf diese Bezüge

14. Zitiert bei Thomas W. Kniesche: *Die Genealogie der Post- Apokalypse — Günter Grass' 'Die Rättin'*. Wien 1991. S. 38. Anm. 13.

15. *Apokalypse in Deutschland*. München 1988. S. 21.

16. Ebd. S. 22-24.

17. Ebd. S. 50.

18. Dieser Bezug scheint, so oft 'Apokalyptik' oder 'Endzeit' in den Besprechungen auftauchen, auch allen Rezensenten entgangen zu sein. Der Theologe Paul Konrad Kurz überschreibt seine Rezension des Buchs in der *Orientierung — Katholische Blätter Zürich* vom 28.2.1986: "Streitbare Apokalyptik im mythisierenden Ton" und führt darin alle möglichen "Gattungen" an — "Preisrede und Warnrede, Tierfabel und Karikatur, Information und Allegorie, Bericht und Schelte, Frauenlob und Frauenironie, Heimat-Mythos und räsonierender Kommentar" — nur eben nicht die Apokalypse: "Die Bibel bleibt bloß Staffage". Wiederabgedruckt in: P.K. Kurz: *Apokalyptische Zeit. Zur Literatur der mittleren 80er Jahre*. Frankfurt/M. 1987. S. 140-149.

hingewiesen zu haben. So betont er, daß nach den von ihm zitierten Kriterien Wilders *Die Rättin* "ein genuin apokalyptischer Text" ist und entsprechend auch die "von A. Wilder herausgearbeiteten Sprachmodi 'Vision, Dialog und Erzählung'" dominieren.[19] Ebenso weist er darauf hin, daß Grass' Werk Vondungs Merkmalliste zur Gattung 'Apokalypse' entspricht.[20]

Gegen die Einordnung der *Rättin* als Apokalypse und für den von ihm gewählten Begriff "Postapokalypse" führt Kniesche ins Feld, daß Grass Evolutionär und Revisionist und deshalb kein Apokalyptiker ist. Ich habe an anderer Stelle gezeigt, daß bei Grass "das jüdisch-christliche Schema der Heilsgeschichte, der Dreischritt 'Paradies — gefallene Schöpfung — Reich Gottes' [...] um die Stufen 1 und 3 reduziert" wird, also mit der Stufe 3 um das spezifisch Apokalyptische, "während die mittlere in aller theologischen Prägnanz beibehalten wird".[21] Ohne diese Haltung zu ändern, adaptiert Grass in der *Rättin* die Gattung Apokalypse und die mit ihr verbundenen apokalyptischen Denkmuster und wandelt sie in seinem Sinne um, wie im einzelnen zu zeigen sein wird. Auch Kniesches zweiter Einwand, bei Grass habe "die Katastrophe" bereits "stattgefunden",[22] spricht nicht gegen die Einordnung der *Rättin* als Apokalypse, sondern läßt sich m.E. aus der spezifisch christlichen Apokalyptik erklären. Ich stimme deshalb durchaus Kniesches "Paradox" zu: "in letzter Konsequenz ist der postapokalyptische Text ein apokalyptischer Text, der sich gegen die Apokalypse richtet",[23] möchte aber selbst bei der Bezeichnung "Apokalypse" bleiben. Ohne die reichen Erträge von Kniesches Untersuchung schmälern zu wollen, sollen im folgenden die engen Bezüge der *Rättin* zur strengen Gattung 'Apokalypse' herausgearbeitet werden, die Kniesche aufgrund seines abweichenden Forschungsansatzes nur kurz in den Blick nimmt. Ich lege im folgenden Philipp Vielhauers Gattungsbeschreibung zugrunde, der in seinem knappen Aufriß zwischen formalen und inhaltlichen Merkmalen, zwischen "Stilelemente[n]" und "Vorstellungswelt" trennt.

19. *Post-Apokalypse*. S. 38, Anm. 13 und S. 53.
20. Ebd. S. 49f.
21. Das christliche Erbe bei Günter Grass. In: *text und kritik* 1/1a: *Günter Grass*. München [6]1988. S. 108-119, hier S. 113.
22. *Post-Apokalypse*. S. 206.
23. Ebd. S. 53.

Als ersten Zug nennt Vielhauer die "Pseudonymität": "Der Apokalyptiker schreibt nicht unter seinem eigenen Namen, sondern unter dem Namen eines Großen der Vergangenheit (Daniel, Mose, Esra, Henoch, Adam usw.), weil er nicht selbst genügend Autorität hat".[24] Von der Verfasserseite her gesehen ist das sicher richtig, nicht aber von der Rezipientenseite: Hier erscheint — und gilt! — als Verfasser eine historisch bezeugte Gestalt der Vergangenheit, wie in der Johannes-Apokalypse eine der Gegenwart. Deren Verfasser hat offensichtlich "genügend Autorität", daß sein Name (Ap 1, 1.4; 22,8) und die genauen Orts- und Situationsangaben (Ap 1,9) seine Visionen für seine Adressaten beglaubigen, denen er gut bekannt zu sein scheint. Diesen Zug nimmt Grass auf, wenn er sich als 'reale' Person, als Schriftsteller Günter Grass, der an der "Ilsebill"- und der Malskat-Handlung arbeitet,[25] zum Empfänger der Visionen macht.

Die Situation "in einem Rollstuhl angeschnallt" (28), der dann zur "Raumkapsel" wird, "in der ich angeschnallt saß und meiner Umlaufbahn folgen mußte" (61), entspricht der apokalyptischen 'Entrückung' des "Sehers" "in die Himmelswelt".[26] Zugleich wird darin ein weiteres Gattungsmotiv aufgenommen: Baruch wird in seiner "Apokalypse" wiederholt von Gott zugesichert, er werde allein "aufbewahrt" oder 'bewahrt' "bis ans Ende der Zeiten, auf daß du zur Stelle bist, um Zeugnis abzulegen".[27] Entsprechend ist

24. Vielhauer: *Geschichte*. S. 488.
25. Zu den Erzählsträngen der *Rättin* und ihrem Verhältnis untereinander siehe Volker Neuhaus: The Rat-Motif in the Works of Günter Grass. In: Hans Schulte und David Richards (Hg.): *Krisenbewußtsein und deutsche Kultur von der Goethezeit bis zur Gegenwart. Festschrift für Peter Heller.* 1992. Hier beschränke ich mich auf die von der Rättin dominierten Traumvisionen und -dialoge, mit denen das Buch einsetzt (S. 7) und endet (S. 456).
26. Vielhauer: *Geschichte*. S. 488. Zugleich stellt es eine intertextuelle Hommage an George Orwell dar, in dessen 'Jahr' 1984 die *Rättin* spielt. Anläßlich der Rattenfolter und des Verrats der Geliebten heißt es am Ende von III, 5: "He was falling backwards, into enormous depths, away from the rats. He was still strapped in the chair, but he had fallen through the floor, through the walls of the building, through the earth, through the oceans, through the atmosphere, into outer space, into the gulfs between the stars — always away, away, away from the rats".
27. Die Offenbarung des Baruch. In: Alfred Pfabigan (Hg.): *Die andere Bibel mit Altem und Neuem Testament.* Frankfurt/M. 1990. S. 169-206, hier S. 179 und S. 173. Es geht hier und im folgenden nicht darum, den direkten

der Erzähler der *Rättin* in seiner Rolle als Empfänger der Visionen "aufgespart in der Raumkapsel" (80), um Zeugnis vom Untergang der alten und von der Geburt der neuen Welt ablegen zu können.

Zugleich liegt im "angeschnallt"-Sein des Sehers vor dem Monitor der Raumkapsel ein Drittes: Der Apokalyptiker kann sich seinen Visionen nicht entziehen; sie werden ihm unentrinnbar von Gott — bei Grass von der Rättin — zugeschickt. Einreden und Einwände, wie sie z.b. Baruch immer wieder erhebt, sind zwecklos — vom ersten "Nein, Rättin, nein!" (8) bis zum letzten "Nur angenommen, es gäbe uns Menschen noch..." (456) erweist sich das visionär Geschaute der verbalen Einrede gegenüber überlegen: "Was du nicht glauben willst, soll dir zum Bild werden" (321) — "worauf ich auf traumgerecht fließenden Bildern ansehen *mußte*", was dereinst geschehen wird (22, Hervorhebung V.N.).

"Das Geschaute selbst ist Bild", und zwar nicht, wie in der Apokalyptik häufiger, allegorisches Bild, das der Deutung bedarf; Grass entscheidet sich für die andere Möglichkeit, das "Bild, das die Ereignisse selbst direkt darstellt".[28] Dabei richtet sich "das Interesse des Apokalyptikers [...] primär auf die nahen eschatologischen Ereignisse, die Schrecknisse der Endzeit und die Herrlichkeit der neuen Welt".[29] Wenn sich Paul Konrad Kurz beklagt, daß "zweihundert Seiten lang die Atombomben (vom 4. Kapitel bis zum 8.)" fallen,[30] beschreibt er genau dieses dominante Interesse der Gattung Apokalypse.

Daneben finden sich traditionell "Geschichtsüberblicke", und zwar wegen der Rückdatierung vieler Apokalypsen auf einen fiktiven Verfasser der Vorzeit als vaticinatio ex eventu "in Futurform".[31] Natürlich kann sich der auch in der Fiktion in der Gegenwart des Jahres 1984 schreibende Erzähler 'Grass' dieser Form nicht bedienen, wohl aber zahlreicher von der Arche Noahs bis zur Gegenwart

---

Einfluß einzelner Apokalypsen oder bestimmter Stellen daraus zu behaupten; dafür ist das apokalyptische Gut einerseits zu vielfältig und andererseits über die einzelnen Texte hinweg zu dicht verwoben. Es soll nur aufgezeigt werden, wieweit Grass' Wort-, Bild- und Vorstellungsgebrauch mit Zügen aus der apokalyptischen Tradition übereinstimmt.

28. Vielhauer: *Geschichte*. S. 488.
29. Ebd. S. 488f.
30. Streitbare Apokalyptik. S. 145.
31. Vielhauer: *Geschichte*. S. 488f.

reichender geschichtlicher Exkurse.

Ihr Ziel ist es, die uns bekannte Welt und Geschichte als radikal vom Bösen besessen zu schildern. Damit steigert Grass sein schon in den Geschichtsexkursen der *Blechtrommel* und im Gesamt des *Butt* gestaltetes pessimistisches Bild von der gefallenen Schöpfung zum "aion houtos" der Apokalypsen. Die "Zwei-Äonen-Lehre" mit ihrem radikalen "Dualismus" ist "der wesentlichste Grundzug der Apokalyptik". "Dieser Äon [= aion houtos, V.N.] gilt als der böse Äon. Er ist trotz der Oberherrschaft Gottes vom Satan und seinen bösen Mächten beherrscht und von einer zunehmenden physischen und moralischen Degeneration gezeichnet".[32]

Die Vernichtung "dieser Welt" (67) (= aion houtos!) des Bösen wird an einem Sonntag stattfinden — "Sonntage waren an sich katastrophal. Dieser siebte Tag einer verpfuschten Schöpfung war von Anbeginn ausersehen, sie wieder aufzuheben" (130). Nie hat es für Gott einen Anlaß gegeben, sich selbstzufrieden zurückzulehnen, um mit Mephistos Worten "selbst am Ende Bravo" zu sagen: "Und Gott sah an alles, was er gemacht hatte; und siehe da, es war sehr gut" (1. Mos 1,31) — in Wirklichkeit war nie alles gut.[33]

Entsprechend läßt Grass in der *Rättin* 'diesen Äon' nicht mit dem Paradies und dem Adam-Eva-Bund (1. Mos 1,28)) beginnen, sondern mit der Sintflut und dem Noah-Bund. Nach dem Sündenfall "reute es" Gott, "daß er die Menschen gemacht hatte" (1. Mos 6,6), deshalb will er "eine Sintflut mit Wasser kommen lassen auf Erden, zu verderben alles Fleisch, darin ein lebendiger Odem ist " (8); nur Noah und die Seinen werden verschont. Nach der Sintflut aber garantiert Gott feierlich den Fortbestand der aus den Fluten aufge- tauchten neuen Welt: "Ich will hinfort nicht mehr die Erde ver- fluchen um der Menschen willen; denn das Dichten des menschlichen Herzens ist böse von Jugend auf. Und ich will hinfort nicht mehr schlagen alles, was da lebt, wie ich getan habe. Solange die Erde steht, soll nicht aufhören Saat und Ernte, Frost und Hitze, Sommer und Winter, Tag und Nacht" (1. Mos 8,21f.).

Diese Schöpfung aber, deren Vernichtung er selbst für alle Zu- kunft ausschließt, vertraut er gleichzeitig dem bösen Menschen an, der, "wie von Jugend an gewohnt, Böses bei sich" denkt (10). Noahs "Söhne[n] Sem, Ham und Japhet, drei massige[n] Kerle[n]", wird,

---

32. Ebd. S. 491.
33. Siehe dazu Volker Neuhaus: Christliches Erbe. S. 112f.

"laut Weisung von oben, aufgetragen [...]: Seid fruchtbar und mehret euch und erfüllet die Erde" (22): "Furcht und Schrecken vor euch sei über alle Tiere auf Erden und über alle Vögel unter dem Himmel, über alles, was auf dem Erdboden kriecht, und über alle Fische im Meer; in eure Hände seien sie gegeben" (1. Mos 9,2).

Waren den noch guten ersten Menschen im Paradies lediglich Kraut und Früchte als Nahrung angewiesen worden, so jetzt den 'bösen' auch ausdrücklich das Fleisch der Tiere (1. Mos 9,3). Es beginnt das Gewalt- und Unterjochungsverhältnis des Menschen gegenüber seinen in "Furcht und Schrecken" vor ihm lebenden Mitgeschöpfen, und Grass exemplifiziert es am Beispiel der Ratten. Noah will sie gegen Gottes Gebot nicht in die Arche aufnehmen, von Sem, Ham und Japhet werden sie "von der Rampe geprügelt" (22) — am Anfang der Menschheit steht so ein Auschwitz-Vorklang, am Morgen der Geschichte der Vorschein ihrer Dämmerung. Dieses Verhalten steht paradigmatisch für den bei Grass am Anfang der Welt stehenden 'Ur-Sprung': "Von Anbeginn Haß und der Wunsch, vertilgt zu sehen, was würgt und Brechreiz macht" (9). Die Formulierung ist nicht zufällig so abstrakt; denn in erster Linie ekeln den Menschen andere Menschen, seinesgleichen und fremde, Völker, Rassen und Klassen:

In Büchern sogar, die als besonderen Ausdruck menschlicher Existenz den Selbstekel feierten, las man uns zwischen den Zeilen; denn wenn das Humane ihn ekelte, wozu er seit Menschengedenken Anlaß sah, waren es abermals wir, die ihm zu Namen verhalfen, sobald er den Feind, seine vielen Feinde im Visier hatte: Du Ratte! Ihr Ratten! Diese Rattenbrut! Und weil dem Menschen so vieles möglich war, hat er, im Haß auf seinesgleichen, uns in sich gesucht, ohne langes Umherirren gefunden, kenntlich gemacht und vernichtet. Wann immer er seine Ketzer und Abartigen, die ihm Minderwertigen und wen er zum Abschaum zählte, heute den Pöbel, gestern den Adel, ausgerottet hat, war vom auszurottenden Rattengezücht die Rede. (107)

Es gab ja nicht nur Polen und Deutsche. Ähnlich mörderisch ging es in Humanzeiten zwischen Serben und Kroaten, Engländern und Iren, Türken und Kurden, Schwarzen und Schwarzen, Gelben und Gelben, Christen und Juden, Juden und Arabern, Christen und Christen, Indianern und Eskimos zu. Sie haben sich abgestochen und niedergemäht, ausgehungert, vertilgt. All das keimte in ihren Köpfen zuerst. (95)

Ob ihnen Pest, Typhus, Cholera zusetzte, ob ihnen zu Hungersnöten nur

Teuerungen einfielen, immer hieß es: Die Ratten sind unser Unglück, und manchmal oder oft gleichzeitig: Die Juden sind unser Unglück. Soviel Unglück gehäuft wollten sie nicht ertragen. Deshalb versuchte man, sich zu erleichtern. Vertilgung stand auf dem Programm. Vor allen Völkern sah sich das Volk der Deutschen berufen, die Menschheit zu entlasten und zu bestimmen, was Ratte ist, und wenn nicht uns, dann die Juden zu vertilgen. Wir waren unter und zwischen den Baracken dabei, in Sobibor, Treblinka, Auschwitz. Nicht daß wir Lagerratten mitgezählt hätten, doch wußten wir seitdem, wie gründlich der Mensch seinesgleichen zu Zahlen macht, die man streichen, einfach durchstreichen kann. Annullieren hieß das. Über Abgänge wurde Buch geführt. [....] Seit Noah: sie konnten nicht anders. (127; vgl. auch 53, 63, 79, 119, 123, 124)

Terminus technicus für diese Projektion des Ekels auf das Verhaßte, das Auszugrenzende, Auszulöschende, zu Vernichtende ist das "Rattige" (79), von dem es schon in den *Hundejahren* heißt, es sei "der Wesensraum aller Geschichte" (WA III, S. 512). Erst als im Gefolge der letzten dieser von Anbeginn an zum Menschen gehörenden Haßprojektionen die Kapitalisten die Kommunisten und die Kommunisten die Kapitalisten auslöschen, der Mensch den Menschen von der Erde vertilgt, ist "diese Welt", 'dieser Äon' des Menschen zuende, herrscht "überall auf Erden, über den Wassern und hoch im Weltraum Betriebsstille" (144). Im "Museum menschlicher Spätgeschichte" (437) aber bleibt, "als Zeugnis der Humangeschichte in modellhafter Nachbildung", "jenes zwischen Haff und Ostsee gelegene Konzentrationslager, das Stutthof hieß und nur eines von über tausendsechshundert Lagern gewesen war, [...] nicht die Öfen, keine Baracke vergessen" (438).

Grass nutzt die Tatsache, daß "die Tendenz der apokalyptischen Betrachtungsweise [...] unverkennbar universal" ist,[34] zur globalen Ausweitung dieses Gewaltverhältnisses, wie es auch im Keim im Noah-Bund angelegt war, als die vor Angst zitternde Kreatur dem bösen Menschen ausgeliefert wurde. Nicht nur gegen seinesgleichen hat der Mensch Gewalt geübt, sondern auch gegen die ihn beherbergende Erde, deren "Mythos" "unterm Beton verschwunden" ist (197):

Zu spät! Zu spät! höhnte sie und nahm meinen Traum ein. In einem toten Baum hockte die Rättin mal hier, mal da und rief: Da hättet ihr euch früher auf die Socken machen müssen. Da hättet ihr durch Schaden endlich klug werden müssen. Da hättet und hättet ihr! Die sterbenden

34. Vielhauer: *Geschichte*. S. 491.

Wälder, geschenkt, doch soll ich alle stinkenden Flüsse, nur noch schwer atmenden Meere, ins Grundwasser suppenden Gifte aufzählen? Alle die Luft beschwerenden Teilchen, die neuen Seuchen und auflebenden Altseuchen: Ipputsch und Chol! Soll ich den Zuwachs der Wüsten, den Schwund der Moore berechnen und von Müllbergen herab Ihr Räuber, Ausbeuter, Ihr Giftmischer rufen?! (165)

Am Anfang "dieser Welt" (67) steht Noah, der, "wie von Jugend an gewöhnt, Böses bei sich" denkt (10), und an ihrem Ende der letzte Satz des letzten Menschen auf der Erde: "Och midde Minscher is aus. Ond was ham se jerafft ond jewietet. Ond immä war Schlächtichkait" (307).

Auch für dieses Ende des alten Äon der Gewalt und der systematischen Vernichtung, Ausrottung und Ausbeutung stellen die Apokalypsen das Vorbild bereit. Nach Vielhauers Merkmalkatalog zur Gattung ist "die letzte Zeit [...] erfüllt von Greueln und einem Kampf aller gegen alle und gegen Gott".[35] Sie gehören zu den 'apokalyptischen Wehen', die den Äonenumbruch verkünden und unter denen er sich vollzieht (z.B. Mk 13,8 und par; Rm 8,22; 1. Thess 5,3), genauso wie Himmelszeichen, Stürme, Erdbeben und dergleichen. Grass kann sich bei der Schilderung der "Himmelszeichen" (134, 2x) vor, des vom Himmel fallenden Feuers (296) während und der "Staubstürme" (320) und der "Zeit der Finsternis" und "der Kälte" (361) nach der Katastrophe voll auf die synoptische und die Johannes-Apokalypse stützen, die schon lange vor ihm als Weissagung eines atomaren Holocaust, als Apokalypsen des Nuklearzeitalters gedeutet wurden.[36]

Der Termin des Äonenumbruchs hängt von der Gott allein bekannten "Fülle der Zeit" (Gal 4,4) ab, er allein weiß, wann "die Zeit [...] erfüllt" ist (Mk 1,15, ähnlich Eph 1,10). Die Vorstellung "gehört in die konkrete Eschatologie des apokalyptischen Judentums hinein", sie "setzt voraus, daß Gott die Zeit und alle Äonen in seiner Gewalt hat, daß er auch ihr wie allem in der Welt ein bestimmtes Maß gesetzt

---

35. Ebd.
36. Vgl. etwa Bernhard Philbert: *Christliche Prophetie und Nuklearenergie*. Nürnberg ²1962. Philbert deutet die synoptischen Endzeitreden Jesu und die Offenbarung des Johannes im Lichte wissenschaftlicher Atomkriegsszenarien: "Es sind Betrachtungen der gewaltigen Geschehnisse, die von Gott ebenso seit Ewigkeit erkannt sind, wie sie durch den Menschen in der Endphase einer sich überstürzenden Entwicklung frei verwirklicht werden" (S. 109).

hat, und daß er dieses Maß zur Durchführung bringt, damit das Ende dieses Äons und den Anbruch des kommenden Äons herbeiführt".[37] Bei Grass klingt diese Auffassung schon in der ersten Gedichtsammlung *Die Vorzüge der Windhühner* (1956) im Gedicht 'Hochwasser' an: "Doch wenn die Behälter überlaufen, das ererbte Maß voll ist / werden wir beten müssen" (WA I, S. 16). In der Apokalypse der *Rättin* ist es soweit, ohne daß Beten hilft: Die überfüllten Nukleararsenale, die "Übervölkerung" (250), die Überlastung von Erde, Luft und Wasser mit Giften — all das sind die Tropfen, von denen schon einer genügt, um das Faß der Menschheit endgültig zum Überlaufen zu bringen. Die atomare Katastrophe 'vollbringt' es dann — es hätte auch jede andere sein können. Oskar zieht das Resümee: "So läuft ab, was seit langem anlief. So geht in Erfüllung, was sich die Menschen gegenseitig versprochen haben. Auf dieses Ereignis hin hat sich das Menschengeschlecht erzogen. So endet, was nie hätte beginnen dürfen. Oh, Vernunft! Oh, Unsterblichkeit! Zwar wurde nichts fertig, doch nun ist alles vollbracht" (414).

Konsequent läßt Grass die apokalyptische Katastrophe vom Menschen herbeiführen — "kein von den Göttern oder dem einen Gott verhängtes Strafgericht droht uns. Kein Johannes auf Patmos schreibt seine dunklen, den Untergang feiernden Bilder nieder. Kein Buch der 'Sieben Siegel' wird uns zum Orakel". "Unsere nüchterne Offenbarung" sind die "Berichte des 'Club of Rome'".[38] Dennoch übernimmt Grass auch den "Determinismus" der Apokalypsen und säkularisiert ihn konsequent. "Die ganze Weltgeschichte verläuft" in der Apokalyptik "nach Gottes festgelegtem Plan, in den der Seher Einblick gewinnt. Änderungen von Gottes Willen wie bei den Propheten sind nicht vorgesehen".[39]

Der terminus technicus für diese der Apokalyptik eigene Unabänderlichkeit ist das griechische 'dei = es muß, es ist erforderlich', wie es gleich im ersten Vers der Johannesapokalypse begegnet: Gegenstand der "apokalypsis", der 'Ent-hüllung', ist "ha dei genesthai en tachei", "was in Kürze geschehen muß", eine Wendung, die Johannes aus Dan 2,28f. übernommen hat. "Die in naher Zukunft eintretenden Ereignisse [...] rollen nicht etwa nach einer ihnen eige-

37. Heinrich Schlier: *Der Brief an die Galater*. Göttingen ⁴1965. S. 195.
38. "Die Vernichtung der Menschheit hat begonnen". In: WA IX. S. 830-833, Zitat S. 830.
39. Vielhauer: *Geschichte*. S. 492.

nen zwangsläufigen Gesetzmäßigkeit ab, sondern Gottes Ratschluß allein bestimmt den Gang der Geschehnisse. Es waltet nicht ein blindes Geschick, sondern es erfüllt sich der unerforschliche Wille Gottes. Was Gott beschlossen hat, das wird sich unbedingt und unaufhaltsam verwirklichen. Seinen Knechten aber gewährt er Einblick in seinen Plan, damit seine Gemeinde nicht unvorbereitet in die Schrecken der letzten Zeit hineingehe".[40] Im Judentum und im frühen Christentum ist die Apokalypse ja eine Trostgattung, die dem Gläubigen versichert, daß seine gegenwärtigen Leiden, die Verfolgungen, die politischen und kosmischen Katastrophen 'Zeichen' des unabänderlich beschlossenen und darüber hinaus nahen Endes des 'aion houtos' und der Ankunft des 'aion mellon' sind, an dem die Gläubigen als 'heiliger Rest' Anteil haben werden.

Bei Grass erscheint dieses "dei" in der Form des zunächst von Menschen geschaffenen, dann aber mit nicht mehr zu kontrollierender Eigenmacht ausgestatteten 'Programms'. Dieser Gedanke begegnet uns zuerst in der Rede "Literatur und Mythos" im Juni 1981: "Mit technischer Präzision, also eindeutig und ohne zwielichtiges Geheimnis, ist uns die Apokalypse vorprogrammiert".[41] In der *Rättin* wird dieser Gedanke dann konsequent eingelöst: "Durch sorgsam abgestuften Schrecken, mit Hilfe sich überwachender Überwachung und durch Verlagerung der Verantwortung auf Chips und Klips" blieb schließlich "dem menschlichen Pfusch, dieser seit Noah nachgewiesenen Anfälligkeit für regelwidriges Verhalten, kein für Entscheidungen freier Raum mehr" (131): Von den Ratten, die die Erde retten wollen, oder wodurch sonst auch immer ausgelöst, laufen die Programme "Frieden machen" und "Völkerfriede" "unwiderruflich" ab, "weil man die allerletzte Befehlsgewalt Großcomputern übertragen habe. [...] Das komme nun schicksalhaft aufeinander zu" (122). Wie einst Gott in der Apokalyptik sich an seinen Plan gebunden hat und selbst dem Menschen lediglich noch das "dei" offenbaren kann, so hat sich jetzt der Mensch den von ihm entwickelten Programmen ausgeliefert: "Alles nehme, ohne daß höchster Einspruch wirksam werden könne, seinen vorbedachten Verlauf" (121), ist eine präzise Paraphrase des apokalyptischen "dei" in seinem Vollsinn.

---

40. Eduard Lohse: *Die Offenbarung des Johannes.* Göttingen und Zürich 1988. S. 13.
41. WA IX. S. 793.

Daß Grass kein Apokalyptiker ist, der von einem Äonenumbruch einen radikal neuen Anfang erhofft — was Thomas Kniesche ja u.a. zu seinem Begriff "Postapokalypse" führte (s.o.) —, wird daran deutlich, daß der 'neue Äon', der 'kommende Äon', der Ratte gehört. Der Mensch hat seine Chance endgültig vertan; er hat das Diesseits verspielt, und kein Jenseits wartet auf ihn. Wenn auch die gesamte "Schöpfung" in der Apokalyptik gelegentlich in den Blick genommen wird (z.B. Rm 8,19ff.), so bleibt sie doch letztlich anthropozentrisch. Der Mensch wird als 'heiliger Rest' Israels oder der Christen Anteil am "neuen Himmel" und der "neuen Erde" (Apk 21,1) haben. Das ist bei Grass nicht der Fall. Nur unter der Herrschaft der Ratten, in ihrem Äon, bekommt die Schöpfung eine neue Chance: "Endlich menschenfrei belebt sich die Erde wieder: es kreucht und fleucht. Die Meere atmen auf. Es ist, als wolle die Luft sich verjüngen" (249). "Quallenfrei soll das Baltische Meer jetzt sein" (305), "Leben wird wieder umsichgreifen. Erneuern wird sich die alte Erde" (308).

Wie der neue Äon sich im christlichen Verständnis in der Geburt Jesu — unserer 'Zeitenwende'! — ankündigte (z.B. Lk 2,10-14, Gal 4,4), so der neue Äon der Ratte in der "Weihnachtsratte" (7) "anstelle der Krippe mit dem bekannten Personal" (5). Doch wie der alte in den Wirren und Wehen der Neuschöpfung zuende geht, bricht der neue mit Nachwehen an. Die Apokalypsen sprechen vom Gericht, vom Kämpfen, vom Niederwerfen der Feinde und des Todes, bis endlich "Gott sei alles in allem", wie es z.B. von Paulus 1. Kor 15,22-28 knapp skizziert wird.

In der *Rättin* vollzieht sich dies in Auseinandersetzung mit den Reminiszenzen der Menschen in Glaubensgezänk und -verfolgungen "nach Menschenart" (276f.), in "Folterungen" und "Kreuzigungen" (300f.), schließlich gar in einem Glaubenskrieg (319f.): "es menschelte" (276f.). Auf die schwerste Probe aber stellt die Ratten eine direkte Hinterlassenschaft des Menschen, die Watsoncricks, genmanipulierte Rattenmenschen. Mit ihrem "Ringelschwänzlein" weisen sie "Anteile vom Hausschwein" auf (385) — ein intertextueller Bezug auf Orwells *Animal Farm*: Wie die Schweine dort reißen sie die Herrschaft an sich, führen das Eigentum wieder ein, regieren mit Terror — "abschreckend müssen Massenschlachtungen angeordnet werden" (451) — und beginnen, wie Orwells Schweine, Bier zu brauen (440). Vor allem aber wollen sie, wie einst der Mensch, "Geschichte machen" (383) und Daten setzen: Inmitten der generel-

len Zeitlosigkeit des neuen Äons der Ratten feiern sie den "fünf-
undsiebzigste[n] Jahrestag" "des Großen Knalls" (440).

Um das Zeichen "Solidarność" geschart, nehmen die Ratten
endlich den Kampf mit den Eroberern, die 'gleicher' sein wollen, auf
und vernichten sie. "So wurde des Menschengeschlechts schlimmster
Gedanke gelöscht. Seine letzte Ausgeburt ist vertilgt. Was jene
Schrift aus Eisen sagt, haben wir geübt, nicht der Mensch. Nichts
zeugt von ihm, das fortleben könnte" (455f.). "Nur wir, siehst du, in
Zukunft wir Ratten nur noch" (455). Sie sind eine "teilende Gattung
(327), sind "von Anbeginn aufgeklärt" (21), "kein einzelnes Ich,
vielmehr ein versammeltes Wir" (166, ähnlich 206f.), ihnen werden
der "neue Himmel" und die "neue Erde" gehören, um die der
Mensch sich gebracht hat.

Und noch in einem letzten Zug nimmt Grass ein Motiv der traditionellen Apokalyptik auf: im zeitlichen Verhältnis der Äonen zueinander. "Der Seher kann zwar nicht den genauen Termin des Endes
nennen; aber er hat die Gewißheit, daß das Ende bald kommt. Er
weist auf die Zeichen der Zeit und fordert damit seine Leser zur
Bereitschaft auf das Ende, aber nicht zur Berechnung des Endes
auf".[42] Die beiden Äonen der Apokalypsen unterscheiden sich auch
im Zeitbegriff, in der Qualität der Zeit. Die erwartete 'hämera', der
"Tag des Herrn", ist zugleich *die* 'hämera', der 'jüngste Tag', der
eben deshalb der 'jüngste' ist, weil er den Tagesbegriff aufhebt und
nach ihm nie mehr Tage sein werden oder, wie es der Engel in der
Offenbarung "bei dem Lebendigen von Ewigkeit zu Ewigkeit"
schwört, "daß hinfort keine Zeit mehr sein soll" (Ap 10,6).

Auch in Grass' Ratten-Äon gilt die neue Qualität der Zeit, sie
"geht, als sei sie nie gezählt und in Kalender eingesperrt worden"
(29); sie ist "Traumzeit" (305), der man nicht "mit der Elle Zeit
beikommen kann" (80); ihr Chronometer ist "die leblose Kuckucks-
uhr" (328), denn "überall findet sich vorrätig Zeit, unendlich viel
Zeit" (249).

Diese qualitativ andere Zeit folgt nicht linear auf die vom Menschen in Kalender und Uhren gesperrte, sondern liegt neben und über
ihr. So kommt es zu dem die ganze *Rättin* beherrschenden scheinba-
ren Paradox, daß die Vernichtung der Menschen und ihrer "Daten"
(7) auf der dritten Seite schon geschehen ist, sich in den Traumvisionen ständig vollzieht und doch auf der siebtletzten (450) noch bevor-

42. Vielhauer: *Geschichte*. S. 492.

steht. Es ist das Paradox, das Jesus in der lukanischen Überlieferung auf den einen Punkt gebracht hat: "Da er aber gefragt ward von den Pharisäern: Wann kommt das Reich Gottes? antwortete er ihnen und sprach: Das Reich Gottes kommt nicht mit äußerlichen Gebärden; man wird auch nicht sagen: Siehe hier! oder: da ist es! Denn sehet, das Reich Gottes ist mitten unter euch" (Lk 17,20f.). So sagt Grass in der *Rättin*: Sehet, die Vernichtung ist mitten unter euch! Rainer Gruenter hat die Zeitrelationen der Apokalyptik so beschrieben, daß seine Worte gleichzeitig als Interpretation der *Rättin* gelten können:

> Das Johanneische "Brüder, die Stunde ist nahe" gilt nicht in der geschichtlichen Zeit, sondern in der Verkündigungszeit. Die prophetischen Raum-Metaphern "nah" und "fern" für "bald" und "später" entsprechen der räumlichen Struktur der Verkündigungszeit, die sich den Maßen der geschichtlichen Zeit entzieht. Vergangenheit, Gegenwart und Zukunft werden in der Verkündigungszeit zusammengezogen.
>
> Wer, wie der Christ, in der Verkündigungszeit lebt, nimmt nicht teil an einer Zeit, die pure Progression ist, fortschreitende Zeit, welche die philosophische Aufklärung für den Fortschritt, für eine zukünftige Glückseligkeit der Menschheit in Anspruch nimmt.
>
> Die christliche Dogmatik spricht in der *Lehre von den Letzten Dingen* von der "Todverfallenheit der Welt". Der Tod Christi bedeutet diese Todverfallenheit der Schöpfung, die nach Erlösung seufzt. So existiert die Welt im Zustand des Untergangs. Sie ist eine "Wirklichkeit auf Abbruch", wie der Mensch ein Dasein zum Tode ist, das mit der Schöpfung in der *civitas diaboli* der Endzeit ungeduldig auf Auferstehung und Verklärung hofft.[43]

Grass ist, wie wir eingangs sahen, "die fortschreitende Zeit [...] für eine zukünftige Glückseligkeit der Menschheit" endgültig abhanden gekommen. Gleichzeitig ist unsere durch uns selbst bedrohte Welt eine "Wirklichkeit auf Abbruch", der jederzeit eintreten kann. Von unserem und der Welt "Dasein zum Tode" gibt es aber für Grass keine Erlösung, keine "Auferstehung und Verklärung". Unsere einzige Chance ist, daß wir von dem bereits "mitten unter uns" befindlichen neuen Äon, dem Reich der Ratte, lernen, von den Ratten

---

43. Rainer Gruenter: Wenn die Zeichen sich mehren. Von der Konjunktur des Schreckens. In: *Bilder und Zeiten*. Wochenendbeilage der *Frankfurter Allgemeinen Zeitung* vom 9. Februar 1991.

der Zukunft lernen, wie unsere nicht länger verdrängte Vergangenheit unsere Gegenwart verändern und beide unsere Zukunft retten können. Gruenters Zusammenfall der drei Zeiten in der "Verkündigungszeit" ist nichts anderes als Grass' "vierte Zeit, die Vergegenkunft" aus den *Kopfgeburten* (WA VI, S. 233).

"Apokalypse" heißt Enthüllung, Wegziehen einer Decke — kurz: Aufklärung. Die apokalyptischen Umzüge der Ratten, die vor der "dieser Welt" bevorstehenden "Dämmerung" warnen wollen (67), geschehen in "aufklärende[r] Absicht" (75). Nur wenn uns die christlich-jüdische Gattung der Apokalypse zur aufklärerischen Gattung der Fabel wird und wir "so kurz vor Ultimo" (169) aus dem neuen Äon der Ratte für den alten des Menschen das radikale Umdenken lernen, hat die Menschheit noch "Vergegenkunft" — sonst wird "hinfort keine Zeit mehr sein".

Irmgard Elsner Hunt

Vom Märchenwald zum toten Wald: ökologische Bewußtma-
chung aus global-ökonomischer Bewußtheit
Eine Übersicht über das Grass-Werk der siebziger und achtziger
Jahre

> "Was, Oskar, halten Sie vom
> Waldsterben übrigens?"
> (Günter Grass: *Die Rättin*)

I

Der Märchenwald als Ort erzählten Desasters; die Wolke als Faust
überm Wald; der Raubbau als Mord an den tropischen Wäldern;
Habgier als Feind unserer Umwelt, damit aber Feind unserer selbst:
Themen im Grass-Werk, die von einer aus dem Gleichgewicht
geratenen Welt zeugen.

Eine Untersuchung zum ökologischen Bewußtsein bei Günter
Grass greift immer weiter zurück: Vom bislang jüngsten Buch *Totes
Holz* (1990) zu *Zunge zeigen* (1988); von da zur viel früheren Indien-
reise 1975, die in den *Butt*-Roman (1977) einging, und voraus zur
Rede vor dem Club of Rome, "Zum Beispiel Calcutta", gehalten im
Juni 1989; rückwärtsgreifend zum Roman *Die Rättin* (1986) und von
da zu den *Kopfgeburten* (1980).[1] Räumlich und zeitlich laufen die

---

1. Günter Grass: *Der Butt*. Darmstadt 1977. Zitiert wird nach der
Fischer Taschenbuch Ausgabe. Frankfurt 1979. Im Text mit Bu und Seitenzahl belegt. *Kopfgeburten oder Die Deutschen sterben aus.*
Darmstadt 1980. Im Text mit Ko und Seitenzahl belegt. *Die Rättin.* Darmstadt 1986. Zitiert wird nach einem unkorrigierten, unverkäuflichen Lese-
exemplar vom Januar 1986. Im Text mit Rä und Seitenzahl belegt. *Zunge
zeigen.* Darmstadt 1988. Im Text mit Zz und Seitenzahl belegt. *Totes Holz.*
Göttingen 1990. Zitiert wird nach dem Erstabdruck des Essays "Die Wolke
als Faust überm Wald". In: *Sprache im technischen Zeitalter* 115 (1990). S.
224-228. Siehe Anmerkungen in Teil VI; mit To und Seitenzahl belegt.

Verbindungsfäden zum Thema Umwelt im Grass-Werk kreuz und quer, ja es ist berechtigt, die Wurzeln Grassscher Umweltsorge in die frühesten siebziger Jahre zu legen und eng mit seinem anti-kapitalistischen Weltbild zu verknüpfen.

Der Beginn der Bewußtmachung von Umweltproblemen und der globalen Zerstörung von Natur und Ressourcen der Erde sei bereits im *Butt* im krankenden Geschlechterverhältnis zu finden, so sagte Günter Grass im Telefonat zum Thema (Berlin, 17.5.91). Mehr und immer mehr wollen, unmäßig Gier nach materiellen Dingen walten lassen, nur weil sie vorstellbar, wünschenswert und machbar sind, und dann, selbst solchen Vorgehens schuldig, immer dem anderen die Schuld schlechter Ergebnisse zuschieben: der Mann der Frau, die Frau dem Mann, ein Land dem andern, ein Kontinent dem andern, eine Ideologie der andern — dies sind die Wundpunkte, die Grass in seinem Werk seit zwanzig Jahren diskutiert. In einem Interview kurz nach der amerikanischen Publikation des *Butt* 1979 erklärte der Autor die Problematik, um die es ihm ging, folgendermaßen:

> [...] women, in their own thinking, don't like to waste stuff — they are pushed to do it because the male economic system is organized to waste things. To waste and to produce a new and to waste again and so on and so on [...]. I would like to have a refrigerator at home that my grandmother used, and pass it on from generation to generation like old furniture. We are able to produce such refrigerators, but the production is such that after five years they don't work any more [...]. The same is happening with cars [...] a terrible destruction, waste of material, waste of resources. Now we see the moment when there will be no more oil, no more copper, no more of this and that, and now we are afraid. [...] We are prisoners of our own economic system.[2]

Wiedergelesen ein Jahrzehnt später, zu einer Zeit der Hinwendung östlicher Ökonomien zum Kapitalismus, klingen diese Worte ironisch, weil wie in den Wind gesprochen. Sie zeigen auch auf, wie Grass' ökologische Sorge aus der Erkenntnis ökonomischer Mißstände erwachsen ist. Gute zehn Jahre ist der Autor der heute allgemeinen Bewußtseinslage zur Umwelt voraus. Er thematisiert das globale Unglück der Verseuchung von Luft, Wasser, Erde, der Zerstörung der Urwälder und der Wälder der Industrieländer lange bevor der Krisenzustand eintritt, der, zögernd und spät, folgende Daten hervorbringt:

---

2. John Hilliard und Irmgard Hunt: An Interview with Günter Grass. In: *Permafrost* 3/1 (1979). S. 86.

Das Jahr 1985 wird international zum "Jahr des Waldes" erklärt. Unter den Aktionen und der Kunst zum Thema befindet sich am Berliner S-Bahnhof Savignyplatz eine Bewußtmachungsaktion. Permanent und öffentlich ausgestellt findet sich der "Weltbaum" von Wargin zwischen einschlägigen Gedichten und Zitaten älterer und neuerer Dichter, eingraviert in Stein. Nicht weit entfernt von der provokativen Behauptung, "Wir sind die Hautkrankheit der Erde", hängen drei Graphiken von Günter Grass: Schnecke, Brille und Ratte auf Totenkopf. Von dieser graphischen Folge läßt sich das zunehmend pessimistische Denken des Künstlers ablesen: Bedeutete ihm die Schnecke (aus der mittleren Arbeitsphase der späten Sechziger) noch den möglichen, wenn auch unendlich langsamen Fortschritt, so doch bisweilen auch schon den Stillstand im Fortschritt, veranschaulicht als ein Schweben zwischen Hoffnung und Resignation, wie thematisiert in *Aus dem Tagebuch einer Schnecke* (1972).[3] Damals ging es Grass um die Staatsform der Sozialdemokratie in Opposition zur kapitalistischen Rücksichtslosigkeit gegen Mensch und Natur; die politische Situation erlaubte einige Hoffnung. Die Brille aber, abgesetzt, liegengeblieben, vergessen und schließlich zerbrochen, ist jene der Köchin Lena Stubbe aus dem *Butt*, deren "proletarisches Kochbuch" nicht veröffentlicht und deren Vision einer Volksverköstigung zunichte wird, weil männliche Machtpolitik anders will. Die Ratte endlich, lebendig und wie triumphierend auf atomtoten menschlichen Überresten sitzend, symbolisiert das Ende einer Menschheit, die, entfremdet von der Natur bis ins Äußerste, mit ihr auch sich selbst zerstört hat, wie erzählt im Roman *Die Rättin*. Daß Grass an der Berliner Aktion von 85/86 teilnahm, läßt ihn an der Idee vom Menschen als der Hautkrankheit der Erde teilhaben: Nicht mehr die Schnecke als kleiner Fortschritt ist unterwegs, sondern ein schleichender, tödlicher Hautkrebs umgreift unaufhaltsam den Globus. Nachdem Grass in der Fiktion das Ende der Menschheit herbeigeschrieben hatte, in der Wirklichkeit aber kurz danach das Desaster Tschernobyl geschah, teilt sich der Künstler in den zwei neueren Bänden *Zunge zeigen* und *Totes Holz* vor allem graphisch und essayistisch mit, da der Umweltzustand Erfindungs- und Fabulierlust verleidet und die Wirklichkeit selbst Grasssche Phantasie überbietet.

3. Günter Grass: *Aus dem Tagebuch einer Schnecke.* Darmstadt 1972.

II

Während der fünfjährigen Entstehungszeit des *Butt* gibt sich der Autor dem Es-war-einmal in seiner höchsten Fabulierkunst hin. Der Roman basiert bekanntlich auf dem Märchen "Von dem Fischer un syner Fru" und wurde als Romanganzes nicht nur vom Autor selbst ein Märchen genannt. Doch ist es kein rein heiter gestimmtes Happyend-Märchen. Das konfliktreiche Geschlechterverhältnis und dessen Konsequenzen oder auch Unterfutter, Machtmißbrauch, Gier und Streit werden problematisiert.

Unter mehreren Studien zum Märchenaspekt im *Butt* ist Hanne Gasteins *a dato* die neueste.[4] Ihr Kapital über die Verwendung des Märchens im Roman bewegt sich innerhalb der "gender studies" und im Rahmen des Themas Geschlechterverhältnis. Die ungewöhnliche Wahl des Märchens wird jedoch betont. Die meisten Wiederverwertungen von Märchen erfahren bei heutigen Schriftstellern ein Neu- oder Umschreiben besonders des obligatorischen glücklichen Ausgangs. Grass wählt bewußt eines der wenigen Märchen mit unglücklichem Ende, um durch ein "Warnmärchen" gegen Gier (wie H. Heißenbüttel es nannte) dem Antimaterialismus der sechziger und siebziger Jahre Ausdruck zu verleihen.[5] Gasteins Studie greift über diese Andeutungen zur Gefahr des Materialismus nicht hinaus.

Die ewige Unzufriedenheit, das maßlose Wünschen, die traditionellerweise der Frau zugeschoben werden, zeigt dieser Roman im Kapitel "Die andere Wahrheit" als beiden Geschlechtern zugehörige Eigenschaften. Entdeckt wird von den märchensammelnden und -herausgebenden Literaten der Romantik die mündlich überlieferte Version, in der der Fischer selbst der immer Maßlosere gewesen ist, der immer mehr vom Zauberfisch erhält, bis totale Verstiegenheit und männlicher Größenwahn alles zunichte werden läßt. Grass hat, sowohl in Fiktion wie in Essay (vgl. Teil III), diese Maßlosigkeit als das Machen des Machbaren, die angeblich "kreative Unruhe" des Menschen, als seine Monstrosität diskutiert. Diese menschlichen Veranlagungen führen, wo nicht mit vernunftbestimmter Bescheidung

---

4. Hanne Gastein: Grass and the Appropriation of the Fairy-Tale in the Seventies. In: *Günter Grass's "Der Butt". Sexual Politics and the Male Myth of History*. Philip Brady et al. (eds.). Oxford 1990. S. 97-108. Weitere Märchenstudien werden dort angeführt.

5. Vgl. Gastein. S. 100f.

gepaart, direkt in den Mißbrauch der Umwelt, in deren Ausbeutung und Zerstörung.

Männliche und weibliche Habgier unterschiedlicher Art und Größenordnung werden veranschaulicht in zwei Märchen. Ein Mann vernichtet sodann die zuungunsten des Mannes entstandene Version. "Die andere Wahrheit", wiewohl erkannt und sogar unter dem Märchenvolk diskutiert, wird verbrannt, weil "wir Menschen immer nur die eine Wahrheit und nicht die andere auch dulden wollen" (Bu 360). Das heißt, daß ein Sündenbock herhalten muß, der die Schuld zur Entlastung der anderen Partei tragen muß: Ilsebill, die Märchenfrau für alle Frauen, das "Weib an sich" (Bu 358), obwohl die uralte Frau gesprochen hatte, als man sie nach dem richtigen von beiden Märchen fragte: "Dat een un dat anner tosamen" (Bu 356). Beide Geschlechter zusammen tragen die Schuld der Unzufriedenheit, der Hab- und Machtgier, die in der Folge zum Vergehen an der Umwelt führen.

Vergleichsweise sind die beiden Märchenversionen so gestaltet: Die zänkische Frau Ilsebill will mehr, immer mehr haben, dann König, Kaiser, Papst, wie der liebe Gott werden, worauf sie in ihrer armseligen Hütte zurück lebt. Dies ist die bekannte Version. Die Variation vom maßlos gierigen Mann geht so:

> Im Krieg unbesiegbar will er sein. Brücken über den breitesten Fluß, Häuser und Türme, die bis in die Wolken reichen, schnelle Wagen, weder von Ochs noch Pferd gezogen, Schiffe, die unter Wasser schwimmen, will er bauen, begehen, bewohnen, ans Ziel fahren. Die Welt beherrschen will er, die Natur bezwingen und von der Erde weg sich über sie erheben. "Nu will ik awerst ook fleigen könn..." hieß es im zweiten Märchen. Und wie zum Schluß der Mann, obgleich ihm seine Frau Ilsebill immer wieder Zufriedenheit anrät — "Nu will wy ook niks meer wünschen, sunners tofreden syn..." — hoch zu den Sternen reisen möchte — "Ik will un will in himmel fleigen..." — fällt all die Pracht, Türme, Brücken und Flugapparate in sich zusammen, brechen die Deiche, folgt Dürre, verwüsten Sandstürme, speien die Berge Feuer, schüttelt die alte Erde, indem sie bebt, des Mannes Herrschaft ab, worauf mit großer Kälte die neue, alles bedeckende Eiszeit kommt. (Bu 355f.)

So setzt Grass der vergleichsweise harmlosen, wenngleich verstiegenen, blasphemischen und allenfalls persönliches Unglück bringenden Ilsebill im Märchen vom weiblichen Wünschen die maßlos verstiegene und für die ganze Welt Unglück bringende Version männlichen Wollens entgegen. In diesem kleinen Antimärchen steht *in nuce* die ganze Umweltsorge und Endzeitfurcht Grass' verzeichnet. Moralisierend verwendet er dazu das didaktische Märchen, dies zu einer Zeit (Mitte siebziger Jahre), in der die internationale Gemeinschaft der Wissenschaftler weder Treibhauseffekt noch Ozonloch oder Klimaveränderung durch kriegsentfachte Ölfeuer diskutierten, dem Menschenkenner die verhängnisvollen menschlichen Neigungen jedoch bereits klar sind.

Ironischerweise setzt der Autor die ganze Szene des märchenhaft erzählten globalen Unglücks in einen gesunden, schönen, romantischen Märchenwald, wie ihn das 19. Jahrhundert bietet: Die Grimm-Brüder, Clemens Brentano und seine Schwester Bettina, Achim von Arnim und der Maler Philipp Otto Runge lieben "geheime Treffpunkte inmitten Natur", wo ein Förster wohnt "wie außer der Zeit", wo den Freunden "die Stille zu ertragen" nicht leicht fällt (Bu 352), so sehr "dem Zeitgeschehen entrückt" sind sie (Bu 353).

Im Olivaer Wald des 19. Jahrhunderts sind Waldsterben und Rodung für Startbahnen etc. unbekannt und dem Autor noch kein Thema, und doch weiß er um die Wahrheit vom weltweiten Desaster wie in alter Mär überliefert, mitzuteilen. Bettina ist Ilsebill zu böse geraten; Clemens will nicht gefallen, daß "des Mannes Tun und Streben, sein Traum von Größe so grausam zunichte wird" (Bu 357). Man müsse, meinen auch Philipp und Jakob, die zweite Version "ihrer Weltuntergangsstimmung wegen" zurückhalten (Bu 360). Später erfährt Bettina von der Köchin Sophie und der Försterstochter Unterstützung, indem diese einfachen Frauen sagen, "nur die eine Wahrheit stimme. Nur der Mann wolle mehr, immer mehr. 'Die machen doch all das Unglück!'" (Bu 361). Aber Wilhelm gelingen Ablenkungsmanöver, und Philipp, der das strittige Blatt mitgebracht hatte, verbrennt es.

So satirisiert der Autor Literaten und Öffentlichkeit zugleich, damals wie heute: Unerträglich ist ihnen die ganze Wahrheit. Szene und Wort, Märchenwald und Weltuntergang direkt miteinander kontrastiert und konfrontiert, bringen die Ironie hervor, die bei aller bitteren Erkenntnis den Leser dieses Grass-Werks noch einmal schmunzeln läßt. Dem Erzähler ist es ein Leichtes, in die anscheinend heile Welt romantischer Idylle zu entführen. Bettina, die wie die anderen Frauen der ganzen Wahrheit standhafter und stärker ins Auge blickt, unterliegt als Minderheit in dem Streit dennoch, und der Autor weiß schalkhaft, wie dies zu erreichen sei: Er zeigt Bettina in Achim von Arnim verliebt. Was an Humor in der Märchenwaldszene im

Butt-Roman zu finden ist, stimmt heiter, während dies in der *Rättin* im Erzählstrang des Märchenvolkes nicht mehr möglich sein wird oder allenfalls als schwarzer Humor dasteht (vgl. Teil IV).

III

Weltüberbevölkerung an der Basis wachsender ökologischer Sorge thematisierte Grass vor einem guten Jahrzehnt in *Kopfgeburten oder Die Deutschen sterben aus*. In diesem Band kommen Indien, China und Südostasien zur Sprache. Diskutiert werden erstmals, immer in Verbindung mit Europa und speziell der deutschen Frage, Umweltthemen auf unverschlüsselte, ja politische Weise: die ökologischen Probleme der Welt. Grass legt dar, wie sich diese und die daraus folgende Verelendung der sogenannten Dritten Welt direkt aus der ungleichen, ungerechten Güterverteilung und den exploitiven Marktpraktiken der Industrieländer ergibt.

Wie weit der Autor bei der Niederschrift dieses Buches seiner Zeit voraus ist, beweist über die bevölkerungspolitische Frage hinaus sein akutes Bewußtsein der Zerstörung südostasiatischer Tropenwälder durch erbarmungslose, kapitalistische Ausbeutung. Als höchste Ironie erscheint in diesem Zusammenhang, daß die Weltpresse am 8. Juni 1991 das Ergebnis der internationalen Tropenwald-Tagung in Quito/Ecuador folgendermaßen vermeldet: "Ungehemmte Abholzung tropischer Wälder bis 1994" — dies, so wird ausgeführt, auch angesichts der Tatsache, daß pro Minute 30 Hektar oder etwa 20 Fußballplätze tropischer Regenwald zerstört werden —, als hätten nicht Vor- und Querdenker wie Grass vor den Effekten solchen Raubbaus gewarnt.[6] Es sind just diese Statistiken, mit denen Grass stets reiste und reist und die ihn an der ökologischen Bewußtmachungsarbeit bleiben lassen, auch wenn sie sich über die letzten Jahrzehnte immer mehr als der Sisyphus-Stein erweisen, der ja auch in den *Kopfgeburten* mehrfach thematisiert ist.

In diesem Werk läßt der Erzähler die Fiktionsfigur Harm Peters phantasieren, daß die Deutschen zugunsten der Natur aussterben könnten: "Das entstandene Vakuum wird der Natur überantwortet. Wald und Heide gewinnen Raum. Die Flüsse atmen auf" (Ko 95-96). Das deutsche Umweltproblem zeigt sich in diesem Roman eng

---

6. *Neue Zürcher Zeitung* vom 10.6.1991.

verknüpft mit der Frage einer möglichen Wiedervereinigung. Wie akut schadenstrotzend die ostdeutschen Länder zur Zeit der tatsächlichen Grenzöffnung und Neuvereinigung den Bürgern von Ost und West ins Auge starren würden, konnte Günter Grass bei der Niederschrift der *Kopfgeburten* etwa 1978-79 nicht gewußt haben. Wer heute fast ungläubig die graumilchigen Bäche der Ex-DDR beschaut, versteht, daß das Buch *Kopfgeburten* ein ökologisch prophetisches gewesen ist.

Die Sprache in *Kopfgeburten* ist eine umwelt-besorgte. Beim Nachdenken über Wahlkampfthemen führt die Romanfigur Harm Peters eine Neusprache, wie sie ökologisches Bewußtsein verlangt, z.B.: "Unter welchen Entsorgungsbedingungen die zweite Bauteilgenehmigung für den Siedewasserreaktor Brokdorf erteilt werden könnte." Oder: Wir müssen "den Zusammenhang zwischen dem Hungertod einerseits und den Preissteigerungen für Sojabohnen andererseits errechnen" (Ko 137), auch "den Energiebedarf für die achtziger Jahre nicht ohne Mitsprache der Dritten Welt sichern" (Ko 158). Zeitgeschehen in nächster Nähe der Heimat thematisiert: Das Projekt Brokdorf, das Dafür und der Prozeß dagegen, kontrastiert mit dem Bau des indischen Atomforschungszentrums, dem kurzerhand eine Wohnkolonie (eine Art indischer sozialer Wohnungsbau) für Siebzigtausend Platz machen mußte. Die Romanfiguren führen die Ökologiesprache ihrer Gegenwart, wo nicht Tatsachen und Statistiken sie verstummen lassen. Der Autor begabt das Ehepaar Peters mit der zeitnotwendigen, zeitgeborenen Sprache, die ihm selbst gegeben ist, während er, der Autor als Romanfigur, zum Beispiel beim Begräbnis seines Freundes Nicolas Born dessen Gedicht "Entsorgt" vorliest und so das eigene Bewußtsein wie auch das seiner Hörer und Leser intensiviert.

Zwischen Diskussionen um Demoskopie, Aufrüstung-Abrüstung-Umrüstung, Antimilitarismus, Atomreaktor Brokdorf, Drohung Atomstaat, Speicherung der Sonnenenergie und Abzapfen von Vulkankraft erscheint die Waldsorge, aufgestört und neu entfacht durch den Anblick, der sich dem Besucher in Südostasien und anderswo bietet. "Die Probleme der vor uns liegenden achtziger Jahre" und das drohende Orwellsche Jahrzehnt führen dem Autor die Feder (Ko 101). Er läßt sich auf Gegenwart ein und konstatiert: "Wir haben das so in der Schule gelernt: nach der Vergangenheit kommt die Gegenwart, der die Zukunft folgt. Mir aber ist eine vierte Zeit, die Vergegenkunft geläufig" (Ko 130). Die hier beschriebene Gegenwart *ist*

Vergegenkunft, nämlich Produkt der Vergangenheit und wirkend auf die unmittelbare Zukunft, ganz besonders in einem ökologischen Sinn. Vergangenheit einholend, warnt der umweltbewußte Autor gegenwärtig vor einer nicht zu ertragenden Zukunft, ja vor Zukunftslosigkeit.

Mehrere Artikel sind zum Thema Zeit bei Grass, v.a. in einem erzähltechnischen Sinn, entstanden.[7] Aber gerade in diesem Werk, welches das mittlerweile berühmte Wort "Vergegenkunft" gebar, versteht sein Schöpfer die Zeit als zeitgenössische Sorge, die Gegenwartssorge als eine Vergegenkunftssorge, die Umweltsorge als Weltsorge. Es geht um den Zustand nicht weniger als der ganzen Erde. Solch globale Sicht asiatischer Probleme als Weltprobleme, gespiegelt im europäischen Bewußtsein, vermittelt dieses Buch über reisende Europäer an Orten der sogenannten Dritten Welt, in Bombay, Bangkok und auf Bali. Grass malt in den *Kopfgeburten* teils fiktiv, teils autobiographisch aus, was theoretisch im Essay "Im Wettlauf mit den Utopien" etwa gleichzeitig entstanden ist.[8] Hier wurde vorformuliert, daß wir all unsere früher erfundenen Negativutopien, einschließlich der Orwellschen, einholen und überholen, in der Tat, was die Zerstörung der Natur betrifft, weit schlimmer als vorstellbar. Wie eng ökonomisches und ökologisches Verständnis in diesem Essay gekoppelt sind, möge eine Passage über die z.T. durch europäische und amerikanische Machtwirtschaft aus der Balance geratene Öko-Struktur Südostasiens veranschaulichen:

> Weil die in Indonesien landesübliche Bestechungspraxis aller Welt, von Siemens bis Unilever, Tür und Tor öffnet, dürfen die Japaner, weitab auf Borneo, die letzten Edelholzwälder fällen, und zwar so intensiv rationell, daß für hinterwäldlerische Träumereien wie Wiederaufforstung kein Scherflein bleibt. Schon drängen die Japaner in die Java-See. Bald werden sie sich über den Dienstweg der Korruption zwischen den zwölftausend Inseln die Hochseefischereirechte gesichert haben; denn die indonesische Regierung ist so ausschließlich mit der Erhaltung ihrer Macht, der Absicherung ihrer Pfründe und dem Wachstum ihrer Schweizer Konten beschäftigt, daß keine Zeit bleibt, für die restlichen 120 Millionen Indone-

---

7. Vgl. z.B. Joyce Crick: Time and the Flounder. In: Brady et al. Siehe Anm. 4. S. 33-49. Weitere Zeitstudien werden dort angeführt.
8. Günter Grass: *Aufsätze zur Literatur*. Darmstadt 1980. S. 122-149. Zuerst in: *Die Zeit* vom 23.6.1978. Überseeausgabe S. 15-17. Im Text Al und Seitenzahl.

sier, von denen sich 80 Millionen dicht bei dicht auf Java vermehren, das Naheliegende zu tun: aus der armseligen Küstenfischerei eine Hochseefischerei zu entwickeln, die über Kühlketten — warum nicht mit Hilfe von Siemens — das Land mit Fisch versorgen könnte. Doch Siemens hat schnellere Geschäfte im Sinn. Und die Hochseefischerei überläßt man den Japanern. Die verstehn sich darauf. Die sind nicht nur gut für Hunderttausende Motorräder und Millionen niedlicher Taschenrechnern, die wissen, daß alles vom Fisch und sonstigen Meeresprodukten abhängt: nämlich die Zukunft, das Überleben. (Al 131f.)

Immer wieder ist vor Augen zu halten, daß diese Vorstudie zu *Kopfgeburten* vor nunmehr fast fünfzehn Jahren geschrieben worden ist. Immer wieder ist zu fragen: Was bewirken Wörter, was überhaupt die Bücher der Warner und Rufer? Vielleicht doch in der kommenden Arbeitsphase Grass' Einiges.

In den beginnenden Achtziger Jahren engagiert sich der Schriftsteller mit vielen anderen intensiv in der Friedensbewegung, schreibt er Essays und offene Briefe, reist, redet, diskutiert und organisiert Aktionen. Sein ganzes Denken konzentriert sich jetzt auf die nunmehr möglich gewordene völlige, ja mehrfache Zerstörung der Menschheit durch Atomwaffen. Neben den Friedenskongressen war vermutlich die wirksamste Aktion der Schriftsteller deren Heilbronner Begegnung im Dezember 1983 mit dem Aufruf: "Verweigert Euch!"[9]. Hier ist die Umweltsorge zur Menschheitssorge geworden, und die späten achtziger Jahre bringen ja dann auch den Abbau der weltzerstörerischen Waffen, wenngleich seitens der Politiker nicht aus Sorge der Umwelt gegenüber. Hier hat für einmal — via innermilitärischer Diskussion sowie Bundeswehr- und dann Bundestagsdebatte — das Wort der Intellektuellen Bewußtseinsänderndes bewirkt.

Das Kapitel der Umweltsorge, welches von Atomreaktoren zu Atomwaffenstationierung führte, mündet in direkter Linie zum schwärzesten aller Grass-Essays, "Die Vernichtung der Menschheit hat begonnen", einer Rede anläßlich der Verleihung des Feltrinelli-Preises für erzählende Prosa, gehalten am 25. November 1982 in

---

9. Günter Grass: Den Widerstand lernen, ihn leisten und zu ihm auffordern. In: *Widerstand lernen. Politische Gegenreden 1980-1983*. Darmstadt 1984. S. 91-98. Zuerst in: *Frankfurter Rundschau* vom 21.12.1983. Der Aufruf selbst wurde, von sieben Schriftstellerinnen und zwölf Schriftstellern unterzeichnet, als Flugblatt verbreitet.

Rom.[10] Ironischerweise entsteht gerade in den frühen achtziger Jahren *keine* "erzählende Prosa". Allzu düster dringt dem Autor die Realität ins Bewußtsein:

> In meiner Ratlosigkeit weiß ich dennoch, daß Zukunft nur wieder möglich sein wird, wenn wir Antwort finden und tun, was wir als Gäste auf diesem Erdball der Natur und uns schuldig sind, indem wir einander nicht mehr Angst machen, indem wir einander die Angst nehmen, indem wir uns abrüsten bis zur Nacktheit. (Vn 57)

Gäste auf diesem Erdball: Diese biblisch klingenden Worte erinnern an Schöpfung, kontern Zerstörung, wollen in universeller Überschau und Bestandsaufnahme die Entstehung der Welt mit deren Apokalypse noch nicht verbinden. Diese bleibt, als Vision und Vorausbericht, dem Roman *Die Rättin* vorbehalten.

In diesem Werk findet Grass nach längerer Pause zur "erzählenden Prosa" zurück — und dennoch nicht ganz. In seiner Form des Streitgesprächs ist das Erzählte immer nur Behauptung und Wettreden, nicht mehr erzählte Vergangenheit. Denn die Menschen gibt es nicht mehr. In der Mitte der achtziger Jahre entstanden, erscheint das Buch im Frühjahr 1986. Vollkommen verwandelt — man erinnere die Märchenebene des *Butt* — erscheinen hier Märchenvolk und -wald: verfremdet bis zur Unkenntlichkeit, denn das Waldsterben ist in Europa sichtbar geworden.

IV

Nicht nur auf der Märchenebene der *Rättin* wird am Beispiel Waldsterben das Umweltproblem vordergründig. Auch die Verquallung der Ostsee im Erzählstrang der Frauen auf dem Schiff "Neue Ilsebill" zählt dazu. Wegen des zentralen Themas, dem jederzeit möglichen "Großen Knall" oder atomaren Weltende, wurde *Die Rättin* vielfach ein apokalyptischer Roman genannt. Aber Hand in Hand mit der aufklärerischen Idee der "Erziehung des Menschengeschlechts" (vgl. Rä, 5. Kapitel, S. 185-195) und dem Glauben, daß diese vielleicht doch noch möglich sei, ist der vielschichtige Roman auf jeder Ebene auch ein Umweltbuch. Der Erzähler träumt, was die das Überleben der Menschheit abstreitende Ratte ihm zuschreit:

10. Siehe Anm. 9. S. 52-57. Zuerst in: *Die Zeit* vom 3.12.1982. Im Text Vn und Seitenzahl.

Zu spät, zu spät! höhnte sie und nahm meinen Traum ein. In einem toten Baum hockte die Rättin mal hier, mal da und rief: Da hättet ihr euch früher auf die Socken machen müssen. Da hättet durch Schaden ihr endlich klug werden müssen. Da hättet und hättet ihr! Die sterbenden Wälder, geschenkt, doch soll ich alle stinkenden Flüsse, nur noch schwer atmenden Meere, ins Grundwasser suppenden Gifte aufzählen? Alle die Luft beschwerenden Teilchen, die neuen Seuchen und auflebenden Altseuchen: Ipputsch und Chol! Soll ich den Zuwachs der Wüsten, den Schwund der Moore berechnen und von Müllbergen herab Ihr Räuber, Ausbeuter, Ihr Giftmischer rufen?! (Rä 183)

Und nach dem Ende der Menschen spricht die Ratte:

Sicher, es lebt sich ganz gut seitdem. Die posthumane Zeit bekommt uns: wir nehmen in jeder Beziehung zu. Endlich menschenfrei belebt sich die Erde wieder: es kreucht und fleucht. Die Meere atmen auf. Es ist, als wolle die Luft sich verjüngen. Und überall findet sich vorrätig Zeit, viel Zeit.

Aus der Sicht der Rättin ist für den Menschen alles zu spät, dagegen kann der in der Raumkapsel kreisende Mensch, so lange es ihn gibt, nicht aufhören zu hoffen, ja zu glauben, daß es doch noch eine Rettung gibt. (Und sollte nicht die "Rättin" in ihrer ausdrücklich weiblichen Wortform an "Rätin" oder "Retterin" anklingen, wie ja auch Grass noch eine Hoffnung in die Frau und in weiblich erdachte Alternativen zur männlich herbeigeführten globalen Misere legt — vgl. das Ende des *Butt*.)

Der Märchen-Erzählstrang ist mit dem des sechzigjährigen Oskar Matzerath verknüpft: der wird einen Film über das Waldsterben drehen. Mit der Rollenverteilung von Hänsel und Gretel als Kanzlerkinder, die Brüder Grimm aber als Umweltminister hat der Autor nicht allein Spaß und Unterhaltung für den Leser im Sinn, sondern er weiß um die Ingredienzen Humor (durch Satire) und Komik (durch Übertreibung) innerhalb des Didaktischen und mischt sie kräftig bei. Als (verhinderter) Lehrer betreibt er schriftstellerisch Aufklärung und Bewußtmachung des schlechten Weltzustands (vgl. auch Ko 126, wo Grass seine vergangenen fiktiven Lehrerrollen referiert).

Die Märchenebene aus dem Gesamtgefüge des Romans gelöst und als selbständige Erzählung zusammengefaßt, wird in Gedichtform konzentriert vorangestellt:

Weil der Wald
an den Menschen stirbt,
fliehen die Märchen,

weiß die Spindel nicht,
wen sie stechen soll,
wissen des Mädchens Hände,
die der Vater ihm abgehackt,　.
keinen einzigen Baum zu fassen,
bleibt der dritte Wunsch ungesagt.

Nichts gehört mehr dem König Drosselbart.
Es können die Kinder sich nicht mehr verlaufen.
Keine Zahl Sieben bedeutet mehr als sieben genau.
Weil an den Menschen der Wald starb,
gehen die Märchen zu Fuß in die Städte
und böse aus. (Rä 49f.)

Es ist nichts minder als ein ganzes Kulturgut, das mit dem Wald verloren geht. Grass will sagen, daß mit dem sterbenden Wald nichts anderes mit den Märchen geschehen kann als ihre Verfremdung bis zu Greuel und Grauen. Nicht nur unsere Umwelt, unser Leben und unsere Kultur werden mit den globalen Schäden radikal anders werden. Wann, fragt der Autor, wird massiv gegen die "geleugneten bewiesenen Schäden" in den deutschen Wäldern gearbeitet? Er referiert "Nadelbräune, Paniktriebe, lichte Baumkronen, Naßkerne..." und lamentiert deshalb: Wie lange wird es noch "Die deutsche Märchenstraße" geben können? (Rä 50).

Der Bundeskanzler mit Familie wird vor Ort nachsehen. Für die Dreharbeiten, aber auch speziell für den Kanzlerbesuch des Waldes, werden vor totem Gehölz baumhohe Kulissen mit gesundem Wald bemalt. Ein Männerchor singt: Wer hat dich, du schöner Wald... Tonbänder mit Vogelstimmen laufen. Umweltminister und -sekretär sowie die Märchendarsteller treten auf. Mit Hilfe von Wörtern wie "Waldesdom" und "Waldesrauschen" schreibt Grass hier eine Satire auf jene die Natur verunstaltenden Menschen und deren Regierung, aber auch auf die Literatur ("Aus allen Wipfeln fielen Zitate", Rä 54), auf die gesamte Kultur, ja es scheint plötzlich, als käme fast alles, was Menschen besitzen, pflegen und schätzen aus dem Wald, der jetzt aber stirbt, also pflegten und schätzten sie nicht in Wahrheit, was Natur ihnen bietet. Gegen diese die Unechtheit, Gier und Ausbeutung verdeckenden Beschönigungen, reflektiert in der Kanzlerrede, protestiert jetzt der Kanzlersohn wortkräftig und laut. Dazu die Filmszene:

Man sieht Autohalden und Autoschlange, Fabrikschornsteine in Betrieb, heißhungrige Betonmischmaschinen. Es wird abgeholzt, planiert, betoniert. Es fällt der berüchtigte Saure Regen. Während Baulöwen und

154

Industriebosse an langen Tischen und bei Vieraugengesprächen genügend
Tausenderscheine locker in bar haben, stirbt der Wald. Er krepiert öffentlich. Zum Himmel hoch abgetötet noch aufrechte Baumleichen. (Rä 55)

Aus märchenhaftem Wunderhorn fallen nicht mehr Blüten, Libellen
und Schmetterlinge, sondern Müll, Giftdosen, Schrott. Die Kanz-
lertochter durchschneidet die Kulissenseile; der tote Wald erscheint.
So verkehren sich die Märchen. Aus Angst und Schrecken vor
entsetzlicher Wirklichkeit laufen nun die Kanzlerkinder aus freien
Stücken in den toten Wald ihren Eltern davon. Auch die Mär vom
Rattenfänger von Hameln erfährt — mit den Kanzlerkindern rattenbe-
setzt und -besessen in der Gruppe — eine verfremdete Neudichtung,
die notwendigerweise aus der Umweltzerstörung erwächst. Jakob als
Sonderminister für Umweltschutz und sein Bruder als sein Staatssekretär, für zunehmende Waldschäden zuständig, geben dem Film
Titel und Richtung. "Grimms Wälder" muß bald gedreht werden,
solange Wälder noch anschaulich sind. Doch warum ein Stummfilm,
will Oskar wissen?

Weil alles gesagt ist. Weil nur noch Abschied bleibt. Zuerst von Tannen,
Fichten, Föhren und Kiefern, dann von den glatten Buchen, den wenigen
Eichenwäldern, vom Bergahorn, von der Esche, den Birken, Erlen, den
ohnehin kränkelnden Ulmen, von lichten Waldrändern, die unter Nie-
derholz pilzreich sind. Wo soll der Farn bleiben, wenn ihm das Laubdach
fehlt. Wohin fliehen, wohin sich verlaufen? [...] Abschied von allen Wörtern, die aus dem Wald kommen [...]. Ohne Märchen werden wir sein.
Darum ein Stummfilm [...]. Wald wie zum letzten Mal [...] Wer will da
noch reden. Sterbend sprechen die Wälder für sich [...]. (Rä 123f.)

So gehen mit dem Waldsterben die Märchenverfremdung und der
Verlust folkloristischer Schätze, mit der Umweltzerstörung der
Abschied vom kulturellen Erbe einher. Der Autor warnt, daß Welt
und Leben sich auf nicht zu ertragende Weise ändern werden. Er
schreibt in diesem Roman voraus, daß mit der Umwelt die Welt und
die Menschen sterben. Genmanipulation im Pflanzen-, Tier- und
Menschenreich gehen aus vorherigen Schrecken hervor. Vorstellbar
wird in diesem Roman das Menschengeschlecht als Schlümpfe, als
Halbbraten, als Einzelner in die Raumkapsel verbannt. Oskar sagt, es
habe diese Geschichte ein allzu katastrophales Gefälle für seinen
Geschmack (Rä 372). Ironischerweise heißt seine "Grimms Wälder"
drehende Firma "Futura": Die Idee Vergegenkunft durchläuft als
Konstante den Roman.
In den mittleren Stücken des Märchenerzählstranges (vgl. z.B. Rä

125-132 und 279-287) vermischen sich alle verfremdeten Gestalten aus den bekanntesten Märchen, um ein seltsames neues Märchen mit vielfältigen, von filmischen Möglichkeiten unterstützten Umweltbezügen in Form von V-Effekten zu bilden. Der gesunde Wald verwandelt sich in einen sterbenden, als der Saure Regen fällt. Es ist, als habe der Giftregen — ähnlich wie Nuklearausfall — menschenverbildende Effekte im Körperlichen wie im Mentalen: die Märchenfiguren, uns unvertraut, sind befremdlich böse, korrupt, traurig, deprimiert. Ihre Handlungen muten an wie die von Schizophrenen.

Als die Sieben Zwerge von fern Nachricht über kranke Wälder mitbringen, ist den Märchenfiguren, "als habe sie jetzt schon das Ende eingeholt. Alle spüren, daß, wenn der Wald stirbt, auch sie sterben müssen". Aufgerufen von Hänsel, organisieren sie sich daraufhin zur Protestaktion. Die Grimms, Minister und Staatssekretär, sollen und müssen helfen, "als sei die Rettung in Bonn zu Hause" (Rä 183). Das Märchenvolk stellt aber der Kanzlerkolonne eine Falle, leitet sie aus dem noch heilen Wald in den toten, aus dem sie nicht mehr herausfindet, und ihn so gezwungenermaßen nicht nur sehen. Die gesamte Gesellschaft wird in einen Dornröschenschlaf versenkt, so daß es lange Zeit keine Regierung mehr gibt. Die Aktion ist erfolgreich: "Bonn ist in Entmachtung gefallen", und die Grimmbrüder werden ins Knusperhäuschen in die Pension gebracht. "Bonn ist ohne Regierung. Wir, die Märchen, haben die Macht ergriffen!" (Rä 345)

Als Mittel gegen ausbrechendes Chaos im deutschen Land soll helfen: "Wir bringen den Wald in die Städte! ...sprießen, treiben, wurzelschlagen, überall wuchern, ranken, knospen und grünen soll es! ...Alle Macht den Märchen!" (Rä 346). Überall, wo in der freien Marktwirtschaft eine Marktlücke zu entdecken ist, wird jetzt grünes Wachstum eingezaubert, bis alles, auch jeder öffentliche Platz, eingerankt und überwuchert ist. Wegen Aufruhr, Chaos, Unzucht, Anarchie sorgen sich die Grimms. Der Dornröschenprinz muß gewaltsam davon abgehalten werden, durch den Kuß die Regierung wieder wachzuküssen und so das Erreichte zunichte zu machen, während durch Abstimmung die Grimms entlassen werden. Man wird jetzt das Gewünschte erreichen: "Gute Luft! Reines Wasser! Gesunde Früchte!" (Rä 371). Spannungen in der Gruppe und Befürchtungen, wie die Grimmbrüder handeln werden, entstehen. Der wachküssende Prinz entkommt. In Bonn, eingewuchert in Grünzeug, läuft die Notstandsregierung der Grimms, gegründet auf die drei Forderungen des Märchenvolks. Aber die Kabinetssitzung aus korrupten Industriebossen, Generälen und Bischöfen und Professoren verläuft fatal. Der entkommene Prinz rettet die Brüder vor Verhaftung, indem er seine Macht des Wachküssens bekanntgibt.

Angeführt vom verräterischen Prinzen rammen waldzerstörende Räumdrachen die Dornenhecke, wo Kanzler und Gefolge schlafend liegen. Die im Zauberspiegel zuschauenden Märchengestalten rufen: "Wehe den Menschenkindern, sie wissen nicht, was sie tun!" (Rä 433). Heiler Wald, Knusperhäuschen mitsamt allem Märchenvolk werden aufs Grausamste zerstört, auch der Prinz nach dem Wachküssen, wodurch die Regierung erweckt wird. "Nur Hänsel und Gretel entkommen [...] Das Gelächter der Militärs. 'Alles kaputt!' [...] Kein Wunder, daß es so weitergeht wie zuvor, nein, schlimmer, weil ohne Hoffnung jetzt" (Rä 465). "Der klassische Verbund — Kapital Kirche Armee" (Rä 436) bleibt übrig und handelt untereinander wie früher seine umweltfeindlichen Geschäfte aus.

Durch den toten Wald laufen Hänsel und Gretel, bis er wieder grünt. An einer Wegkreuzung steigen sie in die Kutsche zu Jakob und Wilhelm und fahren sodann rückläufig in die Vergangenheit: Ins Reich des Eswareinmal flüchten, da die Vergangenheit so viel verspricht. Wem der Stummfilm "Grimms Wälder", so endend, zu hoffnungsvoll scheint, möge auf Anraten des Autors "die Zeitung aufschlagen und lesen, bis daß ihn Zorn überkommt, was des Kanzlers Experten zu sagen haben" (Rä 469). Dies wird in einem späteren Werk von Grass, *Totes Holz*, als Zitate aus dem Bundesministerium für Forstwirtschaft zu lesen sein (vgl. Teil VI).

Dieser *eine* von mehreren Erzählsträngen der *Rättin* sollte als eher spielerische Variante die ökologische Bewußtmachung stellvertretend zeigen. Darüber hinaus hat nämlich Grass seinen ganzen Roman als Umweltbuch geschrieben: Das fiktive Weltende als Resultat immer größerer nuklearer Vernichtungspotentiale, diese aber als Resultat des Wettrüstens weniger aus Zerstörungswut denn aus ökonomischer Vorteilssucht und Geldgier, diese aber wiederum als Erzfeind global-ökologischen Zustands. Im nachfolgenden Indienbuch ergeben sich zusätzliche Perspektiven.

V

Eine "halblau eingestandene Ratlosigkeit" der Weltlage gegenüber nimmt Günter Grass aus Deutschland mit nach Indien (Zz 17). Indien kennenlernen ist Mißvergnügungsreise, um von Deutschland

— "Verletzungen, Ekel, Überdruß" (Zz 109) — Abstand zu gewinnen. Die Warnung, die im *Rättin*-Roman enthalten ist, mochten Kritiker und Leser nicht hören; das Buch erfuhr eine überwiegend negative Rezeption, was nicht heißt, daß mit diesem Werk nicht große Bewußtmachungs-arbeit geleistet wurde, was Ökologie und Zerstörungspotential betrifft.[11] Mit oder ohne Gefallen wird Umwelt bewußt, steht der Weltzustand akut im Vordergrund, drängend und dringlich. Günter Grass war es seit der *Blechtrommel* gewohnt, als "Bürgerschreck" oder Ärgernis Vieler zu gelten; er sah und sagte immer aufholend und voraus, was man nicht hören wollte, was unbequem in den bundesbürgerlichen Alltag nicht paßte.[12]

Die Reise nach Indien sollte Distanz und andere Perspektiven bringen. In der Beschreibung jenes Landes in Form des Reisetagebuchs teilen sich Kränkung und Scham, abendländisches Entsetzen und Sprachlosigkeit mit. Das Indienbuch *Zunge zeigen* (1988) behandelt nicht nur das Industrieländer-"Drittweltländer"-Gefälle, welches mit der ökonomischen die ökologische schiefe Ebene hervorkehrt, sondern auch eine aberwitzige Umkehrung: Plötzlich ist für den Europäer nicht mehr alles, was Fortschritt und Technik heißt, der Umweltvergehen verdächtig, sondern schlichtweg Notwendigkeit für ein auch nur halbwegs menschenwürdiges Dasein bei Indiens Bevölkerungsdichte, Klima und allgemeinem Zustand. Rückt das Indienbuch die europäische Öko-Sorge in ein anderes Licht? Der Band zeigt bei wörtlichem und bildlichem Voraugenhalten des asiatischen Elends die Ironie des ökonomischen Gefälles als die bitterste, weil täglich tausendfach tödliche. Bei aufklärerischer Lektüre (Lichtenberg) bedenkt der Autor in seiner gegenwärtigen Umgebung die zugleich

11. *Die Rättin* erfuhr bislang wenig Sekundärliteratur. Wolfgang Ignée und Patrick O'Neill verfaßten Artikel mit dem Schwerpunkt auf "Apokalypse" und "Doomsday" (resp.); "Doomsday" auch bei Erhard Friedrichsmeyer; "Endgames" bei Paul West; "Dennoch-Utopisches" wußten die Verfasserinnen Inge Diersen und Irmgard Hunt in dem Roman zu erforschen. Verdienstvoll fragte Volker Lilienthal nach, ob die überwiegend negative Rättin-Rezeption einen "Fall von politischer Gesinnungskritik" darstelle. Eine solche könnte das mißliebige Thema der Ökologie und die Warnung vor dem Weltende v.a. in der Tagespresse hervorgebracht haben.
12. Vgl. hierzu bes. Frederick A. Lubich: Günter Grass' *Kopfgeburten*: Deutsche Zukunftsbewältigung oder Wie wird sich Sisyphus in Orwells Jahrzehnt verhalten? In: *The German Quarterly* 58/3 (1985). S. 394-400.

realen und absurden Bilder des Scheiterns. Hier wie so oft in seinen Werken spielt Grass auf die Mißerfolge der Aufklärung an, auf die übervernünftigen Auswüchse heutiger Zeit.

Die Verfälschung indischer Geschichte in Museen ("Vor Schlachtenbildern stehen sie, auf denen immer die Engländer siegen" — Zz 90) wird neben den drängenden sozialen Problemen unwichtig. "Calcutta Social Project" — ihm und seinen zwei Lehrern ist das Buch gewidmet: Zwischen Müllbergen der Mülldeponie von Calcutta, Dhapa, steht eine Baracken-Schule für Müllkinder, die mit dem mehrmals umgegrabenen Müll leben. Wiederverwertung: Nichts darf verlorengehen. "Ein Kipplader kommt. Die Kinder suchen, finden, zeigen vor" — aus Not, nicht Umweltbewußtsein. Dennoch wird der Leser gewisse Zusammenhänge nicht übersehen. Grass schreibt hier eine Bilanz der Welt "und deren finalen Zuwachs" auf (Zz 34).

Ökonomische Ungleichheit global gesehen, stellt sich in Grass' Phantasie effektvoll als eine "vor den gläsernen Hochmut der Deutschen Bank" in Frankfurt verpflanzte Slumhütte dar. Trotz wirtschaftlicher Un-Verteilung, Nicht-Teilung der Güter, trotz millionenfach sichtbarer Ungerechtigkeit besagte dieses Bild, es "wäre die Schönheit sogleich auf Seite der Hütte und auch die Wahrheit, die Zukunft sogar: Denn aufs Knie fallen wird die Spiegelkunst aller dem Geld geweihten Paläste, während die Slumhütten immer wieder... von morgen sein werden" (Zz 35). Daneben die Beobachtung der indischen Verfalls-, Nieder-, Abwärtswirtschaft: Auf dem Land sind täglich ein bis zwei Mitglieder jeder Familie auf Brennholzsuche unterwegs. "Auch deshalb sterben die Wälder, auch deshalb wächst, außer den Kindern, nichts nach" (Zz 36). Fehlendes Erziehungswesen, fehlende Entwicklung der Dörfer, fehlende Landreform, fehlende Erwerbsmöglichkeiten: bei nicht-existenter Öko-Struktur perpetuiert sich das Elend. Genau in der Mitte des Prosatextes schon: "Es ist, als müßte ich mir zeichnend ins Wort fallen" (Zz 54). Aber noch gilt es, mehr zu sagen, noch schreibt Grass weiter, in diesem Werk in einer knappen disziplinierten Essayform (im Gegensatz zum wuchernden Romanstil). Vorsätze entstehen: Zurück in Deutschland alles nur noch an Calcutta messen (welch umweltfreundlichen Lebensstil das in Europa ergäbe...), und "nur noch Geschriebenes und Gezeichnetes öffentlich" (Zz 61), was aber wegen politischer Entwicklung und neuer (DDR-) Umweltsorgen nicht eingehalten werden wird. Solches inspirieren in Westbengalen und Bangladesh Elend, Hunger, Verhungern, die Vergeblichkeit selbst, bei den Besuchern des indischen Subkontinents, während in Europa (so ein zurückkehrender Inder) "Ausstellungsobjekt 'Dritte Welt'" nur Schmuck und kostspieligen Rummel bedeutet — "bunt, exotisch und ein bißchen engagiert", kommentiert der Autor (Zz 68): Nicht allzu viel Erfolg verspricht er sich mehr nach Jahren seiner und anderer Bewußtmachungsarbeit.

Nicht nur europäisches Kapital sind an Ausbeutung und Vernutzung weitester Teile Asiens schuld: "Und als die Engländer den Subkontinent ausgelaugt, endlich satt hatten und ihr Kapital von Calcutta abzogen, sprangen eilfertig Marvaris in die Finanzlücke." Ein solcher Marvari erklärt der Besuchergruppe, demnächst die heruntergewirtschaftete Jutenmühle eines Freundes kaufen zu müssen, um dann dafür gehaßt zu werden (vgl. Zz 78). Entsprechend seinem Konzept der "Vergegenkunft" stellt Grass immer wieder Beispiele vor Augen, die aus der Vergangenheit lehren wollen, zeigen wie es jetzt ist und wie es noch werden könnte und wird.

Neben der Beschreibung unrichtiger, ungerechter, ökonomischer Verhältnisse, Reichtum und Armut erbarmungslos einander gegenüberstellend, immer wieder Bilder: die unter Bäumen Hockenden, Tag für Tag wartend und hoffend. Wird der Banyanbaum mit seinen Luftwurzeln immer Schatten zum. Hocken, Warten und Hoffen bieten? So lange es sie gibt, werden sie gezeichnet, auf daß Mensch und Baum in Europa anschaulich werden mögen. In Hyderabad ein Bild krasser Umweltzerstörung:

Wir wohnen abseits der Stadt, inmitten Hügeln, die von Erosion geprägt sind. Riesige, kahlgewaschene Felsen ragen aus Steinfeldern. Brocken, getürmt, miteinander verkeilt, gespalten. Baumaterial für die Oberschicht, die in Steinwüsten Protzvillen setzt. Zwischen Baustellen und neben Steinbrüchen ducken sich Slumhütten der Bauarbeiter, die Wanderarbeiter sind. Die Härte des Materials verstärkt, versteinert den Gegensatz zwischen arm und reich, oben und unten. Zunge zeigen! Käme doch Kali und schlüge zu!
Vor hundert Jahren soll diese Gegend bewaldet und beliebtes Jagdgebiet prunksüchtiger Nizzams gewesen sein. Später sehen wir auf Fotos anglo-indische Jagdgesellschaften gereiht hinter Beute: Tiger, die gleichfalls gereiht liegen. Eine mit Glasscherben gespickte Mauer umfaßt ein größeres Terrain, das dem in Australien lebenden letzten Nizzam von Hyderabad gehört. Von Dschungel überwachsen, vermittelt dieser Ausschnitt inmitten Steinwüste das Bild früherer Landschaft. Da die Besitzer der Protzvillen überall Tiefbrunnen bohren lassen, sinkt der Grundwasserspiegel; einzig Zerstörung nimmt zu. (Zz 92f.)

Die Raubbau-Bewußtmachung auf kürzeste Formel gebracht: Vergegenkunft. Damals, heute. Morgen? "Ringsum karstige Landschaft. Viele Berge gleichen aufgeschütteten Steinhaufen... Von der hochgelegenen Terrasse überm Südrand der Altstadt sehen wir... das Umland, Steinwüste" (Zz 93-94). Zwischen Bombay und Poona baumlose Bergformationen, weithin verkarstet. Vergegenkunft ringsum auf weite Strecken.

In Poona Besuch beim Betreuer der Hilfsorganisation "Terre des hommes", mit ihm Fahrten in die Gegend: Von Verkarstung bedroht, breiten sich zuerst Hirse-, dann Zuckerrohrfelder, dann flaches Hochland. Die Berge liegen baumlos, geschunden und ausgemergelt das Land:

> Über Land: annähernd dreihundert Kilometer weit kein Wald, keine Anpflanzung, doch überall Holzsucher, Kinder und alte Frauen, beladen mit wenigen Knüppeln nach tagelanger Suche. Diesen lautlosen Vorgang barfüßig beschleunigter Zerstörung aus Notwendigkeit zählen (hochgerechnet) Computer aus; sie wissen, in wie vielen (wenigen) Jahren Indien in weiten Bereichen Wüste sein wird. (Zz 96)

Dem Schwund der Wälder entspricht das Wachstum der Wüste, und jährlich nimmt Indien um 17 Millionen Menschen zu, wachsen Landflucht und Verslumung proportional. Grass will Statistiken vor Augen halten, die Elend sprechen, um, nicht nur für seine Leser, auch für sich, einmal mehr zu fragen: Ist die Vernunft bankrott? Und selbst wenn nicht: wie könnte man, bei dreitausend Slums, retten, sanieren? Angesichts dieser Fragen fällt sich der Autor, wie vorausgesagt, zeichnend ins Wort. Es gibt keine Entschuldigung für jene, die dieses Warners Aufzeichnungen nicht lesen können oder wollen: Die Zeichnungen sagen alles und mehr. Die Szenen sind Resultat globalen ökonomischen und ökologischen Fehlverhaltens über lange Zeit.[13]

In engem Zusammenhang mit dem Indienbuch steht Günter Grass' Rede vor dem "Club of Rome" auf dessen 21. Jahrestagung im Juni

---

13. Unverständlich bleibt bei Grassscher Bewußtmachungsarbeit im Indienbuch die Behauptung im Titel folgender Rezension: Alfredo Venturi: Oh Calcutta! Il libro indiano di Grass e un fiasco. In: *La Stampa*. Tuttolibri vom 10.9.1988. S. 4.

1989 in Hannover.[14] Der neben Tschingis Aitmatov geladene Sprecher kann auf mehrere Indienreisen zurückgreifen.

Die These der Rede besagt, daß Calcuttas zunehmendes Elend als
Beispiel für globale Verschlechterung steht. Unter dem Titel "Zum
Beispiel Calcutta" beschreibt Grass, wie zwischen Zerfall und Wider-
standskraft menschlicher Existenz diese durch selbstproduzierten
weltweiten Zustand Zerstörung hervorruft. Gleichzeitig bekennt sich
der Autor zu der Verstörung, die diese Tatsache mit sich bringt. Das
Beispiel Calcutta ("dessen Einwohnerzahl, jeweils grob geschätzt,
hier mit neun, dort mit vierzehn Millionen beziffert wird", während
es einst für höchstens eine Million konzipiert worden war — Cal
42/46) beweist die Ohnmacht der Statistik gegenüber der Wirklichkeit, die "jenseits von europäischen Kategorien wie Hoffnung und
Verzweiflung" liegt (Cal 43). Die schiefe Ebene der Weltwirtschafts-
lage neigt sich immer mehr: Der Wohlstand der Industriestaaten geht
auf Kosten der Dritten Welt, so Grass, während diese selbst "religiö-
sen Wahnsinn aus politischem Kalkül" betreibt (Cal 45) und der
überlebensnotwendigen und verbrieften Landreformen nicht fähig zu
sein scheint. Das Land und die Bauern sind aber, nach Gandhi,
einziger Kraftquell Indiens.

Grass' Verständnis der weltweiten ökonomischen Gefälle (Nord-
Süd und West-Ost) besagt, daß niemand das Stehen auf schiefer
Ebene lang aushält. Europa, warnt er, habe nur vermeintlich abgesi-
chertes Wohlleben, denn der Druck der stündlich anschwellenden
Weltbevölkerung wird nicht nachlassen, sondern sich steigern, und
wird die Industrieländer zu Teilhabern dieses Wachstums und der
entsprechenden Verelendung machen. Die Vorboten davon sind da.
"Mit anderen Worten: Calcutta wird über uns kommen. Diese An-
sammlung von Slums sollte als Beispiel begriffen werden, das sich
übermorgen schon vor europäischer Haustür vervielfältigen könnte"
(Cal 51-52). Die Europäer müßten dann von den Menschen der
Dritten Welt, die Armut gewohnt sind, lernen, wie man arm und
dennoch freundlich miteinander lebt. Mißwirtschaft, Klassengesell-
schaft, Korruption würde man hier wie dort finden. Warum nicht jetzt
schon, bei unserem Wissen, Können und Vorauskalkulieren, die
Umwelt, also die Welt, vor Zerstörung retten? Warum muß für Indien

---

14. Günter Grass: Zum Beispiel Calcutta. In: Tschingis Aitmatov und
Günter Grass (Hg.): *Alptraum und Hoffnung. Zwei Reden vor dem Club of
Rome.* Göttingen 1989. S. 39-63. Im Text mit Cal und Seitenzahl belegt.

zum Beispiel wahr bleiben: "Die Wüste wächst" (Cal 54)? Grass ist sich bewußt, daß Aufklärung über diese Sachlage dem Zeitgeist zuwider ist. Wohlleben und sich wohlfühlen werden in Europa angestrebt, krasser noch in Nordamerika, aus dessen Perspektive Grass nicht, die hier schreibende Referentin bei langjähriger Erfahrung aber doch berichtet. Unbequemes wird nicht gern gehört, überlegt, diskutiert. Das verlangte Arbeit, Energie!

Bewußtmachungsarbeit und Bewußtwerdung nennt Grass "die langwierigen Vorgänge lernender Menschwerdung" (Cal 59), und sie sind noch immer rar, wo es um *das* Lernen geht, welches der globale Zustand gebietet. Intensives Lernen beobachtete der Autor nicht zu Hause, sondern in der Schule zwischen den Müllbergen Dhapas. Lernen und wirklich einsehen, was mit der Erde vor sich geht, und gegen sie freundlich werden, sodann freundlich miteinander umgehen, ein gleichberechtigtes Nebeneinander der industrialisierten und sogenannten unterentwickelten Staaten und ihrer Menschen schaffen — zu einfach? Utopie?

Die Rolle des Club of Rome und seine unpopulären Berichte zum Öko-Zustand der Welt seit den frühen siebziger Jahre bespricht Grass mit der Mitteilung, sie seien in den *Butt* und die *Rättin* eingegangen. Wie verquickt der Autor Ökonomie und Ökologie sieht, hat er in dieser Rede am klarsten summiert:

> Die Zukunft der Menschheit, vormals Spielraum für widersprüchlichste Utopien, ist von katastrophalen Abläufen vordatiert. Die Zeit der Warnungen ist vorbei, weil eine Vielzahl katastrophaler Entwicklungen, die sich vormals notfalls als isolierte Vorgänge begreifen ließen, miteinander verquickt sind und sich so potenzieren. Denn wie die Verelendung der Dritten Welt und der nach wie vor wirksame Rüstungswettlauf einander bedingen, so ist auch die ungehemmte industrielle Expansion mit wachsender Umweltzerstörung und klimatischen Veränderungen als insgesamt zerstörerischer Zusammenhang zu begreifen... Selbst Tschernobyl ist als Menetekel nicht begriffen worden... (Cal 61-62)

Die Jahrestagung, auf der diese Rede gehalten wurde, stand unter dem Thema "Jenseits der Grenzen des Wachstums / Globale Industriegesellschaft — Vorbild oder Alptraum?" Eines der Problemfelder des Kongresses war die Bedrohung der Biosphäre durch globale Industrialisierung; i.e. "greenhouse effect", saurer Regen, Verdünnung der Ozonschicht und weltweite Verbreitung nicht abbaubarer Chemikalien. Dem zu begegnen, verlangt internationale Anstrengung, weil die Probleme von einzelnen Ländern nicht mehr zu bewältigen sind.

Der Generalsekretär der Stiftung Niedersachsen kommentierte die Konferenzdarbietungen:

Günter Grass' Vortrag ist literarisch eindringlicher Rechnungshofbericht eines Westeuropäers über das globale Elend am Beispiel Calcuttas, ein seismographisches Dokument des Worte versagenden Zerfalls. Sein "Calcutta kommt über uns, es läßt sich nicht abweisen" nähert sich der Resignation dessen, dem die Hoffnung im Anblick der Not abhanden zu kommen droht und der das Menetekel an der Wand für unabweisbar hält. Es überraschte nicht, daß seine Sicht und seine Prognose auf den entschiedenen Widerspruch des latein-amerikanischen Gesellschafts- und Wirtschaftswissenschaftlers Hernando de Soto (Lima) stieß. (Bernd Kauffmann — Cal 69)

Grass reist und redet unermüdlich, stellt sich den Diskussionen trotz Angriffs immer wieder, entgegen eigenem Vorsatz, "nur noch Geschriebenes und Gezeichnetes öffentlich" (Zz 61). Wurde einstmals littérature engagée als politisch oder sozialpolitisch verstanden, so ist sie heute eine ökologisch bewußte, weil das Verhältnis des Menschen zu seiner natürlichen Umwelt gestört ist und er sie mißbraucht. Ist er "die Hautkrankheit der Erde" (vgl. Teil I), so verhält sich der Autor Grass wie der Arzt, der helfen und heilen möchte. Es ist dies eine andere Rolle als die des bloß politisch Provokativen, in die Günter Grass häufig gedrängt worden ist.

VI

Er zeichnet vermehrt, produziert Pinselzeichnungen für einen neuen Band, faßt seine Worte in immer knappere Essayform. Das Buch *Totes Holz. Ein Nachruf* entsteht. Vor dem Essay "Die Wolke als Faust überm Wald" breiten sich Bilder und Zitate. Fast nur noch Bestandsaufnahme in Form von dokumentarischem Schreiben oder von Zeichnen ist möglich: zeigen, was ist, belehren, mit der kleingewordenen Hoffnung des Lehrens. Die Zitate dieses Bandes stammen aus den "Waldzustandsberichten" des Bundesministeriums für Ernährung, Landwirtschaft und Forsten. Die Bilder zeigen wüst durcheinanderliegendes oder anklagend hochragendes totes Holz, gezeichnet "vom Sommer achtundachtzig bis in den Winter neunundachtzig... unterbrochen nur von den Tatsachenbehauptungen des

Zeitgeschehens".[15] So uncharakteristisch knapp wie dieser steht fast kein Text von Grass vor dem Leser. Jeder Satz kurz, wie abgehackt: "Maulfaul zeichnete ich vor Ort. Allenfalls Untertitel, mehr kürzere als längere, fielen ab. Bäume, die ihre Wurzeln zeigen, machen sprachlos" (To 224). Goethe und Heine in Grassscher, oft geübter phantasievoller Flucht treppab in die Geschichte lassen den Grübler diesmal "mit dem toten Holz allein" (To 225). Die Welt zerfällt ihm buchstäblich; an die Stelle der Vergegenkunft rückt die Ahnung von Zukunftslosigkeit.

Die Wolke als Faust überm Wald produziert mit dem sauren Regen neues Vokabular: Panikblüte, Angsttrieb und Naßkernfäule. Waldschädenerhebung, Schadstoffstatistik und Mortualitätsmuster. "Wie um das Wort radikal ans Licht zu bringen: Wurzeln, die himmelwärts zeugen. Was ihm die Sprache verschlägt, wertet der Zeichner aus" (To 225).

Günter Grass las seinen neuen Text zuerst auf dem Treffen der Gruppe 47 im Mai 1990 in Prag. Er fuhr dorthin auf der strategisch wichtigen Straße von Dresden übers Erzgebirge, zeichnend, aufzeichnend. Der Essay stellt nicht allein ökologische Bestandsaufnahme, sondern diese im Kontext der deutschen Entwicklungen dar: "Dann zerfiel von Tag zu Tag die Staatsmacht der DDR, während ich zwangsläufig Blatt nach Blatt totes Holz zeichnete. Das färbte auf Untertitel ab. Wenn man im Oberharz von Deutschland nach Deutschland schaut, sind die Waldschäden verwandt und ist die Wiedervereinigung schon vollzogen" (To 226). Die Bäume, behauptet der Zeichner, rufen Erbarmen. Grass' Ton, der besonders im Essaywerk oftmals zwischen Hoffnung und Resignation schwankte, zunehmend aber melancholisch, bitter oder zynisch wurde, reicht im vorliegenden Essay bis zum Sarkasmus. Nicht mehr ist die Person der "abgeklärt lächelnde Schmerzensmann," wie er als Sechzigjähriger genannt wurde;[16] nicht mehr sind jetzt die Texte im Hin und Her zwischen Utopie und Ultimo als Ästhetik des Schwebens zu erken-

15. Zitiert nach dem Erstabdruck des Essays: Die Wolke als Faust überm Wald. Ein Nachruf. In: *Sprache im technischen Zeitalter* 115 (1990). S. 224; danach in *Totes Holz. Ein Nachruf.* Siehe Anm. 1. Im Text mit To und Seitenzahl belegt.

16. Franz-Joseph Görtz: Störenfried vom Stamme Sisyphos. In: FAZ vom 10.10.1987.

165

nen.[17] Diese Möglichkeiten sind mit der Veröffentlichung der *Rättin* abgeschlossen. Die vergangenen fünf Jahre gebieten dem Autor Verstummen oder knappen Kommentar, sarkastisch jetzt bisweilen, weil ein Tier, die Rättin, über die Unbelehrbarkeit, also Dummheit der Menschheit rechtbehalten sollte:

> Es heißt: Mit den Wäldern sterben die Menschen aus. Ich glaube das nicht. Die sind zäher und können mehr einstecken, als sie sich zufügen. Nach längerem, nach kurzem Erschrecken (zuletzt nach Tschernobyl) gingen sie unverändert — es war ihnen wirklich nichts anzusehen — zur Tages- und Geschäftsordnung über, erfreut, weil die altbekannten Sachzwänge handlich geblieben waren. (To 227)

So zeichnet der Zeichner, weil zum Thema nichts mehr zu sagen bleibt, "wütig" dort, "wo es wüst aussieht," Waldwüsteneien. Währenddessen fallen ihm die Wörter "Silbenschwund" und "Lautverfall" ein. Nach diesen noch ein sarkastischer Absatz zur Lage der Umwelt:

> [...] Und auch sonst ist, seitdem die Mauer fällt, alles offen. Die drüben müssen uns das nur nachmachen, dann geht es ihnen auch bald bestens wie uns. Und weg von ihrer Braunkohle müssen die. Und endlich begreifen, daß Leistung nur zählt. Und keine Berührungsangst haben; wir beißen ja nicht. Und gäbe es nicht diesen Spielverderber, Ozonloch genannt, dem wir immerhin einen Sommer verdanken, der nicht enden konnte; und wenn die da unten am Amazonas endlich aufhören wollten, mit ihren Kettensägen, von denen viele deutsche Produkte von Qualität sind, ihren Urwald, der schließlich auch unserer ist, abzuholzen, einfach abzuholzen... und wenn nicht endlich ein Wunder geschieht [...]. (To 228)

Im Herbst 89 stand neben "Wir sind das Volk!" auch auf Transparenten: "Sägt die Bonzen ab, schützt die Bäume!" (4. November 1989, Berlin Alexanderplatz). Und an jener Berliner S-Bahnlinie, die vom Bahnhof Savignyplatz mit der Wandschrift von der "Hautkrankheit der Erde" jetzt offen durch bis weit über Bahnhof Friedrichstraße hinausführt, steht seit der hoffnungslos rapide vollzogenen Wiedervereinigung, als das Volk ratlos gegenüber einem Wust mehr oder weniger korrupter politischer Parteien nach Luft schnappte und dennoch wählte — steht dort also, groß und permanent auf einer

---

17. Irmgard Elsner Hunt: Zur Ästhetik des Schwebens: Utopieentwurf und Utopieverwurf in Günter Grass' *Die Rättin*. In: *Monatshefte* 81/3 (1989). S. 286-297.

Mauer der Nordseite des Bahnhofs, also gegen den Schiffbauerdamm zu: "FÜR DAS PARLAMENT DER BÄUME! 3. Okt. 1990. Pro natura / suche Paten." Zwischen den Lettern sind als grüne Wandmalerei Ginkgo-Blattformen zu erkennen. Berliner Bewußtsein. B.B., der nicht wußte, wofür seine Initialen ein Lebensalter weiter *auch* stehen würden, lächelt berühmt und verhalten vom Bertolt-Brecht-Platz aus von seinem Denkmalsockel auf ebendiese Bahnhofswand herüber. Er konnte auch nicht ahnen, daß sein Satz (nicht seine Frage!) vom Gespräch über Bäume umkehrbar sein wird: *Kein* Gespräch über Bäume — fast ein Verbrechen, weil es ein Schweigen über fortlaufende Untaten ist. An "B.B.", oder Berliner Bewußtsein, hat vermutlich G.G. seinen Leistungsanteil.

In einem Bilderbuch knappe Zitate anbringen, weil lange Texte in dicken Büchern zuviel zumuten heißt: Lehrer Grass versucht verschiedenerlei didaktische Methoden. Er zitiert zum Beispiel: "In einigen Gebieten haben die neuartigen Waldschäden ein so großes Ausmaß erreicht, daß sich auf Teilflächen Bestände bereits aufzulösen beginnen" (Waldzustandsbericht des Bundesministeriums für Ernährung, Landwirtschaft und Forsten, 1989). Deshalb brauchen wir nicht mehr zu dichten, nur noch zu dokumentieren. Amtssprache belegt wirkungsvoll den lautlosen Krieg gegen die Natur, ihre planmäßige Ausbeutung. Hier wie im verfremdeten Märchen in der *Rättin* bestätigt Grass: "Der Wald ist in der Kultur konserviert. Wenn er wegstirbt, verschwindet mit ihm auch Kultur".[18] Ökologischer und kultureller Verlust — Abschreiben der eigenen Generation, jetzt auch von Frauen —, Hoffnung sei allenfalls noch in die Schulkinder zu legen, so äußert sich Grass im Gespräch. Der Kahlschlag in den gesamtdeutschen Wäldern fand bald auch in den Köpfen statt: die Politik der Wiedervereinigung, ein politischer Verlust, wie literarökologisch voraussymbolisiert. Schauen, verstummen, zeichnen, zeigen. Und manchmal, "manchmal verhilft einem das Zeichnen wieder zu Wörtern".[19]

Anstelle einer Zusammenfassung der Teile I bis VI sei zum Schluß die Frage gestellt: Hat diese ökologische Bewußtmachung

18. Bartholomäus Grill: In einer Legislaturperiode wachsen gerade mal vier Ringe. Mit Günter Grass im Toten Holz — ein Gespräch nicht nur über Bäume. In: *Die Zeit* vom 28.12.1990. Überseeausgabe. S. 20.
19. Ebd.

seitens Grass und anderer Warner Wirkung erzielt, da sie auf eine solche in ihrer didaktischen Absicht doch wohl zielt? Am 5. Juni 1991 liefen in Deutschland Fernsehprogramme zum *Umwelttag,* eingerichtet seit einigen Jahren:

— Eine Schulklasse singt, die sich "Müllkinder" nennt, weil sie Müllmusik auf aus Müll gebastelten Instrumenten macht. Man vergleiche die Szene mit dem sich aufbauenden "Selbstbewußtsein" der indischen Müllkinder, die vorsingen: "Wir leben im Slum..." (Cal 60).
— In Frankfurt wird eine 50 Meter hohe Müllpyramide gebaut. Ökobewußt wird berichtet, die Stadt produzierte im Jahr 1990 eine Million Tonnen Müll.
— Der Umweltminister des Landes Brandenburg sagt: "Ökologie hat Vorrang vor Ökonomie".
— Zur Elbsanierung besteht seit einigen Jahren eine internationale Kommission.
— Statistik zum Umweltbewußtsein: 1980 in der BRD 19%, 1988 61%; den Umweltzustand finden heute 52% der Bevölkerung schlecht, 12% sehr schlecht. Zwei Drittel im Westen finden Umweltschutz wichtiger als Arbeitsplatzbeschaffung.
— Seit 1977, so wird behauptet, betreibt der DGB konsequente Politik bezüglich der Balance Ökonomie-Ökologie.
— 1990 sind in der BRD 53%, in der Ex-DDR 66% aller Bäume geschädigt, und das Problem erstreckt sich über ganz Mitteleuropa. Es bestehen 10-15 Jahre "Galgenfrist".

Zum Schluß der Sendung ertönt das Wer-hat-dich-du-schöner-Wald, gesungen von einem Männerchor: Umweltbewußtmachung am Umwelttag 1991 im Bayerischen Fernsehen. Dieses Lied tönte doch auch aus den Kulissen, als Herr Matzerath etwa 1984 (in der *Rättin*) seinen Videofilm vom Waldsterben produzierte? Oder *ist* das hier Vorgeführte sein Film? Liegt etwa Plagiat vor? Und warum sind dazwischen wieder sieben Jahre vergangen, die keine Verbesserung, sondern weitere Verschlechterung der Umwelt brachten? Worauf warten die umweltgeschädigten Umweltbewußten? Günter Grass würde bis zum wievielten Male antworten, sagen, schreiben, zeichnen, sprechen, wie er es seit Jahren des Steinwälzens gewohnt ist. Weil der Satz vom Fressen und der Moral sich als wahr zu erweisen scheint, kommt also zuerst das Geld und dann der Wald, ökonomischer Profit vor ökologischer Gesundung, auch wenn Politiker jetzt, weil es Mode wird, anderes sagen. Hoffnung? *Die Rättin* endete ambivalent:

> Ich träumte, ich dürfte mir Hoffnung machen
> und suchte nach Wörtern, geeignet sie zu begründen,
> begründet mir träumend Hoffnung zu machen. (Rä 503)

So sieht die "Zukunftsbewältigung" des fünfundsechzigjährigen Günter Grass aus: "Weil es oft zum Heulen ist, gewinnt zusehends das kleine, tapfere Durchhaltelächeln" (To 228). Heinrich Böll sagte einmal, die Humanität eines Landes lasse sich daran erkennen, was in seinem Abfall lande, was an Alltäglichem, noch Brauchbarem, was an Poesie weggeworfen, der Vernichtung für wert erachtet werde. Und er erinnerte daran, daß es eine Poesie des Rechts und der Gerechtigkeit gebe.[20] Grass trägt die Arbeit seines um zehn Jahre älteren und allzu früh verstorbenen Freundes Böll weiter, indem er die Bewohner des Globus auf ihre Humanität befragt. Gleiche Verteilung der Güter auf der Erde, Recht und Gerechtigkeit in der Weltwirtschaft führten letztlich zu einer Errettung der Umwelt und zu einer humaneren Menschheit. Das vermag das Grass-Werk der vergangenen zwanzig Jahre zu lehren.

---

20. Vgl. die Präambel zur Satzung der Heinrich-Böll-Stiftung e.V. S. 5.

Dick van Stekelenburg

Der Ritt auf dem Jaguar —
Günter Grass im Kontext der Revolution

> A map of the world that does
> not include Utopia, is not worth
> even glancing at, for it leaves
> out the one country at which
> Humanity is always landing.
> And when Humanity lands there,
> it looks out, and seeing a better
> country, sets sail. Progress is the
> realization of Utopias.
> (Oscar Wilde: "The soul of men
> under socialism". 1895)

I

So unergiebig, daß nach Ansicht der Herausgeber der Materialsammlung *Günter Grass im Ausland* (1990) ein Abdruck sogar des
Wesentlichen unterbleiben konnte,[1] ist die Dokumentation jener vor
circa zehn Jahren weltweit beachteten Kontroverse zwischen Grass
und dem peruanischen Schriftsteller Mario Vargas Llosa nun doch
nicht. Einmal ihren Begründungszusammenhängen nachzugehen, mag
jedenfalls im Rahmen des vorliegenden Themabandes, der auf den
Deutsch-Europäer Grass eine Vielzahl von Perspektiven ansetzt, nicht
ganz abwegig sein. Der Kasus hat Mehrwert.

Immerhin trug Vargas Llosa selbst, obwohl auch er aus dem über
mehrere Runden geführten Schlagabtausch mit dem deutschen Kollegen nicht ungeschoren davongekommen war, keine Bedenken, wenigstens den eigenen Anteil, d.h. drei von ihm als substantiell betrachtete
Beiträge zu der Auseinandersetzung in seinen Essayband *Contra*

---

1. Daniela Hermes/Volker Neuhaus (Hg.): *Günter Grass im Ausland.*
Texte, Daten, Bilder. Frankfurt/M. 1990. S. 16.

viento y marea (1986; dt. *Gegen Wind und Wetter*, 1988) aufzunehmen.[2] In dem letzten dort abgedruckten Beitrag vom Juli 1986, den er als eine direkte "Antwort an Günter Grass" formulierte, zog Vargas Llosa nicht ohne Erbitterung einen Schlußstrich unter die Polemik, von der er meinte, sie habe "schlecht begonnen [...] und im übrigen nicht viel genützt":

> Ich weiß nicht, ob Sie und ich uns wiedersehen werden. Ich fürchte, daß diese Polemik es erschwert, daß wir eines Tages Freunde sein werden. Glauben Sie mir, daß ich dies bedaure. Nicht nur aufgrund des intellektuellen Respekts, den mir Ihre Bücher einflößen. Sondern weil ich aufgrund Ihres damaligen politischen Auftretens in Ihrem Land glaubte, wir beide führten den gleichen Kampf. Der Gedanke, daß ich mich geirrt habe, hinterläßt einen deprimierenden Nachgeschmack.[3]

Auch Günter Grass, der kurz zuvor noch, auf dem PEN-Kongreß in Hamburg vom Juni 1986, dem dort nicht anwesenden Vargas Llosa eine rigide Denkungsart und unlauteres Argumentieren vorgeworfen hatte,[4] verlegte sich nunmehr aufs Schweigen. Auch er war der Sache, mit der man ihm zu Hause, in der konservativen vaterländischen Presse, unaufhörlich um die Ohren schlug, längst überdrüssig geworden, und außerdem beschäftigte ihn zu diesem Zeitpunkt Anderes und Anderwärtiges. Kritikumbraust war eben der Roman *Die Rättin* erschienen, auch hier stieß sein politisches und moralisches Engagement auf vehementen Widerspruch, ja auf aggressive Diffa-

2. Mario Vargas Llosa: *Gegen Wind und Wetter. Literatur und Politik.* Frankfurt/M. 1988: Auswahl aus *Contra viento y marea I (1962-1972)* und *II (1972-1983)* in der Übersetzung von Elke Wehr. Die Polemiken gegen Günter Grass Freiheit für die Freien? Lima, August 1983. A.a.O. S. 235ff.; Brief an Günter Grass. Lima, März 1984. A.a.O. S. 242ff. und Antwort an Günter Grass. London, 28. Juli 1986. A.a.O. S. 248ff. waren als Zeitungsbeiträge erschienen.
3. "Antwort an Günter Grass". A.a.O. S. 248 und 254.
4. Während einer Pressekonferenz auf dem 49. Hamburger PEN-Kongreß vom 22.-28.6.1986. Vgl. dazu die Stellungnahme von *Le nouvel observateur* (Paris). Nr. 1135 vom 18.-24.-7.1986, mit dem Abdruck von Vargas Llosas "Antwort an Günter Grass" u.d.T. "Lettre ouverte à un intellectuel progressiste". Zu dieser "Antwort" sah Vargas Llosa sich ebenfalls veranlaßt durch ein Interview von Maria Rosa Zapata mit Grass am 28.5.1986 in Berlin, das im August 1986 auf spanisch in der Zeitschrift *QUEHACER* in Lima (Peru) erschien (im Folgenden in deutscher Übersetzung zitiert).

mierungen seiner persönlichen Integrität, und Grass mußte sich
Stimmen zur Wehr setzen, die ihm die seit langem geplante Asien-
reise und den Indien-Aufenthalt hämisch als Flucht auslegten.[5]
Grass selbst ist offensichtlich nicht mehr daran interessiert gewesen, die Belege seiner Auseinandersetzung mit Vargas Llosa gesammelt vorzulegen. Die einschlägigen Interviews mit ihm, seine Presse-
kommentare, letters to the editor, Diskussionsbeiträge und sonstigen
Verlautbarungen in der Angelegenheit sind in Zeitungen und Zeitschriften verschiedenster Weltregionen verstreut, bedürften überdies
der Übersetzung aus dem Spanischen, Englischen, Französischen.[6]
Einzig der in Band IX der Grass-Werkausgabe aus dem deutschen
Wochenblatt *Die Zeit* vom 1.10.1982 übernommene Artikel "Im
Hinterhof. Bericht über eine Reise nach Nicaragua"[7] erinnert an den
unmittelbaren Anlaß zu jener von Anfang an durch Mißverständnisse
und Fehleinschätzungen aufgebauschten und zusätzlich polarisierten
Kontroverse: seinen kurzen Besuch zusammen mit dem Fernsehjour-
nalisten Franz Alt und dem SPD-Politiker Johano Strasser im sandinistischen Nicaragua vom September 1982.

In Nicaragua, einem der ärmsten Länder Mittelamerikas, hatte im
Juli 1979 ein von der Nationalen Sandinistischen Befreiungsfront
(FSLN) geleiteter Volksaufstand die Militärdiktatur der Familie
Somoza vertrieben und den Aufbau einer neuen Gesellschaft begonnen. Wohl kein politisches Ereignis in diesen Jahren, heißt es in einer
jener akklamierenden Dokumentationen der postrevolutionären Ära,
"an dem sich mehr Hoffnungen, Phantasien und Visionen entzünde-
ten; sowohl in Lateinamerika als auch unter der Jugend Europas".[8]
In der Bundesrepublik fand die internationale Solidaritätsbewegung
mit dem neuen Nicaragua, die größte und nachhaltigste nach dem

---

5. Dazu: Rolf Michaelis: Brauchen täten wir ihn schon, aber wollen tun
wir ihn nicht. Günter Grass und die Aufnahme seiner Werke vor allem bei
Kritikern der Bundesrepublik. In: *text + kritik*. H. 1/1a: *Günter Grass*. München [6]1988. Insbes. S. 126f.

6. Plattform der Auseinandersetzung zwischen Grass und Vargas Llosa
war im Jahre 1984 insbes. *The Atlantic Monthly*. New York.

7. Günter Grass: *Werkausgabe in zehn Bänden* (im Folgenden zit. als
Grass-Werkausgabe). Hg. von Volker Neuhaus. Bd. IX (hg. von Daniela
Hermes). Darmstadt/Neuwied 1987. S. 814-824.

8. Klappentext zu Hermann Schulz: *Nicaragua. Eine amerikanische
Vision*. Reinbek 1983.

Zweiten Weltkrieg, einen breiten und aktiven Sympathisantenkreis. Noch einmal wurde eine Revolution jener durch den realpolitischen Gang der Dinge frustrierten 60/70er-Generation zum Faszinosum, das von den Sandinisten durchgeführte gesellschaftspolitische Experiment unter Alternativen, Basisgemeinden, linken Aktivisten, Studenten und Akademikern zum Antrieb erneuten Engagements. Bereits im Jahre 1978 trafen sich die ersten fünf Nicaragua-Komitees (Berlin, Freiburg, Göttingen, Hamburg und Wuppertal) zu einem Aktionsprogramm, um vor allem das angebliche Schweigen der bundesdeutschen Massenmedien über die Brutalität der Somoza-Diktatur einerseits und den Kampf der Bevölkerung für ihre Befreiung andererseits zu durchbrechen. Und während die Bonner Regierung Nicaragua seit 1983 die noch zu Zeiten Somozas bewilligten 40 Millionen Mark Entwicklungshilfe vorenthielt, reisten seit den frühen 80er Jahren rund 4.500 meist junge Gewerkschafter, Kirchenvertreter und Studenten nach Nicaragua, um an Aufbauprojekten und Ernteeinsätzen mitzuwirken. Diese Solidarität vergrößerte sich, trotz der durchaus kontrovers geführten Debatten über den Aufbau des Landes, insbesondere auch über die (später allerdings halbherzig revidierten) Fehler der Sandinisten im Umgang mit den Mísquito-Indianern, in den Jahren des von den *Contra*-Angriffen ausgelösten Bürgerkriegs, der auch die in der Bewegung von Haus aus virulenten antiamerikanischen Sentiments verschärfte.[9]

Wie so viele Schriftsteller, Künstler und Intellektuelle aus Westeuropa vor und nach ihm folgte Günter Grass mit seiner Delegation einer Einladung des Sandinistischen Verbands der Kulturschaffenden (ASTC), in welchem seine Gastgeber, der Minister für Kultur, der Dichter und katholische Priester Ernesto Cardenal, sowie das Mitglied der damaligen Regierungsjunta für den Nationalen Wiederaufbau und späterer Vizepräsident Nicaraguas Sergio Ramírez (auch er ein Schriftsteller) prominent vertreten waren. Mit dem Titel seines Artikels bezog sich Grass auf die zentralamerikanischen Staaten "im Hinterhof" der das links-sandinistische Experiment als Sicherheits-

9. Zu den politischen und sozialen Entwicklungen im postrevolutionären Nicaragua: H. Schulz. A.a.O.; G. Eich/W. Germund (Hg.): *Vulkan der Träume — Nicaragua. Utopie und Alltag.* Frankfurt/M. 1986; R. Pelzer/N. Greinacher/J. Hippler: *Herausforderung im Hinterhof. Sieben Jahre Revolutionsregierung.* Wuppertal 1986; H. Irnberger/I. Seibert: *Zentralamerika. Opfer, Akteure, Profiteure.* Köln 1989.

risiko für die Region von Anfang an beargwöhnenden Supermacht USA. Grass gab darin zu, er sei "mit ungenauen Vorstellungen" nach Mittelamerika abgereist und habe anfänglich seine Sympathie für die Revolution der Sandinisten "vorsichtig, weil durch Skepsis gefiltert", ausgesprochen:

Das kann doch nicht gutgehn. Wie sollen denn fünfundzwanzigjährige Kommandanten, die bis vor drei Jahren hauptsächlich Guerilleros waren, das schwierige Friedensgeschäft, die Wirtschafts- und Finanzpolitik erlernt haben? Wann wird auch diese Revolution anfangen, wie die Geschichte es lehrt, ihre Kinder zu fressen? Und überhaupt lag mir Polen näher.[10]

Die Betonung seiner Nähe zu Polen und zu der dort eben zur selben Zeit abrollenden Revolution war sicherlich keine rhetorische Unverbindlichkeit, wie noch festzustellen sein wird, sondern strategische Crux der politischen Textverfassung. Und außerdem schien in diesem Fall wenigstens ein taktischer Gestus der Zurückhaltung nicht unangebracht. Denn sofern sich Grass ein Bild von den gesellschaftspolitischen Verhältnissen in lateinamerikanischen Ländern gemacht hatte, die er bis dahin durch eigenen Augenschein nicht kannte, mußte auch ihm der nicht in jeder Hinsicht erfreuliche Ausgang jener Revolution im "volksdemokratischen" Kuba vor Augen schweben, die sehr bald begonnen hatte, mit unerhörter Grausamkeit die eigenen Kinder zu fressen. Schon allein das Schicksal verfolgter kubanischer Kollegen, von Schriftstellern und Intellektuellen, die Castros Revolution anfangs mitgetragen hatten, das Vorgehen beispielsweise gegen Nicolas Guillén, den Vorsitzenden des Kubanischen Schriftstellerverbands, der "Fall Heberto Padilla", Armando Valladares' Buch *Against All Hope* (1986), das zwanzig Jahre Tortur in Castros Gefängnissen beschreibt, waren einprägsame Beispiele dafür, wie sehr jener "Hegelsche Weltgeist", bei Grass alteuropäischer Prototyp machtstaatlichen Denkens und sendungsbewußten Totalanspruchs, noch von den späten, in die entlegensten Ecken der Welt und Weltgeschichte aberrierten Erben zuschanden geritten wurde.[11]

---

10. Günter Grass: Im Hinterhof. A.a.O. S. 814.
11. Nach Armando Valladares: *Contra Toda Esperanza*. Barcelona 1985. Der Fall des wegen angeblicher subversiver Aktivitäten gegen die Castro-Regierung 1971 inhaftierten kubanischen Lyrikers Heberto Padilla löste weltweit konzertierte Protestaktionen aus, an denen sich insbesonders damals linke Intellektuelle wie Jean-Paul Sartre, Alberto Moravia, Susan Sontag,

"[...] vorsichtig, weil durch Skepsis gefiltert": Bei Grass, alles
andere als ein Hegelianer (schon sein *Blechtrommel*-Protagonist übt
energisch die Kunst des Zertrommelns und Zerschlagens von Ideen
und Idolatrien jeglicher Couleur), war dies bekanntlich ein instinkti-
ver Reflex im Umgang mit den sogenannten geschichtlichen Notwen-
digkeiten und der politischen Ideologie. Und als die heroisch stilisier-
ten Pin-ups der Alt- und Jungväter der Revolution, der Marx, Lenin,
Bakunin, Mao, Stalin, Trotzki, Fidel, Ché Guevara, Ho Chi Minh,
von den Wänden aller Hochschulen und Studentenbuden herabblick-
ten, wollte auch Grass seinerseits Farbe bekennen:

> Meine Damen und Herren, um es vornweg zu sagen: Ich bin ein Gegner
> der Revolution. Ich scheue Opfer, die jeweils in ihrem Namen gebracht
> werden müssen. Ich scheue die übermenschlichen Zielsetzungen, ihre ab-
> soluten Ansprüche, ihre inhumane Intoleranz. Ich fürchte den Mechanis-
> mus der Revolution, die sich als Elixier für ihre Anstrengungen die per-
> manente Konterrevolution erfinden mußte: Von Kronstadt bis Prag schei-
> terte die Oktoberrevolution militärisch erfolgreich, indem sie die über-
> lieferten Herrschaftsstrukturen restaurierte. Revolutionen ersetzten Ab-
> hängigkeit durch Abhängigkeit, lösten den Zwang durch den Zwang ab.

"Literatur und Revolution oder des Idyllikers schnaubendes Stecken-
pferd" war diese ostentative Grenzziehung des "unverbesserlichen
Demokraten" vor gestandenen Kommunisten auf dem Belgrader
Schriftstellerkongreß vom Jahre 1969 betitelt.[12] Und in seinen zu
dieser Zeit besonders zahlreichen Aufsätzen, Reden und Wahlreden
zu dem Thema wurde Grass nicht müde, den "schmalbrüstigen
Radikalen" und "Seminarmarxisten" ihre "falschen Solidaritäten"
und "intellektuellen Versäumnisse" vorzuhalten, dafür "Vernunft"
das Wort zu reden — ein Begriff, der sich, wie Gertrude Cepl-Kaufmann gezeigt hat, im Verständnis des politischen Autors Grass auf
den "ideologiekritischen Aspekt" reduziert, eben auf Zweifel und
Skepsis als ein, gegenüber sämtlichen das Denken und Empfinden
vereinnahmenden Totalentwürfen von rechts wie links, genuin demokratisches Apriori.[13] Noch sein in diesen Jahren intensives Verhält-

Mario Vargas Llosa, Carlos Fuentes, Octavio Paz, Hans Magnus Enzensberger, Juan Goytisolo u.a. beteiligten.
    12. *Grass-Werkausgabe* IX. S. 411ff.
    13. Vgl. Grass' Büchner-Preisrede: Über das Selbstverständliche (Okt.
1965). In: *Grass-Werkausgabe* IX. S. 151; Die Prager Lektion. A.a.O. S.
315; Gertrude Cepl-Kaufmann: *Günter Grass. Eine Analyse des Gesamt-*

nis zur deutschen Sozialdemokratie zeichnet sich durch distanzierte Behutsamkeit aus, insbesondere wenn es sie als Parteiorganisation, als institutionalisierte Massenbewegung betrifft. Hanspeter Brode bemerkt dazu: "Solidarität blieb stets gebremst von Skepsis und Zweifel, eine bedingungslose Identifikation kam nicht infrage".[14]

Das Weltverbesserertum von 1968 war Grass auf Anhieb suspekt und als Mode unsympathisch; und es war in diesem revolutionsaufgeputschten Jahr nicht nur das in seinen Augen unentschuldbare Unvermögen der neulinken Elite, sich für die Reformversuche ihrer sozialistischen Brüder in der Tschechoslowakei auch nur zu interessieren, was ihm, jedenfalls für sich "Die Prager Lektion" beherzigend, für alle Zukunft die Lust austrieb, das "Desaster der westeuropäischen Linken mit Hoffnungsgrün zu beschwichtigen".[15]

Grass sieht nichts Philosophisches in Hunger, Ausbeutung, Unterdrückung, weigert er sich doch konsequent, für sich den vielberufenen gesellschaftlichen Fortschritt im Rahmen irgendeiner universalhistorischen "Weltanschauung" oder irgendeines theoretischpolitischen Konzepts zu definieren.

Das abschließende Dokument dieser Erfahrungen, *Aus dem Tagebuch einer Schnecke* (1972), verweist, indem es deutsche politische Gegenwart im Durchblick auf die Hitler-Diktatur behandelt, wieder einmal auf die Wurzeln dieser Berührungsangst vor allen jungen und alten "Zeugen des Absoluten"[16] zurück. Und sehr viel später zeigt beispielsweise die Frankfurter Poetik-Vorlesung *Schreiben nach Auschwitz* vom Jahre 1990 mit aller Deutlichkeit, daß sich an diesem fundamentalen Skeptizismus des Autors, der den Zweifel zum Prinzip seines Nachdenkens erhob, im wesentlichen nichts geändert hat — der sich vollziehenden tiefgreifenden Umwandlung der politischen

---

werks unter dem Aspekt von Literatur und Politik. Kronberg/Ts 1975. S. 126.

14. Hanspeter Brode: *Günter Grass.* München 1979. S. 19.

15. Die Prager Lektion. Rede auf der Veranstaltung "Tschechoslowakei 1968" in Basel. In: *Grass-Werkausgabe* IX. S. 315. "Hoffnungsgrün" u.a., vgl. Dick van Stekelenburg: "[...] auf die Palette gespuckt" — De kleurwaarden der historie in Günter Grass' vertelkunst. In: P.W.M. de Meijer et. al.: *Verhaal & relaas.* Muiderberg/NL. 1988. S. 67-92.

16. *Grass-Werkausgabe* IV. S. 112.

Realitäten in West und Ost zum Trotz.[17] Grass' Stellungnahme
Wider das dumpfe Einheitsgebot[18] in der Debatte über die deutsch-
deutsche Vereinigung, seine Plädoyers für eine behutsame, unforcierte
Annäherung zweier grundverschiedener Gesellschaftssysteme, gleich
der sich abzeichnenden europäischen Einigung im Sinne einer Konföderation, — es läßt alles dieselbe eigenwillige Beharrlichkeit
erkennen, mit der der Autor des Schneckentagebuchs vor zwanzig
Jahren inmitten Reformeuphorie und revolutionärem Aktivismus den
vielzitierten "Stillstand im Fortschritt' predigte:

> Nur wer den Stillstand im Fortschritt kennt und achtet, wer schon einmal,
> wer mehrmals aufgegeben hat, wer auf dem leeren Schneckenhaus
> gesessen und die Schattenseite der Utopie bewohnt hat, kann Fortschritt
> ermessen.[19]

II

Hatte Grass zehn Jahre später weniger Grund, jenen gefährlichen
"Mechanismus der Revolution" zu fürchten? Hatte er, der sich
inzwischen über die deutsche politische Landschaft weit hinaus-
greifenden Problemen (Dritte Welt, Friedensbewegung, der weltweiten ökologischen Herausforderung, den Gefahren atomarer Überrü-
stung) zugewandt hatte, einsehen müssen, daß — wie Heinrich
Vormweg suggeriert — vor solcher komplexen Bedrohung "auch die
Schnecke Fortschritt keine Hoffnung mehr läßt"?[20] Gaben sodann
die Entwicklungen im fernen Nicaragua (keine monströse kalte
Großmacht, sondern ein rührend kleines Land der Dritten Welt vor
selbsterkämpftem Neubeginn) ihm, der bekundetermaßen jeder
Revolution, auch der besten mißtraute, berechtigten Anlaß, Skepsis
und Zweifel aufzugeben und die Politik der sandinistischen *coman-
dantes de la revolución*, der neugewonnenen Idole von Links, seinerseits dennoch "mit Hoffnungsgrün" zu bekränzen?

17. Günter Grass: *Schreiben nach Auschwitz*. Frankfurt/M. 1990. (Frankfurter Poetik-Vorlesung, gehalten am 13.2.1990.)
18. Günter Grass: *Deutscher Lastenausgleich. Wider das dumpfe
Einheitsgebot. Reden und Gespräche*. Frankfurt/M. 1990.
19. *Grass-Werkausgabe* IV. S. 567.
20. Heinrich Vormweg: *Günter Grass. Mit Selbstzeugnissen und Bilddokumenten*. Reinbek 1986. S. 95.

Überlassen wir die polemische Pointe unseres Fragenkatalogs einem politischen Insider. In seinem ersten, August 1983, an Grass adressierten Essay "Freiheit für die Freien?" beschreibt Mario Vargas Llosa, wie er seinen Augen kaum getraut habe, als er in einem auch von seriöseren Tageszeitungen verbreiteten Interview mit dem deutschen Kollegen las, dieser habe bei seinem Besuch in Nicaragua die lateinamerikanischen Länder aufgefordert, "dem Beispiel Cuba zu folgen".[21] "Wenn diese Erklärung zutrifft" (Vargas Llosa macht einen ausdrücklichen Vorbehalt), so war es also möglich, daß dieser exzellente Zeitgenosse, der immer der festen Überzeugung gewesen war, Freiheit und Demokratie seien für sein Land unabdingbar, auf einmal beschließen konnte, daß sie für andere Länder überflüssig und zweitrangig sind? Mit anderen Worten: der deutsche und europäische Schriftsteller Günter Grass wäre ein anderer als der Grass, der für das Ausland, zumal das unterentwickelte, politische Lösungen und Methoden propagiert, die er niemals für die eigene Gesellschaft gelten lassen würde?

Mithin "Freiheit für die Freien?", so Vargas Llosas Frage an Grass: Was für die Bundesrepublik, für Westeuropa und die entwickelte Welt recht und billig sei, "ein demokratisches, reformistisches System mit freien Wahlen und repräsentativen Institutionen, mit Meinungsfreiheit, politischen Parteien und Gewerkschaften, eine offene Gesellschaft, in der die Souveränität des Individuums geachtet wird und in der es weder kulturellen Dirigismus noch Zensur gibt", wäre weder recht noch billig für Lateinamerika, "wo Hunger, fehlende Bildung und Ausbeutung die Menschen untauglich machen für die Freiheit"? Demnach habe, "dem Beispiel Cuba" zufolge, hier ein anderes "Ideal" zu gelten: "die Revolution, die gewaltsame Übernahme der Macht, die Einführung der Einheitspartei, die Zwangskollektivierung, die Bürokratisierung der Kultur, die Konzentrationslager für die Dissidenten und die vasallische Unterordnung unter die UdSSR"?[22]

"Wenn diese Erklärung zutrifft" — etwas, was der Peruaner angesichts der bisherigen politischen Übereinstimmung mit dem verehrten Deutschen, wie er selbst ein Kritiker des romantisierenden Sozialismus, vorerst für unwahrscheinlich hält:

Meine Bewunderung für ihn ist nicht nur literarischer, sondern auch

21. Mario Vargas Llosa: Freiheit für die Freien?. A.a.O. S. 235.
22. Ebd. S. 236f.

politischer Natur. Die Art und Weise, wie er in seinem Land auftritt, seine Verteidigung des demokratischen Sozialismus von Willy Brandt und Helmut Schmidt, seine Straßenkampagnen für diese Politik im Rahmen der Wahlkämpfe und seine energische Absage an jede Form von Autoritarismus und Totalitarismus erschienen mir immer als Vorbild der Vernunft und als eine begrüßenswerte — reformistische, praktizierbare, konstruktive — Gegenposition zu den apokalyptischen Positionen so vieler moderner Intellektueller, die aus Blindheit, Opportunismus oder Naivität so weit gehen, Diktaturen zu bejahen und das Verbrechen als Mittel der Politik zu rechtfertigen.[23]

Im Chor der ruhmsprechenden Stimmen internationaler Kollegen ist Vargas Llosas verklausulierte Grass-Kritik eine seltene Ausnahme, die unter den Rezeptionsdokumenten *Günter Grass im Ausland* tatsächlich detoniert hätte, — einmal abgesehen von der Vermutung, daß Vargas Llosa auf unsicherer Basis operierte. Sein Opponent müsse einer journalistischen Fehlinformation aufgesessen sein, eröffnete Grass mit seinem Brief an die Redaktion von *The Atlantic Monthly* die Reihe seiner sich in Gereiztheit und Entrüstung überbietenden Dementis und Gegenangriffe, denn die inkriminierte Erklärung, er (Grass) habe für ganz Lateinamerika kubanische Verhältnisse gefordert, treffe so nicht zu und widerspreche seiner politischen Auffassung nach wie vor zutiefst.[24]

Doch war gerade in dieser Hinsicht auch in Leserkreisen außerhalb Deutschlands nicht unbemerkt geblieben, was die bundesdeutsche Grass-Kritik, mit der hier üblichen Schwankung zwischen Anerkennung und Mißachtung, längst — beim Umschlag der 70er in die 80er Jahre, der Zeit der Wende — registriert hatte: daß sich in Grass' politischem Engagement ein Wandel, (in der Optik ihm von Haus aus weniger freundlich gesinnter Literaturbeobachter) eine unerträgliche "Radikalisierung" vollzog, die den "arrivierten" Autor in zunehmendem Maße von seiner ehemals fundierten (jener von Vargas Llosa herzlich beigepflichteten) "Position" sowie seinem eigentlichen Metier, der Erzählkunst, wegführe.[25]

Unter der Aufschrift "Grass ist grüner geworden" (1984) notiert

23. Ebd. S. 235.

24. Letters to the editor. In: *The Atlantic Monthly*, July 1984: "None of his assertions about me are true. I would be the last to recommend a Soviet-influenced solution to the Latin American problem".

25. Vgl. Rolf Michaelis: Brauchen täten wir ihn schon. A.a.O.

die mit Grass befreundete englische Schriftstellerin Eva Figes (die Sophie aus dem *Butt*) nach einem Besuch in Wewelsfleth:

> Günter Grass war immer ein politischer Schriftsteller, aber jüngste Entwicklungen in Deutschland haben seine Ansichten geschärft und polarisiert. "Ich bin sehr viel radikaler geworden", waren fast seine ersten Worte bei meiner Ankunft. Die Atomkraftwerke an der Elbmündung nahe bei seinem Haus, die Folgen des sauren Regens und die tieffliegenden Natokämpfer, die regelmäßig den Frieden der Landschaft erschüttern, erinnern ihn ständig an die gefährliche Zeit, in der er lebt.[26]

Und der selbst in einem Land der Dritten Welt, Indien, geborene Romancier Salman Rushdie bemerkt in seinem essayistischen Grass-Porträt (1985):

> Etwas zur Schnecke. Dieses sozialdemokratische Weichtier, in dessen gewundenem Haus die Vorstellungen von Eile mit Weile, Vorsicht, Umsicht, von stufenweiser Entwicklung wohnen, hat Grass gute Dienste geleistet, hat ihm aber auch manche Beschimpfung von denen eingetragen, die für ein schnelleres Fortschrittstempo eintreten. An dieser Auseinandersetzung möchte ich mich hier nicht beteiligen, möchte aber bemerken, daß es durchaus Zeiten gibt — etwa während seines Eintretens für die nukleare Abrüstung —, in denen Grass keineswegs schneckenhaft wirkt. Aber ich möchte die Schnecke gern als Beweis dafür benutzen, daß Grass mehr in Bildern und Ideen zu Hause ist als an realen Orten.[27]

Auch aus anderer kultureller Sicht wurde bei Grass eine Veränderung der Prioritäten festgestellt, so im Vorwort zur deutschen Ausgabe des Dialogs zwischen Grass und der ehemaligen französischen Staatssekretärin für Frauenfragen und Kultur Françoise Giroud über Europa und das nachbarliche Zusammenleben unterschiedlicher Bewußtseinsformen und Mentalitäten in ihm (1988), wobei übrigens Grass' kritische Äußerungen zu den Paradigmata der politischen Philosophie der Nachkriegsära (Europapolitik und Ostpolitik, die Erfahrungen von 1968, die Friedensbewegung, die neuen Bedrohungen durch Kernenergie und Gentechnologie, die unterschiedlichen Reaktionen auf die ökologischen Gefahren, das unterschiedliche Engagement der Grünen, der politische und kulturelle Provinzialismus europäischer Länder und die Vorstellung von einem künftigen Europa und seinen Aufgaben)

---

26. In: *Günter Grass im Ausland.* A.a.O. S. 170.
27. Salman Rushdie: Ein Reisender über Grenzen im Ich und in der Zeit. Ebd. S. 179.

gelegentlich auf heftigen Widerspruch stießen:

> Günter Grass, der als aktiver Sozialdemokrat Willy Brandt unterstützt hat
> und für die SPD in den Wahlkampf gezogen ist, sieht heute in den Grü-
> nen und der Friedensbewegung nicht nur eine Möglichkeit der inneren Er-
> neuerung und Stabilisierung, sondern einen Ausdruck notwendigen euro-
> päischen Wagemuts. Der Autor der *Blechtrommel*, der *Hundejahre*, des
> *Butt* und der *Rättin* ist von der Notwendigkeit der Utopie überzeugt.[28]

"Ohne Utopie kann man nicht leben", reflektiert Grass hier im nicht
so sehr durch den Zeitabstand, als vielmehr durch eigene Erfahrung
und wohl auch Enttäuschung gemilderten Rückblick auf die Studen-
tenrevolten von dazumal. Und — gemessen an der praktischen,
nüchternen Urteilskraft der Französin — wird im Leser als Totalbild
dieses Dialogs haften bleiben, was die internationalen Zunftgenossen
(gleich Salman Rushdie) diesem "guten" Deutschen, zumal ein
segensreicher Künstler und Dichter, durchaus anerkennend bescheini-
gen, daß ihm "Bilder und Ideen" lebendiger sind als die erbarmungs-
losen Realitäten in der geschichtlichen Welt, die das "politische
Träumenwollen", die "Sehnsucht" nicht oder nicht mehr gelten
lassen will.[29]

"Er verfälscht die Geschichte nicht — er überwindet sie durch
Phantasie", urteilt der Amerikaner John Irving über Günter Grass,
"König der Spielzeughändler", in seiner faszinierten Besprechung
(1982) von *Kopfgeburten oder Die Deutschen sterben aus* (1980),
jener ironischen Alptraum-Utopie über Dritte und Erste Welt im
Rollentausch, die bei der deutschen Kritik so schlecht wegkam, daß
Grass eine längere Schreibpause eingelegt haben soll und das Zeichnen und die Bildhauerei wieder aufnahm.[30] Spätestens seit *Kopfgeburten* wurde sichtbar, daß — so Daniela Hermes zu dieser Akzent-
verschiebung bei Grass zu Beginn der 80er Jahre — "die thematische
Vorherrschaft der deutschen Innenpolitik, der Vergangenheitsbewältigung und des Deutsch-Deutschen in seinen Texten einer stärkeren Berücksichtigung des Ost-West- wie des Nord-Süd-Konflikts wich",[31]

---

28. Françoise Giroud/Günter Grass: *Wenn wir von Europa sprechen. Ein
Dialog*. Frankfurt/M. 1989. Nach der frz. Originalausgabe *Écoutez-moi*. Paris
1988.) S. 6.
29. Ebd. S. 155f.
30. In: *Günter Grass im Ausland*. A.a.O. S. 137.
31. Nachwort zu Bd. IX der *Grass-Werkausgabe*. S. 939.

allerdings (ist hinzuzufügen) wenigstens bis 1989, dem Jahr der "deutschen Revolution". Hermes weist in diesem Zusammenhang auf die vielen von Grass unternommenen Auslandsreisen hin, insbesondere solche in die Länder Ostasiens und Afrikas, die seinen Blick geschärft hätten für die abgrundtiefen wirtschaftlichen und sozialpolitischen Gegensätze auf dem Globus, sowie auf das damit verbundene virulente Spannungspotential, und sieht in Grass' Beschäftigung mit Asien eine nicht zufällige Übereinstimmung mit Altbundeskanzler Willy Brandts Zuwendung zu den Hungerkatastrophen in den armen Ländern sowie seiner Forderung einer neuen Weltwirtschaftsordnung als Vorsitzender der Nord-Süd-Kommission im Rahmen der Sozialistischen Internationalen — Grass' eminente politisch-moralische Bezugsfigur nach wie vor, "Hoffnungsträger" noch in späten Jahren.[32]

Doch scheint in Grass der Zweifel darüber, ob man angesichts der von ihm allenthalben wahrgenommenen und (im Wetteifer mit George Orwells *1984*) ausgemalten weltpolitischen Schreckenslage noch "hoffen" darf, manchmal zur Verzweiflung geführt zu haben. Der drohende Verlust des "Prinzips Hoffnung" für die Menschheit, damit für die Poeten des bisher selbstverständlichen Anspruchs auf die "Zuwachsrate Unsterblichkeit", ist gleichermaßen Angelpunkt seiner Reden und Aufsätze dieser Jahre, die er unter dem bezeichnenden Titel *Widerstand lernen. Politische Gegenreden 1980-1983* (1984) bei Luchterhand gesammelt vorlegte.[33]

Das Ende der abendländischen Fortschrittsidee im als möglich gedachten Untergang der Zukunft avisiert Grass hier in seiner Rede

---

32. Zum Aspekt der personalisierten Sympathie bzw. Antipathie bei Grass bes. in *Aus dem Tagebuch einer Schnecke* vgl. Volker Neuhaus: *Günter Grass.* Stuttgart 1979. S. 129ff. Zu Willy Brandts Tätigkeit in der Nord-Süd-Kommission sowie zu dessen politischer Bestandsaufnahme *Das Überleben sichern: Gemeinsame Interessen der Industrie- und Entwicklungsländer. Bericht der Nord-Süd-Kommission.* Köln 1980, vgl. Günter Grass: *Orwells Jahrzehnt I* (Febr. 1980). In: *Grass-Werkausgabe IX.* S. 778ff.

33. *Widerstand lernen. Politische Gegenreden 1980-1983.* Vorwort von Oskar Lafontaine. Darmstadt/Neuwied 1984. Der Begriff "Zuwachsrate 'Unsterblichkeit'" sowie der Bezug zu Ernst Blochs "Prinzip Hoffnung" in: *Die Vernichtung der Menschheit hat begonnen. Rede zur Verleihung des Internationalen Antonio-Feltrinelli-Preises für erzählende Prosa in Rom,* November 1982. Zit. nach: *Grass-Werkausgabe IX.* S. 831f.

zur Verleihung des Internationalen Antonio-Feltrinelli-Preises für erzählende Prosa in Rom, "Die Vernichtung der Menschheit hat begonnen", vom November 1982:

> Mein Dank spricht Zweifel aus in die hergebrachten Erwartungen. Unsere Gegenwart macht Zukunft fraglich, schließt sie in vielen Bereichen geradezu aus und produziert — da wir vor allem das Produzieren gelernt haben — den einzigen Zuwachs unserer Tage: Armut, Hunger, Verhungernde, verpestete Luft, vergiftete Gewässer, hier vom sauren Regen, dort vom Kahlschlag vernichtete Wälder und sich wie selbsttätig aufstockende Waffenarsenale, die der vielfachen Vernichtung der Menschheit fähig sind.[34]

In der *Rättin* (1986) erweist sich das Abstraktum Hoffnung als letzte Fälschung dieses letzten menschlichen Lebewesens, das sich als Erzähler kurz vor Ende Aufschub, ja Rettung erträumt von dem schonungslosen Verdikt seiner Gesprächspartnerin gegen die "unverdrossene Mär vom Fortgang eurer Geschichte. Doch eure Geschichte ist aus":

> Ich träumte, ich dürfte mir Hoffnung machen
> und suchte nach Wörtern, geeignet sie zu begründen,
> begründet mir träumend Hoffnung zu machen.[35]

Zunge zeigen (1988), europamüde und zivilisationsfeindlich, verabschiedet den Begriff:

> Hoffnung! Es sollen Millionenkredite über die Stadt
> und Staatsbesuch (hinter Panzerglas) kommen.
> Und selbst im Dunkeln — und ohne Zuspruch
> der Ventilatoren — singen unbeirrt Dichter
> zehntausend: Tagore Tagore...
> Da ist, Rättin, kein Ende in Sicht;
> es sei denn, das Ende fand schon
> vor Anbeginn statt.[36]

34. Ebd. S. 830.
35. Günter Grass: *Die Rättin*. Darmstadt/Neuwied 1986. S. 503. Die "Verfinsterung" von Grass' Zukunfsbild mit Eintritt in die 80er Jahre bis hin zur *Rättin*, mit der entsprechenden Radikalisierung von Grass' politischem Engagement, behandelt Volker Neuhaus in vorliegendem Band u.d.T. "Günter Grass' *Die Rättin* und die jüdisch-christliche Gattung der Apokalypse".
36. Günter Grass: *Zunge zeigen*. Frankfurt/M. 1991. S. 146f.

III

Wir schreiben erneut 1982. Die Kontextualisierung jener kurzen lateinamerikanischen Episode und des Nicaragua-Berichts "Im Hinterhof" an Grass' Publizistik des vergangenen Jahrzehnts ergibt für das Prinzip Hoffnung also keine sehr glückliche Prädisposition, weder was den allgemeinen Weltzustand, noch was — im engsten Zusammenhang damit — die Lage der Staaten in der sogenannten Dritten Welt im besonderen betrifft, der Nicaragua und die anderen sechs Länder auf dem Isthmus zwischen Atlantik und Pazifik zweifellos zuzurechnen sind. Diesbezüglich wiederholt Grass in "Im Hinterhof" 'in nuce' die Generalanalyse, die sich aus seiner verschärften Erkenntnis von der Notwendigkeit des "Demokratischen Sozialismus"[37] ableitet und bei all seinen politischen Betrachtungen dieser frühen 80er Jahre einschleift: Zu konstatieren sei gegenwärtig ein Prozeß der praktischen Angleichung zwischen den herrschenden Ideologien und deren dominanten Trägermächten, der inzwischen so weit gediehen sei, daß nicht nur die westliche und östliche Welt, sondern auch die Welt im Nord-Süd-Gefälle dem wechselseitigen Machtwillen der Sowjetunion und der USA ausgeliefert sind. Die Beispiele Polen und Nicaragua demonstrierten im zeitlichen Gleichtakt, mit welchen Konsequenzen nationale Reformbewegungen zu rechnen hätten, wenn sie versuchen, sich dieser fatalen Umklammerung zu entziehen und einen eigenen dritten Weg zwischen den Blöcken einzuschlagen. Die den Weltfrieden bedrohende Kuba-Krise (1962) sowie der Einmarsch der Sowjettruppen in Prag (1968) seien da Zeichen an der Wand gewesen. In "Im Hinterhof" stellt sich diese globale Verstrickung als ein rhetorischer Chiasmus dar, der allerdings nur dann schlüssig wird, wenn man Monopolkapitalismus und Staatskommunismus im Endeffekt qualitativ kurzschließt:

Ich ahnte nicht, wie (ungewollt) verwandt die polnische Gewerkschaftsbewegung "Solidarność" den Sandinisten Nicaraguas ist und daß sich die ständige und bedrohliche Abhängigkeit Polens von der Sowjetunion in der anhaltenden und schon wieder bedrohlichen Abhängigkeit Mittelamerikas, insbesondere Nicaraguas, von den USA spiegelt. Sogar die jeweilige

37. Vgl. Günter Grass: Die Zukunft des Demokratischen Sozialismus. Plädoyer für eine Revision des Godesberger Programms (Mai 1983). In: *Grass-Werkausgabe* IX. S. 858ff.

Befangenheit der Sandinisten dort, der Solidarność-Anhänger hier, belegt
— trotz der geographischen Ferne — diese Annäherung unter negativen
Vorzeichen: Sie wissen nichts oder nur Falsches voneinander. Die die
Sandinisten bedrohende Macht will sich als Beschützer der Solidarność-
Bewegung verstanden wissen — und wird auch in Polen von nicht
wenigen unwissend so mißverstanden —, und jene an Polens Ostgrenze
immer einmarschbereite Macht begreift sich als Schutzherr aller Freiheits-
bewegungen in der Dritten Welt — und wird auch in Nicaragua von nicht
wenigen unwissend so mißverstanden. Dort werden die Falschmeldungen
der Nachrichtenagentur TASS nachgedruckt: "Solidarność" ist eine
konterrevolutionäre Bewegung; hier glaubt man der *Stimme Amerikas*:
Nicaragua wird demnächst fest in kubanisch-sowjetischer Hand sein.[38]

"Wohin haben sich unsere Hoffnungen, die vorgestern noch prinzipiell auftraten, verlaufen?", fragt Grass, diese in der Umarmung
gleich tödlicher Todfeinde wissend, an anderer Stelle:

[...] ob in Polen oder Nicaragua, jeweils ist es die allzu nahestehende
Großmacht, die gewalttätig ihren Schatten wirft und den Wunsch der
Völker nach ihnen gemäßer Freiheit mißachtet. Die Wörter US-Imperialis-
mus und Sowjet-Imperialismus sind nicht nur Schlagwörter, vielmehr
benennen sie das Elend einer durch Machtmißbrauch und politische
Zwänge deformierten Wirklichkeit.[39]

Auch als politischer Schriftsteller darf Grass für sich beanspruchen,
was im allgemeinen von den Poeten gesagt wird: sie könnten es sich
genehmigen, Abbreviaturen an der Wirklichkeit vorzunehmen, gerade
um diese Wirklichkeit sinnfällig in die Augen fallen zu lassen. Und
vielleicht trifft auf eine Abhandlung wie "Im Hinterhof" im besonderen Salman Rushdies Einschätzung seines literarischen Freundes zu,
daß dieser "mehr in Bildern und Ideen zu Hause ist als an realen
Orten". Denn wenn das von Grass bereiste revolutionäre Polen
(1981) und Nicaragua (1982) auch durchaus reale Orte waren, so
trägt "Im Hinterhof" dennoch eher den Charakter eines Ideentextes
als den einer Reisebeschreibung:

Selbst dem Skeptiker will es vorkommen, als sei den Polen Rosa Luxem-
burg als Jungfrau Maria erschienen, als habe in Nicaragua die Gottes-
mutter Rosa Luxemburgs Gestalt angenommen. Zwei spontane Basisbe-
wegungen spotten der altbeschworenen 'Roten Gefahr' und Lenins
Lehrsätzen, dem eingefleischten Kinderschreckglauben und den Zen-

---

38. Im Hinterhof. Ebd. S. 814f.
39. Die Zukunft des Demokratischen Sozialismus. Ebd. S. 862 und 867.

tralkomitees. Denn was in Polen zur Zeit noch unterdrückt wird, hat in Nicaragua vor drei Jahren als Revolution den Sieg erkämpft, ist immer noch gegenwärtig und beansprucht Zukunft für sich, ist überprüfbar und läßt sich vergleichen.[40]

Als Rushdie selbst im Sommer 1986 von seinem Londoner Wohnsitz nach Nicaragua reiste, vermochte auch er eine anfängliche Skepsis nicht zu unterdrücken, zumal die von Grass geschilderte Zwangslage sich in den dazwischenliegenden vier Jahren dramatisch zugespitzt hatte. War bereits bald nach der Beseitigung der Diktatur nicht zu übersehen, daß sich im Land Entwicklungen anbahnten, die ihrerseits das gesamte sandinistische Experiment in Frage stellten, und hatte sich mit Ronald Reagan als Präsident seit 1981 der antisandinistische Kurs der Vereinigten Staaten verschärft, welche die Wirtschaftshilfe für Nicaragua einstellten und statt dessen die von Honduras und Costa Rica aus operierenden *Contras* unterstützten, so fand Rushdie ein Land vor, in dem die Auswirkungen des auch von anderen westlichen Staaten (darunter die Bundesrepublik) befolgten Handelsboykotts sowie des Bürgerkriegs (täglich über zehn Todesopfer) in vollem Umfang sichtbar geworden waren. Der Land und Volk Glück verheißende Neubeginn schien nach jenem deprimierenden Szenarium abzulaufen, das jeder Revolution im Zeitalter des Kalten Krieges beschieden war: Wirtschafts- und Rüstungshilfe von Seiten Kubas und der UdSSR bleiben nicht aus, inzwischen hat die sandinistische Regierung mehr als zweitausend kubanische 'Berater' ins Haus geholt und läßt hunderte nicaraguanische Jugendliche in Habana 'studieren', die katholische Kirche und die demokratische Opposition samt ihrer Presse werden gemaßregelt, ehemalige Kameraden schlagen sich auf die Seite der *Contras* (Edén Pastora!) oder gehen ins Exil, die Menschenrechtskommission der Vereinten Nationen sowie Amnesty International erkundigen sich konsterniert nach dem Schicksal politischer Gefangener und der Siedlungspolitik der Regierung in bezug auf die autochthonen Mísquito-Indianer.[41]

40. Im Hinterhof. Ebd. S. 815f.

41. Vgl. u.a. Amnesty International: *Nicaragua, The human rights record 1986-1989* (1989). S. 60-64; American Watch: *Human Rights in Nicaragua 1986* (1987). S. 100; Günther Maihold: Demokratie mit erhobenen Händen. Militär und demokratischer Wandel in Lateinamerika. In: Aus Politik und Zeitgeschichte. Beilage zur Wochenzeitung *Das Parlament*. Hg. von der Bundeszentrale für politische Bildung Bonn. B 43/90, 19.10.1990. S.

In seinem Erfahrungsbericht *The Jaguar Smile. A Nicaraguan Journey* (1987; dt. *Das Lächeln des Jaguars. Eine Reise durch Nicaragua* 1987, ²1989) meldet Rushdie:

> Ich fuhr zu einem kritischen Zeitpunkt. Am 27. Juni hatte der Internationale Gerichtshof in Den Haag entschieden, daß die Unterstützung der USA für die Contra, die konterrevolutionäre Armee, die von der CIA ins Leben gerufen, organisiert und mit Waffen ausgerüstet worden war, völkerrechtswidrig war. Das US-Repräsentantenhaus ließ sich davon nicht beirren und bewilligte Präsident Reagan die von ihm beantragten Hilfsgelder für die Konterrevolution in Höhe von hundert Millionen Dollar. Daß der nicaraguanische Präsident Daniel Ortega daraufhin das Verbot der oppositionellen Zeitung *La Prensa* und die Ausweisung der widerspenstigen Priester Bischof Vega und Monsignore Bismarck Carballo verfügte, roch nach Vergeltung. Gewitterwolken ballten sich zusammen.[42]

Rushdie besuchte Nicaragua, wie vor ihm Grass und seine Delegation, als Gast des Verbands Sandinistischer Kulturschaffender aus Anlaß des siebten Jahrestages des "Triumphs" (Anführungszeichen von Rushdie) der Sandinistischen Befreiungsfront. Und wie bei Grass drängt sich auch ihm jenes sprichwörtliche Diktum des blutig-melancholischen Jakobiners Georges Danton unwillkürlich auf:

> Ich war neugierig, aber auch sehr nervös. Ich wußte nur zu gut, wie häufig Revolutionen fehlgingen, ihre eigenen Kinder fraßen und zu dem wurden, dessen Überwindung ihr Zweck gewesen war. Ich wußte, wie oft das, was als Idealismus und Hochherzigkeit begann, in betrogenen Erwartungen und enttäuschten Hoffnungen endete.[43]

Auch der von Rushdie seinem Buch als Motto vorausgeschickte Limerick (hier im Wortlaut der englischen Ausgabe wiedergegeben) scheint tatsächlich nur diese fatale Deutung zuzulassen:

> There was a young girl of Nic'ragua
> Who smiled as she rode on a jaguar.
> They returned from the ride

17ff; Clemens Rode: Der Friedensplan von Esquipulas und die Wahlen in Nicaragua. Ebd. S. 31ff.

42. Salman Rushdie: *Das Lächeln des Jaguars*. München ²1989. S. 12 ("Hoffnung. Ein Prolog").

43. Ebd.; Danton: "Die Revolution ist wie Saturn, sie / frißt ihre eigenen Kinder" (Georg Büchner: *Dantons Tod* I/5).

With the young girl inside
And the smile on the face of the jaguar.[44]

Doch fällt dem Autor, im Schlußkapitel seines Berichts die gesammelten Momentaufnahmen der vergangenen drei Wochen überden-
kend, ein, "daß man den Limerick, wenn man ihn auf das heutige
Nicaragua bezog, ebensogut in konservativem wie in radikalem Sinn
auslegen" könne:

> Wenn man das junge Mädchen als die Revolution sehen wollte, die
> gerade sieben Jahre alt war, neu und noch voll jugendlichem Enthusias-
> mus, dann bedeutete der Jaguar die Geopolitik oder die Vereinigten
> Staaten; der Versuch, dort ein freies Land zu schaffen, wo sich ein halbes
> Jahrhundert lang eine Art kolonisierter "Hinterhof" befunden hatte, und
> das auch noch zu einem Zeitpunkt, wo man selbst schwach war und der
> Feind so gut wie allmächtig, kam in der Tat dem Ritt auf einem Jaguar
> gleich. So sah die "linke" Auslegung aus [...].

Dennoch, obwohl Rushdie nach seiner Umschau durchaus bereit ist,
dieser Revolution *the benefit of the doubt* zu gönnen, sich und das
liebgewonnene Land dem Prinzip Hoffnung anzuvertrauen, will es
ihm nicht ganz gelingen, die bange Frage zu unterdrücken:

> Und wenn das junge Mädchen das Land Nicaragua darstellte und der
> Jaguar die Revolution? Nun: Wie sah es dann mit der Interpretation
> aus?[45]

Rushdie hatte konstatieren können, daß die nicaraguanischen Bürger
und *campesinos*, die direkten Opfer der im verlustreichen Bürgerkrieg
galoppierend verkommenden Staatswirtschaft, mehr am schlichten
Überleben als an den politischen Slogans der Sandinisten interessiert
waren. Und es sind denn auch namentlich die in den Kontakten mit
den *Officials* und ideologischen "Einpeitschern" der FSLN, den
Cardenal, Ramírez, Ortega, Wheelock, Borge, Arce, d'Escoto sowie
ihren revolutionären Gefolgsleuten und Sympathisanten, gemachten
Erfahrungen — die rabiate antiamerikanische Propaganda, die offene
Liaison mit Fidel Castro und dessen osteuropäischen Schirmherren,
die pauschale Dämonisierung Andersdenkender zu Gegnern der
Revolution —, die den wohlwollenden Besucher deprimieren und in

---

44. Salman Rushdie: *The Jaguar Smile.* London 1987 [S. VII].
45. Ders.: *Das Lächeln des Jaguars.* S. 135 ("Miß Nicaragua und der
Jaguar").

ihm zuweilen müde Ironie hervorrufen.

Wenn also auch keineswegs blind für die demokratischen Unzulänglichkeiten und die Risiken der sandinistischen Politik, die das Abgleiten der Revolution aus einem rudimentären Totalitarismus in die offene Abhängigkeit vom marxistisch-leninistischen Block nach dem Vorbild der "Volksdemokratie" Kuba durchaus vorstellbar machten, zögert Rushdie, als Kind einer postkolonialen Revolution instinktiv Partei für die Schwachen ergreifend, andererseits nicht, mit jenen Kräften (namentlich der Supermacht USA und ihrer *global village*-Politik) scharf ins Gericht zu gehen, die eine sich nach langer und schmerzhafter Unterdrückung aufrichtende Nation im Namen des Antikommunismus am eigenen Weg hindern wollen. Und es ist auch hier der liberale Peruaner Mario Vargas Llosa, der im Ideenstreit als Zielscheibe herhalten muß. Obwohl Rushdie Vargas Llosas Standpunkt, das konsequente Erstreben einer freiheitlich demokratischen Grundordnung sei der einzige Weg für Lateinamerika, "den Zyklus von Diktaturen und Revolutionen zu durchbrechen", nicht widersprechen mag, mißbilligt er dessen eiserne Strenge gegenüber einem noch unvollkommenen jungen Staat, der in einem Kampf um Freiheit und Selbstfindung begriffen sei, wobei — wie Rushdie ausdrücklich betont — alle Zukunftsmöglichkeiten noch in der Schwebe wären:

> Peru war eine unzulängliche Demokratie mit Schlagseite nach rechts, Nicaragua war eine unzulängliche Demokratie mit Schlagseite nach links. Wenn Vargas Llosa wirklich die Demokratie wollte, dann wäre Nicaragua, seinen eigenen Prinzipien zufolge, genau die Art von Staat, die er unterstützen und für deren Weiterentwicklung er sich einsetzen müßte. In der Einsamkeit meines Hotelzimmers fragte ich mich, warum er das nicht tat.[46]

Günter Grass verweilt in seiner Analyse der Situation nicht lange bei Nuancierungen dieser Art. Während Salman Rushdie, um die eigene "Voreingenommenheit" wissend, in seinen Urteilen über Nicaragua dennoch eine bemerkenswert unverkrampfte Sicht auf Land und Menschen an den Tag legt sowie eine pragmatische Einschätzung dessen, was er erlebt, folgt Grass in "Im Hinterhof" nunmehr ohne viel Federlesens der zweiten, "linken" Interpretation des Limericks: verurteilt mithin unumwunden das "verbrecherische" Engagement der Vereinigten Staaten in Lateinamerika und den die Dritte Welt im all-

---

46. A.a.O. S. 41.

gemeinen würgenden "nordamerikanischen" Kapitalismus, erstattet Bericht über die vielen positiven Erfahrungen seiner Delegation[47] bei Lokalbesichtigungen der Revolution und in Gesprächen mit Regierungsmitgliedern (Cardenal, Wheelock, Marenco, Borge, Samírez, Ortega) und sandinistischen Künstlern und Intellektuellen, behandelt nichtdestoweniger einige Probleme, Engpässe und von den Gesprächspartnern selbst "offen" eingestandene, jedoch als korrigierbar eingestufte "Fehler", bewundert den christlichen Umgang mit ehemaligen Somozisten und inhaftierten *Contras* (Tomás Borge: "Unsere Revolution bedeutet Verzicht auf Rache"), rüffelt im Vorbeigehen den "polnischen Papst" und die ignoranten Handlanger des Vatikans in der Erzdiözese Managua, um sich schließlich über den Mangel an Solidarität der westlichen Verbündeten der USA mit dem "im Umgang mit der Demokratie noch jungfräulichen Land" wie über den Egoismus der satten Bundesrepublik Helmut Kohls im besonderen zu wundern und zu entrüsten:

Wird man in Bonn begreifen, daß wir (warum auch nicht?) uns helfen, indem wir bereit sind, Nicaragua zu helfen? Oder wird man auf Wunsch der verbündeten Großmacht den Knüppel Kuba aus dem Sack holen, mit dem man alles, nicht nur die sandinistische Revolution, sondern auch den eigenen Gedanken erschlagen kann?[48]

Zweifellos, von einer angeblichen Vorliebe bei Grass für das "kubanische Modell", die Vargas Llosa konsternierte, ist hier auf jeden Fall nicht die Rede. Vielmehr sieht Grass im revolutionären Nicaragua eine Probebühne alternativer Lösungen in einer quasi auswegslosen Zwangslage der Menschheit. In dem Programm, mit dem die Sandinisten im Jahre 1979 antraten, wurde ein blockfreier Staat anvisiert wie auch eine sogenannte "Gemischte Wirtschaft", nach dem in Zukunft zwanzig Prozent des Landes staatlich, dreißig Prozent privat und fünfzig Prozent von Kooperativen bewirtschaftet werden sollten. Auch die Vorstellungen von einem pluralen Basissozialismus mit

---

47. Außer Günter Grass veröffentlichten auch die anderen Delegationsmitglieder Erfahrungsberichte über Nicaragua, so Franz Alt in *Der Spiegel* vom 13.9.1982, Johano Strasser in der *Süddeutschen Zeitung* vom 25./26.9.1982. Über den Besuch dieser "wirkungsvollen Delegation" schreibt ebenfalls Hermann Schulz: *Nicaragua. Eine amerikanische Vision.* A.a.O. S. 125ff.
48. Im Hinterhof. Passim u. S. 824.

christlicher Beteiligung sowie die von der revolutionär-patriotischen Avantgarde um den Priester-Dichter Ernesto Cardenal entwickelten Initiativen für eine (sowohl von erstickenden lateinamerikanischen Konventionen als von nordamerikanischer "Unkultur") "befreite" Kunst und Literatur (*Modernismo*; *Movimiento Vanguardia*) berechtigten zu der Hoffnung, Nicaragua werde auf 'drittem' Wege, abseits der bestehenden dominanten Herrschaftssphären, dafür in solidarischer Verbundenheit mit den unabhängigen progressiven Kräften in der Welt, den Sprung in die Freiheit schaffen. Um die ökonomische, technische und kulturelle Abhängigkeit zu überwinden, suchte der Sandinismus Unterstützung, Zusammenarbeit und Dialog gerade auch in Westeuropa und entdeckte die Sozialistische Internationale mit ihrer beschränkten Progressivität als notwendigen strategischen Verbündeten im Prozeß der Redemokratisierung bzw. der Befreiung Lateinamerikas überhaupt. Eduardo Contreras großer Entwurf war hier richtungweisend.[49]

Grass' positive Evaluation des sandinistischen Experiments im Frühstadium ist folglich keineswegs akzidentell oder in einem unbewachten Augenblick sträflicher Nachsicht entstanden. Sie befindet sich im Einklang mit den Gedanken, die er zur Zeit parallel zur politischen Debatte auf dem linken Flügel seiner SPD sowie innerhalb der vom Prestige Willy Brandts geprägten Sozialistischen Internationalen entfaltet. "Die Zukunft des Demokratischen Sozialismus" erfordere revolutionäres Umdenken (für die heimische SPD zunächst eine Revision ihres Godesberger Programms) und einschneidende Maßnahmen: Absage an die Wachstums- und Konsumideologie, Begründung einer neuen Weltwirtschaftsordnung und uneigennützige Solidarität mit den unterentwickelten Staaten der Dritten Welt, Entspannungspolitik, Abrüstung und Auflösung der Militärbündnisse in Ost und West, konsequente Integration der Ökologie in die Produktionshaushalte der Industrienationen usw.[50]

Vor solchem Hintergrund bot das sandinistische Experiment im Hinterhof der hochgerüsteten Weltmacht ein fragiles, jedoch bestechendes Bild der Hoffnung — offensichtlich so sehr, daß es das in Grass gewurzelte Mißtrauen aller Revolution gegenüber, jenes geschichtsskeptische *Déjà-vu*, für den Augenblick außer Kraft setzte:

49. Vgl. H. Schulz. A.a.O. S. 137.

50. Günter Grass: Die Zukunft des Demokratischen Sozialismus. A.a.O. S. 858ff.

Die französische, die nordamerikanische, die sowjetrussische Revolution hatten die Guillotine, rächendes Faustrecht, den Genickschuß und Massenliquidierungen zur Folge. Alle bekannten Revolutionen haben bisher ihre Ideale und ihre die Menschheit beglücken wollenden Thesen in Blut ersäuft. Es ist die sandinistische Revolution gewesen, die ein Gegenbeispiel gesetzt hat.[51]

Für das *genus politicum* scheint Grass die ihm eigentümliche Stilhaltung der Ambiguität — Ironie, Groteske, barockes Wortspiel und alle anderen Strategien des Vortäuschens und des Verdeckens —, die er als Fabulant und Metaphoriker von der *Blechtrommel* bis hin zur *Rättin* zur Geltung bringt, mehr und mehr zu suspendieren. Angesichts Nicaragua — so möchte man meinen — ergeht es Grass ähnlich wie einst seinem deutschen Kollegen Johann Wolfgang Goethe, als dieser in Süditalien auf die "Urpflanze" stieß und den "Fund" allen Ernstes gegen die Skeptiker verteidigte in der Zuversicht, daß, wenn sie auch nicht existiere, nur Idee, Anschauung sei, sie doch existieren *könnte*. Mit anderen Worten: Was angesichts der weltweiten Verklammerung der alle Hoffnung usurpierenden Großideologien als nahezu ausgeschlossen erscheint, die nicht menschenfressende, sondern menschenfreundliche Revolution, könnte in der zarten, von internationaler Solidarität begossenen wie geschützten Pflanze Nicaragua aufkeimen und eine glückliche Metamorphose irdischer Verhältnisse einleiten. Der vielleicht überspitzte Vergleich verhindert jedoch nicht die Konklusion, daß Grass nicht gewillt ist, sich das Angeschaute durch Widerwärtiges trüben zu lassen, verteufelt er doch generell alle Widersacher und Störer dieser Revolution, vorrangig die Vereinigten Staaten mit ihrem konservativen Präsidenten Ronald Reagan, (gleich einst daheim der linke Kinderschreck Franz Josef Strauß) zentraler Fixpunkt in Grass' verbissenen Kapitalismus- und Amerikaschelten:[52]

Sie ist gefährdet, diese Revolution: von außen, durch innere wirtschaftliche Zwänge, und gewiß auch durch die Sandinisten, deren Fehler offen zutage treten, mit Heißhunger geradezu aufgegriffen von jenen, die nur

51. Im Hinterhof. S. 817.
52. Die persönliche Gegnerschaft zu F.J. Strauß insbes. in *Aus dem Tagebuch einer Schnecke*. Zu US-Präsident R. Reagan, "Freund und Nutznießer mittelamerikanischer Diktaturen", vgl. u.a.: Der Dreck am eigenen Stecken. In: *Grass-Werkausgabe*. Bd. IX. S. 868.

oder zuallererst am Fehlverhalten der Sandinisten Interesse haben, das
sich mit Schadenfreude mischt, sobald sie die Schattenseite der Revolution ausleuchten. Zum Glück gibt es in Nicaragua politisch Verantwortli-
che, die — in der übrigen Welt mit der Lupe zu suchen — ihre Fehler
zugeben.[53]

IV

Grass' Nicaragua-Aufenthalt und sein parteiisches Engagement für
die Sandinisten mußten jenen Kritikern neuen Auftrieb geben, die
sich über seine "antiamerikanischen Ressentiments" und seine den
"GULag-Kommunismus" angeblich selektiv schonenden "antiamerikanischen Politkaskaden" ereiferten. Rolf Michaelis läßt einige
solcher kritischen Kommentare Revue passieren, allerdings in dem
(auch im Material wohl zu kurz gegriffenen) Versuch, die Redlichkeit
des Dichters, dagegen die Gehässigkeit und Inferiorität seiner bundesdeutschen Gegner herauszustellen.[54] Es dürfte an dieser Stelle sinnvoller sein, aus anderen Quellen zu schöpfen.

Nach acht Tagen Aufenthalt kehrten wir zurück. Wohl jeder spürbar
verändert. Mich hat diese Reise in Frage gestellt,

summiert Grass das Erlebnis für sich und seine Delegation nach dem
Abflug aus Managua.[55] Aber auch Brechts "Terzett der entschwin-
denden Götter auf der Wolke" wäre zu diesem Abschied, zumal aus
der Perspektive der Zurückgebliebenen, zu zitieren:

Leider können wir nicht bleiben
Mehr als eine flüchtige Stund:
Lang besehn, ihn zu beschreiben
Schwände hin der schöne Fund.[56]

Die Frage, ob ein achttägiger, von einer unter wachsendem Legitima-
tions- und Erfolgsdruck stehenden Revolutionsjunta initiierter und
propagandistisch flankierter Informationsbesuch dazu angetan war,
sich ein mehr oder weniger objektives Bild vom Leben im real

53. Im Hinterhof. S. 821.
54. Rolf Michaelis: Brauchen täten wir ihn schon. A.a.O. S. 125f.
55. Im Hinterhof. S. 814.
56. Bertolt Brecht: *Der gute Mensch von Sezuan.* 10. Szene. Zit. nach B.
Brecht: *Gesammelte Werke.* Bd. 4. *Stücke.* Bd. 4. Frankfurt/M. 1967. S.
1606.

existierenden Sandinismus zu machen, war zuerst in Nicaragua selbst, und zwar von oppositioneller Seite, aufgeworfen worden. Mit ihr, dem regierungsfeindlichen Lager um die Verlegerwitwe Violeta Barrios de Chamorro, hatte die Grass-Delegation, die sich tatsächlich nur im Kreis der damaligen "politisch Verantwortlichen" aufhielt, keine Kontakte gesucht. Salman Rushdie sollte vier Jahre später die Gelegenheit zu einer Gegendarstellung nicht ungenutzt lassen:

> Ich suchte das Büro von *La Prensa* auf, um mich mit Violeta Barrios de Chamorro zu treffen, Pedro Joaquíns [des 1978 von Anastasio Somozas Nationalgarde ermordeten Zeitungsherausgebers, vS] respekteinflößender Witwe, der Matriarchin des Chamorro-Clans, der durch einen tiefen Zwist gespalten war. Ihr ältester Sohn Pedro Joaquín junior lebte in Costa Rica im Exil, der Jüngere, Carlos Fernando Chamorro, war Herausgeber der sandinistischen Tageszeitung *Barricada*. Einer der Brüder ihres verstorbenen Mannes, Jaime Chamorro, war der Geschäftsführer von *La Prensa*; der andere, Xavier Chamorro, war der Verleger von *El Nuevo Diario*, der Zeitung, die von den zahlreichen unzufriedenen Journalisten gegründet worden war, die sich nach der Revolution von *La Prensa* abgewendet hatten, weil sie ihnen zu konservativ geworden war. Eine ihrer Töchter, Cristina, arbeitete bei *La Prensa* [...], die andere, Claudia, war die sandinistische Botschafterin in Costa Rica, die ich in Daniel Ortegas Haus kennengelernt hatte.[57]

Im Spektrum der Tagespresse Nicaraguas, insgesamt in der Hand einer einzigen, wenngleich (spektakuläre Widerspiegelung der tragisch-unversöhnlichen politischen Gegensätze im Land) tief gespaltenen Familie, hatte *La Prensa* eine extrem antisandinistische Position bezogen — erst recht, nachdem Doña Violeta im April 1980 aus der provisorischen Regierungsjunta ausgetreten war und den Widerstand der bürgerlichen Opposition gegen den eindeutig von der FSLN dominierten Staatsrat organisierte. Das sich als liberal und pluralistisch verstehende Qualitätsblatt *La Prensa* (mit einer Auflagenhöhe von 54.000 Exemplaren die größte, meistgelesene Zeitung Nicaraguas) war, bis zum Verbot der Zeitung im Jahre 1986, Plattform auch des konservativen Verbandes der Geschäftsleute COSEP und galt als Sprachrohr des Erzbistums im Widerstand gegen die politisierten Priester und Basisgemeinden der Volkskirche.

Am 15. November 1982 veröffentlichte die *Frankfurter Rundschau*

---

57. *Das Lächeln des Jaguars*. A.a.O. S. 122 ("Doña Violetas Sicht der Dinge").

einen Brief von *La Prensa*, in dem der Sekretär des Verlagsrates, Roberto Cardenal Chamorro, darum bat, die Stellungnahme seiner Zeitung zu den von Günter Grass noch in Nicaragua (u.a. in einem Interview mit dem Lateinamerika-Korrespondenten Peter B. Schumann) abgegebenen Erklärungen sowie zu dessen auch in der *Frankfurter Rundschau* abgedrucktem "Hinterhof"-Bericht aufzunehmen. Es sei nicht möglich gewesen, den Verlagskommentar unzensiert in Nicaragua selbst zu publizieren. Die Schreiber monierten nicht nur die Tatsache, daß ein prominenter westeuropäischer Schriftsteller sich zu parteipropagandistischen Zwecken habe "vereinnahmen" lassen und eine "vollständige Ideengemeinschaft" mit *Barricada*, dem sandinistischen Fernsehen und *El Nuevo Diario* eingegangen sei, auch nahmen sie Anstoß an Grass' Berichterstattung über den vermeintlich humanen Strafvollzug in Nicaraguas Gefängnissen und Straflagern, seiner Ignoranz in bezug auf die kubanische Präsenz im Lande, der verletzenden Diffamierung des katholischen Oberhirten, Kardinal Obando y Bravo, wie der all seinen Befunden abgelauschten Tendenz, die sich als folgenschwer erweisenden politisch-ideologischen Fehlgriffe der Sandinisten als "Fehlerchen" herunterzuspielen. Grass spreche die Sprache eines undemokratischen, die Menschenrechte und die Meinungsfreiheit unterdrückenden Regimes und stehe damit im Bunde mit "Rassismus, Kulturegoismus und Messianismus".[58]

Ähnlich geht Mario Vargas Llosa dem Problem "an die Wurzel":

> Wenn ein nordamerikanischer oder europäischer Intellektueller [...] für unsere Länder politische Lösungen und Methoden propagiert, die er niemals für die eigene Gesellschaft gelten lassen würde, äußert er damit eine fundamentale Skepsis über die Fähigkeit der lateinamerikanischen Länder, eben jene Systeme freiheitlicher Koexistenz zu wählen, welche die westlichen Länder zu dem gemacht haben, was sie sind. Es handelt sich in den meisten Fällen um ein unbewußtes Vorurteil, um ein unartikuliertes Gefühl, um eine Art viszeralen Rassismus, den diese Personen, deren liberale und demokratische Gesinnung im allgemeinen über jeden Verdacht erhaben ist, empört von sich weisen würden, wenn er ihnen in vollem Umfang zu Bewußtsein käme.[59]

Fürwahr wenig schmeichelhaft, was Ausländer hier zum Thema "Günter Grass im Ausland" vorzubringen haben. Aber auf den ersten

---

58. *Frankfurter Rundschau* vom 15.11.1982. Nr. 265. S. 15.
59. Freiheit für die Freien? A.a.O. S. 237.

Blick kann man sich fragen, ob man den Adressaten dieser Lektionen wirklich 'retten' muß, sind doch solche pauschalen Abqualifizierungen von in westlichen Demokratien lebenden Intellektuellen, für die der Deutsche stellvertretend herhalten muß, in dieser Weise wohl nicht annehmbar. Grass' neuerliche Bewußtmachungsarbeit vor eigenem Publikum, seine dringlichen Appelle an das Establishment der reichen Industriestaaten, dem katastrophalen Verelendungsprozeß auf anderen Kontinenten koordiniert entgegenzuwirken und das Wort "Solidargemeinschaft" ernst zu nehmen, können hier wohl nicht gemeint sein. Und auch die Art, wie Vargas Llosa den "Knüppel Kuba" aus dem Sack läßt, um gleichsam auf Grass' Rücken eine insgeheim perverse Dritte-Welt-Ideologie zu erschlagen, riecht nach Demagogie, zumal er Grass kurzerhand einer Fraktion zuordnet, deren ideologische Trugschlüsse und "falsche Solidaritäten" dieser — wie Vargas Llosa weiß — vor Jahrzehnten bereits selbst mit großem publizistischen Einsatz bloßgestellt hatte.[60]

Vargas Llosas Lieblingsthema dieser Jahre: das gespannte Verhältnis jener ihrer westlichen Wohlstands- und Konsumgesellschaft entfremdeten Intellektuellen zu den liberalen Prinzipien des Marktsystems und den demokratischen Institutionen, damit ihr Hang, die europäisch unerfüllten revolutionären Wünsche in Lateinamerika und anderen exotischen Regionen realisiert zu sehen, — dieses Thema hatte Grass bereits zu einer Zeit durchexerziert, da sein peruanischer Kollege selbst noch unter dem Bann marxistisch-leninistischer Lehrmeinungen stand, Ché Guevaras revolutionäre Projekte zur Erlösung Lateinamerikas begrüßte und Castros Heilsstaat gegen den reaktionären Bösewicht USA in Schutz nahm — in den 60er Jahren also.[61]

Doch hat für Grass das kleine Land Nicaragua in der Spätphase des Kalten Kriegs wohl einen anderen politischen Stellenwert, nicht sosehr den eines Ideologems, wie damals Kuba oder Vietnam? Wie könne man sich heutzutage als Linkshänder an der hilflosen "Miß

60. "Solidargemeinschaft", "Solidarismus": insistente Appellvorstellung bei Grass in bezug auf das politisch-ökonomische Nord-Süd-Gefälle, so in: Im Hinterhof. U.ö.
61. Seinen Übertritt vom Marxismus und von der Castro-Gefolgschaft zum Postulat des konsequenten demokratischen Liberalismus zu Beginn der 70er Jahre beschreibt Vargas Llosa in: Albert Camus und die Moral der Grenzen (1975) bzw. im Sartre-Essay: Der Mandarin (1980). In: Ders.: *Gegen Wind und Wetter.* A.a.O. S. 58ff., 82ff.

Nicaragua" die Finger noch verbrennen?

In einem Interview für die peruanische Zeitschrift *QUEHACER* weist Grass den Vorwurf der "ideologischen und moralischen Schizophrenie", hinter der sich nach Vargas Llosa und seinen Gesinnungsgenossen ein ethnozentrischer Narzißmus des mit sich unzufriedenen Abendländers verberge, für sich und die Mehrheit der progressiven westlichen Presseorgane, Politiker und Intellektuellen entschieden zurück:

> Ich kenne eine Vielzahl von — was die Bundesrepublik betrifft — Linksintellektuellen, die für Nicaragua und die Sandinisten eine kritische Sympathie aufbringen, zu denen zähle ich mich. Die meisten haben Augenschein genommen. Sie sind hingefahren und haben hinterher Berichte veröffentlicht, und mir sind keine Berichte bekannt, die nur rosarot sind. Man sieht die Mißstände, versucht sie zu begreifen, versucht auch jetzt nicht mit europäischen Maßvorstellungen an das heranzugehen, was man dort sieht und erlebt. Zumal wir ja — ich habe es für Deutschland insbesondere gesagt — gar nicht das Recht haben, nun als die demokratischen Lehrmeister dort aufzutreten, als hätten wir die Milch der Demokratie von Kindheit an getrunken![62]

Ob in Asien, Afrika oder Lateinamerika — Grass kann nicht umhin, ein Europäer zu sein, und zwar einer von der besonderen, deutschen, Spezies, den noch die schwere Last einer historischen Schuld drückt. Aber diesmal, in der Diskussion mit Vargas Llosa, verschafft die für Grass stereotype Bescheidenheitsgeste dem Deutschen keinen Kredit, im Gegenteil, sie wirkt sich eher verschärfend auf die hier zutage tretende Divergenz aus.

Denn für den in Sachen Lateinamerika und Dritte Welt besonders hellhörigen Peruaner ist offensichtlich nicht einsehbar, warum denn ausgerechnet die vom Deutschen so schuld- und schamhaft angedeuteten "europäischen Maßvorstellungen" etwa den Ländern Mittel- und Südamerikas einstweilen vorenthalten, mit anderen Worten, warum die so oder so errungenen liberal-demokratischen Grundrechte Freiheit, Entwicklung und Gerechtigkeit, für die Souveränität und Selbstachtung der in Westeuropa und der entwickelten Welt lebenden Individuen ja unabdingbar, nicht auch ohne Umschweife und mit derselben Stringenz für andere, nichteuropäische Völker geltend gemacht werden sollten.

---

62. Siehe Anm. 4.

In allen drei Günter Grass gewidmeten Stellungnahmen ist dies der springende Punkt, auf dem der Autor mit bohrenden Fragen — wenn auch manchmal unter freimütig eingestandener Preisgabe wichtiger Nuancen — beharrt. Vargas Llosas Kreuzzug gegen die zeitgenössischen linken Intellektuellen und Mitarbeiter an der öffentlichen Meinung — polemisches Leitmotiv seiner gesamten literarischen und politischen Essayistik — gewinnt gerade hier, wo es um das Überleben der Hoffnung auf Demokratie und Freiheit für die Millionen von Unfreien geht, an Ernst und Leidenschaft.[63] Glaubt er nämlich in den Urteilen vieler seiner westlichen Kollegen Unstimmigkeiten und mangelnde Schlüssigkeit feststellen zu müssen, "wenn sie über uns informieren oder unsere Geschichte und unsere Problematik interpretieren", während es seiner Meinung nach doch gelte, sich vorbehaltlos für in einzelnen lateinamerikanischen Ländern in den 80er Jahren tatsächlich in Gang gesetzte demokratische Prozesse auszusprechen. In "Freiheit für die Freien?" nennt er als Beispiel die Dominikanische Republik, die, obwohl sie unter der schrecklichsten Diktatur und später unter einer ausländischen Invasion und einem Bürgerkrieg gelitten hat, dennoch fähig gewesen sei, in kurzer Zeit ein demokratisches System zu stabilisieren; in seinem nächsten, so betitelten, "Brief an Günter Grass" Staaten wie Argentinien, Venezuela, Bolivien, Ecuador, Kolumbien, Costa Rica, auch die eigene, vom maoistischen "Leuchtenden Pfad" drangsalierte Heimat Peru, die inzwischen über Regierungen verfügten, die bei allen Mängeln und aller Instabilität, die einige von ihnen aufwiesen, immerhin für Formeln des politischen Konsensus und der Legalität und für eine Abkehr von der Gewalt als Mittel zur Lösung ihrer Probleme optiert hätten — Formeln, "die sich an dem demokratischen Modell orientierten, das die westlichen Länder zu dem gemacht haben, was sie sind".[64]

Jedoch nicht dies, konstatiert Vargas Llosa erbittert, sondern gewisse Übergriffe und Verletzungen der Menschenrechte, zu denen es beklagenswerterweise in diesen Demokratien kommt, wenn sie gegen Guerilla-Aktionen oder terroristische Aktivitäten vorgehen,

---

63. Vgl. die Aufsätze: Literatur ist Feuer, Literatur und Exil, Der billige Intellektuelle, Der Elefant und die Kultur, Der Trug der Dritte-Welt-Ideologie, Die Kultur der Freiheit, Die Kunst der Lüge, alle in: *Gegen Wind und Wetter*. Passim.
64. Freiheit für die Freien? S. 239; Brief an Günter Grass. S. 245f.

schienen im Westen mit größerer Publizität rechnen zu können (er nennt unter anderem die Londoner *Times* mit ihrem Lateinamerika-Experten Colin Harding: "ein eifriger Schmäher der peruanischen Demokratie"); auch fragt er sich, was sozialdemokratische Regierungen und Parteien in Europa treibt, wenn sie ihren Einfluß nicht zugunsten von Lösungen durch freie Wahlen, sondern zugunsten von bewaffneten Widerstandsbewegungen, Kugeln, Bomben und Revolutionen anwenden (hervorgehoben wird die Unterstützung der aufständischen FMLN in El Salvador durch die Regierung François Mitterand und die Sozialistische Internationale):

> Manchmal denke ich, Lateinamerika stellt für sie in der Politik so etwas dar wie eine plebejische Geliebte, bei der sie es wagen, sich zügellos all jenen schrecklichen Exzessen und geheimen Phantasien hinzugeben, die sie in der von Besonnenheit und Rationalität getragenen Beziehung mit ihren Ehefrauen (ihren Herkunftsländern) wohlweislich unterdrücken.[65]

Man wird den an sich nicht phantasielosen Vergleich einem Dichter zugute halten, der mit dem Romancier Grass gemein hat, daß er in der Literatur und der Kunst den ungehemmtesten Exzessen das Wort redet, jedoch wie dieser gelernt hat, daß in der Politik die kluge Lösung der maßvolle und mittlere Realismus ist, weil die Alternative immer Verbrechen und Mißbräuche zur Folge hat, die ebenso gravierend sind wie jene, die es zu beseitigen gilt.

Aber eben deswegen ein gezielter Schlag unter die Gürtellinie des sich mittlerweile gar nicht mehr so moderat gebenden Dichterkollegen? Meint Vargas Llosa, daß der radikale Günter Grass sich im Umgang mit der plebejischen "Miß Nicaragua" so etwas wie politischen Sexismus hat zuschulden kommen lassen? "Ich bedaure, daß konservative Publikationen Ihres Landes sich auf mich berufen haben, um Sie zu attackieren, und ich distanziere mich von diesen Attacken", dämpft er in Antwort auf Grass' Einspruch seinen anfänglichen Vorwurf, der Gast aus Europa lasse die Schöne nach gehabter Liaison praktisch dem diktatorischen Machismo Fidel Castros und seiner Freunde als Beute:

> Ich freue mich, daß Sie nicht zu den Obengenannten gehören, sondern auf der Seite derer stehen, die sich, wie wir hier, darum bemühen, daß die radikalen Reformen, deren Lateinamerika im Kampf gegen seine Ungerechtigkeiten und seinen Rückstand bedarf, nicht auf Kosten der freien

---

65. Ebd. S. 243 und passim.

Kritik gehen, daß die Achtung der Minderheiten und das Prinzip des Machtwechsels gewahrt bleiben.[66]

Ein fintenreicher Rückzieher! Denn es sind gerade diese Mindestforderungen als Indikatoren für demokratischen Willen, die Vargas Llosa im Nicaragua der Sandinisten nicht im entferntesten erfüllt sieht und die von Grass während seines kurzen, vom Regime sorgfältig geplanten Besuchs auch keiner ernsthaften Verifizierung unterzogen worden waren — wie die oppositionellen Journalisten von *La Prensa* sowie andere Kenner der politischen Wirklichkeit Lateinamerikas bemängelten.[67] Grass habe nur zu sehen und hören bekommen, was dem Regime genehm war, und sei insofern das Opfer eines klassischen Reinfalls, als er den Fehler gutgläubiger Fellowtraveller wiederhole, die meinten, daß radikal-sozialistische Regimes der Dritten Welt — auch wenn sie freie Wahlen und freie Meinungsäußerung unterbanden — sich durch landwirtschaftliche Reformen, kostenfreies Gesundheitswesen und Alphabetisierungskampagnen legitimieren konnten.

Darin waren übrigens in Nicaragua anfangs durchaus beachtliche Resultate erzielt worden, wie nicht nur Grass bei seinem Besuch feststellte; damals urteilten internationale Hilfsorganisationen wie die UNESCO anerkennend über die in Nicaragua geleisteten Verbesserungen der Lebensbedingungen und der sozialen Fürsorge.[68] Was jedoch die politischen Freiheiten und die Bürgerrechte anbelangte: sie gerieten schon bald und in zunehmendem Maße unter Druck, obwohl die pluralistische Demokratie mit partizipativer Einwirkungsmöglichkeit für die Bevölkerung im Prinzip die Orientierung blieb, mit der die sandinistische Revolution im Juli 1979 angetreten war. Ein Einparteienstaat unter Ausschaltung der politischen Opposition und der Meinungsvielfalt (wie in Kuba oder Chile) wurde zu keinem Zeitpunkt öffentlich angestrebt; doch schränkte die "Sandinisierung" der nicaraguanischen Gesellschaft, der staatlichen Verwaltungsfunktionen, der Miliz und des wohl sehr umfangreichen Staatssicherheitsdienstes (DGSE), der sogenannten Antisomozistischen Volkstribunale und des durch kommunale Volkskomitees kontrollierten öffentlichen

66. Brief an Günter Grass. S. 242f.
67. Vgl. Xavier Argüello in *The New York Review of Books*. Vol. XXXIII. Nr. 11 vom 26.6.1986. S. 43.
68. Ingeborg Weber und Hans-Otto Wiebus: *Nicaragua*. Köln 1990. Passim.

Lebens den demokratischen Spielraum erheblich ein; zur Einschüchterung der Opposition taten die jungen revolutionären Ortskader der FSLN und die sandinistischen Schlägertrupps ein übriges.[69] Die sandinistischen Kommandanten — das ist nicht zu viel gesagt — ließen sich noch lange nach getaner Arbeit einen wohl sehr reichlichen Vorschuß geben auf die von ihrer Bewegung mitgetragene Revolution und zeigten sich alles andere als konziliant, wenn es darum ging, ihre Macht in Frage zu stellen oder mit anderen politischen Gruppierungen zu teilen. Ein Machtwechsel, bei Vargas Llosa Prüfstein demokratischer Selbsteinschätzung, war von ihnen bis zuletzt nicht vorgesehen. Der Bürgerkrieg und die schwere Wirtschaftskrise hatten Alibifunktion bei der Instandhaltung des revolutionären Status quo.

Eine erste Abwärtsbewegung setzte bereits im Jahre 1982 ein, nachdem die Vereinigten Staaten das Hilfsprogramm für Nicaragua eingestellt und die *Contras* den bewaffneten Widerstand aufgenommen hatten. Zur Zeit des Grass-Besuchs waren Notstandsmaßnahmen (ab März 1982) in Kraft, die Opposition, Presse und Kirche unterdrückten. Dennoch besteht für Grass in dieser Frühphase der Repression kein Zweifel, daß der Sandinismus als die einzige repräsentative, die Interessen der Bevölkerungsmehrheit vertretende Kraft im Lande anzusehen sei und ihm von seinem Freiheitskampf und seinen idealen Postulaten her das überzeugende moralische Mandat zukomme. Grass verzichtet denn auch auf eine eingehendere Analyse vorfindlicher Tatbestände, die er — wie wir gesehen haben — durch eine globale Konfrontationsschematik (der Polen-Vergleich als Katalysator) ersetzt. Und wenn er sich auf interne Widersprüche einläßt, so gehen diese Stellungnahmen weitgehend konform mit dem *official speak* seiner Informanten vor Ort.

"Im Hinterhof" und weitere Nicaragua-Statements münden in den dringenden Appell an die reichen westlichen Demokratien, Solidarität zu üben, jenem längst fälligen "Lastenausgleich" von Nord nach Süd schuldigen Tribut zu entrichten und insbesondere Nicaragua, diesem akut gefährdeten Land der Dritten Welt, wirtschaftlich und moralisch unter die Arme zu greifen, damit dort auch dem Mangel "an demokratischer Erfahrung, an verfassungsrechtlicher Kenntnis, an Einsicht in die Notwendigkeit vielfältiger demokratischer Machtkontrolle"

---

69. Für Quellenangaben siehe Anm. 41.

abgeholfen werden könne.[70] Vargas Llosa folgt zögernd, weil Grass
seine Prämisse umkehrt:

> Ich teile die in Ihrem Brief [in *The Atlantic Monthly*, vS] ausgedrückte
> Überzeugung, daß die Hilfe der westlichen Länder fundamental ist, um
> die Institutionalisierung des Totalitarismus in Lateinamerika zu verhin-
> dern. Ja, unter der Voraussetzung, daß das Kriterium dieser Hilfe prinzi-
> piell und konsequent ist, das heißt mit der eindeutigen Botschaft ver-
> bunden, reformistische Lösungen zu unterstützen und diktatorischen und
> terroristischen das Wasser abzugraben. Sie nennen Nicaragua als das
> Land, in das die Hilfe Europas fließen sollte. Wenn es darum geht, ein
> Zeichen der Unterstützung für demokratische Lösungen zu setzen, dann
> ist dies vielleicht nicht die beste Formel. Denn obwohl die Demokratisie-
> rung des Sandinismus meiner Auffassung nach noch möglich ist, sind die
> Grenzen der Toleranz gegenüber der Kritik und der inneren Opposition
> immer enger geworden und haben zum fast völligen Verschwinden der
> Freiheit geführt.[71]

Verkehrte Welt?: Der Südamerikaner mahnt den Europäer zur Einhaltung demokratisch-rechtsstaatlicher Prinzipien. Vielleicht hätte an
diesem Punkt, bis wohin sich die Polemik im Austausch argumen-
tierter Standortbestimmungen bewegt hat, das Nachdenken darüber
erst einmal beginnen müssen, auf welche — gleiche oder unterschiedliche — Weise die immerhin gemeinsame Sache der Freiheit und
Demokratie in Lateinamerika und in Europa verwirklicht werden
kann und in welcher Form ein Schriftsteller zur Konkretisierung
dieses Prinzips in seiner Gesellschaft beitragen sollte.

Ein Versuch dazu wurde auch unternommen. Im versöhnlich
gestimmten Schlußabsatz seines Briefes erklärt Vargas Llosa sich
gern bereit, die Einladung der Universität Menendez y Pelayo in
Barcelona anzunehmen, um im September 1984 mit Grass "über
diese und andere Themen zu diskutieren". Dieser lehnt jedoch ab.

Zu einem Nachspiel, einem ziemlich unerquicklichen, kommt es
kleine zwei Jahre später. Auf dem 48. New Yorker Treffen des PEN-
Clubs im Januar 1986 reitet Vargas Llosa frischfröhlich seine
Steckenpferde, indem er ausführt, daß literarisches Talent und intellektuelle Brillanz keine Garantie seien für Klarsicht in politischen
Dingen, und spekuliert, in Lateinamerika würde sich wahrscheinlich
immer noch eine Mehrheit der Schriftsteller und Akademiker für

70. Im Hinterhof. S. 823.
71. Brief an Günter Grass. S. 245.

radikale, antidemokratische Praktiken entscheiden, wenn sie das Sagen hätten:

Als der Kongreß der Vereinigten Staaten die 100 Millionen Dollar-Hilfe für die Contras bewilligte, beeilte ich mich, dagegen zu protestieren, denn ich betrachte dies als den unannehmbaren Eingriff eines mächtigen Landes in die Souveränität eines kleinen Landes, und ich habe keinen Zweifel, daß dieser Protest sich mit dem Protest zahlloser Schriftsteller von Mexiko bis Argentinien trifft. Wie viele von ihnen wären ebenfalls bereit, mit mir gegen die Schließung der Tageszeitung *La Prensa* in Managua zu protestieren, eine Maßnahme, die jeder Form nicht-offizieller Kritik und Information im sandinistischen Nicaragua ein Ende setzt?[72]

Und unter dem Beifall der anwesenden Amerikaner und vehementem Protest von Günter Grass, der sich zu scharfen Ausfällen gegen den "US-Kapitalismus" hinreißen läßt, vertritt er die These, in kommunistischen Gesellschaften werde der Schriftsteller vor das tragische Dilemma gestellt, entweder Hofdichter, der dem Staat zum Munde schreibt, oder Dissident zu sein.

Auf dem darauffolgenden PEN-Kongreß vom Juni desselben Jahres in Hamburg überhäuft ein wütender Günter Grass den abwesenden Kollegen mit Vorwürfen: Nicht nur diffamiere Vargas Llosa die vielen lateinamerikanischen Schriftsteller und Intellektuellen, die ihre demokratische Überzeugung mit dem Leben, Gefängnisstrafen oder Ausbürgerung gebüßt haben, auch schließe seine schematische Unterscheidung böswilligerweise die Zwischenposition zahlreicher bedeutender Autoren wie Voznesenski oder Rasputin in der UdSSR oder Günter de Bruyn und Christa Wolf in der DDR aus, die es unter großen Anstrengungen verstanden hätten, Distanz zum korrumpierten Sozialismus in ihren Staaten zu wahren, ohne mit dem Sozialismus zu brechen.

Den Eklat führt schließlich Vargas Llosas Bemerkung herbei, er halte den kolumbianischen Nobelpreisträger für Literatur, Gabriel García Márquez, trotz seines künstlerischen Genies für einen "Höfling" (*cortesano*) Fidel Castros, dessen (Márquez') Antiamerikanismus ihn blind gemacht habe für die wahre Natur des kubanischen Regimes, für das er sein Prestige bedingungslos einsetze. Noch in

---

72. Antwort an Günter Grass. A.a.O. S. 249. Die Polemik des Jahres 1986 läßt sich anhand von Vargas Llosas hier zitiertem Artikel sowie von Grass' Interview in *QUEHACER* rekonstruieren. Vgl. auch die *Frankfurter Allgemeine Zeitung* vom 11.4.1986.

Hamburg fordert Grass den Peruaner gleich in drei Telegrammen auf, sich für diese unkollegiale Verbalinjurie[73] zu entschuldigen, anderenfalls würde dieser aufhören, für ihn "ein tauglicher Gesprächspartner" zu sein. In seinem Interview vom 28. Juni 1986 für die peruanische Zeitschrift *QUEHACER* erläutert Grass seine Einschätzung des politischen Systems auf Kuba:

Die Art und Weise, wie die intellektuelle Opposition und überhaupt die Opposition in Kuba unterdrückt wird, widerspricht meinem politischen Empfinden. Ich halte es für verhängnisvoll, wie die kubanische Revolution — entgegen der geschichtlichen Entwicklung dieser Revolution und sicher erklärbar durch den amerikanischen Boykott — letztendlich doch unter den unheilvollen Einfluß der Sowjetunion gelangt ist und daß also Verhältnisse, die in allen Ostblockstaaten gang und gäbe sind — Zensur, Unterdrückung der Meinungsfreiheit, Unterdrückung von Kritik, Bestrafung von Intellektuellen mit Gefängnishaft etc. — in Kuba fortgesetzt werden, und das bis in unsere Zeit hinein. Ich bin davon überzeugt, daß die sozialen Verhältnisse sich in Kuba, gemessen am Zustand zuvor, gebessert haben für die Masse der Bevölkerung. Es blieb der Bevölkerung dort auch kein anderer Weg als die Revolution.[74]

Es mag deutlich sein: Die Differenzen gehen weit über eine bloße Inkompatibilität der Charaktere zweier sich als versierte Demokraten verschriftender Weltbürger hinaus, zwischen denen jedoch Kontinente liegen. Das letzte Wort nimmt Vargas Llosa. "Ich fürchte, daß diese Polemik es erschwert, daß wir eines Tages Freunde sein werden", heißt es in der an mehrere Presseorgane abgeschickten "Antwort an Günter Grass" ("Was haben Sie doch für eine merkwürdige Art zu polemisieren, verehrter Freund Günter Grass").[75] Die Weigerung des Peruaners, sich bei dem Deutschen für Gesagtes und Gemeintes zu entschuldigen, macht den Bruch perfekt.

---

73. Grass fiel einem Übersetzungsfehler zum Opfer. Er verstand das spanische Wort *cortesano* (Höfling) als Kurtisane.
74. Siehe Anm. 4.
75. U.a. an *Le nouvel observateur* (Paris). Nr. 1132 vom 18.-24.7.1986. S. 35ff, in *Gegen Wind und Wetter* "London, 28. Juli 1986" datiert.

Sjaak Onderdelinden

Zunge zeigen in den Zeitungen

Zunge zeigen[1] ist ein ungewöhnliches Buch. Ungewöhnlich waren zunächst die Entstehungsbedingungen. Obwohl ein längerer Calcutta-Aufenthalt (nach einem früheren Besuch, wie in *Der Butt* prächtig fiktionalisiert) von langer Hand geplant war, wurde Grass die Reise nach den *Rättin*-Verrissen als Flucht, ja als Emigration ausgelegt. Diese Ärgernisse aus unmittelbarem Anlaß, aber auch generelle Ermüdungs- und Verschleißerscheinungen liegen also der Reise gleichermaßen zugrunde — und werden mitgeschrieben:

> Wovon ich wegfliege: von Wiederholungen, die sich als Neuigkeiten ausgeben; von Deutschland und Deutschland, wie schwerbewaffnete Todfeinde einander immer ähnlicher werden; von Einsichten, aus zu naher Distanz gewonnen; von meiner nur halblaut eingestandenen Ratlosigkeit, die mitfliegt. Auch weg vom Gequatsche, von den Verlautbarungen weg, raus aus der Ausgewogenheit, den Befindlichkeiten, den ellbogenspitzen Selbstverwirklichungsspielen, Tausende Kilometer weg vom subtilen Flachsinn einst linker, jetzt nur noch smarter Feuilletonisten, und weg, weg von mir als Teil oder Gegenstand dieser Öffentlichkeit. — Ich weiß, daß in Bombay, spätestens in Calcutta der Igel mit dem bekannten Spruch schon wartet [...].[2]

Weil Letzteres natürlich zutraf und Grass auch in Calcutta Gegenstand der Öffentlichkeit blieb, wurde auch der Aufenthalt selber ungewöhnlich, vor allem durch die Grellheit des Kontrasts: ein Weltstar beschaut das indische Elend. Was dabei im Buch herauskommt: Scham, wie im Titel in indischer Verkleidung zum Ausdruck gebracht.

Vom August 1986 bis zum Januar 1987 lebten Grass und Frau Ute in Calcutta (in den Vororten Baruipur und Lake Town) und reisten zwischendurch nach u.a. Madras, Poona, Dakka (Bangladesh), zum

---

1. Darmstadt 1988.
2. Ebd. S. 17f.

Teil Touristen, zum Teil Bildungsbotschafter in Sachen Grass und Kultur im allgemeinen, zum Teil Beobachter. Aus der öffentlichen Existenz von Grass im Vergleich zum millionenfach gehäuften anonymen Elend ergibt sich einer der grellsten Kontraste: Geradezu selbstquälerisch werden im tagebuchartigen Reisebericht die zahllosen Häppchen und Törtchen, Speisen und Getränke festgehalten, mit denen Grass überall bewirtet wird, während er zwischendurch das Hungern und Sterben auf der Straße schreibend und zeichnend zu verarbeiten versucht. Solche Kontraste zu überbrücken, ist kein Mensch fähig. Aber immerhin blieb Grass bei seiner Art, auf Wirklichkeit zu reagieren: durch Aufzeichnen; und so wurde aus dem verstörenden und ungewöhnlichen Reiseerlebnis ein ungewöhnliches Buch mit dreigliedrigem Aufbau, bestehend aus einem beschreibenden und reflektierenden Reisebericht/Tagebuch/Notatesammlung (Seiten 15-109), schwarzweißen Tuschzeichnungen (vier Doppelseiten am Anfang des Buches, 49 im Mittelteil und drei am Schluß) und einem weitausladenden, dennoch kondensierenden und zusammenfassenden epischen Gedicht auf 23 Seiten als Schlußteil. Das Ganze sorgfältig gedruckt und schön herausgegeben — auch darin liegt ein gewaltiger Kontrast. Es gibt sogar eine "Vorzugsausgabe" mit einer signierten und numerierten Aquatinta-Radierung zu DM 220,-: greller kann man sich den Kontrast zwischen bibliophiler Aufmachung und dargestelltem Elend nicht wünschen — europäische Ästhetisierung der indischen Armut.

Bei so ungewöhnlicher Sachlage ist nun zu fragen, wie die Kritik auf dieses Buch reagierte. Natürlich ist die Literaturkritik der Zeitungen nur ein beschränkter Teil der Kommunikation über eine literarische Neuerscheinung, aber doch ein sehr aufschlußreicher. Und nach den *Rättin*-Verrissen konnte man extra gespannt sein, wie die Kritik auf den "neuen Grass" reagierte. Mit welchen Erwartungen nehmen die Rezensenten das Buch in die Hand? Welche Maßstäbe und Kriterien legen sie an? Was sind dabei ihre impliziten Voraussetzungen? Daß disparates Material zusammenkommen würde, war zu erwarten. Manche Kritiker finden gut, was andere schlecht finden, manche mögen die Zeichnungen, andere sind der Ansicht, daß Grass nicht zeichnen kann. Manche finden ihn unerträglich eitel, andere sympathisch. Usw. Das ist alles nicht besonders ertragreich. Aber die Frage nach den Kriterien führt mitten in die Diskussion über literarische Kommunikation.

Dabei kann und darf es natürlich nicht darum gehen, festzustellen, welche Kritiker *Zunge zeigen* 'richtig' und welche 'falsch' rezipiert haben. Das würde voraussetzen, daß eine übergeordnete Instanz eine korrekte Interpretation als Meßlatte der Adäquanz der Reaktionen vorlegen könnte. Da das bekanntlich nicht der Fall ist, können sich die Fragen der Rezeptionsanalyse nur auf die Bestimmung der jeweiligen Rezipientenposition und ihres Zustandekommens richten. Ausgangspunkt dabei ist die grundsätzliche Prozeßhaftigkeit literarischer Kommunikation, wie sie im Unterschied zur vorherigen interpretatorischen Festschreibung des ontologischen Kunstwerkstatus Anfang der siebziger Jahre programmatisch von Hans Robert Jauß formuliert worden ist: "Die Geschichtlichkeit der Literatur wie ihr kommunikativer Charakter setzen ein dialogisches und zugleich prozeßhaftes Verhältnis von Werk, Publikum und neuem Werk voraus, das sowohl in der Beziehung von Mitteilung und Empfänger wie auch in den Beziehungen von Frage und Antwort, Problem und Lösung erfaßt werden kann".[3] Dies ist bekanntlich die Basis für die seitdem vielberufene Theorie vom Erwartungshorizont, der ästhetischen Distanz und dem Horizontwandel. Zu berücksichtigen ist dabei jedoch, daß Begriffe wie das Dialogische und die Prozeßhaftigkeit, sollen sie nicht zu euphemistischen Kommunikationsmetaphern erstarren, voraussetzen, daß die im Zitat angesprochenen Relationen von "Frage und Antwort, Problem und Lösung" in dialektischer Dynamik zu sehen sind. Gäbe es definitive Antworten und Lösungen (und das wäre in der Literatur: die korrekte Interpretation), wäre der Dialog ja zu Ende. So kann es sich immer nur um neue Fragen und Antworten generierende Teillösungsvorschläge handeln, gerade das macht die Prozeßhaftigkeit der literarischen Kommunikation aus. Verliert man diese Notwendigkeit aus den Augen, so droht Rezeptionsästhetik in die vertraute Fahrbahn einer normativen Ästhetik zurückzuschwenken. Jauß demonstriert dies selbst, wenn er nach der Explizierung des Begriffes "Erwartungshorizont" seine vierte These wie folgt beginnt: "Der so rekonstruierbare Erwartungshorizont eines Werkes ermöglicht es, seinen Kunstcharakter an der Art und dem Grad seiner Wirkung auf ein vorausgesetztes Publikum zu bestimmen".[4] Die Bestimmbarkeit des Kunstcharakters entlarvt sich hier

---

3. Hans Robert Jauß: *Literaturgeschichte als Provokation der Literaturwissenschaft.* Hier zitiert nach Rainer Warning (Hg.): *Rezeptionsästhetik. Theorie und Praxis.* München 1975. S. 127.
4. Ebd. S. 133.

selbst als eine normative Kategorie, die sich geradezu in einem aporetischen Verhältnis zu einer die Ontologie des Kunstwerks abschwörenden leserorientierten Literaturwissenschaft befindet. Ähnliches gilt für die Erläuterung des zitierten Thesenanfangs: "Die Art und Weise, in der ein literarisches Werk im historischen Augenblick seines Erscheinens die Erwartungen seines ersten Publikums einlöst, übertrifft, enttäuscht oder widerlegt, gibt offensichtlich ein Kriterium für die Bestimmung seines ästhetischen Wertes her".[5] So offensichtlich scheint mir das nicht. Auch hier wird ganz explizit die Bestimmbarkeit des ästhetischen Wertes vorausgesetzt und somit eine richtende Instanz, die darüber ein Urteil zu fällen vermag. In diese Abgründe der Problematik literarischer Wertung sollte die Rezeptionsästhetik nicht hinabklettern — sie könnte sich nur an der Seilschaft subjektiver Geschmacksurteile wieder herausziehen. Was die Beschreibung der Rezeption eines neuen Werkes dagegen durchaus leisten kann, ist der Nachvollzug, die Rekonstruktion einer Kommunikationssituation: Zum Erscheinungszeitpunkt wurde das Werk so und so nach jeweils folgenden Kriterien gelesen. Das scheint bescheiden, ist aber anspruchsvoll genug. Denn Kommunikation ist eine komplizierte Angelegenheit, nach Niklas Luhmann auf einer Synthese dreier verschiedener Selektionen beruhend: "nämlich Selektion einer *Information*, Selektion einer *Mitteilung* dieser Information und selektives *Verstehen oder Mißverstehen* dieser Mitteilung und ihrer Information".[6] Das durch die Selektion einer bestimmten Mitteilungsform zustandegekommene Informationspotential ist ein Kommunikationsangebot, das partiell verstanden, aber auf Grund des vom Rezipienten instrumentalisierten Codes ebensogut mißverstanden werden kann. So kann es zu gravierenden Kommunikationsstörungen, bis zur Ablehnung des Angebots, kommen. Daß dies auf der Seite des Senders zu erheblichen Frustrationen führen kann, bedarf keiner Erläuterung und steht im übrigen auf einem anderen (psychologischen) Blatt. Hier geht es darum, die kommunikative Lage in bezug auf *Zunge zeigen* möglichst genau zu rekonstruieren und zu kategorisieren. Eines kann dabei schon vorweggenommen werden. Das Buch stammt von einem Schriftsteller, wird also unter literarisch-ästhetischen Aspekten gelesen worden sein; andererseits ist es, was

5. Ebd.
6. Niklas Luhmann: Was ist Kommunikation? In: *Information Philosophie*, März 1987. S. 4-16, l.c. S. 5f.

man üblicherweise einen Sachtext nennt, keine Fiktion, sondern Auseinandersetzung mit der Wirklichkeit von Calcutta: Es wird also sicherlich auch Rezipienten geben, die es als Indien-Buch gelesen haben.

Ebenso voraussehbar ist das Nebeneinander von positiven und negativen Rezensionen. Letzteres Gefälle von positiv zu negativ soll hier aus darstellerischen Gründen als Leitfaden der Argumentationssuche beibehalten werden. So ist die Besprechung von Fritz J. Raddatz[7] ungeteilt positiv. Er nimmt Grass in Schutz gegen das "Kritiker-Gemetzel" anläßlich der *Rättin*, wettert gegen "die Wirklichkeit der Bundesrepublik heute" und berichtigt die hämischen Gerüchte, Grass sei beleidigt nach Indien geflohen; die Reise sei schon längst geplant und vorbereitet gewesen, wenn auch zuletzt Kränkung hinzugekommen sei, den Abschied erleichtert und Eingang in das Buch gefunden habe: "Der Titel darf doppeldeutig verstanden werden". Dann aber verwendet Raddatz viel Sorgfalt auf die Beschreibung der künstlerischen Fähigkeit und Genauigkeit, mit der Grass die drei "Phasen" seiner Arbeit — Prosa, Zeichnungen und Gedicht — ineinandergefügt habe, und zwar nicht nur entstehungsgeschichtlich, wie in den Tagebuchnotizen nachzulesen, sondern auch im fertigen Endprodukt, was nachgewiesen wird an der leitmotivischen Funktion des Farbsymbols "schwarz" in allen drei Teilen: "Man sage nicht, dies sei kein kunstvolles [sic!] Mäander". Im nächsten Argumentationsschritt wird die Kunstfertigkeit auf die zentrale Position des Autor-Ichs bezogen:

> Grass hat nicht nur einen seltsamen Schwebezustand seiner drei artistischen Fähigkeiten — Prosaautor; Graphiker; Lyriker — ausbalanciert. Er hat auch, mit eben diesen Mitteln, den eigenen (ausbalancierten?) Schwebezustand zu definieren versucht. Es ist entstanden, 8500 Kilometer entfernt von Deutschland, ein deutsches Buch. Und ein Buch nicht nur *von*, sondern eines *über* Grass. Zu reden ist nicht von einem übellaunig gegen verletzende Kritik Aufmuckenden. Zu reden ist von der Entwicklung eines Schriftstellers.

Nach einem bedauernden Wort über die Reich-Ranicki-Fehde, die Grass, weit unter seinem Niveau, auch in *Zunge zeigen* habe einfließen lassen, versucht Raddatz der "Spur von Verfinsterung in der Weltsicht — also: im Werk dieses Autors" unter dem Aspekt der

---

7. Fritz J. Raddatz: Literatur und Lüge. In: *Natur* 10 (1988). S. 50-52.

schon seit dem *Tagebuch einer Schnecke* sichtbaren Resignation habhaft zu werden. Aus der in *Zunge zeigen* erzählten Bevorzugung des letztlich "offen, neugierig, leidensfähig" bleibenden Lichtenberg vor dem nur noch pessimistischen Schopenhauer schließt Raddatz:

> Dies, am ehesten, ist Grass' Haltung. 'Jetztzeit Letztzeit' heißt es in jenem 9. Vers des Gedichts, der mit dem Satz 'Geplant war Flucht' beginnt. An dieser Einsicht, wir wissen es aus der *Rättin*, würgt Grass wie an einem Erstickungsanfall. Ihr ringt er Trotz ab und eine staunenswerte Kraft; manchmal, so fragt man sich, auch eine große Naivität? (Denn, kaum zurück, zog er doch wieder — für Björn Engholm — in den Wahlkampf.) Die Reise nach Indien, so scheint es, war zuallererst eine Reise durch den eigenen Kopf.

In der Haltung des "dennoch" sieht Raddatz die Konstante bei Grass, symbolisiert im immer wieder, auch in *Zunge zeigen*, zurückkehrenden Sisyphos-Mythos. So sei das Buch eben das Protokoll einer Kopfreise und kein Indien-Buch. Grass sei kein Zeitungsreporter, und wer präzise Informationen über Indien wolle, könne sich anderswo bedienen. Raddatz sieht *Zunge zeigen* also vorrangig als sorgfältig gearbeitetes Kunstwerk, das beredtes Zeugnis ablegt von dem Ringen um Selbstverständnis des Autors und in diesem Sinne einen bedeutungsvollen Beitrag zu Grass' eigener Entwicklungsgeschichte darstellt.

Auch Heinrich Vormweg[8] referiert zunächst die Vorgeschichte der Indienreise, zuerst aus Grass' Sicht und dann in der häßlichen Verzerrung des publizistischen Vorurteils, um dann folgendes dezidierte Urteil zu fällen:

> Es lohnt sich, das so wirkungsvoll lancierte Vorurteil zu überprüfen — es stimmt hinten und vorn nicht. *Zunge zeigen* kommt der Wahrheit dessen, worum es hier geht, der Wahrheit des menschlichen Elends in der außerhalb der Wohlstandsinseln galoppierend verkommenden sogenannten Dritten Welt literarisch und künstlerisch so nahe wie kein anderes mir bekanntes Werk.

Vormweg referiert dann den Aufbau, erklärt den Titel, betont die Verwobenheit der drei Teile und nimmt Grass gegen seinen eigenen Begriff von der "Ästhetik der Armut" in Schutz: "Was Grass als 'letztmögliche Schönheit' bezeichnet, das ist Zeichen der Mensch-

---

8. Heinrich Vormweg: Die Scham und die Würde. In: *Der Tagesspiegel* vom 5.10.1988.

lichkeit, der Würde noch der Elendesten", und dies mit der Scham des Durchreisenden festzuhalten, sei etwas ganz anderes als eine Ästhetisierung der Armut. Grass habe aus seinem deutschen, europäischen Bewußtsein heraus seine indischen Erfahrungen eindrucksvoll dokumentiert, und so kommt Vormweg zu folgendem Fazit:

> *Zunge zeigen* ist kein auf Vollständigkeit und vorgebliche Objektivität angelegtes Indienbuch, sondern ein Buch von Günter Grass, der nur gelten läßt, was in seiner eigenen Erfahrung, vor seiner eigenen Befragung Bestand hat. Vieles kommt vor, von der Kolonialgeschichte Indiens bis zu den Leichenverbrennungen, von den aktuellen politischen Zuständen bis zu den Palastruinen und den kulturellen Ambitionen der Stadt, die es trotz allem auch gibt. Doch dominierend und auf sich selbst beharrend steht im Vordergrund die in Sätzen und Zeichnungen beglaubigte Erfahrung des Schriftstellers und Zeichners. Sie schafft, meine ich, mehr Objektivität als Statistiken und allgemeine Schilderungen. Erschütternd spürbar wird so in diesem Buch die Scham gerade derer, die krank werden an dem Elend, aber sich doch jederzeit aus ihm retten können, und die Würde derer, die ihm in seiner ganzen Gewalt hilflos ausgeliefert bleiben.

Vormwegs Kategorisierungssystem sieht gegenüber Raddatz von der literarhistorischen Einordnung in die Entwicklungsgeschichte des Autors ab, ist sich jedoch in der literarisch-ästhetischen Hochschätzung völlig mit ihm einig, und fügt den Aspekt der Wahrheit der Indien-Erfahrung hinzu.

Gisela Widmer[9] hat *Zunge zeigen* ebenfalls positiv besprochen, allerdings unter dem überraschenden Aspekt der von ihr konstatierten Grassschen Sprachlosigkeit. Die Beschreibung des in Calcutta versuchten Alltagslebens sei mit Banalitäten angereichert, wie etwa mit dem Vermerk "Wieder Stromsperre". "Gerade wegen dieser Banalitäten — die in Indien häufig genug ihren banalen Charakter verlieren und zu eigentlichen Lebensinhalten werden — ist *Zunge zeigen* eines der faszinierendsten Dokumente, die ich je über Indien gelesen habe". Sie liest den Tagebuchbericht als Prozeß der Distanzierung von Calcutta, als ein Scheitern an der indischen Wirklichkeit. Mit dem bitter-ironischen Anfangssatz "Kalkutta wäre ein großes Thema, gewiß" leitet sie eine fast ein Drittel ihrer Rezension umfassende

9. Gisela Widmer: Kein neues Wort für Scham. Günter Grass' *Zunge zeigen*: vor Indiens Elend versagt die Feder. In: *Die Weltwoche* vom 17.11.1988.

Auflistung der erdrückenden Probleme Calcuttas ein und beschließt diese Elendsbeschreibung mit:

> Ein fantastisches Thema, nicht? Grass läßt die Finger davon. Statt dessen zeigt er Scham in Form von Kalis, der Göttin, rausgestreckter blutroter Zunge, die sich durchs ganze Buch zieht [sic!]. Das unbeschreibliche Leid, die gewaltigen Dimensionen der Probleme werden für Grass tatsächlich unbeschreiblich. Und genau aus diesem Grund, weil Grass (indirekt) dazu steht, daß ihm in Anbetracht von so viel Elend die Feder versagt — der wohl höchste Ausdruck von Scham —, ist *Zunge zeigen* ein wichtiges Dokument.

Die wiederholte Verwendung des Begriffes "Dokument" für *Zunge zeigen* deutet schon an, daß die Rezensentin sich überhaupt nicht für den etwaigen Kunstcharakter des Buches interessiert, sondern es nur als Indien-Buch wahrnimmt. Konsequenterweise kommen Bildteil und Gedicht nicht zur Sprache. Offensichtlich aus eigenem Indien-Engagement heraus liest sie den Tagebuchteil als Dokument einer erschütternden Indien-Erfahrung, die den Schriftsteller "sprachlos" gemacht habe, weil das Elend so "unbeschreiblich" sei, wobei das Eingeständnis, ihm "versage die Feder", als "höchster Ausdruck von Scham" positiv bewertet werden muß. Diese Rezeptionsstrategie interpretiert *Zunge zeigen* also als eindrucksvolles Indien-Buch, aber sie ist bedauerlicherweise gleichzeitig mit einem gewissen Exklusivitätsanspruch dieser Lesart verbunden:

> Ob allerdings Günter Grass ein für seine Lesergemeinde nachvollziehbares und großes (Tage-)Buch geschrieben hat, ist eine andere Frage. Viele, allzu viele, werden mit *Zunge zeigen* nichts anfangen können: sporadische Indienfahrer und Drittweltapostel etwa, 'sanfte Indologen' und Bewunderer schöngeistigen Schrifttums. Denn was soll ihnen die Feststellung 'Wieder Stromsperre' bedeuten?,

so lautet der Schluß dieser Rezension. Aus der Negation der im Zitat aufgelisteten Kategorien läßt sich in etwa die Position der Rezensentin ableiten — auf jeden Fall als eine der wenigen, allzu wenigen, die *Zunge zeigen* verstanden haben wollen: ein typisches Beispiel einer selektiven Lektüre, in diesem Fall immerhin zu einer positiven Rezeption führend.

Läßt dies wenigstens auf eine teilweise gelungene Kommunikation schließen (und das ist nicht wenig!), im Rezeptionsmaterial gibt es auch die glatte und totale Kommunikationsverweigerung. Martin Ebel[10] beschließt seine entsprechend kurz ausgefallene Besprechung mit folgendem Urteil:

> Was Grass also aus Indien mitgebracht hat: den Beweis, über Indien nicht schreiben zu können (dichten übrigens auch nicht). Das ist keine Schande. Aber auch keine Leistung. Allenfalls: sympathisch.

Die Sympathiebekundung überrascht, denn in der Rezension deutete nichts auf sie hin. Sie besteht ausschließlich aus pauschalen Disqualifizierungen. Zur Struktur der drei Teile: "Aufeinander bezogen, ineinander verwoben sind sie erkennbar nicht"(weil sie nacheinander stehen...). Zum Inhalt: der Ausdruck der europäischen Scham vor dem indischen Elend: "Wird sie produktiv, künstlerisch oder politisch? Weder noch. Grass' Unbehagen [...] dringt weder zur Kraßheit der Anschauung noch zur schneidenden Schärfe der Analyse vor, bleibt gestörter Gemütszustand". Das Kriterium der Produktivität scheint Kraßheit der Anschauung und schneidende Schärfe der Analyse zu verlangen — beides wird vom Kritiker vermißt. Seine Kritik mündet in den Vorwurf der "peinlichen Kleinlichkeit" (der Ausfall gegen die FAZ) beim "großen Schriftsteller", eine Ironie, die nur noch einmal belegt, daß hier kein Verständnis gesucht (Kommunikation hergestellt), sondern nur abgeurteilt (Kommunikation verweigert) wird.

Ist bei Ebel die Kommunikationsverweigerung noch einigermaßen sachlich formuliert, Klaus Reitz[11] kleidet sie in Beschimpfungen ein. Grass habe sich nach den vernichtenden *Rättin*-Kritiken "aus dem Staub gemacht", sei "aus Deutschland geflohen", biete nun aber "bildungsbeflissen" und "erlebnishungrig" nichts weiter als "Klatsch aus der Privatsphäre" und "Hofberichte".

> Was ist sein Buch aber: ein Dokument der Betroffenheit, Ethno-Poesie eines Zivilisationsmüden, Tagebuch eines Kurs-Aussteigers? Gewiß von allem ein bißchen, doch über weite Strecken gleicht es eher einem flachen, voll dürrer Beschreibungen trockenen Erinnerungsalbum [...]. Aus der barocken Sprachwucht von einst ist in seinen indischen Reise-Impressionen eher literarische Dünnsäure geworden.

10. Martin Ebel: Scham und Unbehagen. In: *Badische Zeitung* vom 15./16.10.1988.

11. Klaus Reitz: Die Erlebnisse des Indienfahrers Günter Grass. In: *Mannheimer Morgen* vom 3./4.7.1988.

Zwar fallen fürs Gedicht und die Zeichnungen einige günstigere Worte ab, aber insgesamt beschäftigt sich diese Rezension nur mit Äußerlichkeiten und Kleinigkeiten, scheint sich um ein Zustandebringen von Kommunikation nicht sehr zu kümmern. Grass habe sich selbst und dem deutschen Literaturbetrieb entfliehen wollen, was ihm nicht gelungen sei, wie das Erscheinen von *Zunge zeigen* belege. "Und deshalb wird er weiter mit seinen Kritikern leben müssen". So hat Reitz die Kommunikation über das Buch auf den leidigen Kritikerstreit verlagert und reduziert.

Übrigens spielt dieser Kritikerstreit auch in vielen anderen Rezensionen eine Rolle, auch in eher verständnisvoll-kritischen Äußerungen. In der *taz*[12] handelt fast die Hälfte der kurzen Besprechung von diesem Thema, jedoch nicht in der gehässig-kampflustigen Weise von Reitz, sondern eher mit der Tendenz ironisch-wohlwollender Ratschläge an den Autor:

> Nie wäre ich auf die Idee gekommen, daß ein paar Kritiker den weltweit einflußreichsten Autor der bundesrepublikanischen Literatur so kränken, so verbittern könnten. Was scheren ihn die Meinungen von taz bis FAZ? Warum kann er nicht lächeln über sie? Wieso scheinen sie ihm wichtiger als Salman Rushdie, der nicht müde wird, die *Blechtrommel* sein großes unerreichtes Vorbild zu nennen? Warum will er unbedingt von Reich-Ranicki geschätzt, geliebt werden?

Und es herrscht bei dem Rezensenten Unverständnis darüber, daß Grass sich in eigener Sache als "trotzig-beleidigte Leberwurst" aufführe, während er gleichzeitig in *Zunge zeigen* manch anderen Autor kritisiert, und zwar "nicht so zart wie er sich die Kritik an seinen Arbeiten zu wünschen scheint. Glücklicherweise". — Die andere Hälfte ist dem Lob "der Beobachtungen, die Grass festhielt", gewidmet. Er halte Szenen fest, "die ganze Berge sozialwissenschaftlicher Literatur ersetzen", und "diese Beobachtungen machen *Zunge zeigen* zu einem wichtigen Buch". Zwar wird an einer Szene kritisiert, Grass habe durch schwache Formulierung deren revolutionäres Potential verschenkt, aber insgesamt erlaubt die sozialkritische Perspektive diesem Rezensenten eine durchaus positive Einschätzung.

Zwei ganz ähnlich, nämlich wohlwollend-kritisch argumentierende Rezensionen kommen zu komplementären Ergebnissen: für die eine

---

12. Kalkutta. In: *taz* vom 9.8.1988.

ist das Schlußgedicht, für die andere der Reisebericht der einzig gelungene Teil des Buches. Gerhard Schmidt-Henkel[13] verwendet das Kriterium der Überzeugungskraft: "Denn der Tagebuchschreiber überzeugt durch eines: durch seine Aufrichtigkeit in der unmittelbaren Wiedergabe seiner Eindrücke. Er überzeugt nicht mit den ästhetischen Mitteln seiner Erzählstruktur". Er gewinnt dem Titel des Buches eine weitere Bedeutung ab:

Und Zunge, lateinisch Lingua, heißt ja auch Sprache, Vortrag, Rede. Grass spricht, damit wir ihn auf seiner Reise sehen. Das gelingt. Er will auch sprechen, zeichnen, dichten, damit wir indisches Elend sehen. Das bleibt verschwommen.

Mangel an Überzeugungskraft, Verschwommenheit: das sind einigermaßen diffuse Kategorien, die, unerläutert und unbelegt, subjektive Geschmacksurteile bleiben. Demgegenüber lobt er das Gedicht wegen der Offenheit für die Phantasie:

Das Gedicht führt sein Eigenleben. Es ist auch ohne die beiden anderen Medien verständlich in dem Sinne, daß es der Phantasie des Lesers Räume läßt. Hier siedelt das Entsetzen, das Grass in seiner Prosa vermischt mit Klagen über Hitze, Stromausfall und Muskelschwund; hier auch siedelt das Entsetzen, das er in seinen Zeichnungen mit breitem Federstrich verwischt.

Zwar mutet es eigenartig an, daß das Verschwommene und Verwischte der Phantasie des Lesers keinen Raum lassen könnten, aber so lauten nun mal die Argumente dieses Kritikers. Und immerhin ist festzustellen, daß er sich weitgehend auf das Kommunikationsangebot von Grass eingelassen hat und es auch für den Gedichtteil annimmt. Die Ablehnung der beiden anderen Teile geht auf subjektive Kriterien zurück, die die Kommunikation blockieren.

In der *Neuen Zürcher Zeitung*[14] führt die gleiche Kategorie der Überzeugungskraft zum umgekehrten Ergebnis. Vor dieser Kritikerin hat nur der Prosateil Bestand:

Nicht jeder Form gelingt die Umsetzung mit gleicher Überzeugungskraft. Der einfache Bericht, der doch schriftstellerisch ambitioniert und streng auswählend ist, dabei immer offenbleibt, erweist sich als die angemessen-

13. Gerhard Schmidt-Henkel: Bericht einer Verstörung. In: *Saarbrücker Zeitung* vom 13.10.1988.
14. B.v.M.: Eine ungerufene Liebe. In: *Neue Zürcher Zeitung* vom 16.9.1988.

ste. [...] Jede konsequente Durchformung, wie sie mit der Rhythmisierung des vielstrophigen, über zwanzigseitigen Gedichts *Zunge zeigen* gefordert ist, widerspricht dem Befund des unablässigen Formverlusts. Weniger noch genügen die Tuschzeichnungen in ihrer angestrengten Kompaktheit und ihrem angestrebten Abbildungscharakter, mit ihrem gespannten, gleichsam abschließenden Strich.

Wie subjektiv die Rezeption ist, geht gerade aus der Wertung der Zeichnungen deutlich hervor: was bei Schmidt-Henkel "verwischt" war, erscheint hier mit einem "gespannten, gleichsam abschließenden Strich". Für diese Rezensentin geht die Überzeugungskraft also aus der Offenheit der Form hervor, die alleine dem "unablässigen Formverlust" des Elendserlebnisses entspreche. Beide zuletzt erörterte Rezensionen gehen ausschließlich von subjektiven ästhetischen Maßstäben aus, die es immerhin beiden, wenn auch auf sehr verschiedene Weise, erlauben, Zugang zu *Zunge zeigen* zu finden. Vor allem im letzten Beispiel wird damit die von Grass selber vorgeschlagene "Ästhetik der Armut" über Formverlust und Forderung der formalen Offenheit zum ausschlaggebenden Kriterium.

Auch Martin Lüdke,[15] unter dem kalauernden Goethe-Verschnitt-Titel "Halb zog es ihn, halb floh er hin", thematisiert die Ästhetik der Armut, diskutiert sie einläßlich, aber kommt zu einem negativen Ergebnis:

Ich bezweifle, vielleicht aus Unkenntnis und eurozentristischer Borniertheit, die Tragfähigkeit dieses Einfalls. Ich bezweifle nicht, daß die Gegenstände benannt werden 'wollen', erst recht nicht, daß sie, um benannt zu werden, ästhetisch organisiert werden müssen, schon gar nicht, daß Grass dies auf beeindruckend überzeugende, auch erschütternde Weise zuweilen gelungen ist. Nur: eine Ästhetik der Armut, wie er sie andeutet, kann es nicht geben. Sie schlägt nämlich zwangsläufig ins Moralische um (und moralisch läßt sie sich nicht begründen: absolutes Elend kann, moralisch betrachtet, nie als schön gelten!).

Seine These, gleichzeitig Beurteilungskriterium, lautet daher, daß heutzutage moralische Appelle kritischer Intellektueller nicht gefragt seien, sondern gefragt sei lediglich gute Literatur. Im Reisejournal habe Grass sich denn auch übernommen, trete zu angestrengt als Aufklärer auf. Zu weitschweifig, detaillistisch sei das alles, trotz

15. Martin Lüdke: Halb zog es ihn, halb floh er hin. In: *Frankfurter Rundschau* vom 4.10.1988.

punktueller Erfolge.

Grass sollte zuweilen seine Redelust zügeln und dafür seine Bücher sprechen lassen, also 'Zunge zeigen', wie am Ende seines neuen Buches, in dem langen, erzählenden, schwarzen Gedicht 'Schwarz ist die Göttin', schwarz die Gottheit dieser schwarzen Stadt, die hier imaginiert, beschworen und gebannt wird in vielen, unzähligen Schattierungen, wie sie (vielleicht) nur Grass beschreiben kann.

So genügt wenigstens das Gedicht dem anti-moralischen, ästhetisch-literarischen Anspruch und setzt den Kritiker in den Stand, das Kommunikationsangebot *Zunge zeigen* zu einem Teil anzunehmen.

Hans J. Geppert[16] hat das Buch "mit nach Kalkutta genommen", um es vor Ort zu überprüfen. Zu erwarten ist also, daß in dieser Rezension weniger der Kunstcharakter als das Indienerlebnis im Vordergrund stehen wird. Dementsprechend ist das Thema der Besprechung: die Unsagbarkeit des Elends.

Während des Fluges von Frankfurt nach Delhi, Anschluß nach Kalkutta, lese ich *Zunge zeigen* und bin bereits während der Lektüre entsetzt. Ich meine zu lernen, was mich erwartet. Und muß Tage später feststellen, daß das Gelesene allenfalls eine Ahnung war. Kalkuttas Elend ist größer. Unsagbar.

Auch er versucht dann allerdings, der Wirklichkeit Calcuttas mit Daten und Fakten gerecht zu werden, wobei eine Reportage zustandekommt, die dem Bericht von Grass weitgehend ähnelt — im Faktischen der Elendsbeschreibung. Zunehmend kommt dann bei Geppert Ärger auf über Grass' "Flucht ins Private", über all diese Einzelheiten aus Grass' Alltag, Lektüre, Selbstreflexionen, kulturelle Visiten usw., dies ist für den Rezensenten "gänzlich ohne Interesse". Sein Bericht wird Grass gegenüber immer hämischer und höhnischer, und das Fazit lautet:

Auf dem Rückflug von Kalkutta nach Frankfurt lese ich *Zunge zeigen* noch einmal. Mich entsetzt nicht mehr der Versuch, Elend zu schildern, dem sich die Sprache versagt. Mich entsetzt ein Egomane, der stakkatohaft Sätze aneinanderfügt, ohne Wesentliches mitzuteilen, der Termine nennt, die niemanden interessieren, der Namen reiht, die keiner kennt, der Details zusammenträgt, die nicht zusammengehören. Da hat es einem angesichts des Elends dieser Welt die Sprache verschlagen. Aber er

---

16. Hans J. Geppert: Elend, das die Sprache sprengt. In: *Deutsches Allgemeines Sonntagsblatt* vom 11.12.1988.

spricht weiter. Freilich: Wer je in Kalkutta war, lernt auch, Grass zu verstehen. Mancher, der sich schämt, wird geschwätzig.

Die Idee, das Buch unmittelbar mit der Wirklichkeit Calcuttas zu konfrontieren, mag für eine normale Zeitungsrezension etwas abwegig sein. Als versuchte Kommunikation ist es immerhin ein Einfall, auch wenn er sich als wenig gelungen herausstellt. Dennoch scheint mir der Abstand von der ähnlich nur die Calcutta-Wirklichkeit thematisierenden Rezension von Gisela Widmer nicht besonders groß zu sein. Auch sie betonte das Elend Indiens bei Sprachverlust des Autors. Und der bei Geppert hinzukommende Ärger wird ja (kommunikativ versöhnlich) am Schluß zu Verständnis abgemildert. In seiner Betroffenheit durch das unermeßliche Elend äußert er Hochschätzung vor den Zeichnungen: "Die sagen mehr über Kalkutta, über Indien (und über Grass) als alle Worte zusammen".

Stärkere Ablehnung geht mit krasseren Formulierungen und Ironisierungen einher. Wenn Heimo Schwilk[17] das Urteil fällt:

> Calcutta, von den Kommunisten regiert und von Lepra, Seuchen, Hungernden und Sterbenden beherrscht, ist für den komfortzivilisatorisch verwöhnten Europäer eine ungeheure Provokation. Günter Grass, dem sprachmächtigen Milieuspezialisten, hat es darüber die Sprache verschlagen,

so bietet ihm das Gelegenheit, dem Autor "Ressentiment", "Banalitäten", eine "oft schlampige" Sprache vorzuwerfen, die 'Ästhetik der Armut' als "konsequente Verweigerung von Sinngebung durch Form" zu verstehen und Grass dementsprechend die Gedichtform als Inkonsequenz anzukreiden, die obendrein noch eine "(mißlungene) Rhythmisierung" zeige. Die Geschmacksurteile sind jedoch nur Nebenprodukte eines grundsätzlichen Einwands gegen den "Grauschleier des Mißvergnügens", der sich über alle Beobachtungen ausbreite und der dahingehend erklärt wird, daß der Autor verharre "auf einer Schwundstufe der Wahrnehmung, die ausdrücklich auch alle spirituell-religiösen Bezüge unterschlägt". Wer vom Erwartungshorizont der dem Elend einen Sinn gebenden Religiosität ausgeht, kann den Schilderungen von Grass nicht zustimmen. Im abschließenden Kommentar zur Tragfähigkeit des Kali-Symbols heißt es denn auch:

17. Heimo Schwilk: Mit Schopenhauer und Fontane durch den Müll. In: *Rheinischer Merkur/Christ und Welt* vom 7.10.1988.

Kali, die Göttin der Zerstörung, steht bei Grass für Hoffnung *und* Schrekken, für den Irrsinn der Kreatürlichkeit *und* für die Chance der Veränderung. Doch so eingängig das mythische Bild zu sein scheint, so wenig ist letztlich damit gesagt. Vor allem deshalb, weil Grass alles Transzendente, alle der irdischen Imperfektibilität einen Schein von Sinn gebende Deutung scheut wie der Teufel das Weihwasser. In dieser trostlosen Immanenz scheint mir die größte Provokation dieses Buches verborgen zu sein.

Fehlende Transzendenz führt zu trostloser Immanenz — das Normensystem dieses Kritikers, und damit der ihm zur Verfügung stehende Entschlüsselungscode, sind zu weit von denjenigen des Buches entfernt, um etwas anderes als ein nur sehr partielles Verständnis und letztlich Ablehnung zu ermöglichen.

Harald Hartung[18] ist freier von solchen Vorurteilen und referiert den Tagebuchteil sehr viel zustimmender, wobei — und das ist in den Rezensionen eine Seltenheit — viel sympathisierende Aufmerksamkeit auf Ehefrau Ute als Kontrastfigur zum vitalen und viel mehr aushaltenden Grass verwendet wird. Die aus ihrer Lektüre rührende leitmotivische Inanspruchnahme von Fontane als Reisebegleiter und Nebenbuhler wird zwar als "bloße Einfallsverwertung" beiseitegeschoben, verstellt aber nicht den Blick für Grass' Betroffenheit:

> Wenn dieses Elend schon nicht mehr zum Himmel schreit, sondern 'von Tag zu Tag geregelte Existenz' ist, scheint jeder Gedanke an Eingreifen oder Hilfe illusorisch. Davon ist auch der Grasssche Reformismus betroffen, der doch einst unverwüstlich wirkte. Interesse ist noch vorhanden, der Impetus aber gebrochen. Skepsis überwiegt.

Aber mit dem Verständnis ist gleichzeitig auch der erheblichste Vorwurf Hartungs ausgesprochen: der Mangel an (Appellen zum) Eingreifen, die Skepsis. Die von Grass geschilderte Schwärze und seine Ratlosigkeit sind für Hartung nicht akzeptabel, wie sich auch an seiner Interpretation des Kali-Symbols zeigt:

> Die Göttin zeigt Zunge, aber sie spricht nicht. Jedenfalls nicht zu Europäern. Sie macht nur ratlos. Das ist das Dilemma der von Grass annektierten Figur. Kali gibt den Reiseaufzeichnungen ein Zentrum, aber es ist so schwarz wie leer. Es verweigert sich dem Zugriff der Sprache.

18. Harald Hartung: Die schwarze Göttin. In: *Frankfurter Allgemeine Zeitung* vom 3.9.1988.

Daher wirkt vieles in den Notaten zufällig, marginal — an den Rand geschrieben.

Die Argumentation verläuft also über Ratlosigkeit — Sprachverweigerung — Unverbindlichkeit, was zu einer negativen Bewertung führt, weil Hartung von Grass 'unverwüstlichen Reformismus' verlangt. In den Zeichnungen erkennt Hartung denn auch nur "monotone Chiffren unendlichen Elends", die ihm zwar "als der authentische Ausdruck dessen, was Günter Grass in Kalkutta erlebte", erscheinen, aber als solche nicht genügen. Und aus dieser Enttäuschung, die auf einem verfestigten Grass-Bild basiert, erfolgt auch eine harsche Ablehnung des Gedichts:

> Ich halte es für mißlungen. Was sonst die Stärke des Lyrikers Grass ausmacht, die präzise Mischung von Groteske und Realität, wird hier durch Routine, durch rhetorische Evokationen und Ironien ersetzt. Motive werden reihenweise wiederholt, die in der Tagebuchprosa lebendiger und anschaulicher erfaßt sind. Das Gedicht ist eine Etüde, die auch der Autor vergessen sollte.

So verläuft diese Rezension von einer zunächst recht einläßlichen Annahme des kommunikativen Angebots zu dessen zum Schluß schroffen Verweigerung — wegen enttäuschter Erwartung.

Aber auch der genau entgegengesetzte Fall tritt ein. Jürgen Jacobs[19] spendet dem Gedicht ein uneingeschränktes Lob:

> Der bedeutendste Teil des Buches indessen sind die letzten zwanzig Seiten, auf denen Grass ein poetisches Konzentrat seiner indischen Erfahrungen gibt. Es gelingen ihm kraftvolle, kompakte Verse, die zwingender und zupackender wirken als die Aufzeichnungen seines Journals. Hier gibt es keinen betulichen Dialog mit Fontane mehr, keine feinsinnigen Anmerkungen zu Thomas Mann. Sondern hier ist das Gesehene, Gehörte, Gerochene, Gedachte in prägnante lyrische Formeln gebracht. Die Texte spiegeln Schrecken und Mitleid, lassen aber auch Selbstzweifel spüren und haben Raum für Kritik und Ironie.

Die "ratlose Teilnahme", bei Hartung auf Grund des mangelnden reformistischen Engagements kritisiert, ist für Jacobs gerade ein Positivum. Problematisch ist für ihn eher der Tagebuchteil, in dem sich zeigt, daß Grass "aus seiner Haut als europäischer Literat nicht herauskann". Das führe dann zu Behauptungen von der "letztmögli-

---

19. Jürgen Jacobs: Mit Fontane nach Kalkutta. In: *Kölner Stadt-Anzeiger* vom 16.9.1988.

chen Schönheit" des Elends, die Jacobs wie folgt kommentiert:

> In dieser ästhetisierenden Romantik sind offenbar die letzten Regungen einst gehegter sozialistischer Überzeugungen wirksam. Längst nämlich hat das Elend in Bengalen, wo die Kommunisten seit Jahren an der Regierung sind, alle Hoffnung auf linke Politiker widerlegt.

Wo Grass sich selbst, die "mitgebrachten Probleme und Interessen" einbringe, "bleibt das Bild Kalkuttas über weite Strecken blaß". Wo seine "Irritation und Ratlosigkeit angesichts der Realität Indiens" sich darin zeigt, daß ihm "das Elend immer mehr als naturgegebenes, unabänderliches Faktum" erscheint, wirke Grass überzeugender. Also: Je weniger Sozialismus, desto besser das Buch.

Die wohl wütendste Rezension stammt von dem Schriftstellerkollegen Peter O. Chotjewitz.[20] Angriffsflächen sind sowohl der literarische wie der politische Gehalt von *Zunge zeigen*. Literarisch kritisiert Chotjewitz wenig zimperlich "verhunzte Sätze", "die Verquastheit jedes Diskurses", "triviale Schwatzhaftigkeit", den "miserablen Stil" und die "zahlreichen Stilblüten".

> Grass mag versucht haben, aus Kleinigkeiten große Literatur zu machen: die Armbanduhren der Leichenträger, die Hühner im Baum, das plärrende Radio. Das aber kann er nicht. Der treffliche Satz, der alles enthält, ist nicht seine Stärke — war es nie.

Spott und Häme scheinen federführend, wo Chotjewitz die Rolle der Göttin Kali erörtert:

> Grass wäre nicht Grass, wenn es in seinem Reisebericht nicht auch eine mythologische Figur gäbe: die schwarze Göttin Kali, in der Lobhudler bereits die Inkarnation der schwarzen Köchin seines ersten, auch diesmal wieder unerreichten ersten Romans erblickt haben.

Jedenfalls kann von einem ernstzunehmenden Erwartungshorizont wohl kaum noch die Rede sein, wenn er sich darin erschöpft, von jedem neuen Grass-Buch schadenfroh festzustellen, es sei schon wieder bei weitem keine neue *Blechtrommel*. Die Kommunikationsverweigerung wird in der Beurteilung von Zeichnungen und Gedicht drastisch klar:

> Die Zeichnungen mag ich nicht, aber ich habe Grassens zeichnerisches Werk nie gemocht und habe den Verdacht, daß er nicht zeichnen kann.

20. Peter O. Chotjewitz: Nichts an, aber 'n Helm auf. In: *Deutsche Volkszeitung/Die Tat* vom 7.10.1988.

Reisebericht und Gedicht mehrfach nebeneinander gelesen, geben Aufschluß über die Entstehung des lyrischen Finales. Man drückt den Reisebericht durch ein Haarsieb, läßt es gut abtropfen, und verteilt die Brühe kurzzeilig über die Seiten zum Trocknen.

Das satirische Rezept als Verriß — hier können zwei Kollegen kommunikativ zueinander nicht kommen. Auf der Suche nach dem Grund für Chotjewitz' Grass-Verachtung stößt man auf politische Motive. Die "Ästhetik der Armut", die in den elenden Slumhütten noch eine "letztmögliche Schönheit" entdecken will, wird von Chotjewitz sarkastisch kommentiert:

Zu fragen ist bei einer derart verklemmten Optik höchstens, wann die erste Hütte, Modell Calcutta, in Grassens Grasgarten in Wewelsfleet aufgestellt wird. Grass sieht mit dem Blick des reichen Mannes. Es gibt Stellen, die man ihm um die Ohren schlagen sollte. Beim Anblick Obdachloser notiert er: 'Wie theatralisch der Feuerschein auf Hocker und Schläfer fällt'.

Im "Blick des reichen Mannes" liegt beschlossen, was Chotjewitz an Grass' Indien-Bericht unerträglich findet. An einer etwas besonneneren Stelle seiner Rezension formuliert er geradezu traurig:

Es ist schon komisch, wenn sich ein neureicher Deutscher über neureiche Inder mokiert, ein deutscher Hausbesitzer angesichts eines verslumten Landes indische Hausbesitzer ärgerlich findet, beim Anblick einer Nissenhütte ins Schwärmen gerät, und wenn ein deutscher Sozialdemokrat die Unfähigkeit von Kommunisten (die in Bengalen die Regierung stellen) beklagt.

Sozialistische Solidarität verlangt Chotjewitz, und noch viel prinzipieller als bei Hartung ist ihm das fehlende Engagement von Grass, einem Neureichen obendrein, ein Dorn im Auge. Die Enttäuschung über nichterfüllte Erwartungen und Anforderungen, die aus dem eigenen Engagement heraus an Grass gestellt werden, führt so zu einer harten Kritik der bitteren Ablehnung, die immerhin von der eigenen ideologischen Engagiertheit auch noch in den kritischen bis sarkastischen Formulierungen Zeugnis ablegt.

Bei Wolfgang Rainer[21] stammt die Ablehnung aus wiederum anderen Gründen, wenn sich auch die Folgerungen, es handle sich um ein "mißglücktes Buch" und es sei Grass nicht gelungen,"auf dieses

21. Wolfgang Rainer: Unterm Birnbaum am Ganges. In: *Stuttgarter Zeitung* vom 22.10.1988.

schmutzige Inferno mit einer angemessenen Sprache zu reagieren",
ähneln. Rainer jedoch, als moderner Medienbenutzer nicht mehr so
leicht zu schockieren und offensichtlich nicht mobilisierbar für Dritte-
Welt-Problematik, sieht *Zunge zeigen* so:

> Im ganzen fügen sich die Beobachtungen doch nur zu dem vertrauten
> Bilderbogen aus Hitze und Gestank, Fliegen, Ratten und Geiern, Schlaglö-
> chern und Ochsenkarren, Tempeln und Leichenbrand, ausgemergelten
> Turbanträgern, schlafenden und sterbenden Bettlern und Ausgestoßenen
> und dem allgegenwärtigen Müll.

Mit müder Langeweile winkt er ab, die ganze Elendsmalerei ist ihm
"nur" ein vertrauter Bilderbogen. Die dahintersteckende Kategorie ist
Rainers Erwartungshorizont, der ihn von einem "mit hohen Erwartungen belasteten Buch" sprechen läßt, und den er auch deutlich
formuliert:

> Das hätte ein wunderbares Buch werden können: Grass, den Opium [sic!]
> des Orients entdeckend und zugleich aufs höchste gereizt vom grindigen
> Erscheinungsbild der Armut, Grass, der sich auf Gerüche und Ge-
> schmäcker, die duftenden wie die üblen, versteht wie kein zweiter, neue
> Witterung aufnehmend: Der Kaschube am Ganges.

Auf Grund eines bestimmten, wohl aus der *Blechtrommel* und dem
Butt gewonnenen Grass-Bildes der Urwüchsigkeit und der starken
sinnlichen Reize entsteht Enttäuschung und Kommunikationsverweigerung, wenn der Autor mit der gewünschten Reizsteigerung nicht
dienen kann.

Schließlich gibt es eine Kategorie von Rezensionen, die *Zunge
zeigen* weniger literarisch als aus der Perspektive der indischen
Realität für ein mißglücktes Buch halten. Der Vorwurf der literarischen Unzulänglichkeit kann damit einhergehen, aber ausschlagge-
bend ist doch das Versagen vor der Vielschichtigkeit Indiens. Der
Kritik etwa von Peter von Becker[22] liegen denn auch "eigene Recherchen in der indischen Metropole zugrunde". Sie veranlassen ihn
dazu, *Zunge zeigen* ein "phantastisches Desaster" zu nennen:

> An diesem Ort aber, der so unerhört schreit, klagt, anklagt und dennoch
> auch triumphiert, hat der Wortmächtige sein sonderbar neutralstes,
> tonlosestes Buch geschrieben.

22. Peter von Becker: Die Rache der Göttin Kali. In: *Der Spiegel* vom
22.8.1988.

Zu zufällig, zu ich-bezogen, zu europäisch-aufklärerisch und vor allem zu pessimistisch grau bis schwarz ("Käthe Kollwitz in Kalkutta") findet von Becker das Ergebnis von Grass' Calcutta-Aufenthalt, und er stellt dem seitenlang seine eigenen Erlebnisse gegenüber, aus denen man (ohne sie hier alle aufzählen zu können) nur schließen kann, daß Grass die falschen Leute gesprochen, die falschen Bücher gelesen, die falschen Dinge gesehen hat. Die furchtbare Göttin Kali habe darum an Grass die ihr gemäße, also furchtbare Rache genommen:

> Sie hat dem sprachgewaltigen Fabulierer aus Deutschland, der sich ihr mit den Waffen der europäischen Aufklärung nähern wollte, mit einem Male seine eigene Zunge geraubt. Graßens [sic!] ursprüngliche Faszination durch Kalkutta, das Entsetzen und die Neugierde bleiben selbst in dem verheißenen Gedicht, einem Epilog in freien Versen, ganz bildlos und stumm.

Kein Zweifel, die eigenen Recherchen haben von Becker einen Indien-Code entwickeln lassen, der es ihm unmöglich macht, das Kommunikationsangebot *Zunge zeigen* noch zu akzeptieren. Im Gegensatz zur oben besprochenen Rezension eines anderen Indien-Reisenden, Hans J. Geppert, die aus der Ähnlichkeit der Erfahrungen noch einen Rest an Verständnis gewann, blockiert hier die Verschiedenartigkeit der Wahrnehmungen die Auseinandersetzung.

Ähnlich ergeht es Günter Metken,[23] der auf Grund einer eigenen Indien-Reise ("Der Rezensent hat ungefähr zeitgleich mit dem Autor im selben Hotel gewohnt") feststellt, daß *Zunge zeigen* "das spezifisch Indische fehlt; es könnte auch Beirut, der Golf oder Afghanistan sein". Auch er wirft Grass falsche Lektüre und falsche Kenntnisse vor: "Grass ist vor- und überinformiert", und auch er hält seine eigenen Kenntnisse und Erfahrungen dagegen. Das Fazit muß uneingeschränkt negativ lauten: "Rätselhaft, dieser Augenmensch, der nichts eigentlich sieht, weil er alles schon vorher, und besser, weiß". Das eigene Indien-Bild läßt kein Verständnis für Grass mehr zu, so daß das Scheitern der Kommunikation eigentlich vorprogrammiert ist. Im kopfschüttelnden "Rätselhaft" wird ihr Nichtzustandekommen klar und unverhofft hübsch zum Ausdruck gebracht.

23. Günter Metken: Fluchtpunkt Kalkutta. In: *Süddeutsche Zeitung* vom 10./11.9.1988.

Auch Hans-Georg von Studnitz[24] verfügt über ein ausgeprägtes Indien-Bild, und es ist sehr viel positiver als das von Grass. Ihm ist denn auch die ausschließliche Elendsmalerei zu einseitig, er hätte Grass eine Begegnung mit dem liebenswerten "Götterknaben Krishna" gewünscht statt der gräßlichen Göttin Kali — so habe Grass gar nicht die Schönheit der "indischen Märchenwelt" wahrgenommen. Sein zweites Argument bezieht sich auf die Unzulänglichkeit der Auseinandersetzung mit indischen Politikern wie Gandhi, Nehru, Indirah, Bose und dem letzten britischen Vizekönig Mountbatten. "Der Rezensent, der all diesen Figuren begegnete, hat Bose nicht als die einzig erwähnenswerte empfunden!" Als Drittes wird moniert, daß die punktuellen Beobachtungen "keinen Einblick in die Ursachen der indischen Misere vermitteln", also zu sehr an der Oberfläche verblieben. Die Konsequenz ist auch hier totale Verständnislosigkeit: man habe doch von Grass erwarten dürfen, "daß er nicht Reißaus nimmt vor einer Wirklichkeit, die nun einmal anders ist als die in Westeuropa". Das Scheitern der Kommunikation von Seiten des Rezipienten kann nicht deutlicher formuliert werden als in diesem Verdikt.

Obwohl *Zunge zeigen* eindeutig die Reaktion auf Calcutta von einem Deutschen für deutsche Leser ist, soll in der vorliegenden Rezipienten-Parade doch wenigstens eine indische Stimme nicht fehlen. Sie geht mit Grass hart ins Gericht. Govind Damale,[25] Professor für Deutsch an der Universität Poona, hat sich den Scherz erlaubt, ein "Protokoll einer feuilletonistischen Fragestunde bzw. einer geselligen Gesprächsrunde der bengalisch-indischen Journalisten im schweigenden Beisein von Herrn Günter Grass" zu erfinden, wobei schon der Einfall, Grass würde gegenüber den Fragen und Anwürfen einer zwanzigköpfigen Journalistenrunde in Schweigen verharren, von nicht geringem Humor zeugt. Was diese Journalisten aber "Mr. Grass" zu sagen haben, ist meist so humoristisch nicht. Sie beschweren sich energisch über die Fäkalien-Drastik in *Zunge zeigen* und sie werfen Grass unwissend-herablassende Darstellung der

---

24. Hans-Georg von Studnitz: Höllenfahrt im Zeichen Kalis. In: *Welt am Sonntag* vom 2.10.1988.

25. Govind Damale: Zeig mal, ob deine Zunge belegt ist! In: *Lehrlauf 75. Festschrift zum Platinernen Jubiläum des Deutschunterrichts in Pune.* Hg. von der deutschen Abteilung des MEL-Departments der Universität Poona. S. 129-140.

indischen Kultur vor, was zu folgender Philippika führt:

Es gibt genug Textstellen in *Zunge zeigen*, die Ihre besserwisserische Arroganz belegen und bestätigen. Sie wollen sich beispielsweise den 'kunstgeschichtlichen Brei' Shuvas bei der Besichtigung der Vishnupur-Tempelanlagen nicht gefallen lassen. Es scheint Ihnen entgangen zu sein, daß die Bücher und Statistiken an Wissen und Erkenntnissen über den indischen Sub-Kontinent wenig auszusagen vermögen. Sie lassen sich weder berichtigen noch belehren. Wir Bengalen ohne Ausnahme genießen weit und breit den Ruf für unsere Besserwisserei und wir tragen unser bengalisch-indisches Herz auf der Zunge. Wenn einer besserwisserisch mit uns wetteifert, dann kann es nur Krach geben. Aber wir sind auch höfliche Menschen, wir wollen auch unsere kulturelle Identität und Mentalität bewahren. (S.134)

Grass behandle die bengalischen Dichter ebenso ungerecht wie Theodor Fontane, vor allem aber auch wie "die Kultfigur Tagore". Habe Grass in der *Blechtrommel* aus der Froschperspektive erzählt, in *Zunge zeigen* sei die Erzählhaltung die "Dach-Perspektive": "Immer wenn es Ihnen in dem dreckigen Muff der Straßen Kalkuttas zuviel wird, steigen Sie gleich aufs Dach!" Die Dachperspektive schaffe nicht nur kritische Distanz, sondern zeuge von auch sonst häufig sichtbaren "Berührungsängsten". Aber:

Beim Sturmwetter, bei Bier und Tabakgenuß, unter dem festen Dach im Bett unter dem Moskito-Netz hockend, machen Sie sich Gedanken über die 'zumeist tiefliegenden Slums'. Mr. Grass, Sie werden hoffentlich zugeben, so bleiben die Probleme der Unberührbaren unberührt. (S.137)

Ihm wird das aufopferungsvolle Verhalten Mahatma Gandhis entgegengehalten, das sich von "den unzähligen Reis-Dal-Fisch-Curry Mahlzeiten", die Grass erleben darf, und von seinem Umgang mit dem im Buch fälschlich als "Gärtner" bezeichneten "rund-um-die-Uhr Diener" wohltuend abhebt. Und die Verurteilung gipfelt in folgenden mehr als bissigen Fragen:

Welche Rechtfertigung gibt es für Ihre bissigbösen, unverschämten Verletzungen und Angriffe an die hilflos ausgelieferte Deutsch-unkundige indische Öffentlichkeit, die sich nicht zur Wehr setzen kann? Ihre Zunge, Mr. Grass, ist Ihr Feind; sie redet vor dem Verstand! [...] Mr. Grass, die Voraussetzung einer weltumspannenden Humanität ist die gegenseitige Achtung und verinnerlichte Aneignung der besten Leistung anderer Völker. Was für einen Beitrag haben Sie, Mr.Grass, zur Völkerverständigung mit *Zunge zeigen* geleistet? (S.140)

Auch hier kann wohl kaum von einer gelungenen Kommunikation gesprochen werden.

Überhaupt haben einigermaßen erfolgreiche Kommunikationsakte im hier vorgestellten Rezeptionsmaterial Seltenheitswert. Das gilt für die Bewertung des Buches genauso wie für die Wertschätzung des Autors. Mal wird Grass' Hinwendung zur Problematik der Dritten Welt ironisch als Marotte eines Öko-freaks abgetan, mal wird sie als erstaunlich tiefgehendes Sich-Einlassen auf die Problematik Calcuttas gelobt. Das hängt natürlich direkt mit dem Standort des jeweiligen Rezensenten zusammen und mit der Frage, ob *Zunge zeigen* als Beitrag zur deutschen Literatur oder als Beitrag zum Indien-Problem gesehen wird. Weitaus die meisten deutschen Rezensenten urteilen aus europäischer (oder genauer: deutscher) Sicht — Lüdke bezichtigt sich selbst sogar scherzhaft "eurozentristischer Borniertheit". Am ausgesprochensten äußert sich in dieser Hinsicht Fritz J. Raddatz, der *Zunge zeigen* eindeutig als "ein deutsches Buch" einschätzt: "Und ein Buch nicht nur *von*, sondern eines *über* Grass", was jedenfalls eine viel freundlichere Formulierung ist als der "Egomane" von Geppert. Grass als Eurozentriker, als Germanozentriker oder als Egozentriker? Dies zu entscheiden ist aufs neue eine Rezeptionsfrage, und dementsprechend verschieden urteilen die Kritiker. Dabei ist natürlich festzuhalten, daß die Frage nach Grass' Europäertum sich im indischen Kontext anders stellt als im deutschen. Hier werden keine Europa-Fragen angesprochen, sondern an den indischen Erlebnissen zeigt sich, daß der Autor "aus seiner Haut als europäischer Literat nicht herauskann" (Jacobs). Und so zeigt sich die Verschiedenheit des deutsch-europäischen vom indischen Code am deutlichsten in Govind Damales Verriß.

Inwiefern aus der indischen Perspektive Grass' Absichten verkannt oder zu Recht mit satirischem Spott überhäuft werden, ist für die Schlußfolgerungen aus dem hier zusammengetragenen Material jedoch unerheblich, ja belanglos. Gezeigt wurde die Vielschichtigkeit der Reaktionen, aus der kaum Einigkeit zu erzielen ist. Die wird auch nicht gesucht: nicht um die Interpretation von *Zunge zeigen* geht es, sondern um die Interpretation der Rezeptionen. Deren Spektrum läßt sich nicht auf einen gemeinsamen Nenner bringen. Es ist eben alles vorgekommen: hundertprozentige Zustimmung und totale Ablehnung, Lob und Tadel für *Zunge zeigen* als Literatur, Lob und Tadel für *Zunge zeigen* als Indien-Buch. Bei jeder Rezeption war sichtbar, daß das Urteil bestimmt wird von den Voraussetzungen, Vorurteilen und

Erwartungen jedes einzelnen Rezipienten. Das ist natürlich nichts Unerwartetes, sondern die Regel. So findet Kommunikation nun einmal statt. Wenn die Besichtigung dieses Rezeptionsmaterials etwas gezeigt hat, dann die Richtigkeit von Luhmanns Diktum, auf die Selektion von Information und Mitteilungsform auf Seiten des Autors folge ein selektives Verstehen und Mißverstehen auf der Seite der Rezipienten. Gerade in der primären Reaktion der Literaturkritik kommt die individuelle Subjektivität jedes einzelnen Rezensenten mit aller wünschenswerten Deutlichkeit zum Ausdruck. Damit ist nicht triumphierend die Unzulänglichkeit der Literaturkritik aufgezeigt (höchstens Unzulänglichkeiten bei einzelnen Kritikern), sondern die legitime Variationsbreite der Stellungnahmen. Sie sollte denn auch kein Anlaß zum Kopfschütteln oder zur Enttäuschung über mangelnde Gleichgestimmtheit sein: Gerade die Diversität der Reaktionen bezeugt die Lebhaftigkeit der Diskussion.

Vridhagiri Ganeshan

Günter Grass und Indien — ein Katz-und-Maus-Spiel

> "Bei manchem Werk eines
> berühmten Mannes möchte ich
> lieber lesen, was er weggestri-
> chen hat, als was er hat stehen-
> lassen". (Georg Christoph
> Lichtenberg)

Die Suche nach Indien, so wird mittlerweile von verschiedenen Forschern aus interkultureller Perspektive hervorgehoben, ebenso wie die Abgrenzung dagegen, sei stets ein exemplarisches Motiv der europäischen Selbstbestimmung, Selbstdarstellung und Selbstkritik gewesen. Eine Reihe von deutschen Dichtern und Schriftstellern dieses Jahrhunderts sind in Indien gewesen und haben ihr jeweiliges Indienerlebnis literarisch verarbeitet. Indien hat in diesen Besuchern und Suchern aus Europa recht begeistert-verzweifelte Reaktionen hervorgerufen. Viele Deutsche haben ihr Heil in ihrer Flucht nach Indien gesucht und sind dann doch heilfroh in ihre Heimat zurückgekehrt. Günter Grass, ein gefeierter, zugleich ein geschmähter Dichter und Schriftsteller, ein zum Denkmal werdender Autor, Zeichner, Lithograph und Steinmetz, der seine Hand nicht verweigert, wenn es am eigenen Sockel zu meißeln gilt, ist da keine Ausnahme.[1]

Günter Grass kam 1975 zum ersten Mal nach Indien auf Einladung des 'Indian Council for Cultural Relations' und nicht etwa der Weltgesundheitsbehörde oder gar von 'Brot (oder Reis) für die Welt'. Er war, wie er es selbst sagte, "ein mitteleuropäischer Schriftsteller [...], ein skeptischer Sozialdemokrat, der zwischen der Diktatur des Kommunismus und dem zügellosen Raubbau des Kapitalismus einen

---

1. Rolf Michaelis: Großes JA mit kleinem NEIN. Der gefeierte und der geschmähte Autor: Was haben wir an Günter Grass? In: *Die Zeit* vom 4.12.1987.

dritten Weg sucht, zudem ein Familienvater, dessen Kinder in eine Welt hineinwachsen, die notorisch falsche Hoffnung macht, doch — gründlich geprüft — ohne Hoffnung ist".[2] In Delhi hielt Günter Grass einen Vortrag, in dem er sich mit der Leitfrage befaßte: "Wie kann die Menschheit zwischen Fortschritt und Barbarei überleben?" Seinem 'sophisticated' Publikum in Indien erzählte Grass, er sei als ein ratloser Mensch nach Indien gekommen, der sich zwischen Orwells Schreckensvision von 1984 und der Untergangsprophetie des 'Club of Rome' befindet. "Ich bin gekommen, um zu sehen und vielleicht zu lernen, obgleich wir ja alles zu wissen meinen und die Daten zuhauf liegen. Keine Botschaft, meine Ratlosigkeit habe ich mitgebracht". Grass machte die Inder darauf aufmerksam, man habe bei ihm zu Hause zwar ein exotisches Indienbild, das werde aber allmählich verdrängt. Indien werde demnächst abgeschrieben. "Bei uns ist man satt und möchte nicht mit schlechtem Gewissen satt sein. Hilfe? Man möchte schon. Aber wie denn und wo? Indien? Das ist doch ein Faß ohne Boden. Der Tropfen auf dem heißen Stein. Und wie die Sprichwörter der Vergeblichkeit noch heißen mögen".

Grass bezog sich auf die Rede des damaligen Bundeskanzlers seines Landes vor der UNO und meinte kategorisch: "Auch Hunger ist Krieg". Er bedauerte, daß die menschliche Wissenschaft trotz der Erfolge auf dem Gebiet der Raumfahrt den jährlichen millionenfachen Hungertod nur grob schätzen könne und nicht mehr ernst nehme. Er nannte die Haltung der Menschen zu dem Hungerproblem unverantwortlich. Die Not sei telegen, photogen geworden. Grass machte sein Publikum auf die in Europa verbreitete pädagogische Praxis aufmerksam, eßunlustige Kinder mit dem Hinweis auf hungernde Kinder in Indien und sonstwo zum Löffeln der eigenen Suppe zu ermuntern. Er spielte China gegen Indien aus, denn das war ein obligatorisches Denkspiel vieler europäischer Intellektuellen in den 70er Jahren, meinte, der Volksrepublik China sei es doch gelungen, chronische Hungerepidemien erfolgreich zu bekämpfen, obwohl überbevölkert und ohne reiche Rohstoffquellen, und wollte wissen: "Und wohin gehört der Bundesstaat Indien, in dem sich der Gegensatz zwischen technologischem Können mit offenbar obligatem Atombombenbesitz einerseits und der permanenten Hungersnot andererseits erschreckend

2. Günter Grass: Die Zukunft hat uns schon eingeholt. In: *Die Zeit* vom 21.2.1975.

beispielhaft abzeichnet?"

Grass versäumte es nicht, die weltweit privilegierte Elite, die seiner Darstellung nach sich abseits von dem wachsenden Elend in sorgfältig abgegrenzten Schutzzonen aufhält und zu der er sich auch zählt, zu kritisieren, weil diese Elite solche Probleme nur verwissenschaftliche und nichts Konkretes unternehme. Am Ende seines Vortrags fragte Günter Grass, ohne dozieren und eine Standpauke halten zu wollen:

> Ist — so frage ich mich und Sie — das indische Elend — denn ein zum Himmel schreiendes Elend ist es — schier unabänderlich, weil es als Fatum, Schicksal, Karma verhängt ist, dann werde ich mit bitterer Erkenntnis heimkehren. Oder ist das indische Elend, wie anderes Elend auch, nur Ergebnis der Klassen- und Kastenherrschaft, der Mißwirtschaft und Korruption; dann sollte es aufzuheben sein, dieses Elend, weil es Menschenwerk ist.

Die gebildeten Inder, die privilegiert waren, dem bekannten deutschen Schriftsteller Günter Grass zuzuhören, ließen sich von ihm klug quetschen und dachten, er vertrete einen respektablen, ethisch wertvollen Standpunkt. Ihre Fragen an ihn waren zu intellektuellen Widerhaken gebogen, denn ein Mund bestätigt intellektuell den anderen. Obwohl sie doch etwas erstaunt waren darüber, daß der renommierte Besucher aus der Bundesrepublik Deutschland kaum etwas über die indischen Traditionen, auch die literarischen, und die gegenwärtigen soziokulturell-politischen Tendenzen in Indien wußte. Grass und seine Ansichten über die Welt und Indien wurden prinzipiell nicht in Frage gestellt. Das war eben die indische Toleranz, die die Inder für ihre Stärke halten, die anderen jedoch für eine Schwäche, die sie auszunutzen wissen. Anschließend wurde Grass gastfreundlich von Haus zu Haus von sogenannten intellektuellen Indern weitergereicht, die ihn staatlich-stattlich-städtisch bewirteten und ihm ein vorprogrammiertes Indienerlebnis bereiteten. Grass näherte sich Indien mit vortappendem Schritt, wie man es sonst im Kino tut, wenn die Vorstellung schon begonnen hat. Grass hätte sich lieber unter den Armen umgeschaut und mit den Slum-Bewohnern über die ökologischen Probleme — bezogen sowohl auf Um- als auch Innenweltschmutz — gesprochen. Aber gerade dies wurde ihm von seinen Gastgebern mißgönnt, denn sie wußten genau, daß ihr Gast gegen alles, aber nicht gegen die Armut und das Elend geimpft war.

Vasco kehrt wieder und Grass kehrt

Als der Roman *Der Butt* von Günter Grass erschien, schrieb man das Jahr 1977. Günter Schloz schrieb in seiner Rezension:

In seinem Sudkessel gart unser weiland Romancier Nr. 1 (in der Rolle des Orakels statt des SPD-Trommlers) Mythos und Märchen, Geschichte und Gegenwart, Männlichkeitswahn und Manzi-Illusionen, Innereien und Sauereien zu einem apokalyptischen Eintopf: Die Welt als Suppe und Fehlentwicklung, wahrgenommen aus der Perspektive der Stinkmorchel, gesehen durch Fettaugen, interpretiert mit der fischigen Weisheit des Plattfischs Butt; das ganze dann zur Allegorie stilisiert, gewissermaßen mit dem Mund ausgemalt, die Farben satt und schmierig aufgetragen.[3]

Gewürzt wurde das Ganze mit einem Indien-Kapitel. Was verbindet Danzig mit Indien?

Im Jahre 1498 nach der Fleischwerdung des Herrn, als der portugiesische Admiral Vasco da Gama, dank der Wind- und Strömungskenntnisse eines arabischen Steuermannes, endlich Land sah, in Calicut anlegte, und so den Seeweg nach Indien mit allen bis heute verstrickten Folgen entdeckte, wurde in der vormals pomorschen Siedlung Hakelwerk, die zur Danziger Altstadt zählte, dem Grobschmied Peter Rusch von seiner Ehefrau Kristin, die im Kindbett starb, als siebtes Kind ein Mädchen, Margarete, geboren, und zwar am Tag des Heiligen Martin;[4]

— diese Margarete Rusch, "die dicke Gret", organisierte später den Pfefferhandel mit den Portugiesen in Indien. Da liegt Indien im Pfeffer. Grass hätte statt Vasco einen deutschen Missionar nach Calicut (zurück)schicken können, oder auch einen Indologen aus dem vorigen Jahrhundert — wohlgemerkt, alle Indologen müssen nicht Max Müller heißen —, aber nein, denn sie alle hatten ja keinen Platz an der Sonne gehabt. Also muß der arme Vasco hinhalten.

In seinen Bemerkungen zum Kapitel "Vasco kehrt wieder" sagt Alfred Kastning:

In Selbstironie und Verfremdung verarbeitet Grass Widersprüche und Hilflosigkeit, denen sich der nachdenkliche Indienreisende der Gegenwart ausgesetzt fühlt. Da ist nichts von der Indienschwärmerei mancher

---

3. Günter Schloz: Vom Ende der Männerherrschaft. Die Fehlentwicklung der Welt aus dem Kochtopf gedeutet — Zum neuen Roman von Günter Grass. In: *Deutsche Zeitung* vom 12.8.1977.
4. Günter Grass: *Der Butt*. Neuwied/Darmstadt 1977. S. 260f.

deutscher Dichter und Indien-Fahrer um 1900 zu spüren. Wir finden aber auch nicht jenes Sich-Hineinversetzen in eine fremde Kultur, jene Suche nach Identifizierungsmöglichkeiten, jenen Wunsch nach einer anderen Welt, der die zivilisationsmüden Europäer vor und nach dem Ersten Weltkrieg sich nach Indien sehnen ließ.[5]

Was sieht Günter Grass alias Vasco in Indien und wie reagiert er darauf? Grass beschreibt Indien kritisch-klischeehaft. Dem aufmerksamen Leser entgehen die kritischen, aber auch die klischeehaften Stellen nicht! Grass scheint sich nicht mehr an seinen Delhi-Aufruf zu erinnern. Er weist keine parteiische Leidenschaft, nur einen ausgewogenen Menschenverstand auf, oft zum Nachteil des dargestellten Landes. Zu klug, allwissend und zu sehr der ordnenden Vernunft verpflichtet, um sich eine exotische, verstiegene und in ihrer Schönheit verdummende Metapher über Indien zu leisten.

Begreifen kann Grass nicht, warum der Magistrat und die Stadt mit ihren dreitausend Slums stolz darauf sind, daß man in der Stadt für die Durchführung der Tischtennisweltmeisterschaft eine moderne Tischtennishalle gebaut hat. Bedauert wird die Tatsache, daß der Arzt in einem Slum nie schräg gegenüber bei der Weltgesundheitsbehörde gewesen ist, wie auch die Weltgesundheitsbehörde noch nie ihn besucht hat. Bemitleidet werden Poeten, die sich auf Englisch Gedichte über Blumen, Monsunwolken und den elefantenköpfigen Gott Ganesh vortragen. "Etwa vierzig vergeistigte Menschen hocken, in schöne weiträumige Stoffe gehüllt, auf Bastteppichen unter dem Ventilatorpropeller; vor den Fenstern grenzen die Bustees an".[6] Die kritischen Stellen treten weit hinter die klischeehaften zurück. Der durch Brockhaus und Meyer bestens präinformierte Wohlstandsbürger, der etliche Mark hingeblättert hat, um auf den Butt zu kommen, sieht sein Indienbild bestätigt.

Grass sieht überall in Indien nur Elend. "Er sah die blassen Zungen der Kühe, die sanft im Müll weiden. Er sah, wie Unterernährung die Kinder blond werden läßt. Er sah, wie die Mütter die Nuckel ihrer quengelnden Kinder in brakiges Zuckerwasser tauchen. Er sah Fliegen auf allem, was ist. Er sah das Leben vor dem Tod".[7]

5. Alfred Kastning: Einige Bemerkungen zum Kapitel "Vasco kehrt wieder" aus dem Roman *Der Butt* von Günter Grass. In: *German Studies in India* 2/3. 1978. S. 4-8.

6. *Der Butt*. S. 235.

7. *Der Butt*. S. 237.

Die Stadt Kalkutta, Dominique Lapierres "City of Joy", wird bei Grass zu einem Symbol des Untergangs:

> Aber Kalkutta, diese bröckelnde, schorfige, wimmelnde, ihren eigenen Kot fressende Stadt, hat sich zur Heiterkeit entschlossen. Sie will, daß ihr Elend — und überall ließe sich Elend fotografieren — schrecklich schön ist: der mit Werbeflächen verhängte Zerfall, das berstende Pflaster, Schweißperlen, die die Zahl neun Millionen bilden. Menschen quellen aus Bahnhöfen, die, wie Vasco gestern noch, täglichen Durchfall haben: weißbehemdete Maden in einem viktorianisch verkleckerten Scheißhaufen, dem immer neue Schnörkel einfallen. Auf alles roter Betelsaft gespuckt.[8]

Es ist eben ein echtes "Indisches Grabmal", aufgestellt von Grass, eben nicht LANG, sondern kurz und Grass. Grass ist zwar gegen die Indienexotik, aber er kann auch nicht dafür, daß auch er von dieser Exotik erfaßt wird. Dann kommen Bemerkungen wie:

> Die Lustigkeit der Elenden und ihre nicht zu verletzende Anmut schüchtern ihn ein. Dieses Kichern zerlumpter Mädchen, die, weil sie Hüften haben, auch Hüften zeigen. Sicher: Hände und Augen betteln, doch keine Anklage. (Sie hungern ja nicht, sie sind nur regelmäßig unterernährt.)[9]

Beim Besuch einer Dorfschule heißt es: "Schon wieder leistet die Armut sich Schönheit".[10] Frage eines lesenden Inders wäre: Ist das schlimmer als die Wohlstandsarmut, in die die Kinder der Wohlstandsgesellschaft hineinkriechen, wenn sie speziell hergestellte kaputte Jeans zur Schau tragen?

Grass ist trotz nicht vorhandener Absicht vieles danebengegangen. Und zwar folgerichtig, weil er sich nicht hat eindeutig entscheiden können — anscheinend. Immer einerseits andererseits und andererseits einerseits. Seine exotikfeindliche Ideologie wird zu einer Hunger-Indologie. Statt Kal-kot-ta hätte Grass lieber Khajuraho besuchen sollen. Zumindest hätte er Ilsebill daheim besser beglücken können.

Grass hätte literarisch einen Inder (Ilsebill hätte sicher nichts dagegen gehabt) zeugen können, der nicht mehr wie Siddhartha à la Hesse warten und fasten, sondern kritisch-dynamisch denken kann. Er hätte auch dem deutschen Leser einige vertauschte Kochrezepte aus Indien vorsetzen können mit dem Untertitel 'ein kulinarischer Scherz'

8. *Der Butt*. S. 230.
9. *Der Butt*. S. 224.
10. *Der Butt*. S. 227.

à la Thomas Mann. (Kali hätte sich bestimmt gefreut, aber auch Siebeck, weil es *zeit*gemäß gewesen wäre!) Oder vielleicht doch à la Keyserling ein "Reis-Tagebuch einer Schnecke", die mit einer veralteten Blechtrommel herumreist. Oder etwas über das Leben der Landsleute von Grass in Indien mit ihren Dinnern und Dienern, eine Art "Augen des EWG-Bruders" à la Zweig. Das hätte aber manchen den Magen verdorben. Die Inder haben die Vasco-Erlebnisse von Grass gelassen zur Kenntnis genommen, denn auch ein Vegetarier schaut einem geschenkten Butt nicht ins Maul. Vasco schreibt an Ilsebill daheim:

> "Das begreift man nicht hier. Da kommst Du nicht durch mit Vernunft. [...] Man kommt hier ganz schön ins Schwitzen. Morgen fliege ich weg [...]..."[11]

Indien ließ aber Grass nicht los.

Grass kehrt wieder und in sich

Grass kehrte wieder nach Indien, kam im Herbst 1986 an und reiste im Frühling 1987 ab, obwohl er vorhatte, ein Jahr in Indien zu bleiben. Warum kam er wieder nach Indien? Er wollte weg von Deutschland:

> [...] weg von Gequatsche, von den Verlautbarungen weg, raus aus der Ausgewogenheit, den Befindlichkeiten, den ellbogenspitzen Selbstver- wirklichungsspielen, Tausende Kilometer weit weg vom subtilen Flach- sinn einst linker, jetzt nur noch smarter Feuilletonisten, und weg, weg von mir als Teil oder Gegenstand dieser Öffentlichkeit,[12]

sagte Grass und zog sich von Deutschland nicht unbemerkt zurück. Er begab sich nach Indien, nach Kalkutta und damit ins Elend. Viel wurde über seinen Aufenthalt in Kalkutta spekuliert. Grass weilte etwa fünf Monate in Indien als ein deutscher Asylant, zwar kein Wirtschaftsflüchtling, aber als einer, der in Indien anscheinend eine geistige Erneuerung gesucht hat. Indien hat ihn kaum registriert, jedoch die deutsche Presse. (Man redet in Indien über die Asylanten eben nicht so viel, wie man es in Deutschland zu tun pflegt!) Grass schlug seine Zelte in Kalkutta auf, besuchte zwischendurch andere

11. *Der Butt*. S. 237.
12. Günter Grass: *Zunge zeigen*. Darmstadt 1988. S. 17.

indische Städte wie Hyderabad, Madras und Pune neben Dacca in Bangla Desh. Grass wollte nicht gestört werden, und deshalb gaben das bundesrepublikanische Konsulat und das Goethe-Institut (genannt Max Müller Bhavan) in Kalkutta ungern Auskunft über das WO-befinden und das WOHL-befinden des deutschen Autors, der mit Indien sein Katz-und-Maus-Spiel begann. Grass versuchte dieses Mal, Kalkutta so zu erleben, wie die Normalsterblichen dort und nicht wie seine privilegierten Landsleute, die es sich leisten können, abseits von der alltäglichen Realität in Indien, auch in Kalkutta, in hygienisch und finanziell abgegrenzten Schutzzonen sich aufzuhalten und von dort aus örtlich betäubt ihrer Indienbeschäftigung nachzugehen. Grass hat somit Inder gesucht, aber keinerlei Verständnishilfe von ihnen, denn er wußte, was er erleben wollte. Es muß in diesem Zusammenhang hervorgehoben werden, daß Grass bei seinen Vorbereitungen auf diesen Indienaufenthalt genau so wenig Hilfe von den deutschen Indologen angenommen hat, wie während seines Aufenthaltes in Indien von den indischen Germanisten. Damit war wieder eine Brücke zu Universitätsgelehrten, die zum großen Teil keine Universalgelehrten sind, von vornherein zerschlagen.

Grass hat sein Indienerlebnis und seinen Indienaufenthalt in einer recht interessanten Form dokumentiert, mit einem tagebuchähnlichen 100seitigen Text, mit 56 Zeichnungen und einem langen Gedicht. Es ist ein ungewöhnliches Stück Reisetagebuch, das den metaphorisch zu verstehenden Titel *Zunge zeigen* trägt und den Eindruck erweckt, eher eine Art Materialsammlung für ein geplantes literarisches Werk zu sein als ein in sich abgeschlossenes Buch. Die Motive, die Grass bevorzugt, sind Armut, Elend, Slums, Müll, Leichenverbrennung, Pavement-Dwellers, Dreck und die Göttin Kali, die dem Besucher aus Deutschland beschämt oder vielleicht doch unverschämt die Zunge zeigt. Grass hat das, was er beobachtet hat, ein seinem Sprachstil erzählt, in Tuschzeichnungen illustriert und lyrisch zusammengefaßt.

Im deutschsprachigen Raum hat es eine große Diskussion über dieses Buch gegeben, und wie zu erwarten war, gibt es eine Reihe voneinander abweichender Meinungen. In den Rezensionen von Peter von Becker, Volker Hage, Harald Hartung, Martin Lüdke, Beatrice von Matt, Günter Metken, Wolfgang Rainer, Gisela Ulrich, Heinrich Vormweg und Günter Zehm sind zur Charakterisierung des Indienbuchs von Grass folgende Stichworte gefallen: "mißglückte Literatur", "ein Notizblock ausgegeben als Literatur", "eine Vorstudie, Materialsammlung, Konzept für einen Roman", "eine mißvergnügte und mißglückte Mischung aus Tagebuch, Reisejournal, Skizzenwerk und politischem Kommentar", "ein stilistisches Trauerspiel", "sein sonderbar neutralstes, tonlosestes Buch", "eine ermüdende Diaschau", "phantastisches Desaster", "ein ungemein farbiges ja, erregendes Prisma aus objektiver Beobachtung und subjektivem Urteil", "seltsame Mischung aus Ästhetisierung des Elends und Parteinahme", "ein faszinierendes Dokument über die Schwierigkeit des Reisens".[13]

Von Indien aus gesehen geht es nicht lediglich darum, welche literarische Qualität das Buch von Grass aufweist, sondern auch darum, inwieweit es Grass gelungen ist — das ist eben die berechtigte Frage aus interkultureller Sicht —, seiner Rolle als Vermittler zwischen den Welten innerhalb einer WELT gerecht zu werden, eine Rolle, die er sich in seinem Delhi-Vortrag 1975 zugelegt hat und die er nicht mehr wahrzunehmen bereit oder fähig ist. Pramod Talgeri hat mit Recht von "A voyeuristic look at slums and burning corpses" gesprochen und folgendes betont:

The book is supposed to be a travelogue. But it reads like unfinished diary notes, which only an author as well known as Grass can afford to pass off as a piece of literature. The book is full of stylised banalities and displays a self-conceited sense of shame and helplessness with an exactness in perception of what Calcutta — a "dying (Third World) city" — has to offer to a voyeur. The literary strength of Grass lies precisely in this geographical and historical fixation of the next. But this typical quality of Grass's writing has degenerated in this book into a piling of nonsensical details about the Indian way of life, in order to generate voyeuristic interest in Calcutta's material plight.[14]

Amita Malik schreibt:

To go into Grass's motives would need much more space and the help of a psychiatrist. One is also willing to concede that perhaps we who know Calcutta have become so inured to its misery that it has become a part of

---

13. Vgl. *Der Spiegel* (22.8.88), *Die Zeit* (26.8.88), *Frankfurter Allgemeine Zeitung* (3.9.88), *Frankfurter Rundschau* (4.10.88), *Neue Zürcher Zeitung* (16.9.88), *Süddeutsche Zeitung* (10.9.88), *Stuttgarter Zeitung* (22.10.88), *Stuttgarter Nachrichten* (5.10.88), *Der Tagesspiegel* (5.10.88), *Die Welt* (27.8.88).

14. Pramod Talgeri: A voyeuristic look at slums and burning corpses. In: *The Times of India* vom 20.10.1988.

us, and it no longer moves us. Perhaps we carry on as usual because Calcutta refuses to die. And also because the human spirit survives so magnificently, even in the most miserable of 'bustees'. What irks one most about Grass is that such a gifted writer, one of the most outstanding in our generation, should go about single-mindedly searching for muck. If Naipaul went looking for shit and defecation everywhere, Grass leaves him far behind.[15]

Wir möchten zu diesen Stimmen die unsere aus der Perspektive eines indischen Germanisten und Deutschlehrers (der in seiner Alltagspraxis in Indien viel mehr mit 'heute' und 'morgen' zu tun hat als 'gestern' und 'vorgestern' und weit weg von den 'neuesten Theoriediskussionen' sein Dasein führt und gerne führt) hinzufügen mit folgenden Bemerkungen.

Daß Günter Grass keinen fruchtbaren und brauchbaren Zugang zu Indien, zu der anderen Kultur, sucht, hängt eigentlich mit der persönlichen Situation dies Indienreisenden zusammen, der, verglichen mit seinem ersten Besuch 1975, dieses Mal nicht alleine, sondern begleitet von einer Frau und (dank seines Halluzinierenkönnens) einem deutschen Autor aus dem 19. Jahrhundert, nämlich Theodor Fontane, in Indien eintrifft. Damit baut sich Grass von Anfang eine europäisch gefederte Nische, in die er immer wieder zurück kann, wenn er sich von der indischen Umwelt verunsichert fühlt. Kein Wunder, daß während der ganzen Reise er lieber Lichtenberg, Schopenhauer, Thomas Mann und Canetti liest als Werke indischer Autoren. Konsequenterweise heißt es am Ende:

> Als sie da waren, beide, entsetzte die Stadt sie, ihn nicht mehr. Er lebte auf, sie wurde weniger und weniger. Es ist das Klima, das Elend, die Gleichgültigkeit, und weil ich nichts machen kann, sagte sie. Er schrieb und zeichnete, zeichnete und schrieb. Seine Frage, wie nebenbei gestellt, hieß zwischendurch: Sollen wir abfahren?
>
> Als sie die Seekiste zuschickten und einen vierten Koffer zusätzlich kauften, sagte er: Wenn wir jemals wieder hierherkommen, nehmen wir wieder Fontane mit...[16]

Trotz der intellektuellen Bereitschaft gelingt es Grass nicht, sich in Indien anzupassen. Der bequeme westeuropäische Tourist in Grass

15. Amita Malik: A touch of Grass. In: *Indian Express Magazine* vom 22.10.1989.
16. *Zunge zeigen.* S. 109.

hat so seine Probleme. Dann heißt es:

> Die Tourist Lodge, ein Regierungsunternehmen, in der wir uns waschen
> und — bei schleppender Bedienung — Fisch, Reis und Linsenbrei essen,
> der Dal genannt wird, weckt Erinnerungen an Reisen durch Ostblockstaa-
> ten: unterm laufenden Fan fließt im Zimmer, in dem wir uns waschen,
> nur brühheißes Wasser.[17]

An einer anderen Stelle heißt es: "Alles schimmelt: die Schuhe, die
Pfeifen, letzte Zigarren, Rücken neben Rücken: die Bücher..."[18]
Grass als Schimmelreiter. Die Angst des Europäers, des Deutschen im
Umgang mit dem Fremden fährt zusammen mit Grass in einem
Vorortzug mit, wenn es heißt:

> Wie ausgeliefert, allem und jedem zu nah, weil Haut sich an Haut reibt,
> Schweiß sich mit Schweiß mischt. Und bleiben dennoch überall fremd, so
> abtastend wir begafft werden; Ferne und Nähe verlieren ihren Begriff.[19]

Die Berührungsangst im konkreten Sinne, die fast jeder Europäer, der
nach Indien kommt, mit sich bringt oder in Indien bekommt, haben
auch der Erzähler und seine Begleiterin:

> Utes Ekel vor allem, was sie anfassen, riechen muß. Sie duscht lange. Ich
> sitze in meinem Schweiß, trinke abgekochtes Eiswasser, rauche ein
> Zigarillo.[20]

Interessanterweise kritisiert Grass aber doch die Lebensweise seiner
Landsleute in Indien:

> Am Abend hören wir in Alipur, wo Konsuln (nebst Gattinnen) nachbar-
> lich mit neureichem Geld wohnen, Carf Orffs "Carmina Burana", eine
> Musik, die sich mit Hilfe von Solisten, Chor und Orchester angestrengt
> wild gibt. "La Martiniere", das College für Oberschicht und gehobenen
> Mittelstand, und der Leiter des Instituts (Max Mueller Bhavan), der besser
> in Kiel, Bonn oder sonstwo Dirigent geworden wäre, betreiben unter
> freiem Himmel diesen Aufwand. (Für Spezialgeräusche wurden extra vier
> Instrumentalisten eingeflogen.) Ein verlorener, ein obzöner Abend.[21]

Auch kulturpolitisch kritisch äußert sich Grass, wenn er die Klagen
bengalischer Schriftsteller über die 'Indische Woche' während der

17. *Zunge zeigen.* S. 37.
18. *Zunge zeigen.* S. 39.
19. *Zunge zeigen.* S. 16.
20. *Zunge zeigen.* S. 30f.
21. *Zunge zeigen.* S. 69f.

Frankfurter Buchmesse hört:

> Mich beschämen diese Klagen nicht nur, weil sie berechtigt sind. Ob in Berlin, Hamburg oder Frankfurt: man schmückt sich mit dem Ausstellungsobjekt 'Dritte Welt' und läßt sich den Vorzeigerummel etwas kosten; so auch der Börsenverein des deutschen Buchhandels. Ein paar Hunderttausend sind schnell lockergemacht; tüchtige Arrangeure, reich an kulissenhaften Ideen, sind immer zu haben. Das paßt in die landesweite Festival-Landschaft. Immer muß etwas laufen: möglichst bunt, exotisch und ein bißchen engagiert. Doch schlüge jemand vor, diese schnell lockeren paar Hunderttausend in Übersetzungen aus indischen Literatursprachen zu investieren, fiele sogleich der Vorhang. Das mache nichts her. Das sei zu langwierig, zu lautlos medienfremd und viel zu weit weg...[22]

Leider bleibt diese objektive Aussage eines bekannten deutschen Schriftstellers ohne jegliche subjektive Realisierung, denn Grass selbst interessiert sich wenig für indische Literaturen und sucht keinerlei Kontakte zu den Schriftstellern in Indien. Seine Berührung mit der literarischen Welt in Indien bleibt sehr punktuell und ohne viel Reflektion. Er erlebt zwar die Probe und die Aufführung seines Dramas *Die Plebejer proben den Aufstand* in einer Bengali-Übersetzung, aber auch hier sucht er keine interkulturellen Gespräche. Ohne jegliche interkulturelle Reflexion erwartet er während seines Besuches im Victoria Memorial Museum ein gleiches Geschichtsbewußtsein wie das des Europäers.

Zwei große Persönlichkeiten aus Bengalen bleiben Grass fremd. Zum einen ist das der Dichter Rabindranath Tagore und zum anderen ist das der Politiker Subash Chandra Bose. Während Grass mit Tagores Dichtung wenig anzufangen weiß, fühlt er sich sehr irritiert über die schwärmerische Verehrung, die die Bengalen Subash Chandra Bose entgegenbringen. Er nennt es eine "dummdreiste" Verehrung und erblickt darin eine faschistische Gefahr für die Zukunft. Grass interpretiert die indische Psyche völlig falsch, wie viele Europäer dies immer wieder tun, indem sie europäische Interpretationsmuster auf Indien und die Inder übertragen.

Grass interessiert sich von Anfang an nur für die Armut und das Elend in Indien. Müll-, Slum- und Dreckbeschreibungen stehen im Mittelpunkt seiner Indiendarstellung. Morshäuser bemerkt mit Recht: "Sein Tagebuch hat den Ton, als müsse das Elend endlich einmal

---

22. *Zunge zeigen.* S. 68.

beschrieben werden für all die anderen, die es noch nie gesehen haben".[23] Selbstverständlich spielt die Ästhetik der Armut dabei eine wichtige Rolle:

> Wieder erschreckt mich die (ungeschriebene) Ästhetik der Armut: wie jedes Detail der aus Lumpen, Plastikplanen, Pappe und Jutesäcken errichteten Hütten entsetzlich gegenständlich ist und benannt werden will. Kein Zweifel, diese letztmögliche Schönheit stellt alles, was anerkannt als schön gilt, in Frage.[24]

Grass geht davon aus, daß vieles von dem, was an Armut und Rückständigkeit in Indien vorhanden ist, sich durch die Tatsache erklären läßt, daß Indien die Gunst und die Chance der europäischen Aufklärung nicht gehabt hat.[25] Wie Grass "mit der kulturschockartigen Umgebung des Elends" fertig wird, beschreibt Morshäuser mit folgenden Worten: "Dieser der Tradition der Aufklärung verpflichtete Deutsche in Indien solidarisiert sich logischerweise mit den Armen, im Kopf, indem er ihr Elend beschreibt und beklagt".[26] Das Interesse an Schmutz und Dreck ist etwas, was Grass nicht unterlassen kann, auch während seines Besuches in der National Library:

> In dieser von Staats wegen gepflegten Anlage fallen verstreuter wie gehäufter Dreck besonders auf. Hinzunehmen ist (gleich neben der Mensa) der Uraltgestank der Männertoilette. Aber was bringt Bengalens studierende höhere Töchter in allzeit frisch erblühten Saris dazu, ihre Monatsbinden auf den Fußboden der Damentoilette zu schmeißen?[27]

Über die Pavement-Dwellers wird gesagt:

> Nicht als Elend, das zum Himmel schreit, vielmehr als letztmögliche, von Tag zu Tag geregelte Existenz, auch ganz ungeniert und einzig auf die groß und immer größer werdende Familie bedacht, läuft dieses Leben ab, oft seit Jahren.[28]

Was Grass (dies gilt auch für die meisten Deutschen, die nach Indien

---

23. Bodo Morshäuser: Der Tiger von Kalkutta. In: *literaturtip* 21/1988. S. 8-9, hier S. 8.

24. *Zunge zeigen*. S. 71.

25. Wolf Scheller: Die Scham des Europäers. Ein Gespräch mit Günter Grass über sein Indien-Tagebuch. In: *Rhein-Neckar-Zeitung* vom 13./14.8. 1988.

26. Bodo Morshäuser: Der Tiger von Kalkutta. S. 9.

27. *Zunge zeigen*. S. 49f.

28. *Zunge zeigen*. S. 81.

kommen) am meisten geschockt hat, ist die Heiterkeit der Elenden. Er kann es einfach nicht begreifen, wieso sie immer etwas zu lachen haben. Grass sucht Hilfe bei Kali, über die er sagt:

> Diese Kali begegnet einem, sie begegnet einem im indischen Alltag, im bengalischen, an den Posterständen findet man anachronistischer Weise auch Stalin als Poster abgebildet. Man findet Beckenbauer als Fußball-spieler, man findet alle möglichen Pop-stars und Show-stars auf Glanzfo-lie abgebildet — und dazwischen immer wieder die Göttin Kali... Aus Schreck und Scham streckt sie die Zunge heraus. *Zunge zeigen* als Zeichen von Scham, sagt man in Indien. Ich habe allerdings keine Leute sonst gesehen, die die Zunge herausgestreckt hätten, obgleich es in Indien viele Anlässe für Scham gibt.[29]

Volker Hage meint:

> Die Zunge, die uns Grass zeigt, ist die Scham des Europäers angesichts des Elends in einer fernen, fremden, unerreichbaren Welt. Sie ist zugleich Ausdruck dafür, wie unwohl Günter Grass sich in Indien gefühlt hat und unter uns fühlt.[30]

Grass kann in Indien nichts ausrichten, er kann seine Unbeholfenheit nur folgendermaßen ausdrücken:

> Was ist Indien? Ein Anlaß für Bildbände, farbig, schwarzweiß? Des Empires Nachlaß: die Großmacht auf Krücken? Oder die letzte Zuflucht bankrotter Vernunft? Was sollte sie hier sanieren?
> Alle Statistiken, selbst die frisierten, reihen Verelendung, Landflucht, Verslumung der Städte zu uniformen Kolonnen. Wer wen wo abschlach-tet, zählen täglich tausend und mehr Zeitungen auf: Reichtum der Spra-chen. Und weitere Zuwächse: dem Schwund der Wälder entspricht das Wachstum der Wüsten. Und Zuwachsraten, hintern Komma nur ungenau: um etwa siebzehn Millionen — so viele Bewohner zählt, trotz aller Abgänge, die DDR — nimmt Indien jährlich an Menschen zu. Im Jahr 2000, das alle Welt zu feiern beschlossen hat, werden sich achthundert Millionen Inder zu einer Milliarde ausgewachsen haben. Wörter wie Chaos und Katastrophe sind allen Kommentaren geläufig; die Frage jedoch, ob eine Revolution Abhilfe schaffen könne, wird nicht Marx oder Mao beantworten, allenfalls Kali mit ihrer Sichel.[31]

29. Wolf Scheller: Die Scham des Europäers.

30. Volker Hage: Der Mißvergnügungsreisende. Günter Grass an den Ufern des Ganges: der Bild-, Lyrik- und Prosaband *Zunge zeigen*. In: *Die Zeit* vom 26.8.1988.

31. *Zunge zeigen*. S. 100.

Was Grass anbietet, ist genau so gut oder schlecht wie die Indiendarstellungen, die man in jeder deutschen Zeitung gelegentlich zu lesen bekommt. Warum Grass ein Indienerlebnis, sein Indienerlebnis, das für ihn so verwirrend gewesen ist, in Form eines nicht durchgearbeiteten, locker zusammengestellten Textes den Lesern angeboten hat, ist etwas, was nur Grass erklären kann. Das Hauptproblem liegt gerade darin, daß Grass von vornherein als Alles- und Besserwisser auftritt. Nach Volker Hage zeigt *Zunge zeigen*

> vor allem einen erschreckenden Mangel an schriftstellerischer Selbstkontrolle. Er führt aber auch vor: Ratlosigkeit. Könnte Günter Grass wieder lernen, Fragen zu stellen, statt diese Ratlosigkeit mit Wissen und Halbwissen zu übertünchen, wäre er der Schriftsteller, den wir — immer noch — dringend brauchen.[32]

Was Grass schreibt, ist sicher nicht angenehm, weder für ihn selbst noch für den Leser. Es ist voller Verzweiflung und Hilflosigkeit. Böse Zungen unter den Literaturkritikern würden behaupten wollen, Grass sei ein Schriftsteller deutscher Zunge, und zwar einer roten sozialdemokratisch belegten Zunge, habe als engagierter Schriftsteller eine spitze Zunge, und wenn ihm etwas auf der Zunge brenne, und nicht auf der Zunge zergehe, könne er seine Zunge nicht mehr im Zaum halten und spreche in Form eines zungenbrecherischen literarischen Werkes, was ihm gerade auf der Zunge liege, auch wenn er sich dabei die Zunge an heißer Brühe verbrenne und nicht nur aus Versehen sich in die Zunge beiße. Er wolle, indem er den Literaturkritikern und deren Lesern die Zunge herausstrecke, daß sein Werk diesen Leuten die Zunge löse und dadurch ihnen die Zunge zum Hals heraushänge.

Bei Goethe heißt es: "Es gibt Bücher, durch welche man alles erfährt und doch zuletzt von der Sache nichts begreift". *Zunge zeigen* ist solch ein Buch, denn eines steht fest: Indien ist für Grass ein Prüfstein gewesen, der jedoch die Gedankenwelt dieses der Tradition der Aufklärung verpflichteten skeptischen sozialdemokratisch-deutsch gesinnten Weltbürgers nicht bestätigt hat. Für Grass ist Indien eine unangenehme Quelle, die die oft nur im Geiste vorhandene Solidarität des Mitteleuropäers mit der Zweidrittelwelt in Frage stellt. Indien als das andersartige Fremde ist für Grass ungewollt zu einem Mittel zur Verunsicherung des Eigenen geworden, damit muß Grass fertig

---

32. Volker Hage: Der Mißvergnügungsreisende.

werden, wir nicht. Wenn man die Begegnung zwischen Günter Grass und Indien als ein Katz-und-Maus-Spiel bezeichnen will, in dem Grass als die Katze mit der Maus Indien sein Spiel treibt zum eigenen Vergnügen und zur eigenen Verzweiflung, dann müßte man meinen, in diesem Fall muß die Katze ihre Laufrichtung ändern, die Maus wird es eben nicht tun.

Sigrid Mayer

Günter Grass in Calcutta: Der intertextuelle Diskurs in *Zunge zeigen.*

Die Titelfrage dieses Bandes, ob und in welchem Sinne Günter Grass als "europäischer" (und nicht doch als "deutscher") Autor einzustufen sei, läßt sich schwerlich aus inner-europäischer Sicht beantworten. Es verhält sich damit ähnlich wie mit der Frage, ob die Erde ein Jammertal oder ein Eden sei. Es kommt darauf an, von wo aus man sie betrachtet. Wie wir zuletzt anhand von Photographien der Raumsonden wahrnehmen konnten, ist dieser Planet — aus genügender Distanz betrachtet — weder das eine noch das andere, sondern einfach ein sich im Raum drehender, kugelförmiger Himmelskörper, auf dessen Oberfläche sich das Blau, Weiß und rötliche Braun der Wasser-, Wolken- und Landmassen zu einem bewegten Gesamtbild ergänzen, das wir als "schön" empfinden. Natürlich markieren wir dann dieses schwerelose Bild sogleich mit einer es belastenden Überschrift, wie etwa "peace on earth".[1]

Der Vergleichspunkt heißt "aus genügender Distanz betrachtet". Einer der letzten, von Grass veröffentlichten, größeren Bände, der den Autor sowohl als Schriftsteller wie als Zeichner ausweist, heißt *Zunge zeigen*[2] und entstand, der Konzeption nach, in Calcutta, der Hauptstadt Bengalens. Der Autor selbst war zum Zeitpunkt seiner zweiten Calcutta-Reise (Sommer 1986) offenbar von dem Bedürfnis erfüllt, Distanz herzustellen und neue Maßstäbe zu finden. Er schreibt in den tagebuchartigen Aufzeichnungen zur Reise:

> Wovon ich wegfliege: von Wiederholungen, die sich als Neuigkeiten ausgeben; von Deutschland und Deutschland, wie schwerbewaffnete

---

1. Die Vorlage ist eine Karte von "Earthnotes": Earth Care Paper Inc., P.O.Box 3335, Dpt.64, Madison, WI 53704. Photo courtesy NASA.

2. Günter Grass: *Zunge zeigen*. Darmstadt 1988. Alle diesem Band entnommenen Zitate und Bildhinweise werden im Text mit der Abkürzung Zz und Seitenangabe direkt angemerkt.

Todfeinde einander immer ähnlicher werden; von Einsichten aus zu naher
Distanz gewonnen; von meiner nur halblaut eingestandenen Ratlosigkeit,
die mitfliegt. Auch weg vom Gequatsche, von den Verlautbarungen weg,
raus aus der Ausgewogenheit, den Befindlichkeiten, den ellbogenspitzen
Selbstverwirklichungsspielen, Tausende Kilometer weit weg vom subtilen
Flachsinn einst linker, jetzt nur noch smarter Feuilletonisten, und weg,
weg von mir als Teil oder Gegenstand dieser Öffentlichkeit. (Zz, S. 17)

Angesichts solcher Fluchtworte wäre bereits die Frage aufzuwerfen,
ob es sich um westliche, europäische oder lediglich deutsche Phäno-
mene handelt, vor denen Grass zu fliehen sucht. Ist die Öffentlichkeit,
als deren Teil oder Gegenstand er sich bezeichnet und der er entgehen möchte, eine deutsche oder auch eine europäische Öffentlichkeit?
Von Calcutta aus gesehen fällt diese Unterscheidung kaum noch ins
Gewicht. Offensichtlich muß der Band *Zunge zeigen* im Ganzen her-
angezogen werden, um die aus der Distanz von Deutschland *und*
Europa resultierenden Ansichten des Autors zu prüfen.

Wie nicht anders zu erwarten, erreichte das Buch *Zunge zeigen*
weder in Deutschland noch in Europa Bestsellerstatus vergleichbar
den großen Grass-Romanen bis hin zum *Butt*. Dennoch hat es mit
diesem Band eine besondere Bewandtnis. Zunächst fehlt auf der
Titelseite jegliche Genre-Bezeichnung. Es handelt sich weder um ein
Erzählwerk wie Roman oder Novelle oder ein episch erweitertes Märchen (wie im "Roman" genannten *Butt*), noch haben wir es mit
einem eigentlichen Lyrikband zu tun von der Art, in welcher Grass in
den fünfziger und sechziger Jahren drei Beispiele veröffentlichte.[3]
Auch die Bezeichnung Tagebuch würde diesem Band nicht gerecht,
obwohl er teilweise auf Tagebuchaufzeichnungen basiert. Schließlich
handelt es sich auch nicht um einen Bericht oder das Journal einer
Reise, sowenig wie um ein Multimedia-Album. Die Rezensionen des
Bandes mußten sich mit Neuprägungen zur Genrebezeichnung behel-
fen. Während in der *Zeit*[4] von einem "Bild-, Lyrik- und Prosaband"
die Rede war, bezeichnete der Rezensent der *New York Times*[5] den

3. Günter Grass: *Die Vorzüge der Windhühner. Gedichte und Graphiken.* Berlin 1956; *Gleisdreieck. Gedichte.* Berlin 1960; *Ausgefragt. Gedichte
und Zeichnungen.* Neuwied und Berlin 1967.
4. Volker Hage: Der Mißvergnügungsreisende. In: *Die Zeit* vom 2.
Sept. 1988. Überseeausg. S. 16.
5. Clark Blaise: Calcutta Is the Measure of All Things. In: *The New
York Times Book Review* vom 21. Mai 1989. S. 12.

Band als "one-man show of a book".

Gibt man jedoch die Frage nach der bisher nicht existierenden Genrebezeichnung auf, um nach dem Inhalt zu fragen, so kommt man noch weniger zu einem eindeutigen Begriff. Wollte man fragen, wovon denn dieses Calcutta-Buch handele, so träfe die Antwort "von Calcutta, natürlich" nur bedingt zu. *Zunge zeigen* handelt zwar von Calcutta, geographisch, historisch, artistisch, gesellschaftlich und problematisch, aber nur teilweise. Dieser Band handelt gleichzeitig vom Dialog zwischen den Medien des Zeichnens und Schreibens, und er enthält eine beachtliche Auseinandersetzung mit deutscher und nicht-deutscher Literatur und Kunst aus asiatischer Distanz rezipiert.

Der erste Teil der folgenden Untersuchung gilt dem Nachweis des internen intertextuellen Diskurses zwischen Grass' "Aufzeichnungen" im doppelten Wortsinn. Der zweite Teil bemüht sich um den externen und diachronen Diskurs, den der Autor von *Zunge zeigen* mit Schriftstellern und bildenden Künstlern aus dem 18. Jahrhundert bis in die Gegenwart führt.

I

Günter Grass hatte die bengalische Metropole nicht ohne Vorkenntnisse für sich und seine Frau als Aufenthaltsort gewählt. Wie aus dem Vasco da Gama-Kapitel im *Butt* hervorgeht, hatte Grass bereits 1975 als Gast der indischen Regierung Calcutta besucht. Beim Nachlesen des *Butt*-Kapitels im Licht von *Zunge zeigen* spürt man den Wunsch des Autors, den widersprüchlichen Eindrücken dieser Stadt nachzugehen, man spürt die Faszinierung, die für ihn von Kali, der schwarzen Göttin ausgeht. Aber in der Rolle da Gamas "verbietet sich Vasco, die vom Zufall oder einem anderen Gesetz geordneten Schlafleichen schön zu finden", und es bleibt bei der erstaunten Bemerkung, daß sich die Armut Schönheit leistet.[6]

In *Zunge zeigen* ist dann ausdrücklich von einer "ungeschriebenen Ästhetik der Armut" die Rede.[7] Die Überzeugung von einer solchen Ästhetik mußte jedoch erst durch geduldiges "Hinsehen und Auf-

6. Günter Grass: *Der Butt*. Roman. Darmstadt und Neuwied 1977. S. 225 und S. 227.

7. Cf. dazu meinen Beitrag: Günter Grass in Calcutta and the Esthetics of Poverty. In: I. Hoesterey, U. Weisstein (Hg.): *Intertextuality: German Literature and Visual Art*. Columbia, S. C. 1992.

zeichnen"[8] gewonnen werden. Der bewußt komponierte und durch-strukturierte Band *Zunge zeigen* ist das Resultat mehrerer vorausge-hender Arbeitsphasen. Sie beginnen mit den Tagebuch- und Skizzen-buch-Aufzeichnungen, in denen sich Grass Rechenschaft gibt über das von ihm und Ute von Tag zu Tag Wahrgenommene. Einige Tage-buchseiten enthalten auch graphische Skizzen seiner Eindrücke.[9] "Es ist, als müßte ich mir zeichnend ins Wort fallen", berichtet er später in *Zunge zeigen* (Zz, S. 54). Meistens skizziert er jedoch "vor Ort". Der kleine Band *Skizzenbuch* von 1989[10] enthält Abbildungen von et-wa hundert der vor Ort angefertigten Zeichnungen. Noch in Calcutta werden dann in nächtlicher Arbeit viele dieser skizzenhaft festgehalte-nen Eindrücke zu Zeichnungen größeren Formats mit verschieden-artigen Mitteln und Materialien aus- und umgearbeitet. Es entsteht der sogenannte "Calcutta-Zyklus" von etwa 300 Grafiken, von denen der Bremer Katalog[11] eine Auswahl von 77 Blättern vermittelt.

Im Vergleich zur Variation der Mittel und Bildträger, die im Bremer Katalog Zeugnis für ein weitreichendes Experimentieren mit einer begrenzten Anzahl von wiederkehrenden Motiven ablegen, überraschen die Zeichnungen aus *Zunge zeigen* durch einheitlichen Stil und Technik (Natur-Sepia mit Pinsel, Rohr- und Vogelfedern auf wechselnden Papieren). In bezug auf den Stil schreibt Clark Blaise in der *New York Times* ohne Umschweife von "112 pages of Expressio-nist drawings".[12] In der Tat zieht Grass im Prosateil des Bandes, wo er Eindrücke einer nächtlichen Fahrt durch Calcutta beschreibt, selbst den Vergleich zum bildnerischen Expressionismus (Zz, S. 39). Ein entscheidend neues Element kommt jedoch in *Zunge zeigen* hinzu, auch im Vergleich zu den Skizzen und Bildern des Calcutta-Zyklus; dieses neue Element ist der Anteil an Schreibgrafik, den alle Zeich-nungen dieses Bandes aufweisen.

Nach der Lektüre des berichtenden Prosateils von *Zunge zeigen* muten manche der Zeichnungen inhaltlich insofern bekannt an, als in

8. Günter Grass: Hinsehen und Aufzeichnen. Vorwort in *Skizzenbuch*. Göttingen 1989. Ohne Paginierung.

9. Beispielseiten sind reproduziert in: Günter Grass: *Calcutta*. Zeichnun-gen. Katalog der Kunsthalle Bremen. 2. November - 11. Dezember 1988. S. 42-48.

10. Siehe Anm. 8.

11. Siehe Anm. 9.

12. Siehe Anm. 5.

der Schreibgrafik Formulierungen aus dem Prosateil wiederauftau-
chen. Man erkennt, daß Prosa- und Bildteil des Bandes bereits ein
Resultat aus Tagebuch- und Skizzenbucheinträgen darstellen; denn
auch umgekehrt waren "Augenblicke" des Zeichnens Inhalt des Prosateils geworden: "Den Augenblick — mehr war es nicht! — festhalten: Jenes asphalt-schwarze Polizeikastenauto, aus dem Inhaftierte
durch schmale, unterm Autodach längs laufende Gitter fingern" (Zz,
S. 23). Ähnliches gilt von frühen Stadien des Calcutta-Gedichts:
"Schon — mit zwei Fingern an einen der Haltegriffe [im Vorortzug]
gebunden — entwerfe ich Sätze, verschachtelt wie wir in den Pendelzügen nach Ballygunge" (Zz, S. 17). Von August bis Oktober 1986
lebte das Ehepaar Grass in Baruipur, einem südlichen Vorort Calcuttas. Sie waren auf den Pendelzugverkehr in die Stadt und zurück
angewiesen. Die täglichen Fahrten eng gepfercht in Pendelzügen stehend, die das Ehepaar später zum Umzug nach Lake Town in Ostcal-
cutta bewogen, waren ein ebenso traumatisches wie produktives Erlebnis für Grass. Das Motiv von den Pendelzügen mit ihren Haltegriffen nimmt eine Schlüsselstellung in allen drei Teilen von *Zunge
zeigen* ein.

Zunge zeigen ist Grass' erster Versuch, die Ausdrucksformen von
Prosa, Grafik und Lyrik bereits von der Konzeption her in einem
Band zu vereinen und miteinander in Beziehung zu setzen. Eine
flüchtige Übersicht über das Grasssche Gesamtwerk zeigt, daß seine
Versuche, verschiedene Ausdrucksformen in ein dialogisches Verhältnis zu setzen, weit zurückgehen und immer wieder neue Formen an-
nahmen. Bereits sein erster veröffentlichter Band *Die Vorzüge der
Windhühner*[13] bestand aus einer Kombination von Gedichten und
Zeichnungen. In der *Blechtrommel* finden sich sowohl Einakter für
die Bühne wie lyrische Leitmotive. Das gleiche gilt für *Hundejahre*.
Umgekehrt finden sich in den frühen Bühnenstücken lyrische Ein-
lagen, und im Falle von *Onkel, Onkel* entstand eine mit Zeichnungen
versehene Ausgabe.[14] Während im *Tagebuch einer Schnecke* oft Prosa
und Lyrik unmittelbar ineinander übergehen und die gleichzeitig
entstandene Schneckengrafik eine Art getrennten Subtext bildet, entsteht im *Butt* aus Prosa und Lyrik ein intertextueller Diskurs, zwei

13. Siehe Anm. 3.
14. Günter Grass: *Onkel, Onkel*. Ein Spiel. Berlin 1965. Mit neun
Zeichnungen des Autors.

verschiedenartig disponierte Stimmen wollen gehört werden.[15] Auch hier bleibt jedoch die vor, während und nach der Niederschrift des Romans entstandene Grafik als Subtext bzw. Metatext getrennt.[16] Ein ähnliches intertextuelles Verhältnis zwischen Lyrik und Prosa — zwei Stimmen in verschiedener Tonlage — wird in der *Rättin* fortgesetzt, wiederum bildet die gleichzeitig entstandene Grafik einen getrennten Subtext.

In *Zunge zeigen* wird nun zum ersten Mal die Grafik von vornherein in das Buch mit einbezogen, nicht illustrativ (das ist bei Grass nie der Fall), sondern dialogisch. Die drei Teile dieses Bandes stehen nicht nebeneinander oder nacheinander, sie sprechen miteinander. Im Prosateil ist von skizzierten Augenblicken die Rede, die im Bildteil auftauchen, doch nicht als solche, als Skizzen, sondern bereits durchsetzt von schriftlichen Formulierungen, aber auch vom Schreiben als einer anderen Form der Grafik. Mit äußerster Konsequenz enthält eine jede der 112 Zeichnungen in *Zunge zeigen* eine schriftliche Komponente, das Schreiben ist substantieller und grafischer Bestandteil des Bildes geworden. Zeichnen und Schreiben sind zu einer Einheit verschmolzen. Eine derartige Verschmelzung der beiden Medien ist an sich nicht neuartig für Grass, der seit Jahren in seinem grafischen Werk damit experimentiert.[17] Neuartig im Fall von *Zunge zeigen* ist die strukturelle und stilistische Folgerichtigkeit, mit welcher der Diskurs des Zeichnens und Schreibens — wie selbstverständlich — zum ästhetischen Ausdruck gerinnt. In dem kurzen Vorwort zu *Skizzenbuch*[18] beschreibt der Autor den Dialog zwischen den Medien, der dem Band *Zunge zeigen* zugrunde liegt:

> Die Wörter — verfügbare und nicht vorhandene — gehörten dem Tagebuch als Möglichkeit an, sich selbst in extrem veränderter Lebenssituation

15. Cf. Philip Brady: 'Aus einer Kürbishütte gesehen': The Poems. In: *Günter Grass's "Der Butt". Sexual Politics and the Male Myth of History.* Oxford 1990. S. 203-225.

16. Cf. Ingeborg Hoesterey: *Verschlungene Schriftzeichen. Intertextualität von Literatur und Kunst in der Moderne/Postmoderne.* Frankfurt 1988. (Athenäum Monografien. Literaturwissenschaft 92.) S. 71-100.

17. Cf. z.B. den Zyklus "Vatertag". 22 Lithographien (1982). In: *In Kupfer, auf Stein.* Göttingen 1986. S. 214-235. (Die Verf. besitzt eine Bleistiftzeichnung des Autors aus dem Jahr 1975, die Gedicht und Bild als Grafik kombiniert.)

18. Siehe Anm. 8.

zu begreifen, das eigene Unverständnis aufzuschreiben und notfalls Distanz, Ausflucht zu suchen. Oft genug spielten sich Skizzen- und Tagebuch als vom Autor unabhängige Dialogpartner auf, die einander ins zu vage Wort fielen, dem Bild, weil es vorschnell Bild wurde, widersprachen. Schließlich sollten Zeichnen und Schreiben (und ihr Widerspruch als Gedicht) Grundlage sein für ein vorerst nur ausgedachtes Buch, das später unter dem Titel "Zunge zeigen" erschien und Calcutta, die westbengalische Metropole zum Zentrum hat.

Zwischen diesen Stadien des dialogischen "Aufzeichnens" und der erstaunlich einheitlichen "one-man show of a book" liegt offenbar der schöpferische Impuls, der *Zunge zeigen* als originären Genretypus auszeichnet.

Es folgt das zwölfteilige Calcutta-Gedicht, das rein inhaltlich vieles von dem wiederholt und summiert, was Prosa und Grafik auf ihre Weise bereits formuliert haben. Vom Stil her überträgt sich vor allem das expressive bzw. expressionistische Element der Zeichnungen auf den Gehalt des Gedichts: "Alle Schleusen gesprengt. Fließt, / tropft aufs Blatt, / macht sich mit Tinte gemein: Ich bin, / feuchte durch, lauf über / und setze lachend / schweißgetriebene Wörter, die eng stehn, / verschachtelt wie wir in den Pendelzügen / nach Ballygunge" (Zz, S. 209).

Das wesentlich Neue im Gedicht ist die selbständig werdende Stimme der Göttin. Die Feier in ihrem Namen wurde im Prosateil kritisch von einem Außenseiter betrachtet. Im Bildteil wurde Kali gelegentlich als Kontrastfigur verwendet gegen den Hintergrund Calcuttas, oder sie wurde mit ihren zerstörerischen Attributen, Ketten oder Bergen von abgehackten Köpfen und ihrer in Scham gezeigten Zunge einfach frontal vorgestellt. Diese ihrer Funktion nach bisher rätselhafte Gottheit entfaltet sich im Gedicht zu einer unausweichlichen Wirklichkeit. Zwei Erlebnisse, die im Prosa- und Bildteil durchaus getrennt erfahren wurden, das große Hochwasser in Calcutta, welches das Ehepaar Grass teilweise auf Reisen durch Zeitungsberichte und, in Restbeständen, bei der Rückkehr erlebte, und das bald darauf folgende Kali Pujah, Fest zu Ehren der Göttin, werden im Gedicht einander näher gerückt. Die zahlreichen Rituale zu Ehren der Göttin, die im Prosateil noch sinnwidrig erscheinen ("Von Kali, wie ich sie zu begreifen versuche [...] ist nichts zu spüren" (Zz, S. 59), werden im Gedicht mit radikalem Gehalt aufgefüllt. Kali wird zur Schutzgöttin einer Revolution im eigentlichen Sinn des Wortes. Alle gesellschaftlichen Verhältnisse, alle Zustände werden in ihrem Namen auf den Kopf gestellt. Die Zerstörungswut der Göttin gereicht zur kathartisch befreienden Wirkung. Als Höhepunkt der revolutionären Visionen des Sprechers ("Ich sah") im letzten Teil des Gedichts intensiviert sich die Erscheinung der Göttin zur verkündenden Sprache:

> Ich,
> ungezählt ich, aus allen Gullys
> und abgesoffenen Kellern, über
> die Gleise: freigesetzt, sichelscharf ich.
> Zunge zeigen: ich bin.
> Ich trete über die Ufer.
> Ich hebe die Grenze auf.
> Ich mache
> ein Ende.

Erst im Gedicht kommt der Autor als Schöpfer einer Welt, und nur unter dieser Voraussetzung, auch als Zerstörer und Neuschöpfer von Welt zum Zuge. Das Titelgedicht des Bandes *Zunge zeigen* muß also zunächst eine Welt aufbauen, um sie dann über alle sorgfältig dokumentierte Realität und grafisch verschmolzenes Aufzeichnen hinweg triumphierend zerstören zu können. (Auch in diesem Sinne steht das Gedicht im oben zitierten "Widerspruch" zu Zeichnen und Schreiben.)

Durch ihre verschiedenartigen Entsprechungen sind die Rahmenteile (Teil 1 und 12) des Gedichts am leichtesten zu würdigen. Das expressive Überfließen des Sprechers im 1. Teil (vgl. obiges Zitat) entspricht dem Über-die-Ufer-Treten der Göttin in der großen Flut am Ende. Die Anfangszeilen des Gedichts:

> Schwarz ist die Göttin, Fledermäuse
> lösen sich schwarz aus Bäumen,
> die schwarz vorm Mond stehn[,]

enthalten nunmehr eine Ahnung, bilden eine Silhouette aus einheitlicher Schwärze für die Gottheit, die sich am Ende "sichelscharf" abheben wird. Der anfängliche Mond ist ein Vollmond ("Doch heute der Mond / als Zugabe voll." Zz, S. 210), die auslaufenden und um sich greifenden Slums haben am Ende "bei Neumond / die Nacht und die Göttin / auf ihrer Seite" (Zz, S. 231).[19]

Die zwölf Einzelteile des Gedichts "Zunge zeigen" mit ihrer jeweils inneren Dialektik nachzuvollziehen, ist hier nicht der Ort. Das Aufbauen der durch die Gottheit zu zerstörenden Welt — und es ist eine zunehmend apokalyptische, zur Zerstörung reife Welt (vgl. Teil 7) — geschieht nur teilweise vermittels thematischer Einheiten. Die im Prosa- und Bildteil verarbeiteten Motive wie Pavementdweller, Totschläfer, Lastenträger, Hocker vor Mauern mit Parteisymbolen, Müllberge, Aaskrähen, unheilbar geborstene Straßen, Kühe, Monsunregen und Überschwemmungen, alle diese Motive werden blitzlichtartig angerissen und in Widerspruch gestellt zur Statistik, zur Werbung, zu Reformplänen, zur musealen Kolonialgeschichte und zu gelegentlichen Reflexionen auf den Sprecher selbst. Einzelne Teile dieser Weltschöpfung aus Chaos bilden Gedichte für sich selbst. Als Modellfall eines Gedichts im Gedichtzyklus mag der den Kühen und Ochsen zugeschriebene achte Teil dienen. Die aus einem einzigen Satz bestehende erste Strophe spart im lyrischen Fluß den Namen ihres allgegenwärtigen Objekts noch aus:

In gilbes Weiß, milchiges Braun
gekleidet, in kurzgeriebenem Fell,
vor Bahnhöfen, Tempeln, auf gärendem Abfall
oder dem kurvenden Rickschaverkehr
quergelagert und keinem Bus — staatlich
oder privat — gefällig; feierlich schreitend,
als befehle Sog diesen Umzug,

19. Bei der revolutionären Umkehrung einer scheinbar fatalen Gesellschaftsordnung fällt den Besen — untrennbares Attribut der Unberührbaren — eine besondere Rolle zu: sie tanzen selbständig im leeren Raum oder tanzen als einziger Besen in Bildabläufen die Räume leer. Eine gelungene Zeichnung der grazil tanzenden Besen findet sich unter den drei Zeichnngen im äußersten Rahmenteil des Bandes, also erst nach dem Gedichtteil. Die Dreiteiligkeit des Bandes wird durch die insgesamt sieben vor dem Prosateil und nach dem Gedichtteil miteingeschlossenen Zeichnungen in Zweifel gezogen, welche die Vermischung von Geschriebenem und Gezeichnetem wohl endgültig besiegeln sollen. Wäre die Anordnung der Rahmenzeichnungen inhaltlich bedingt, so hätten sie das Selbstportrait des Autors miteinschließen müssen, das sowohl als Skizze wie als größere Sepiazeichnung (Bremer Katalog, a.a.O. S. 143) existiert. Das Bild zeigt Grass' sichelgeköpftes Haupt in der Nähe der aus Kokusnußschalen und Köpfen bestehenden Sammlung von Kalis Opfern.

dessen Ordnung erlaubt, im Vorbeigehen
Pappe, Bast, Müll, letzten Auswurf zu weiden;
oder vor Lasten gespannt: Bambus,
zur Fuhre gebunden,
die schwingend hinter sich weist;
vor leerem Karren auch: des Treibers
Leichtgewicht nur.

Die zweite Strophe überträgt die gegenständlich äußere Wahrnehmung in den abstrakten Bereich: "gehörnte Geduld / und das Joch
noch geheiligt. [...] hier liegt sie, käut wieder, / der beschleunigten
Zeit im Weg, ist selber / Zeit, die sich austrägt und kalbt und kalbt",
um schließlich in sinnlicher Apotheose ihren Gegenstand zu feiern:
"Zärtlich in diesem Land, / dem Furcht vor Berührung Gesetz ist, /
zärtlich allein sind der Kühe / und Kälber Zungen" (Zz, S. 221f.).
    Der Mittelteil dieses Einzelgedichts wechselt dann sprungartig zu
den menschlichen Lastenträgern über: "Kopflasten / sind es, die kein
Gedanke aufhebt oder / gewichtiger macht" und: "Gegen Lohn [..]
sahen wir Träger mit ihrer Last / durchs Nadelöhr schreiten" (Zz, S.
222). Doch der Lohn, das Geld, "stinkt" in Calcutta mehr als anderswo und schreit dem Sprecher nach Händewaschen: "Oder es käme
mit rauher Zunge / heilig eine der Kühe" (Zz, S. 223). Damit ist die
Verbindung wiederhergestellt zum lyrischen Fließen des Anfangs, das
jetzt merklich aus der Dynamik der Zeichnungen, ihren auswendig
gekonnten Bewegungen gespeist wird (vgl. S. 151), "Als Herde zur
Landschaft gehügelt"):

Wenn sie sich legen, vor blassem Himmel
zum sanften Gebirge werden, dessen runde
und höchste Kuppe schroff zum Gehörn
und den Rücken lang mählich abfällt,
sind sie als Herde Landschaft,
beliebtes Motiv, [...].

Doch nichts in Calcutta kann in einem solchen Bild der Ruhe enden,
noch ein begrifflicher Widerspruch muß folgen; die wiedergekäute
Zeitung von gestern berichtet, daß "vieltausend / und mehr Liter
Milch täglich / der Arabischen See beigemengt werden, / weil die
Preise zu hoch, die Kaufkraft gering, [...]" (Zz, S. 223).
    Zu einem genaueren Verständnis des Wechselspiels im Gedicht
"Zunge zeigen" gehört nicht nur die Wahrnehmung des Wider-
spruchs zwischen lyrischem Zeichnen und begrifflichem Schreiben;
auch der Ausdruck des Dialogs zwischen dem europäischen Sprecher

und dem in der Göttin verkörperten indischen Mythos wird durch mehrere in das Gedicht eingeflochtene Zitate mit oder ohne Nennung der Quelle unterstrichen. Im folgenden Teil sollen einige dieser "weitergeschriebenen" Zitate aus dem Prosa- und Gedichtteil des Bandes näher nach ihrer Funktion untersucht werden.

II

Der literarische Diskurs in den Textteilen von *Zunge zeigen* nimmt eine so vorrangige Stellung ein, daß in der englischen Übersetzung[20] dem Band ein "Postscript" beigefügt wurde mit biographischen Erläuterungen über Theodor Fontane, Georg Christoph Lichtenberg sowie einer Notiz über Grass' Theaterstück *Die Plebejer proben den Aufstand* von 1966.

Für einen Leser des Prosaberichts, der sich vor allem für Grass' Darstellung von Calcutta und Indien interessiert, sind die zahlreichen Abhandlungen zur Lektüre des Ehepaars dort zunächst leicht irritierend. Der Leser muß sich fragen, warum er/sie immer wieder auf Ute Grass' Vorliebe für Fontane hingewiesen werden soll, warum man sich bei der Calcuttalektüre beständig auch mit deutschsprachigen Autoren auseinandersetzen soll, die scheinbar wenig mit dem modernen Indien zu tun haben. Wenn dann einige dieser Autoren, direkt oder indirekt, auch in dem großen Calcutta-Gedicht wieder auftauchen, zeigt sich, daß der literarische Diskurs in diesem Buch eine integrale Rolle spielt, über die sich nicht hinweglesen läßt.

Im Hinblick auf die im englischen "Postscript" für nötig befundenen Erläuterungen läßt sich in der literarischen Diskussion zunächst ein interner und externer Diskurs unterscheiden. Die geschilderten Proben und Aufführungen einer bengalischen Version des Stückes *Die Plebejer proben den Aufstand* bilden als interner Diskurs insofern einen bemerkenswerten Aspekt des Calcutta-Bildes, weil hier die intensive deutsche und westliche Kontroverse um dieses Stück, die sich seinerzeit daran entzündete, ob mit dem "Chef" (in der Rolle des Dramaturgen) Bertolt Brecht gemeint und angegriffen sei, wegfällt. Die Tatsache, daß, und die Frage, wie dieses Stück — ausgerechnet in Calcutta — nach über zwanzig Jahren ein "come-back"

20. Günter Grass: *Show Your Tongue*. Translated by John E. Woods. San Diego, New York, London 1988. S. 222.

erfährt, ist zweifellos relevante Information im Zusammenhang mit Grass' Calcutta-Aufenthalt. Wir lesen, daß Amitava Ray (über dessen Person oder Werdegang nichts weiteres auszumachen ist) Regie führte und gleichzeitig die Hauptrolle spielte, daß die meisten Schauspieler Mitglieder der kommunistischen Partei waren und sich auf die Gelegenheit freuten, im zweiten Akt ein Stalinbild zu zerschlagen, daß die "demagogische Mär von der allumfassenden Fürsorge des Staates" (Zz, S. 85) gesungen wurde, daß der Autor "nach über zwei Jahrzehnten Abstinenz" vom Theater sich gern in die Proben ohne "Regiekult" mit hineinziehen ließ (Zz, S. 85). Statt auf der Dachterrasse Rays finden die Proben später in einer Wellblechhütte statt, auf deren Dach Katzen toben (Zz, S. 102). Die Aufführung von Grass' Stück reiht sich zwanglos den Schilderungen und Inhaltsangaben lokalen Theaters ein, die filmisches Melodrama (Zz, S. 60) und Theaterstück (Zz, S. 70) einschließen. Die erste Aufführung der *Plebejer* findet im Akademie-Theater statt ohne Anwesenheit deutscher Journalisten bei der bengalischen Aufführung des "Deutschen Trauerspiels". Es kommt zu drei teilweise überfüllten Aufführungen (Zz, S. 106) vor Abreise des Autors. Grass entwirft in Gedanken ein anderes Stück für die Schauspielgruppe, "das in einem der dreitausend Slums spielt und von Netajis weltweiten Abenteuern handelt" (Zz, S. 106). Grass, ein europäischer (oder doch ein deutscher) Autor?

Abgesehen vom internen Dialog mit dem eigenen vorläufig letzten Theaterstück, der dieses, das "in Deutsch — und Deutschland querliegt" (Zz, S. 86), jedenfalls in Calcutta als noch lebensfähig ausweist, gilt es nun, die Pandorabüchse des externen Diskurses zu öffnen, die offenbar aus einer Seefrachtkiste, "schwer auch von Büchern" (Zz, S. 109), bestand, welche noch vor dem Ehepaar in Calcutta eintraf. Im dritten Absatz des Prosaberichts heißt es: "Zwei wollen nach Calcutta reisen und lesen" (Zz, S. 17). Am Ende dieses Absatzes steht: "Zwei fliegen sich lesend davon" (Zz, S. 18). Mehrere Fragen drängen sich auf. Wenn der Aufenthalt in Calcutta zum Teil motiviert war als eine Art Flucht und Distanznahme von deutschen und europäischen Anliegen, warum wollte man dann gleichzeitig eine Seefrachtkiste voll deutschsprachiger Bücher vorausschicken, dabei haben und lesend verarbeiten? Heißt dies nicht, mit einer Hand an dem festhalten, was man mit der anderen Hand zurückweist? Was heißt "Zwei fliegen sich lesend davon"? Fliegen sie einander davon? Fliegen sie von sich selber davon? Oder fliegen sie davon, sich (als Objekt) lesend? Geht es hier etwa um Lesen um des Lesens willen, oder besteht zwischen der offenbar vorgewählten Lektüre und dem geplanten Calcutta-Aufenthalt ein innerer Zusammenhang?

Die Rolle von Ute Grass in *Zunge zeigen* wird vereinnahmt durch ihre Lektüre von Theodor Fontanes Romanen. Zwar wird auch gelegentlich erwähnt, daß sie krank sei, daß sie der Frau des Gärtners in Baruipur das Stricken beibringt, daß sie bei einem jüdischen Bäcker deutsches Brot zu kaufen sucht, daß sie darauf besteht, trotz Hitze zu bügeln, doch ihre Fontane-Lektüre dominiert im Bericht: "Aber sie wird mit Fontane nicht fertig. Selbst wenn sie nichts von Fontane liest, liest sie, um hinterdrein wieder einen Fontane-Roman zu lesen" (Zz, S. 17). Spezielle Gründe für diese Vorliebe werden nicht ersichtlich. Ute selbst kommt als Sprecherin darüber nicht zu Worte, und Grass versucht nicht, ihre Fontanesucht zu erklären. Vielmehr überträgt er sie auf die Person des älteren Schriftstellers selbst und spielt — das Muster eines Fontaneromans ironisch umkehrend — den wohlwollend eifersüchtigen Gatten:

Ein Paar träumt mir: Ute und der alte Fontane unterm Birnbaum in unserem Garten. Und mich träume ich hinterm geschlossenen Fenster, entrückt, aber doch nahe genug, um zu begreifen: da ist was, da tut sich was, und zwar schon seit Jahren. Sie hat was mit einem vielzitierten Kollegen von dir, ein Verhältnis, in dem du nicht vorkommst, obgleich auch dir seine Romane (weniger seine Balladen) immer wieder lesenswert, unterhaltsam, mehr noch, deren Dialoge beispielhaft sind, [...].
Das alles träumt mir, aber der feste Vorsatz auch, nicht das Fenster aufzureißen und Schluß! zu rufen, nicht in den Garten wie hin zum Tatort zu laufen, sondern ein Glas aus der Küche zu greifen, im Vorbeigehn einen Stuhl mitzunehmen und mich den beiden und ihrer Vertrautheit (auf einer Bank) hinzuzuzählen, damit wir fortan unsere Liebe zu dritt... (Zz, S. 21)

In diesem durchaus bildlichen und wörtlichen Sinne vollzieht sich dann der Diskurs mit Fontane. Der Autor und Kritiker des späten 19. Jahrhunderts wird als fiktive Person ein Gefährte und Gesprächspartner des Ehepaars, d.h. vor allem des schreibenden Autors Günter Grass. Die großzügig eingeräumte "Liebe zu dritt" erweist sich als nicht ganz altruistisch:

Theodor Fontane gehört jetzt dazu, nicht aufdringlich, aber oft ungerufen. Er kauft mit uns im New Market ein: seine Kommentare zu hübschen Darjeeling-Packungen und englischen Teetrinker-Gewohnheiten seinerzeit, während seines ersten, zweiten und dritten Londoner Aufenthalts. (Zz, S. 25)

Die Vereinnahmung von Dichtern, Schriftstellern und Malern als fiktive Figuren für sein Werk ist ein bekanntes Verfahren bei Grass, das er besonders erfolgreich im *Butt* und im *Treffen von Telgte* durchgeführt hat. Er verwandelt die historischen Gestalten ironisch in Figuren, die teilweise ihrem eigenen Werk entsprungen sein könnten. Im Falle Fontanes in *Zunge zeigen* gereicht diese Verwandlung jedoch weniger zur Unterhaltung des Lesers als zur Verkleidung des Autors, dem ein biographisch und bibliographisch korrekter und dennoch fiktiver Fontane zum Sprecher für eigene Beobachtungen dient.

> Je länger ich hinsehe, wir hinsehen — und Fontane ist ein süchtiger Beobachter —, kommt uns Indien, jenes Land also, in dessen Elend soviel Geheimnis hineingeredet wird, das als unergründlich, undeutbar gilt, geheimnisloser (sagt er) als Dänemark vor: ein abgeschmackter Aberglaube, die Religion. (Er zitiert sich aus "Unwiederbringlich": Spitzen gegen den Pietismus.)
> Vorsichtig, doch unüberhörbar beginnt er, seine Sympathien für alles Englische, wenn nicht in Abrede zu stellen, dann doch zu bekritteln. (Zz, S. 25)

Die Quellenangabe soll diese Meinungsäußerung als Fontane-Zitat erhärten, und der Einwand: "Nein, so hätte es Fontane ganz sicher nicht gesehen",[21] trifft völlig daneben, denn das Manöver, dessen sich Grass bedient, um einem fiktiven Fontane auch eigene Beobachtungen in den Mund zu legen, könnte nicht durchsichtiger sein. Weiß Grass doch nur zu gut, daß ihm selbst jede Meinungsäußerung als Belehrung und Bescheidsagen verübelt wird,[22] während ein jedes Wort, das z.B. aus der Feder Fontanes stammt, in Deutschland hoch im Kurs steht. Die Ironie hier ist von doppelter Brechung: sie richtet sich nicht nur auf Fontane selbst, sondern auch auf die zahlreichen Zitierer des "vielzitierten Kollegen". Grass' eigene Zweifel an Fontanes Scharfsicht kommen zur Sprache, wo er (im Zusammenhang mit Lichtenbergs antisemitischen Äußerungen) fragt, ob Fontanes "herablassende Freundlichkeit im Umgang mit Juden (und seine Kritik an Gustav Freytags antisemitischem Roman *Soll und Haben*) von vergleichbarer Borniertheit" sei (Zz, S. 40).

Dank seines "Faible fürs Historische" (Zz, S. 25) ist Fontane auch beim Besuch des Ehepaars im Victoria Memorial Museum dabei. Hier ergibt sich eine mögliche Beziehung zu Rudyard Kipling,

21. Siehe Anm. 4.
22. Ebd.

jenem anderen Journalisten, Dichter und Erzähler, der 1865 in Indien geboren, später dorthin zurückkehrte und in Gedichten und Erzählungen den Britischen Imperialismus feierte. Angesichts eines von Philip Burne-Jones im Stile "Neuer Sachlichkeit" gemalten Kipling-Portraits (dessen "lyrischer" Betrachtung eine Strophe im 5. Teil des Calcutta-Gedichts gewidmet ist), versucht Utes Ehemann Fontane nach Kipling zu befragen:

> Ich will von Fontane [...] wissen, ob er, was seine Balladen betreffe, Kipling in seiner Nachfolge erkenne. Um ihn zu provozieren, ziehe ich zwischen Kiplings Verhältnis zum britischen Empire und Fontanes Haßliebe, bezogen auf Preußen, einige schnelle Vergleiche. Doch der Alte — ich sehe ihn diesmal schlohweiß, kurz vorm Fünfundsiebzigsten — weicht aus [...]. (Zz, S. 28)

Offensichtlich wäre eine jede Antwort auf solche Fragen zu gewagt, auch um sie Fontane in den Mund zu legen. Dessen innere Schwierigkeiten als Presseattaché in London im Dienst des reaktionären preußischen Manteuffel-Ministeriums werden durch ein "Mag sein, daß [...]" (Zz, S. 79) mit dem Sepoy-Aufstand in Indien und der Rolle, die Calcutta darin spielte, zügig in Zusammenhang gebracht: "[A]ngewidert von so viel christlicher Heuchelei und blanker Geldgier", sei Fontane krank geworden und habe Urlaub in Schottland genommen, bevor er ein Jahr später arm, aber als freier Schriftsteller nach Berlin zurückkehrte (Zz, S. 79f.). Grass bedient sich der Fontaneschen Karriere als Londoner Korrespondent der *Kreuzzeitung*, um historische Ereignisse aus der Kolonialgeschichte Indiens aus der Sicht eines Zeitgenossen zu reflektieren. Doch bleiben diese dem fiktiven Fontane als indirekte Erzählung zugeschriebenen Worte "zweistimmig", d.h. daß hier "die Stimmen des Autors und der fremden Rede zusammenklingen und damit zwei Bedeutungsorientierungen koexistieren".[23] Dort, wo Grass sich direkt und unmittelbar über die Situation Indiens äußert, geschieht es in Form der Fragestellung: "Was ist Indien? Ein Anlaß für Bildbände, farbig, schwarzweiß? Des Empires Nachlaß: die Großmacht auf Krücken? Oder die letzte Zuflucht bankrotter Vernunft? Was sollte sie hier sanieren?"

---

23. Manfred Pfister: Konzepte der Intertextualität. In: Ulrich Broich und Manfred Pfister (Hg.): *Intertextualität. Formen, Funktionen, anglistische Fallstudien.* Tübingen 1985. (Konzepte der Sprach- und Literaturwissenschaft 35.) S. 3f.

(Zz, S. 100). Der von Ute "geliebte" Fontane hat sich für Grass als ein so entgegenkommender Gesprächspartner erwiesen, daß der letzte Satz des Prosaberichts lautet: "Wenn wir jemals wieder hierherkommen, nehmen wir wieder Fontane mit..." (Zz, S. 109).

Nur der Autor von Utes bevorzugter Lektüre nimmt die Sonderstellung eines gemeinsamen Reisegefährten ein. Das Verhältnis zu den Autoren von Grass' Lektüre gestaltet sich "kühler". Vor allem von Georg Christoph Lichtenberg behauptet Grass in der Hitze Calcuttas, seine "Prosa kühlt" (Zz, S. 31). Grass spürt in Lichtenbergs Sudelbüchern "bis heute gültige Erkenntnisse" auf, aber auch zum ersten Mal den im scharfsinnigen Aufklärer verborgenen "verstockten Antisemiten" (Zz, S. 40). Daß dies nicht Grass' erste Lektüre dieser Sammlungen pointierter Beobachtungen ist, verrät sein eigener Gebrauch der Bezeichnung "Sudelbuch" schon in früheren Werken.[24] Auch Lichtenberg dient ihm in *Zunge zeigen* dazu, eigene Erfahrungen möglichst unpersönlich zu vermitteln, und zwar umso wirksamer durch die zeitliche Distanz von zwei Jahrhunderten. So ermöglicht zum Beispiel Lichtenbergs Polemik gegen den "Frankfurter Rezensenten" auch Grass eine Polemik gegen "ein gegenwärtiges Exemplar [...], dessen eloquenter Pfusch sich ungeschmälerter Wirkung erfreut, weil weit und breit kein Lichtenberg dem Beckmesser sein einzig gültiges Werkzeug, die Meßlatte des Sozialistischen Realismus, nachweist" (Zz, S. 40). Hier vertieft die Anspielung auf den Sixtus Beckmesser, Meistersänger des 16. Jahrhunderts, die historische Perspektive noch um ein paar weitere Jahrhunderte.[25]

Liest man jedoch Lichtenbergs "Einfälle und Bemerkungen"[26] unabhängig von Grass' direkten und indirekten Zitaten, so entdeckt man eine andere Seite dieses Wissenschaftlers, die Grass kongenial sein muß. Es ist Lichtenbergs Freude am Experimentieren mit der Sprache, am Auffinden dessen, was die deutsche Sprache zu leisten vermag, wenn es darum geht, einen Gedanken auf die kürzeste Form zu bringen. Manche seiner Eintragungen bestehen lediglich aus erfin-

24. Günter Grass: *Aus dem Tagebuch einer Schnecke.* Neuwied und Darmstadt 1972. S. 7; *Der Butt.* A.a.O. S. 221.

25. Unter der Figur des Sixtus Beckmesser verspottete Richard Wagner in den *Meistersängern* den Kritiker und Musikschriftsteller Hanslick Eduard (1825-1904).

26. *Lichtenbergs Werke in einem Band.* Berlin und Weimar 1975. (Bibliothek deutscher Klassiker.) S. 122f.

derischen Wortprägungen, ohne daß es dabei immer zu Sätzen kommt. Offensichtlich ist es nicht nur Grass, der debattierende Autor, sondern auch Grass als Lyriker (und im Zusammenhang damit auch als Zeichner), der sich an Lichtenbergs pointiert zugespitzten Einfällen inspiriert. Wohl daher wird Lichtenberg selbst noch im Gedicht "Zunge zeigen" namentlich und mit Quellenangabe zitiert. Im zweiten Teil des Gedichts, der den unbegreiflichen Gegensatz von Pavementdwellers und Totschläfern einerseits und überfließendem Lebenswillen und optimistischer Statistik andererseits zu fassen sucht, wird Lichtenberg eingesetzt:

Werbung haushoch.
Die Weltbank bürgt.
Pläne, die Stadt zu retten, liegen zuhauf.
Und selbst die Müllberge
nahe der Straße, die nach Dum Dum führt,
sind, täglich erhöht, Kapital.
(Dazu sagt Lichtenberg in Heft 9,
das er in revolutionärer Zeit kurzgefaßt
mit Bedenken füllte: "In den Kehrigthaufen
vor der Stadt lesen und suchen,
was den Städten fehlt,
wie der Arzt aus dem Stuhlgang
und Urin.").

Was fehlt denn?
Zum Sterben nichts, zum Leben,
das sprichwörtlich nackt ist, wenig mehr
als nur Wille. (Zz, S. 211f.)

Die hier berufene analytische Methode Lichtenbergs (zutreffend nicht nur auf Calcutta), rechtfertigt das formale Zitat im Gedicht, das gleichzeitig verbürgt, daß nicht etwa Grass und seine Insistenz auf "Müll unser" der Urheber dieses Gedankens ist. Die obige Stelle aus dem Gedicht illustriert jedoch nicht nur den Diskurs mit Lichtenberg, sondern zugleich denjenigen mit Schopenhauer, dessen Werk ebenfalls zu Grass' Calcutta-Lektüre gehörte. Grass setzt diese beiden Denker im Gedicht zueinander in Beziehung, den einen formal zitierend, den anderen lediglich durch das Schlüsselwort vom Willen aufrufend, wie er es schon im Prosabericht getan hatte: "Von Lichtenberg zu Schopenhauer: 'Parerga und Paralipomena'. Nahtlos führt diese Lektüre in alle Schrecknisse der Gegenwart" (Zz, S. 30). Es zeigt sich, daß beim Aufbau des Weltbildes einer durch Kali zu zerstörenden Welt der selektive intertextuelle Diskurs mit deutschsprachigen Vertretern der Literaturgeschichte für Grass unerläßlich ist. Andererseits findet auch ein Diskurs mit europäischen und asiatischen Werken statt. Der Urdu- und Hindi-Schriftsteller Prem Chand (von Grass als Premchand zitiert), dessen Roman *Godan* (d.h. "Geschenk einer Kuh") auch zu Utes Lektüre zählt (Zz, S. 25f.), wird ebenfalls im Gedicht zitiert, und zwar im oben umrissenen achten Teil über Kühe und Ochsen in der Welt Calcuttas: "Godan, / des bitteren Premchand (der sich in Urdu und Hindi / wundgeschrieben) unerschwingliche Kuh, / die billig im Kilo nur Moslems / auf Fleischbänken fasert und lappt". Dieser Hinweis auf den einheimischen Schriftteller[27] und seinen vielleicht bekanntesten Roman unterstreicht im Gedicht die einzigartige Rolle der Kühe im Leben der gesellschaftlichen Unterschichten Indiens. Obwohl bei der kritischen Lektüre, die im Prosateil zu Worte kommt, nur wenige Autoren uneingeschränkt akzeptiert werden, dient die Auseinandersetzung mit ihren Werken dazu, Bausteine für einen Weltbegriff aus der Sicht Calcuttas freizulegen. Von Schopenhauer z.B. lautet das Urteil: "Nach großer Eröffnung [...] bleibt unterm Strich eine Spießermoral übrig; jedenfalls von Calcutta aus bewertet." Dennoch "behält" der auf gesammelten Erkenntnissen sitzende Schopenhauer "(ärgerlicherweise) recht, so hohnlachend seine Wahrheiten auftreten" (Zz, S. 40).

Grass' weitere europäische Lektüre vermischt sich mit einem Aufenthalt in der Tempel- und Pilgerstadt Puri, wo er u.a. Unberührbare beim Fischen in einer Kloake beobachtet. "[...] übergangslos, als grenze (wie bei Schopenhauer) Hölle an Hölle, lese ich "Die Blendung" von Canetti, abgesichert im Kolonialgestühl" (Zz, S. 43). Das enttäuschte Urteil über den (nobelpreisgekrönten) Roman: "[...] der Brand der Bibliothek findet statt, weil das Buch auf ihn angelegt ist" (Zz, S. 45). Weitere "dickleibige Schmöker", an denen das Ehepaar "Halt sucht" (Zz, S. 52), schließen für Grass Thomas Manns *Joseph und seine Brüder* mit ein, "eine, auf Indien bezogen, seltsam gegenwärtige und doch abwegige Legende"(Zz, S. 52). Nach 1000 Seiten

27. Prem Chand (auch Munshi genannt), mit dem eigentlichen Namen Dhanpat Rai Srivastana, wurde am 31. Juli 1880 in Lamahi, Indien, geboren und starb am 8. Oktober 1936 in Varanasi. Er schrieb zahlreiche Romane und Kurzgeschichten in Urdu und Hindi. Seit 1921 ein Anhänger der Gandhi-Bewegung, wurde Prem Chand einer der Pioniere, die indische Themen in westliche literarische Formen faßten. Der Roman *Godan* erschien 1936.

dieser Lektüre und einer sensiblen Würdigung des epischen Vorganges gelangt Grass zu einem ihn selbst vielleicht miteinbeziehenden Urteil: "Wer da immer noch rumkrittelt, weil Können verdächtig zu sein hat, soll es ihm nachmachen"(Zz, S. 54).

Grass' längeren oder kürzeren Abhandlungen über die jeweilige Lektüre könnte ein Hinweis Lichtenbergs zugrunde liegen: "Eine Regel beim Lesen ist, die Absicht des Verfassers und den Hauptgedanken sich auf wenig Worte zu bringen und sich unter dieser Gestalt eigen zu machen. [...] es gibt eine Art von Lektüre, wobei der Geist gar nichts gewinnt und viel mehr verliert: es ist das Lesen ohne Vergleichung mit seinem eigenen Vorrat und ohne Vereinigung mit seinem Meinungssystem."[28] Für den Band *Zunge zeigen* wäre zu wünschen, daß Grass auch jenen anderen Vorschlag Lichtenbergs beherzigt hätte: "Befehl, kein merkwürdiges Buch ohne den vollständigsten Index zu drucken, könnte sehr nützlich sein."[29] Leider ist hier kein Raum, einen auch nur annähernd vollständigen Index der in *Zunge zeigen* erwähnten und mit dem Calcutta-Stoff intertextuell verwobenen Autoren und Werke zu vermitteln.[30]

28. *Lichtenbergs Werke* (a.a.O.). Heft F (1776-1779). Nr. 1212. S. 120.

29. Ibid.: Heft J (1789-1793). Nr. 40. S. 123.

30. Zu den bemerkenswerten Diskursen mit Schriftstellern des 20. Jahrhunderts im Prosateil von *Zunge zeigen* gehören: 1. Eine Lektüre von Erwin Chargaff: *Der kunstgestopfte Schleier der Maja* (Zz, S. 17). "Der alte Chargaff", wie Grass ihn nennt, wurde 1905 in Österreich geboren, promovierte 1928 in Wien und emigrierte im gleichen Jahr in die Vereinigten Staaten. Nach einer glänzenden Karriere als Professor für Biochemie an der Yale und Columbia Universität, einschl. zahlreicher Forschungsaufenthalte in Europa, lebt er seit 1974 als Emeritus in New York City und veröffentlicht Bücher und Beiträge für wissenschaftliche Zeitschriften sowohl auf Englisch wie auf Deutsch. 2. Eine Lektüre von Hans Joachim Schädlichs Roman *Tallhover* (Zz, S. 26f. und S. 38). 3. Eine Lektüre von Gour Kishore Ghosh: *Let Me Have My Say*, "während Indira Gandhis Schreckensherrschaft geschrieben [...]" (Zz, S. 72). Später besucht Grass mit dem Schriftsteller dessen Verleger, Verlagshaus und Buchladen (Zz, S. 81). 4. Zu den zeitgenössischen Dichtern gehört auch der aus Bangladesh vertriebene Daud Haider, der dem Ehepaar Grass bemerkenswerte Menschen und Orte in Calcutta zeigt. 5. Ein Bildband mit dem Titel *Netaji*, der Subhas Chandra Bose "in Fotografien feiert", wird ausführlich geschildert (Zz, S. 82f). 6. Von dem bengalischen Dichter und Mystiker Rabindranath Tagore (1861-1941), der 1913 den Nobelpreis für Literatur gewann, ist vor allem anläßlich eines

Um den Kreis der literarischen Zitate zu schließen, wenden wir uns noch einmal dem Gedicht zu. Eine Art Pfeiler für die Struktur des Calcutta-Gedichts bildet ein indirektes und gleichsam "weitergeschriebenes" Zitat aus R.M. Rilkes "Duineser Elegien". Auf die dreimal das Wort "schwarz" aufrufenden Anfangszeilen folgend heißt es im ersten Teil: "Nicht mehr ach, weh und oh und: Jeder / Engel ist schrecklich. Kein Gedanke / steht an, Poren zu schließen. / Überfluß muß es sein, den anderes Klima / auf Eis gelegt hat" (Zz, S. 209). Hier wird auf das Leitmotiv von Rilkes Elegien verneinend Bezug genommen. Die schwarze Göttin läßt sich nicht als "schrecklicher Engel" in einen transzendenten Bereich von Innerlichkeit, Religion oder Mythos verdrängen. Sie soll hervortreten, sichtbar, begreifbar und hörbar werden. In seinem Vortrag vor dem Club of Rome "Zum Beispiel, Calcutta"[31] spricht Grass über "die jenseits von europäischen Kategorien wie Hoffnung und Verzweiflung angesiedelte Existenzlage dieser Stadt", die keine erschreckende, abschreckende Ausnahme illustriere, sondern vielschichtig beispielhaft sei. Die Verneinung europäischer Kategorien zugunsten einer Bejahung der zerstörenden Gottheit ist verdichtet in dem Hinweis auf Rilkes "schrecklichen Engel". Das indirekte Zitat taucht noch ein zweites Mal auf in merkwürdig umgekehrter Form am Ende des zehnten Gedichtteils. Während einer Fahrt im Vorortzug durch die überschwemmte Landschaft singt ein blinder Bettlerknabe schrill sein Klagelied:

Seine spröde, gehärtete Stimme
drängte beiseite, schlug durch gepferchtes Fleisch
eine Schneise und schuf sich
im Schreien Raum, so daß gesungene Not
den Vorortzug (zehn Uhr dreißig) verließ
und niederschlug (nahe Sonapur war es)
auf sinkende Hütten,
die Flut.

Nachdem die "seitlich offene Kinderhand" dennoch leer geblieben ist bis auf eine verschämte schnelle Gabe des Sprechers, folgt ein parenthetischer Zusatz: "(Später beim Tee trieb die Sprache / Verrat,

---

Besuchs in Santiniketan die Rede (Zz, S. 63-68 und passim).

31. Günter Grass: Zum Beispiel, Calcutta. In: Tschingis Aitmatow, Günter Grass: *Alptraum und Hoffnung. Zwei Reden vor dem Club of Rome.* Göttingen 1989. S. 39-63, hier S. 43.

mißriet mir der Knabe / zum schrecklichen Engel)" (Zz, S. 227).
Hier tritt der "schreckliche Engel" nicht länger als umgekehrtes Zitat
auf, sondern als persönliche Chiffre des Sprechers, deren Deutung
sich genauer Festlegung entzieht, zumal "mißriet mir" semantisch
zweideutig ist ("riet mir falsch" oder "gelang mir falsch"). Im
Zusammenhang mit dem "Verrat der Sprache" liegt die Deutung
nahe, daß der Sprecher, durch europäischen Sprachgebrauch verführt,
rückfällig wurde in europäische Kategorien des "schrecklichen
Engels". Das beiseite drängende Lied des Knaben hatte vermutlich
bengalischen Wortlaut.

Gleichwertig neben dem literarischen Intertext enthält *Zunge
zeigen* einen Intertext bildender Künstler und ihrer Werke. Auch hier
ist eine diachron-externe und eine synchrone quasi interne Komponente zu unterscheiden. Bei der letzteren handelt es sich um den im
Prosatext zerstreuten Diskurs mit dem Maler Shuvaprasanna (Zz, S.
19), später Shuva genannt, der eine private Kunstschule leitet, und für
den Grass am Ende "arts acre", eine Künstlerkolonie, einweiht.
Shuva begleitet Grass auf einigen Reisen, wird wegen falscher Be-
schuldigungen verhaftet und wieder entlassen (Zz, S. 43,45); seine
Familie nimmt am Umzug des Ehepaars teil (Zz, S. 53) und demonstriert die Rituale von Kali Pujah (Zz, S. 58, 59). Bei der Einweihung
von "arts acre" hängen auch Grass' Radierungen im Ausstellungs-
pavillon. Grass rät dem naiv begeisterten Maler, möglichst bald den
Vorsitz abzugeben (Zz, S. 101,102). Der Dialog mit Shuva ist eine
Art "Kollegengespräch".

Der diachrone Dialog mit bildenden Künstlern hat meist Mu-
seumsbesuche als Anlaß. Zwei Maler, die im 18. Jahrhundert Calcutta
besuchten, Thomas und William Daniell, stellten die Stadt als eine
Art Venedig dar. Grass bestätigt ihren Vergleich anläßlich von Überschwemmungen und Nebel über der Stadt auch im Gedicht (Zz, S.
29, 217), wo durch das lyrische Umfeld mit "Venedig" ein Echo
zahlreicher Dekadenzdichtungen der europäischen Literatur hörbar
wird und zur Schaffung einer zerstörungsreifen Welt beiträgt. Das
ausführlichste Lob zollt Grass jedoch den Pinselzeichnungen des zeitgenössischen Zainul Abedin, die er im Nationalmuseum zu Dakka unter Bilderfluchten indisch-europäischer Moderne entdeckt und die mit
wenigen Pinselstrichen Bettelnde und Verhungernde aufzählen (Zz, S.
76f.). Im neunten Teil des Gedichts wird angedeutet, daß zwar die
historischen Schlachten gemalt wurden, doch die Zeiten "landweiten
Hungers" auf keinem Bild "museal" zu finden sind (Zz, S. 224).

Den Hunger zu zeichnen, ist offenbar ebenso schwierig, wie über den Hunger zu schreiben, eine Erfahrung, die dem Autor des *Butt* vertraut ist.[32]

Im Verlauf der in Calcutta verstreichenden Zeit verändert sich merklich das Verhältnis des Ehepaars zu den mitgebrachten Büchern. Die schimmelnden Bücher "Rücken neben Rücken" (Zz, S. 39) sind nicht nur ein äußeres Zeichen des indischen Klimas. Zunehmend fällt es schwerer, "Gedanken zu fassen, die die Entfernung aufheben" (Zz, S. 23). Nach den Pendelzugfahrten fällt Ute zusammen: "Auch kein Fontane kann helfen" (Zz, S. 30). Europäische Bekanntschaften lösen sich zwangsläufig auf: "Pia und Emilio reisen ab, mit ihnen ein Stück Rückhalt: Europa" (Zz.S. 45). Am Ende des Calcutta-Gedichts und der von Kali heraufgeführten Revolution steht mehrdeutig: "Da vergingen wir (du und ich)". Ein Kreis schließt sich. Zu dem Zeitpunkt, wo "die Bücher (auch Fontane), das Bügelbrett und meine Zeichnungen" bei einer Reise zurückbleiben können (Zz, S. 91), und wo es den Autor gelüstet, "in jenem blasenwerfenden menschlichen Brei [...] unterzutauchen, verrührt zu werden, verlorenzugehen, plötzlich schmeckt Rückkehr vor" (Zz, S. 90). Offenbar läßt sich Calcutta nicht länger mit europäischen Maßstäben messen, ebenso wie der Vorsatz, "zurück in Deutschland, alles, auch mich an Calcutta messen" (Zz, S. 61), überholt erscheint. Die Bücher und Zeichnungen haben offenbar ihren Zweck erfüllt. Ihre Funktion glich den oft erwähnten, im Gedicht beschworenen, vermittels von Worten und Bildern aufgezeichneten "Haltegriffen" in den Pendelzügen nach Ballygunge.[33] Ein neuer Koffer für zusätzliches Reisegepäck muß angeschafft werden.

32. Im *Butt* geschieht die Darstellung des Hungers vor allem in den Gedichten "Am Hungertuch nagen" und "Lena teilt Suppe aus". Cf. hierzu Anthony Phelan: Food, Writing, and Power. In: *Günter Grass's "Der Butt"*. A.a.O. S. 143-147. Auch: Philip Brady: The Poems. Ibid. S. 213.

33. Im Bremer Katalog, a.a.O. S. 51 findet sich die Abbildung einer größeren Tuschzeichnung eines Haltegriffs mit Händen und einem Gedicht, das eine Vorstufe zu den Versen von den "praktischen Griffen" im ersten Teil des Calcutta-Gedichts bildet: "Im allgemeinen Geschiebe / Meinung steht gegen Meinung. / Nun auch der Teppich / das Erbstück / unter den Füßen weg. / Eng verschachtelt / greifen wir über uns / und ins Leere, / es sei denn es hängen / praktische Halteringe / wie in den Vorortzügen. / Die geben jedermann / Halt". Cf. auch die Zeichnung (Zz, S. 113).

Gertrude Cepl-Kaufmann

Leiden an Deutschland. Günter Grass und die Deutschen

Als die Einheit Deutschlands zum Thema zu werden begann, hatte Günter Grass seine Summe schon gezogen. Im Januar 1990 brachte der Luchterhand Literaturverlag ein Bändchen auf den Markt, das so ganz nach verlegerischem Schnellschuß aussah und auch so von der Kritik gesehen wurde: *Deutscher Lastenausgleich. Wider das dumpfe Einheitsgebot. Reden und Gespräche.*[1] Hier waren lediglich Texte aus rund drei Jahrzehnten zusammengestellt, offene Briefe, Reden, Gedichte, fiktionale und nicht-fiktionale Texte. Der Vorwurf der Kritik läßt sich zurückweisen: Hier lag keine eilig zusammengestoppelte Textsammlung vor, die das aktuelle Thema gewinnbringend bedienen sollte. Die Sammlung war zweifellos mit Zustimmung des Autors und in dessen Absicht erschienen, um sich in die aktuelle Auseinandersetzung und politische Entwicklung mit einem besonderen Bonus einzumischen, seiner ungewöhnlichen und provokativen Argumentation und Position die Legitimation zu liefern: Seine Beschäftigung mit dem Thema deutsche Einheit, besser, die Auseinandersetzung mit der deutschen Teilung und ihren Folgen datierte schon seit dem Mauerbau 1961. Niemand sollte ihn eines vorschnellen Urteils zeihen, jeder sollte die historischen Bedingungen der aktuellen Problematik erkennen.

Ob die kritischen bis negativen Urteile über die 'Wiedervereinigung' zu recht bestehen, ob die von Grass avisierte Katastrophe eintritt, läßt sich aus der knappen historischen Distanz heute noch nicht sagen, doch eine Analyse der Position von Grass sei erlaubt. Die spezifische Reaktion von Grass — im November des Jahres 1990 folgte ein weiterer Band Grassscher Einheitspolemik, *Ein Schnäpp-*

1. Günter Grass: *Deutscher Lastenausgleich. Wider das dumpfe Einheitsgebot. Reden und Gespräche.* Frankfurt/M. 1990. Mein Dank gilt Frau von Oertzen, die mir die Bestände der Zeitungsausschnittsammlung der Stadtbücherei Dortmund zugänglich machte. Weiterer Dank gilt Brigitte Hartkopf.

chen namens DDR. Letzte Reden vorm Glockengeläut,[2] bisher nur in
Zeitungen abgedruckte Reden und Interviews kamen hinzu — ist
Anlaß genug, sich mit seinem Deutschland-Bild zu beschäftigen. Der
begrenzte Raum verlangt begrenzte Fragestellung:

— Welche Argumentation und welche Argumentationsstrategien in der
Deutschlandfrage bestimmen Grass' derzeitige Position und wie sind
sie entstanden?
— Inwieweit ist seine heutige Position von Brüchen bzw. Veränderungen
innerhalb seines Gesamtwerkes abhängig?
— Wie läßt sich Grass' gegenwärtige gesellschaftliche Rolle beschreiben?

Die Beurteilung der Problematik, die mit dem politischen Anschluß
der Ex-DDR an die Bundesrepublik verbunden war und weiter ist,
das Leiden an Wunden, die geschlagen wurden, die Trauer über den
scheinbar endgültigen Verlust der gesellschaftlichen Utopie des
demokratischen Sozialismus teilt Grass mit vielen seiner Mitbürger in
West- und Ostdeutschland. Und doch lösten seine Auftritte und
Äußerungen kaum ungeteilte Zustimmung aus. Sein Insistieren auf
einer langfristig zu entwickelnden föderativen Angliederung der fünf
neuen Länder ohne Einheitslösung, das keinem Gegenargument
zugänglich war, mußte angesichts der drängenden Massen in der
damaligen Noch-DDR wie Zynismus klingen. Als provokativ und
unverständlich empfunden wurde die Begründung, die er für die
Ablehnung eines Einheitsdeutschlands vorbrachte, sein Verweis auf
Auschwitz, für das ein Deutsches Reich die Voraussetzung war und
dessen Wiederholung durch ein neuerlich geeintes Deutschland
begünstigt würde. Beide Argumentationen lassen sich aber, bezogen
auf das Gesamtwerk von Grass, als geradezu idealtypische Kategorien
seines Denkens, Schreibens und politischen Handelns herausstellen.
Ersteres zeigt einen Einblick in die Grasssche Argumentation und
letztere beweist, wie sehr die scheinbar politische Argumentation auf
der durch eigenes Erleben geprägten moralischen Kategorienwelt des
Autors aufbaut. Über beides ist zu sprechen.

Grass' Argumentationsmuster entwickeln sich in längeren Zeiträu-
men, vergleichbar der subtilen Werkstattarbeit, in der seine großen
Romane entstanden sind. Grass selbst verweist gerne auf seine
Bildhauerausbildung, die ihm die Grundlage seines literarischen

---

2. Günter Grass: *Ein Schnäppchen namens DDR. Letzte Reden vorm
Glockengeläut.* Frankfurt/M. 1990.

Arbeitens vorgegeben habe. Wie er in seiner literarischen Arbeit Schicht um Schicht komplexe Zusammenhänge anlegt — der kunstvolle Aufbau der beiden letzten Romane *Der Butt* und *Die Rättin* zeigen dies —, arbeitet er sich auch durch politische Zusammenhänge und gewinnt für sich eine Position, in der er Gegenargumente schon verarbeitet hat, ohne daß sie als Einwand erscheinen oder als Einwand in einem Gespräch Chancen hätten, angemessen aufgegriffen zu werden. Wenn Grass mit seiner Meinung an die Öffentlichkeit tritt, hat er ein Problem für sich zu Ende gedacht und behält seine Argumentation so lange bei, bis von *seiner* Seite aus eine gravierende Veränderung der Bedingungen seiner Argumentation eingetreten zu sein scheint. Er kann dadurch seine Position besonders deutlich vertreten, ist aber unflexibel gegenüber veränderten Bedingungen und anderen Argumentationen. Seine Äußerungen lassen keinen Widerspruch zu. So ist Grass mit seiner Neigung zur stereotypen Beantwortung von Fragen der ideale Interview- und ein denkbar schlechter Diskussionspartner, es sei denn, sein Gesprächspartner ist mit ihm im Prinzip einig. Im Fall der kontroversen Beurteilung der für die Entwicklung Nachkriegsdeutschlands existentiell wichtigen Phase der Auflösung der DDR zeigte sich dies sehr deutlich. Grass eckte an mit seiner als überholt empfundenen Behauptung, eine Konföderation Bundesrepublik-DDR sei möglich. Seine Auftritte wurden erregt kommentiert, wenn auch nicht immer so hart wie von Hans Kaufmann: "Grass ist ein streitbarer Typ, und im mündlichen Disput ist er bisweilen ein rechter Streithammel und Rechthaber, und wenn er, wie kürzlich im Fernsehen, den praeceptor germaniae spielt und sechs Männer, die auch etwas zu sagen hätten, an die Wand redet, mag ich ihn nicht so sehr".[3]

In meiner eigenen frühen Beschäftigung mit Grass habe ich versucht, das auffallende Merkmal in Grass' politischer Arbeit produktionsästhetisch fruchtbar zu machen und Interviews als authentischen Teil zu nutzen.[4] Band X der von Volker Neuhaus besorgten

---

3. Hans Kaufmann: Deutscher Lastenausgleich. Wider das deutsche Einheitsgebot von Günter Grass. In: *Weimarer Beiträge* 36 (1990). H. 9. S. 1393-1395, hier S. 1395.

4. Gertrude Kaufmann/Franz Josef Görtz: Interviews. In: *Günter Grass — Dokumente zur politischen Wirkung.* Hg. von Heinz Ludwig Arnold u. F.J. Görtz. München 1971. S. 412-415; Gertrude Cepl-Kaufmann: *Günter Grass. Eine Analyse des Gesamtwerkes unter dem Aspekt von Literatur und*

Gesamtausgabe enthält ausgewählte Interviews und bestätigt die Bedeutung, die diese Redegattung für das Werk von Grass hat.

Welches sind nun die Argumentationsmuster im Zusammenhang mit den politischen Ereignissen in der DDR und worauf bauen sie? Die Phasen der Grassschen Meinungsbildung lassen sich an Texten der Sammlung *Deutscher Lastenausgleich* nachvollziehen. Sein Deutschland-Bild entwickelt sich in den sechziger Jahren, genauer bis 1970, zwischen Mauerbau und Ostverträgen. Aus dieser Zeit datieren einige programmatische Reden: "Was ist des Deutschen Vaterland?" (1965); "Die kommunizierende Mehrzahl" (1967); "Was Erfurt außerdem bedeutet" (1970); "Deutschland — zwei Staaten — eine Nation" (1970).

Im Dezember 1989 beschimpft ein Bürger Grass auf dem Hamburger Hauptbahnhof als "Vaterlandsverräter". Grass nimmt die haßerfüllte Attacke zum Anlaß, an die Beschimpfung der Sozialdemokraten als "vaterlandslose Gesellen" zu erinnern und in einer "Kurze[n] Rede eines vaterlandslosen Gesellen" seine eigene mentale Expatriierung zu konstatieren.[5] Seine Beurteilung der politischen Entwicklung, seine konkreten Vorschläge, in der Rede in einer Fünf-Punkte-Sammlung noch einmal zusammengefaßt, waren ins Leere verhallt. Unter ganz anderen Prämissen war Grass in seiner ersten großen Deutschland-Rede mit dem historischen Vorwurf umgegangen. Hier konnte er noch von einem Gegensatz sprechen zwischen der unter Adenauers CDU schon längst abgeschriebenen, weil nicht gewollten, Einheit und der von den "vaterlandslosen Gesellen" unter Willy Brandt vertretenen "Entschlossenheit im Kampf um die deutsche Einheit in Frieden und Freiheit".[6] Grass geht auf die historischen Bedingungen ein und differenziert seine Beurteilung der Einheitsproblematik. Was damals, zur Zeit des Mauerbaus, noch politisch hätte einklagbar sein müssen, gibt im Entstehungsjahr der Rede,

---

Politik. Kronberg 1975. Hier S. 282-287 u. S. 295-305.

5. Günter Grass: Kurze Rede eines vaterlandslosen Gesellen. In: *Ein Schnäppchen namens DDR. Letzte Reden vorm Glockengeläut.* Frankfurt/M. 1990. S. 7-14.

6. Günter Grass: Was ist des Deutschen Vaterland? In: *Deutscher Lastenausgleich. Wider das dumpfe Einheitsgebot. Reden und Gespräche.* Frankfurt/M. (1990). S. 108-121, hier S. 117. Im folgenden werden die zitierten Textstellen aus der Sammlung unmittelbar am Ende des Zitats in Klammern angegeben.

1965, keinen politischen Sinn mehr.

In der Rede "Die kommunizierende Mehrzahl" wird 1967, einen Monat nach Adenauers Tod, die Einheitsfrage, "Bilden die Deutschen eine Nation?", programmatisch umgemünzt in die Frage "Sollen die Deutschen eine Nation bilden?" (S. 91). Das klare Nein auf diese Frage wird alle weiteren Reflexionen über das Verhältnis von DDR und Bundesrepublik bestimmen. Schon hier geht es nicht mehr um die retrospektive Sichtung der vertanen Chancen, sondern um den grundsätzlichen Zweifel am Sinn der Wiedervereinigung:

> Was verstehen wir unter Wiedervereinigung? Wer soll mit wem unter welchen politischen Bedingungen wiedervereinigt werden? Heißt Wiedervereinigung Wiederherstellung des Deutschen Reiches in den Grenzen von 1937? (S. 91f.)

Die Diskussion um die Ostverträge hatte begonnen, der Begriff "Nation" stand zur Disposition. Schon hier setzt Grass ein politisch motiviertes "Nationalbewußtsein" gegen ein irrationales "Nationalgefühl". Der status quo beweist die Unfähigkeit der Deutschen, eine Nation zu bilden:

> Alle Marksteine der Ära Adenauer — von der Wiederbewaffnung bis zur Hallstein-Doktrin — widersprachen der Grundgesetz-Präambel. Sie trugen dazu bei, das eine wie das andere Staatsprovisorium zu festigen; heute haben wir zwei Deutschland. Die Gewöhnung an diesen Zustand einerseits und hysterisches Reagieren andererseits bezeugen die zu begründende Tatsache, daß die Deutschen nicht in der Lage sind, eine Nation zu bilden. (S. 99)

Schon hier verweist Grass auf die föderalistische Grundstruktur als sowohl für West- als auch für Ostdeutschland notwendig. Schon hier taucht der in Grass' Argumentation wichtige Gedanke der Konföderation auf: "Zwischen Nationalismus und Separatismus liegt [...] unsere einzige und selten genutzte Möglichkeit: die Konföderation oder der wirtschaftlich feste, politisch und kulturell lockere Bund der Länder. Er könnte uns Patria sein" (S. 100). Seine Wunschvorstellung: Die Anerkennung der Oder-Neiße-Linie möge als Vorleistung für die Anerkennung des Anspruchs auf eine Konföderation der beiden deutschen Staaten möglich sein; doch schon hier bangt er, daß eine solche Entwicklung, der kontrollierenden Kraft der Sozialdemokraten entzogen, im Zusammengehen von preußisch-stalinistischem Flügel der DDR und national-konservativem Flügel der Bundesrepublik, die "Spottgeburt einer Nation in die Welt setzen [könne], deren furchterregende Existenz durch das wachsende Selbstverständnis der Deutschen verhindert werden möge"(S. 103). In wesentlichen Punkten hat Grass diese Argumentation beibehalten, weitere Hoffnungen schienen nicht möglich, nach der "Wende", der Übernahme der Regierung durch die CDU, konnte von einer weiteren Stabilisierung des Selbstbewußtseins der Deutschen keine Rede mehr sein. Noch aber gelingen Grass, gefördert von Zuversicht auf die schrittweise Veränderung in der Bundesrepublik, dank sozialdemokratischer Politik, Utopien konstruktiver Zusammenarbeit von Ost und West:

> Es wird dem Gremium dieser Konföderation, das seinen Sitz alternierend in Leipzig und Frankfurt am Main haben möge, nicht an Aufgaben fehlen: Es gilt, zwei stehende Armeen Zug um Zug abzurüsten; es gilt, mit den freiwerdenden Mitteln gemeinsame Forschungsprojekte und Entwicklungshilfe zu finanzieren; es gilt, in beiden konföderierten Staaten die politische Strafjustiz aufzuheben; es gilt, gemeinsam Verhandlungen einzuleiten, deren Ziel der Friedensvertrag sein sollte. (S. 105)

Die Rede gipfelt in der Auslotung der Begriffe "Einigkeit" und "Einheit":

> Einigkeit, europäische wie deutsche, setzt nicht Einheit voraus. Deutschland ist nur zwangsweise, also immer zu seinem Schaden, eine Einheit gewesen. Denn die Einheit ist eine Idee, die wider den Menschen gesetzt ist. Sie schmälert die Freiheit. Einigkeit verlangt den freien Entschluß der Vielzahl. Deutschland sollte endlich das Mit-, Neben- und Füreinander der Bayern und Sachsen, der Schwaben und Thüringer, der Westfalen und Mecklenburger sein. Das singuläre Deutschland ist eine Rechnung, die nie mehr aufgehen möge; denn genau gerechnet ist Deutschland eine kommunizierende Mehrzahl. (S. 106)

Bemerkenswert in dieser Rede, auf die Grass gerade in der letzten Zeit häufig verwiesen hat, ist der Begriff "Nation", dessen Problematik er hier besonders reflektiert, der ihm zunehmend suspekt wird. Die Rede endet, und dies verweist bereits auf die nächste Phase des Grassschen Deutschlandbildes, mit einem Zitat aus den "Xenien":

> Deutscher Nationalcharakter
> Zur Nation euch zu bilden, ihr hoffet es, Deutsche, vergebens;
> Bildet, ihr könnt es, dafür freier zu Menschen Euch aus.

1970 bezieht sich Grass in seiner Rede "Deutschland — zwei Staaten — eine Nation?" auf die 67er Rede, auf sein Votum "Verzicht auf Einheit als Voraussetzung für die Einigung" (S. 59). Inzwischen ist die "Unvereinbarkeit zweier deutscher gesellschaftlicher Gegebenheiten" (S. 63) manifest. Die historische Begründung für die skeptisch-ablehnende Haltung zum Begriff "Nation" gewinnt an Raum. Mit der völkerrechtlichen Anerkennung der DDR könnte es zu einer Verdoppelung der deutschen Nation, wie Grass fürchtet, zu einem "zwiefachen Nationalismus" (S. 64) kommen. Grass hofft, "daß die beiden deutschen Staaten in ihrer Verschiedenheit und Gegensätzlichkeit dem überlieferten Begriff Nation einen neuen Sinn geben, indem sie den althergebrachten Konfliktstoff Nation überwinden" (S. 64). Das Dilemma, ein zeitangemessenes nationales Selbstverständnis suchen zu wollen und sich den Negativattributen eines historisch belasteten Nationalbegriffs konfrontiert zu sehen, bleibt, so läßt sich im Vorgriff sagen, für Grass ein ungelöstes, ja unlösbares Problem, dem er sich schon hier, in der Phase seiner intensivsten politischen Tätigkeit, in der er gleichzeitig im *Tagebuch einer Schnecke* seine generationsspezifischen Erfahrungen auch literarisch weitergeben will, ausgesetzt sieht:

Allein der Versuch, meinen zwölfjährigen Söhnen zu erklären, welche bis heute wirksamen Folgen der überlieferte Sozialismus hat und wie notwendig es wäre, die deutsche Nation als etwas zu begreifen, das sich konkrete soziale, entwicklungspolitische und den Frieden zu sichernde Aufgaben zu stellen hat, macht mir deutlich, wie groß das nationale Vakuum ist und wie rasch es, mit Hilfe allzeit abrufbereiter Demagogen, abermals aufzufüllen wäre. Der nationalistische Sud von vorgestern ist zwar angesäuert, aber immer noch findet er Märkte. (S. 68)

Überwindung des Nationalismus und Konföderation als Zielvorstellung sind die zwei Kategorien, die auch in der Einheitsdiskussion seit November 1989 von Grass in einer Vielzahl von Veranstaltungen und Veröffentlichungen eingebracht wurden. Mit viel Engagement hat Grass in Reden, Artikeln und Statements seine Vorstellungen zu vermitteln versucht. Seine Wut und Enttäuschung mag man ermessen: Sein Thema, zu dem zu äußern ihn jahrelanger Einsatz legitimierte, wurde außerhalb seiner Einwirkungsmöglichkeiten entschieden, entschieden in einem Sinne, wie er konträrer zu seinen eigenen Vorstellungen kaum sein konnte.

Das Maß an gestörter Kommunikation zwischen Grass und der politischen Öffentlichkeit aber läßt sich erst ermessen, wenn die Weiterentwicklung seines Nationbegriffs im Laufe der 80er Jahre deutlich wird.

Mitte der 70er Jahre hatte Grass sich weitgehend aus dem aktiven Einsatz für die SPD zurückgezogen. Willy Brandt, sein Garant für die

Identität von Politik und Moral, der auch den Rat von Günter Grass
sehr hoch schätzte, wurde durch den zwar effektiven, aber auf dichterische Beratung verzichtenden Helmut Schmidt abgelöst. Vollends
desolat wurde die Situation für "schreibende Hofnarren"[7] mit Beginn der Kohl-Ära. Die Suche nach einem alle Lebensbereiche und
das Gesamtspektrum der Politik mit einbeziehenden Nationbegriffs
wird in dieser Zeit aufgegeben. Grass findet und rezipiert den Herder-
schen Begriff "Kulturnation". Mit ihm identifiziert er sich, von ihm
aus entwickelt er neue Vorstellungen einer "Einheit" von Bundesrepublik und DDR, von ihm aus entwickelt er Perspektiven einer
angemessenen nationalen Identität. Grass wendet den Begriff "Kulturnation" formal an, reduziert ihn, analog zu seiner Rezeption des
Begriffs "Aufklärung", auf das Strukturhomologe.[8] Die historischen
Implikationen, auch die im späten 19. Jahrhundert daraus erwachsen-
den Verzerrungen, klammert er aus. Klaus R. Scherpe hat darauf
hingewiesen, daß Grass die nationalistische Verwertbarkeit auch
dieses Begriffs ignoriert: "Wenn er doch berücksichtigen würde, was
die deutsche Nationalphilologie und chauvinistische Deutschkunde
seit dem 19. Jahrhundert bis hin zu dem nach Herder benannten
nationalsozialistischen Machwerk *Von deutscher Art in Sprache und
Dichtung* mit dem Begriff der deutschen Sprach- und Kulturnation
gemacht hat! Immer wieder mußten die allzu großen Bilder und
Gedanken an Deutschland den realen Mangel an Deutschland aus-
gleichen".[9] Und selbst dem Kulturbegriff mangelt eine auf nationale
Identität hin orientierte Verbindlichkeit. Hans Mayers Kommentar
beim Gespräch über den "Kulturbegriff in Deutschland", zu dem
Grass 1985 in die Westberliner Akademie der Künste geladen hatte,
macht dies deutlich: "Als ich hörte, wir sollten über den Kulturbegriff diskutieren, da erbleichte ich wie der Herr Keuner bei Brecht",

7. 1966 hatte Grass in einer Rede zum Treffen der Gruppe 47 in
Princeton/USA das politische Engagement des Schriftstellers reflektiert unter
dem Titel: Vom mangelnden Selbstvertrauen der schreibenden Hofnarren
unter Berücksichtigung nicht vorhandener Höfe. In: Günter Grass: *Werke in
zehn Bänden.* Darmstadt/Neuwied (1987). Bd. IX. S. 153-158.
    8. Vgl. Cepl-Kaufmann: *Eine Analyse des Gesamtwerkes.* A.a.O. S.
122-139.
    9. Klaus R. Scherpe: Deutscher Lastenausgleich. Wider das dumpfe
Einheitsgebot. In: *Weimarer Beiträge* 36 (1990). H. 9. S. 1398-1399, hier S.
1398.

denn, so Mayer, dieser Begriff sei doch befrachtet "mit furchtbar viel kulturphilosophischem Geschwafel aus dem neunzehnten Jahrhundert". Auch gebe es "große Gegensätze zwischen dem offiziellen Kulturkonzept der DDR, und der, genau genommen, gar nicht vorhandenen Kulturideologie der Bundesrepublik.[10] Doch der Begriff "Kulturnation", so wie Grass ihn verwendet, will kein ideologisch oder auch nur definitorisch abgesicherter Begriff sein. In seiner Argumentation wird er nur als pragmatischer Begriff verwendet. Er kommt in den Blick bei der Suche nach Beweisen nationaler Identität, die über jeden nationalistischen Verdacht erhaben sind. Im Rückblick auf die deutsche Geschichte registiert er, daß Deutschland jahrhundertelang nur durch die Literatur, besser, die Literaten vertreten wurde. Eine kurze Phase lang schien auch die Friedensbewegung eine Andeutung von neuem, grenzüberschreitendem Selbstverständnis zu signalisieren: "Diese Bewegung ist grenzüberschreitend, grenzübergreifend, es ist eine gesamtdeutsche Bewegung, und die interpretieren viele falsch als eine neue Form von Nationalismus. Wenn sich daraus ein neuer Nationbegriff, ein Nationbegriff geboren aus einer Friedensbewegung ergeben sollte, wäre ich dankbar. Denn das Vakuum Nation halte ich für viel gefährlicher als die suchende Bewegung innerhalb der Friedensbewegung".[11] Doch ergiebiger, vielversprechender erscheint ihm der Rückblick in die eigene berufsspezifische Tradition, die vor der nationalstaatlichen Einheit liegende kulturnationale Einheit, wie sie ihm etwa in der Goethe-Zeit ausgebildet zu sein scheint. 1792 definiert Wieland die Schriftsteller als "[...] die eigentlichen Männer der Nation", weil sie "die Gleichgiltigkeit und Kälte gegen allgemeines Nationalinteresse"[12] überwinden wollten. Weiter ließe sich mit Schiller konstatieren: "Die Majestät des Deutschen ruhte nie auf dem Haupt seiner Fürsten. Abgesondert von dem politischen hat der Deutsche sich einen eigenen Wert gegründet, und wenn auch das Imperium unterginge, so bliebe die deutsche Würde unangefochten. Sie ist eine sittliche Größe, sie ruht in der Kultur und dem Charakter der Nation, die von ihren politischen Schicksalen

10. *Stuttgarter Zeitung* vom 31.1.1985.

11. Interview mit Wolf Scheller. In: *Badische Zeitung* vom 26.4.1983.

12. Christoph Martin Wieland: "Der allgemeine Mangel deutschen Gemeinsinns und Nationalgeistes und Mittel zu deren Erweckung und Belebung" (1792). In: *Werke*. Bd. 35. Berlin 1879. S. 255.

unabhängig ist".[13] Wie schon Grass in seiner Rede von 1967 auf
die "Xenien" zurückgreift, ließe sich auch hier mit Goethe und
Schiller fragen: "Deutschland — aber wo liegt es? Ich weiß das Land
nicht zu finden", und antworten: "Wo das gelehrte [Deutschland]
beginnt, hört das politische auf" ("Xenien", 95). Die 1980 erschienene Prosaschrift *Kopfgeburten oder Die Deutschen sterben aus* wird
zum Nachweis einer solchen literarischen Tradition, in die sich Grass
mit dem Begriff "Kulturnation" einreiht.

> Nehmt sie alle, wenn ihr am Sonntag Nachmittag (und sei es beim
> Puzzle) Deutschland sucht. Den toten Heine und den lebenden Biermann,
> Christa Wolf drüben, Heinrich Böll hier, Logau und Lessing, Kunert und
> Walser, stellt Goethe neben Thomas und Schiller neben Heinrich Mann,
> laßt Büchner in Bautzen und Grabbe in Stammheim einsitzen, hört Betti-
> na, wenn ihr Sarah Kirsch hört, lernt Klopstock beim Rühmkorf, Luther
> bei Johnson, beim toten Born des Gryphius Jammertal und bei Jean Paul
> meine Idyllen kennen. Und wen ich noch durch die Zeiten wüßte. Laßt
> keinen aus. Von Herder bis Hegel, von Trakl bis Storm. Pfeift auf die
> Grenzen. Wünscht nur die Sprache geräumig. Seid anders reich. Schöpft
> ab den Profit. Denn Besseres (über die Drahtverhaue hinweg) haben wir
> nicht. Einzig die Literatur (und ihr Unterfutter: Geschichte, Mythen,
> Schuld und andere Rückstände) überwölbt die beiden sich grämlich ab-
> grenzenden Staaten. Laßt sie gegeneinander bestehen — sie können nicht
> anders —, doch zwingt ihnen, damit wir nicht weiterhin blöde im Regen
> stehen, dieses gemeinsame Dach, unsere nicht teilbare Kultur auf.[14]

Es ist bemerkenswert, daß beim Erscheinen des Buches kaum einer
der Rezensenten diese zentrale nationale Thematik registierte. Die
deutsche Frage war damals kein Thema. Wie bei vielen anderen
Problemen war Grass der Zeit voraus. Er sah die Problematik sehr
deutlich, ging sie eigenwillig an und schimpfte in Grass-üblicher
Manier über die ignoranten und inkompetenten Gegner:

> Warum spreche ich hier [...] aus, was nur wenige juckt, obgleich so viele,
> sobald sie von Deutschland und deutscher Kultur sprechen, den Mund bis
> zur Maulsperre vollnehmen? Weil ich es besser weiß. Weil die Tradition
> unserer Literatur diesen ohnmächtigen Trotz fordert.[15]

---

13. Friedrich Schiller: *Werke*. Bd. 1. Hg. von Gerhard Fricke u. Herbert
G. Göpfert. München 1973. S. 473.
14. Günter Grass: *Kopfgeburten oder Die Deutschen sterben aus*.
Neuwied 1980. S. 153f.
15. Ebd. S. 156f.

Die Sammlung nationaler Restbestände mußte zu Verkürzungen führen. Literaten von Heine bis Schubarth sahen sich auch in bezug auf die politische Situation um Schlaf und Freiheit gebracht. Nicht zuletzt war die Reduktion auf den Kulturbegriff, als Argument in die kontroverse Diskussion der Umbruchphase eingebracht, so zeigte sich Anfang der 90er Jahre, auch ein Affront gegen die Freiheitssehnsüchte der damaligen DDR-Bürger. Wenn Grass zu dieser Zeit annimmt, ein genuines Recht auf Vertretung der Nation-Problematik über die Funktion als Kulturträger 'Schriftsteller' zu haben — Grass verkürzt im übrigen den Bereich Kultur auf den Literaturbereich —, so bezeugt dies, neben dem überdimensionierten Anspruch, den Verlust politischer Vorstellungen. Im Podiumsgespräch mit Peter Glotz, Lothar Gall, Fritz J. Raddatz und Jurek Becker, 1981, zeigt ein Vergleich der Argumentation von Glotz und Grass die auch damals durchweg mögliche alternative Perspektive. Während Glotz eine Palette von denkbaren Projekten zur Gestaltung zukünftiger Gemeinsamkeit entwirft, beschränkt sich Grass auf das Verbliebene. Auch der Schriftstellerkollege Jurek Becker mag Grass' idealisiertem Rückblick nicht folgen: "Die deutsche Kultur war niemals in einem Zustand, den ich mir wiederhergestellt wünsche!".[16] Auch im Briefwechsel mit DDR-Autor Frank-Wolf Matthies zeigt sich, daß Grass' emphatische Einschätzung der Möglichkeit von Literatur auch für Literaten, deren Solidarität er ja voraussetzen muß, schwer zu akzeptieren ist. Grass wiederholt in diesem offenen Brief noch einmal seine Position:

> Von Logau und Lessing, über Herder, Heine, bis zu Biermann und Böll; wir Schriftsteller haben es oft genug besser gewußt, und wissen auch heute, daß der Begriff der Nation nicht als Vakuum bestehen darf, weil dieses Vakuum (wie schon oft in der deutschen Geschichte) rechten Demagogen jenen Raum böte, der sich mit dem Gebräu eines abermals aggressiven Nationalismus auffüllen ließe.

Matthies gibt zu bedenken: "Geht das so, daß die Literatur da den Schulmeister macht? Oder ist es nicht doch so, daß sich das allgemeine Bewußtsein ganz selbstverständlich in der Literatur niederschlägt, ein nationales Bewußtsein ganz souverän in der Literatur

---

16. Hedwig Rohde: Nationales Vakuum und deutsche Identität. Berliner Podiumsdiskussion mit Glotz, Grass, Gall, Raddatz und Jurek Becker. In: *Rhein-Neckar-Zeitung* vom 11.5.1981.

lebt?".[17] Im Gespräch mit Stefan Heym in Brüssel werden 1984 alle Argumente von Grass zum Thema "Kulturnation" noch einmal geballt vorgebracht.[18]

Beweis für die Existenz der Kulturnation und deren Möglichkeiten sind für Grass Aktivitäten wie die über Jahre hinweg stattfindenden Treffen mit DDR-Autoren bis hin zur Tournee, die er selbst im Sommer 1988 mit dem Dresdner Schlagzeuger Günter "Baby" Sommer unternimmt. Der gewählte Lesungstext, das Gedicht 'Es war einmal ein Land das hieß deutsch' aus dem Roman *Die Rättin*, nimmt der Veranstaltung den Charakter des Unverbindlichen, reiht sie ein in die Bemühung des Autors, seiner Idee von der "Kulturnation" zum Leben zu verhelfen.

Von den revolutionären Ereignissen sieht sich auch Grass überrascht. Doch er bleibt, wie zu erwarten war, bei seiner Position und klagt die Umsetzung seiner Vorstellungen ein, nicht zuletzt mit der Veröffentlichung des Bändchens *Deutscher Lastenausgleich*. Die *Weimarer Beiträge* drucken eine Sammelrezension ab. Die Reaktionen reichen von Verärgerung (Helmut Hanke): "Aber es ging einmal wieder nicht nach dem 'Willen der Dichter und Denker', wie so oft schon in Deutschland ging 'das Volk' in seiner Rigorosität über die Einwände von 'Bedenkenträgern' (diesen Ausdruck habe ich beim Lesen des Büchleins zwei- oder dreimal gelesen) hinweg. [...] Das klingt doch sehr nach Besserwisserei, auch intelligenzlerischer Nörgelei, nach individueller Verärgerung"[19] —, bis zum Bemühen um Verständnis (Ursula Heukenkamp): "Ein Außenstehender konnte nicht sehen, daß infolge der unaufhaltsamen Vertrauenskrise die Konföderation bald keinen Sinn mehr ergab".[20] Wieder einmal sah sich Grass zwischen die Fronten gestellt. Als dann im Einigungsvertrag von Kultur überhaupt keine Rede war, konnte Grass seine ganzen Bedenken nur noch bestätigt sehen. Hier hatte die ganze "vulgärmate-

17. Günter Grass/Frank-Wolf Matthies: Ein Briefwechsel. In: *L 80.* H. 17 (1981). S. 170.

18. Günter Grass/Stefan Heym: In einem Land zu leben, das sich selbst nicht definieren kann. Nachdenken über die deutsche Frage. In: *Frankfurter Rundschau* vom 6.9.1984.

19. Helmut Hanke: Deutscher Lastenausgleich. In: *Weimarer Beiträge.* A.a.O. S. 1381.

20. Ebd. S. 1386.

rialistische Einstellung"[21] zugeschlagen. Das medienwirksame Fernsehgespräch mit Rudolf Augstein im April 1990 zeigte die Sinnlosig-
keit eines Dialogs zwischen dem machtpolitisch denkenden Journalisten und dem Intellektuellen. Nun, da Grass sich "out" fühlt, beginnt
er, seinen Begriff "Kulturnation" auf einen europäischen Kontext zu
beziehen und entwickelt den Begriff der "intellektuellen Hegemonie"
als Identifikationsformel einer politisierenden, staatstragenden Intelligenz, stellt sich der konservativen, nationalistischen Intelligenz (Boh-
rer, Walser, dem Historiker Christian Meyer) gegenüber. Potentielle
Mitkämpfer sind die "Heimatlosen" Christa Wolf, Stefan Heym und
Habermas, von dem Grass den Begriff "Verfassungspatriot" übernommen hatte und mit dem er sich solidarisch sieht, nachdem unter
Ausschluß von § 146 des Grundgesetzes, der im Fall einer Einigung
eine neue, vom Volk zu entscheidende Verfassung vorsieht, die Angliederung der ehemaligen DDR nach Artikel 23 vollzogen wurde.[22]
Letztlich ist auch die große Auschwitz-Rede, Grass' Frankfurter
Poetik-Vorlesung, in der Zeit der dramatischsten politischen Entwicklung gehalten, ein Abgesang auf seine Vorstellung von der Vorherrschaft der Intellektuellen in Deutschland. Grass hat sich aus der Gesellschaft heraus entwickelt. Wie weit er auch vom "Volk" entfernt
ist, hatte das ansonsten ärgerliche Streitgespräch mit Augstein gezeigt.
Dort hatte er verwiesen auf die Zeit seiner intensiven Gespräche mit
DDR-Autoren und Augstein zu der provokativen Frage bewegt, ob
denn das Volk nicht auch zu hören sei? Grass war mit seiner Antwort
sozusagen ins offene Messer gelaufen, er forderte, notfalls müsse man
im Sinne der Intellektuellen handeln, auch ohne das Volk selbst an
der Entscheidung teilhaben zu lassen.[23] Hier hat sich Grass' politische Einstellung deutlich gewandelt, man kann es auf einen, möglicherweise überspitzten, Schluß bringen: Von der Demokratie wandelt
sich Grass zum aufgeklärten Absolutismus der Intellektuellen.

21. Es ist uns nichts Neues eingefallen... Günter Grass im ND / Gespräch über das kopflose Tempo bei der Vereinigung der Deutschen. In:
Neues Deutschland vom 12.9.1990.
22. "Gegen meinen Willen setzt bei mir so eine Art Absonderung ein".
— Ein Gespräch mit Günter Grass, Ulrike Ackermann, Peter Glotz und Norbert Seitz. In: *Die Neue Gesellschaft / Frankfurter Hefte* 37 (1990). H. 8. S.
702-710, hier S. 708.
23. Günter Grass/Rudolf Augstein. Ein Streitgespräch. In: *Saarbrücker
Zeitung* vom 5.4.1990.

Wie kommt es nun, daß ein Autor, der mit so viel persönlichem Einsatz sich für die zentrale Frage nationalen Selbstverständnisses einsetzt, offensichtlich im Dissens mit einem Großteil der Bevölkerung lebt, für die er sich einsetzt? Die Weisheit vom Propheten, der im eigenen Land nichts gilt, trifft gewiß zu, Grass als Kassandra zu analysieren reizt und würde einiges hergeben, würde jedoch wegführen zu Aspekten des Apokalyptischen, wie sie seit dem Roman *Die Rättin* im Werk dominieren. Nicht weniger reizvoll ist es, zurückzuschauen und zu fragen, welche spezifische Disposition und Argumentation des Autors den Dissens provoziert.

Ich greife die anfangs genannte zweite Kategorie auf und behaupte, daß das Nichtverstehen mitbedingt wird durch die Dominanz moralischer Kategorien, mit denen Grass die politische Entwicklung bewertet. Es würde zwar zu weit gehen, bei Grass eine katholisch geprägte verinnerlichte Erbsünde-Mentalität zu konstatieren, aber zumindest die Vorstellung kollektiver verhaltensbestimmender Erfahrungen, die als historische Schuld unauslöschlich sind, wird man sehen dürfen. Die prägende Kraft moralischer Kategorien habe ich in meiner frühen Arbeit zum literarischen und politischen Werk von Grass nachgewiesen.[24] Grass' Frankfurter Poetik-Vorlesung "Schreiben nach Auschwitz", Resumee seiner Entwicklung bis in die Gegenwart, beweist als bleibendes Movens seines literarischen und politischen Engagements die in der Gegenwart eher zunehmende, zur Schuld gleichrangig die Scham setzend — diese Kategorie hat Grass seit seinem Indien-Aufenthalt besonders hervorgehoben —, starke moralische Betroffenheit als nachwirkend, lebensprägend und existentiell, als 'Leiden an Deutschland'. Über den Opfermythos, den Grass entwickelt, habe ich an anderer Stelle referiert.[25] Hier möchte ich fragen, wie sich seine außergewöhnliche Einstellung in seinem Verhältnis zum Subjekt seiner Zuwendung, den Deutschen selber, auswirkt.

Im Mai 1989 erschien im Luchterhand Literaturverlag ein, bezogen auf das gesamte politische Werk von Günter Grass, ungewöhnli-

24. Cepl-Kaufmann: *Eine Analyse des Gesamtwerkes.* A.a.O. S. 122-139.

25. Gertrude Cepl-Kaufmann: Der Künstler als Bürger. Selbstverständnis und Ausdrucksform im literarischen, bildkünstlerischen und politischen Werk von Günter Grass. In: *Günter Grass. Werk und Wirkung.* Hg. von Rudolf Wolff. Bonn 1985. S. 27-58, hier S. 48ff.

ches Buch: Françoise Giroud/Günter Grass: *Wenn wir von Europa sprechen. Ein Dialog.* Der Untertitel des Bandes ist zutreffender als das im Waschzettel und Vorwort angekündigte "Streitgespräch", denn auf wohltuende Weise unterscheidet sich dieses Buch von allem, was Grass seit Mitte der siebziger Jahre, der beginnenden Enttäuschungsphase — er beschreibt sie hier recht genau —, in Statements, Reden, offenen Briefen, auch Beiträgen in Streitgesprächen veröffentlicht hat oder veröffentlichen ließ, ja, ich gehe so weit zu behaupten, daß diese 180 Seiten seit Beginn der Grassschen politischen Auftritte — vielleicht nur vergleichbar dem Briefwechsel mit Pavel Kohout, der allerdings sehr stark an die politischen Ereignisse des Prager Frühlings gebunden war — das offenste, selbstkritischste, umfassendste und von typischen Prägungen freieste Buch ist. Es verwundert nicht, daß die Kritik das Bändchen überhaupt nicht wahrgenommen hat, zu sehr hatte Grass sie an andere Kost gewöhnt. Noch im gleichen Jahr wird durch die politische Entwicklung im Osten einiges Makulatur, Grass selbst gerät, wie beschrieben, in die Rolle des "Schwarzsehers der Nation". Es ist reizvoll, darüber zu spekulieren, wie hier ausgebreitete Zielvorstellungen im Hinblick eines differenzierteren Verstehens zwischen Franzosen und Deutschen im Kontext eines zukünftigen Europas von Grass weiter verfolgt worden wären. Der Text basiert auf einem Gespräch, das die französische Journalistin und Politikerin Françoise Giroud 1987 mit Günter Grass in Hamburg führte. Die Besonderheit dieses Gesprächs läßt sich am ehesten ex negativo ausmachen: Es ist 1. kein Interview, 2. keine Wahlrede, 3. kein Streitgespräch, 4. nicht mit einem potentiellen Gegner geführt, 5. ohne Öffentlichkeit, 6. ohne brisanten politisch kontroversen Anlaß, 7. war nicht auf die Situation Deutschlands fixiert. Daß Françoise Giroud, eine Frau, älter und in ihrer Argumentation sehr weich und offen, dabei mit fundiertem Urteil und offener Neugier auftritt, mag die Voraussetzungen zusätzlich optimiert haben. Über französische und deutsche Geschichte, politische Entwicklungen und Möglichkeiten wird in gegenseitigem Interesse und ohne ideologische Verfestigungen gesprochen. Erst bei der Lektüre eines solchen möglichen Dialogs wird deutlich, wie sehr die meisten politischen Texte von Grass von Wahlkampf-Rhetorik geprägt sind. Den Beiträgen des Gesprächs fehlt die personalisierende Polemik, ihnen fehlt das Rechthaberische, das Emotionalisierte und, dies möchte ich hier auswerten, ihnen fehlt der Rekurs auf den zum Klischee erstarrten Nationalcharakter der Deutschen. Ja, bewußt wird diese Verkürzung sogar von Grass abgelehnt: "Wenn wir einander näher kommen wollen, und zwar so nahe, wie wir im Grunde in so manchen Bereichen sind, müssen wir erst einmal die Klischees zerstören".[26] Doch in seinen politischen Reden in Deutschland, in Statements, Interviews und Diskussionsbeiträgen vertritt er aggressiv, zuweilen den Verdacht des Masochismus und der Haßliebe provozierend, seine These vom problematischen Nationalcharakter der Deutschen, der sich nicht nur in der historischen Phase des Dritten Reiches katastrophal bewies, sondern sich insgesamt als historisch konstant zu erweisen scheint. Auch das literarische Werk baut auf dieser Annahme auf, besonders der Roman *Hundejahre*, der in toto eine Auseinandersetzung mit dem "Deutschen Wesen" ist, dessen bedrohliche Macht, im Scheuchenbergwerk potenziert, noch einmal Revue passiert, "denn ein Staatswesen läßt hier den Durchschnitt repräsentieren".[27] *Kopfgeburten oder Die Deutschen sterben aus*, werkchronologisch und erzähltechnisch von besonderem Interesse, dokumentiert mit den satirischen Angriffen auf die Deutschen und seinen grotesken Autor-Utopien die besondere Bedeutung, die spezifische Verhaltensmuster der Deutschen in Grass' Augen auch für die gegenwärtige deutsch-deutsche Gesellschaft haben:

> [...] fremd in der Masse, fiel uns plötzlich als Spekulation eine Umkehrung an: in Zukunft habe die Welt mit neunhundertfünfzig Millionen Deutschen zu rechnen, während das chinesische Volk, nach Zählung der in zwei Staaten lebenden Deutschen, mit knapp achtzig Millionen Chinesen zu beziffern sei. Sogleich zwang sich mir eine deutschstämmige Zwischenrechnung auf, nach der, zur deutschen Masse gehörend, über hundert Millionen Sachsen und hundertzwanzig Millionen Schwaben auszögen, der Welt ihren gebündelten Fleiß anzudienen. [...] Kann man sich das ausdenken? Darf man sich das ausdenken?[28]

Der so potenzierte Schrecken, genannt Deutscher, gewinnt im Vergleich mit den Chinesen bedrohliche Ausmaße, denn Deutsche sind irrationale Täter, orientieren sich nicht an der Realität und beschenken die Welt mit ihrem unkontrollierbaren Aktivismus:

> Denn bei uns läuft alles auf Zuwachs raus. Wir bescheiden uns nicht. Uns

26. Françoise Giroud/Günter Grass: *Wenn wir von Europa sprechen. Ein Dialog.* Frankfurt/M. 1989. (Französische Original-Ausgabe 1988.) S. 133.
27. Günter Grass: *Hundejahre.* Reinbek 1968. S. 501.
28. *Kopfgeburten.* A.a.O. S. 5.

ist genug nie genug. Wir wollten schon immer darüber hinaus. Was auf Papier steht, setzen wir um. Und träumen noch produktiv. Und machen alles, was machbar ist. Und machbar ist uns, was denkbar ist. Deutschsein ist: das Unmögliche möglich machen. Oder hat es jemals Deutsche gegeben, die, nachdem sie das Unmögliche als unmöglich erkannt hatten, das Unmögliche als nicht möglich akzeptiert hätten? Das machen wir schon! Wir machen das schon![29]

Ihr historisch entwickelter Hang zum Irrationalen, gekoppelt mit ihren realen wirtschaftlichen Erfolgen, macht aus ihnen eine Plage, denn niemand entkommt ihrem Durchsetzungsdrang und ihrer Berufenheit. Die blauweißen Schlümpfe im Roman *Die Rättin* werden zur Karikatur deutschen Geschäftigkeit, erscheinen als Parodie auf den Satz: "Am deutschen Wesen soll die Welt genesen". Die emotionale Qualität des deutschen Waldes und der deutschen Märchen gehört ebenso in den Katalog des deutschen Nationalcharakters, zum raunenden Imperfekt wie zum lauttönenden Präsens, wie die in der grotesken Laudatio der *Hundejahre* anklingenden Ewigkeitswerte der Deutschen: "Auf Deutschland überhaupt, auf Deutschlands Schicksalssoßen und Deutschlands Wolkenklöße, auf den Urpudding und die genudelte Innerlichkeit". Die polemisch registrierten Wesenszüge korrespondieren mit dem mangelnden Nationalbewußtsein und gewinnen so den Stellenwert einer latenten Bedrohung für alle Nachbarn. Wie unvoreingenommen reagiert doch dagegen Françoise Giroud auf die Frage auf möglicherweise das gegenseitige Verhältnis belastende Eigenschaften der Deutschen.

Gibt es deutsche Charakterzüge, die mir mehr oder weniger angenehm erscheinen? Schwer zu sagen... Mir fällt eine bestimmte Art der Deutschen auf, die Dinge ernst zu nehmen, aber das finde ich nicht tadelnswert. Sie ist das Gegenteil von der Leichtigkeit, die man uns oft nachsagt. Mir fällt auch ein gewisser Puritanismus auf, der mir völlig fremd ist, eine bohrende Art, den Dingen auf den Grund zu gehen, ein aktiver Pessimismus. Aber sind Verallgemeinerungen nicht immer auch zugleich etwas falsch? Ich bin sicher, wenn ich ein bißchen suchte, würde ich auch einen leichtsinnigen, unordentlichen, optimistischen und lässigen Deutschen finden.[30]

Für Grass wird die Fixiertheit auf solche Charakteristika der Deutschen in einem Maße betrieben, daß sie seine Vorstellung künftiger

29. Ebd. S. 141.
30. Giroud/Grass. A.a.O. S. 180.

denkbarer Entwicklungen in Europa mitbestimmen muß — und im Falle seines Urteils über die deutsche Einheit schon tut. Die jüngste Diskussion mit Stefan Heym, eine Fortsetzung des 1984 geführten Gesprächs, beweist, daß Grass eher noch weiter geht in seinem Vorurteil.[31] Man sollte Grass mit Grass kritisieren, denn in der Phase seiner größten politischen Offenheit und geprägt von der Hoffnung auf eine progressive Entwicklung der Demokratie in Deutschland hat er selbst eine konsequente Vorurteilskritik betrieben. Im Prosatext *Aus dem Tagebuch einer Schnecke* heißt es: "Damit Kinder, beginnt es: Die Juden sind. Die Fremdarbeiter wollen. Die Sozialdemokraten haben. Jeder Kleinbürger ist. Die Neger. Die Linken. Der Klassenfeind. Die Chinesen und die Sachsen glauben haben denken sind...".[32] Damals war ihm die Schnecke paradigmatischer Zeuge einer wünschenswerten und denkbaren Evolution. Der Ablösungsprozeß endete mit einer neuerlichen, elementaren Hinwendung zur Vergangenheit, in der die Zukunft nur noch als negative Utopie, wie z.B. in dem Roman *Die Rättin*, erscheinen kann.

Grass sieht sich zwangsläufig immer mehr in seine eigene Vergangenheit und die seiner Generation hineingedrängt:

> Jede Geschichte, die ich beginne, sucht, selbst wenn ich noch so bemüht bin, nur über heute, unsere verworrene Gegenwart zu schreiben, nach drei bis vier Sätzen ihren Grund in den dreißiger, in den vierziger Jahren, in einer Zeit also, die uns beide [gemeint ist der Japaner Shohei Ooka] geprägt hat.[33]

Diese Vergangenheitsperspektive, gepaart mit der Verhärtung des Urteils über die Deutschen, ist eine wesentliche Ursache für den Zustand gestörter Kommunikation, mit dem Grass sein derzeitiges Verhältnis zu den Deutschen diagnostizieren muß. Grass hat eine Fülle von Gegenwartsthematik aufgegriffen, Frauen-Emanzipation, Feminismus, Umweltproblematik, Wettrüsten und atomare Bedrohung, Überbevölkerung, Themen, um die sich das Gros der deutschsprachigen Autoren herummogelt. Es fällt mir leicht, Grass' harte,

31. Gespräch, veranstaltet vom Brüsseler Goethe-Institut im Palais des Beaux Arts am 17. Dez. 1991.
32. Günter Grass: *Aus dem Tagebuch einer Schnecke*. Neuwied/Darmstadt 1972. S. 20.
33. *Günter Grass im Ausland. Texte, Daten, Bilder zur Rezeption.* Hg. von Daniela Hermes u. Volker Neuhaus. Frankfurt/M. 1990. S. 185.

schon nicht mehr ironische Attacke gegen den Innenwelt-Flüchtling und neuen Mystiker Handke nachzuvollziehen, doch wie soll ich ihm in seine vergangenheitsgeprägte Bewußtseinswelt folgen, wenn er sie zum einzigen Maßstab macht. Seine Argumentation ist allzu erlebnis-psychologisch, auf *seine* generationsspezifischen Erfahrungen hin verengt. Wenn für seine Generation die Erfahrung prägend war, daß Auschwitz möglich war, so sollte er sehen, daß für die nachfolgende Generation prägend ist, daß Demokratie möglich ist. Grass selbst hat ja das politische Klima der 60er und frühen 70er Jahre maßgeblich mitgeprägt. Ich erinnere an die Sozialdemokratischen Wählerinitiati-ven, die bundesweite frühe Form der Basis-Demokratie, im *Tagebuch einer Schnecke* eindrucksvoll beschrieben. Grass selbst hatte diese Bewegung ins Leben gerufen. Auch die basisdemokratische 68er Bewegung, lange von Grass aus Ideologie-Verdacht abgelehnt, wirkte, durchaus im vergleichbaren Sinn, als zweite Aufklärung, hat das demokratische Bewußtsein meiner Generation geprägt. Wenn Grass mahnend auf die nationalsozialistischen Verirrungen in der deutschen Geschichte verweist, erlaube ich mir zu kontern und darauf hinzuwei-sen, daß es noch nie soviel Demokratie in Deutschland gab. Alfred Grosser pflegt sein Urteil über politische Vorgänge dadurch zu differenzieren, daß er zunächst quantifiziert, bevor er qualifiziert. In diesem Sinne kann nicht von einer dominanten nationalistischen oder chauvinistischen Mentalität gesprochen werden. Alte Erbfeind-Theo-rien können meine Studenten nicht einmal mehr als historisch re-levante Tatsachen begreifen. Und wenn die beginnende Ausländer-Feindlichkeit als latenter Chauvinismus gesehen wird, müssen auch die vielen Formen demokratischer Gegenwehr gesehen werden.

Grass' Argumentation stimmt da nicht, wo er in der für ihn typischen Weise die Phasen der jüngeren deutschen Nationalgeschich-te mit der Bundesrepublik strukturhomolog sieht. Doch Sternheims "Plüschzeit" und Tucholskys Weimarer Republik sind nicht unsere Zeit. Selbst Grass sah eine Zeitlang keine Veranlassung, eine Kon-tinuität zu damals zu sehen. Noch 1982 heißt es im Interview: "Es gibt keinen Nährboden heute für ein ausgesprochen reaktionäres Verhalten".[34]

Heute bringt Grass die Tatsache, die Auschwitz-Zeit erlebt zu haben, in viele Diskussionen ein und leitet daraus eine außerordentli-

34. In: *Vorwärts* vom 28.10.1982.

che Kompetenz ab. Diese Außerordentlichkeit des Erlebthabenden, des besser Wissenden, verbündet sich mit der Rolle des außerordentlich berufenen Intellektuellen. Beide Seiten des Rollenverständnisses sind in besonderer Weise auf Deutschland bezogen, aus der deutschen Vergangenheit abgeleitet und auf deutsche Gegenwart transponierbar. Über dieses Rollenverständnis soll abschließend gesprochen werden.

Grass hat seine parteiliche, politisch programmatische Phase Mitte der siebziger Jahre beendet, darauf wurde hingewiesen. Für sein eigenes gesellschaftliches Rollenverständnis mußte dies Konsequenzen haben. Analog zum sich verändernden Nationbegriff beginnt Grass, das Verhältnis Schriftsteller-Bürger neu zu definieren. Als ein im aufklärerischen Geist geprägter Bürger wollte sich Grass eine Zeitlang sehen. Bürger war ihm, oft gegen den Spott aus dem linken Lager, Identifikationsformel. Doch der Bescheidenheitstopos "Der Schriftsteller als Bürger" fällt. 1973 bilanziert Grass in seiner Rede mit diesem programmatischen Titel die Zeit seines aktivsten politischen Einsatzes, eine " Siebenjahresbilanz". Thema dieser Rede ist das "Markenzeichen 'Der Staat und die Intellektuellen' oder auch abgekürzt 'Geist und Macht'". Vertreten wird eine Position, die sich wesentlich von der heutigen unterscheidet.

> Nun habe ich zwar unter den rastlos Tätigen und vor Reformeifer kreislaufgestörten Politikern im Dienste des Staates mehr Intellektuelle gezählt als im eigenen Zunftbereich, aber jener dünkelhafte Befund, die Literatur habe die Intellektualität in Erbpacht und der geistlose Rest sei von Staats wegen, überwinterte dennoch und erfreut sich immergrüner Selbstbestätigung.[35]

Grass hat zwar bis heute Sozialdemokraten im Wahlkampf unterstützt, doch die Gleichrangigkeit von Bürger und Schriftsteller wird zugunsten der herausragenden Rolle des Schriftstellers als Intellektuellen aufgegeben.

Zwei literarische Werke stehen an den Bruch- bzw. Übergangsstellen des Grassschen Rollenverständnisses und seiner Entwicklung: *Die Plebejer proben den Aufstand* (1967) und *Das Treffen in Telgte* (1978). Es verwundert nicht, daß beide Texte in besonderer Weise mit Deutschland zu tun haben.

Im westfälischen Telgte trifft sich die barocke literarische Intel-

---

35. Günter Grass: *Der Schriftsteller als Bürger — Eine Siebenjahresbilanz*. Wien 1973.

ligenz. Sie fühlt sich gerufen, politisch wirkungsvoll einzugreifen. Doch wie die Schreiberhand in der gleichzeitig entstandenen Graphik ohnmächtig im Geröll ungelöster und unlösbarer Probleme einzig übrigbleibt, bleibt auch sie ohnmächtig. Die Dichter entwerfen fernab von den Zentren politischer Entscheidungen in Münster und Osnabrück im provinziellen Telgte ihren von niemandem abgerufenen Text, das gebrochene Verhältnis von Geist und Macht dokumentierend.

Ganz anders konnten sich Brecht und seine Spiegelung Coriolan verstehen als intellektuelle Berater des Volkes. Ungebrochener war das Verhältnis Geist und Macht. Ungebrochen war es auch damals für Günter Grass.

Mit seinem Umzug 1960 nach Berlin war Grass in die aktuelle politische Gegenwart der Bundesrepublik eingetaucht, hatte mit Willy Brandt seinen politischen Mentor gefunden und 1961 als einschneidendes politisches Ereignis den Mauerbau miterlebt. In dieser Zeit beginnt er, nach Abschluß des Romans *Hundejahre*, seine Identität als Schriftsteller neu zu bestimmen. Im April 1964 findet er sein Thema in der Rede "Vor- und Nachgeschichte der Tragödie des Coriolanus von Livius und Plutarch über Shakespeare bis zu Brecht und mir". 1967 folgt das Theaterstück *Die Plebejer proben den Aufstand* mit dem nicht nur gattungshistorisch relevanten Untertitel "Ein deutsches Trauerspiel". Das Stück muß in einem sehr viel komplexeren Zusammenhang gesehen werden, als dies die zeitgenössische Kritik konnte, die hier lediglich einen Akt der Denkmalstürmerei witterte. Es geht und ging oder ging und geht viel eher um die Person Grass als um Brecht.

Brecht erscheint als der ein wenig zu sehr Etablierte, als Held des Volkes. Diese herausragende Stellung wird ihm nicht bestritten. Ein wenig ist er abhängig von der Gunst der Machthabenden, die ihm sein Theater erneuern sollen — hier ist die einzige Spitze gegen Brecht zu sehen. Wir erleben den gealterten Brecht, der durch seine Erfahrungen in eine gewisse Resignation gekommen ist, der alles schon gewußt hat. Gewußt hat er vor allem spezifische Ausprägungen des Nationalcharakters: Deutsche Proletarier sind "Kartoffelfresser [...] Wochenendhengste [...] Karnickelzüchter, Biertisch-Strategen,

Laubenpieper".[36] Vor allem können sie keine Revolution machen.
Diese klischeehafte Fixierung hindert Brecht daran, den von den
Arbeitern erwarteten Solidaritätsaufruf zu verfassen. Wie schätzt der
Intellektuelle sein Verhältnis zum Volk ein? Brecht zweifelt ebensowenig wie Grass daran, als Intellektueller gesellschaftliche Verantwortung zu tragen. Umstritten ist nur, für Grass am Anfang seiner
Entwicklung zum gesellschaftspolitisch engagierten Autor, für Brecht,
aus der Perspektive von Grass, am desillusionierten Ende seines
Lebens, welches der richtige Weg ist. Auf der Folie des untätigen,
sich in Spott zurückziehenden Brecht, läßt sich Grass' damalige
beginnende politische Aktivität ansehen als die eines Intellektuellen,
der es besser machen will, der nicht erst handelt, wenn es zu spät ist:
"Als die Maurer von Sieg plapperten, waren sie mir lächerlich [...].
Erst ihre Niederlage überzeugte mich" (S. 100). Grass wollte nicht
der "miese Ästhet"(S. 48) sein, dem alles zum Theatermaterial
gerinnt. Brecht bleibt am Ende mit seiner Gebrochenheit zurück,
"schuldbewußt klag ich euch an" (S. 107). Brechts Erkenntnis wird
zur dialektischen Chiffre für die Unfähigkeit, die sein Nachfolger
Grass überwinden will. Schon 1965 hatte Grass ja schon Wahlver-
anstaltungen gemacht und voller Zorn und Enttäuschung in seiner
Büchner-Preis-Rede im Oktober 1965 den Intellektuellen die Schuld
an der für die SPD verlorenen Bundestagswahl angelastet:

Sie klopfen [...] ihre tollkühnen Sprüche und besingen in windstillen
Reservaten, jeweils nach Anfrage: die Freiheit des Geistes, die Unabhän-
gigkeit der Intellektuellen und die Schwierigkeiten beim Schreiben der
Wahrheit. [...] Wer wollte auch erwarten, daß sich diese kleidsam welt-
bürgerliche Elite mit unseren kleinbürgerlichen Sozialdemokraten und
ihren mühseligen Reformbestrebungen einließe?[37]

Grass greift nicht nur Brecht an, dessen Brechung ins Tragische noch
als sinnvolle Erkenntnis erscheint, über Brecht hinaus richtet er sich
eben gegen die Intellektuellen, die im Rückgriff auf Brecht als Identi-
fikationsfigur ihre gesellschaftspolitische Einstellung scheinbar dokumentieren, tatsächlich aber keinen Schritt in die Praxis vollziehen.

36. Günter Grass: *Die Plebejer proben den Aufstand. Ein deutsches Trauerspiel*. Neuwied/Berlin 1966. S. 56. Im folgenden werden die zitierten Textstellen unmittelbar am Ende des Zitats in Klammern angegeben.
37. Günter Grass: Über das Selbstverständliche. In: *Werke*. Bd. IX. S. 144.

Grass hat sich, nachdem er sich an Brecht abgearbeitet hat, eingemischt, hat sich, zunächst als Intellektueller und dann als Bürger eingemischt, nun rekurriert er wieder auf die Rolle des Intellektuellen und ist, ähnlich wie der von ihm 1967 gesehene Brecht, an einer festgefahrenen Position angelangt. Wie damals — 1953 — Brecht, gespeist von der resignativen Einsicht in den deutschen Nationalcharakter, versagte und die potentielle befreiende Kraft des politischen Aufrufs nicht nutzt, die historische Situation nicht sieht, so festgelegt handelt Grass heute. Bis in Details lassen sich interessante Übereinstimmungen feststellen: Der Plebejerruf "Ihr Kollegen reiht euch ein, wir wollen freie Menschen sein", wird im Laufe des Aufstandes zum konkreten politischen Vereinigungsaufruf "Ihr Berliner reiht euch ein, wir wollen freie Menschen sein" (S. 42). In Leipzig wird aus dem Ruf "Wir sind das Volk" der Ruf "Wir sind ein Volk". Ein kleines bißchen Plebejer-Stimmung mag dagewesen sein, als Grass auf dem Hamburger Hauptbahnhof von einem Ex-DDR-Bürger als "Vaterlandsverräter" beschimpft wird.

Formal kann man also durchaus sagen: Die Plebejer sind heute für Grass wieder interessant, weil er wohl spüren mag, wieviel von seiner eigenen heutigen Position damals von ihm in die Figur des alternden Brecht hineingelegt worden ist; jemand, der vom vielen Wissen und von allzu großem Vorurteil unfähig geworden ist, politische Veränderungen als Möglichkeit zu sehen, beide, der damals späte Brecht und der heute späte Grass, borden über von Erfahrungen, handeln und argumentieren im Blick auf diese sichere und desillusionierende Erkenntnis der Vergangenheit.

Grass ist von seinem Thema, der gesellschaftlichen Verpflichtung des Schriftstellers/Intellektuellen nicht abgekommen, wohl aber hat er sich vom Subjekt seiner Zuwendung, den Deutschen, entfernt, und das, ist zu ahnen, wird sein "Leiden an Deutschland" verstärken.

Gerd Labroisse

Günter Grass' Konzept eines zweiteiligen Deutschland — Überlegungen in einem 'europäischen' Kontext?

I

Bereits in seiner "Lastenausgleich" betitelten ersten Rede nach dem Fall der Mauer, gehalten auf dem Parteitag der SPD in Berlin am 18. Dezember 1989,[1] verwies Grass nachdrücklich auf die europäischen Nachbarn, die bei der jetzt anstehenden Neugestaltung des Verhältnisses von Bundesrepublik und DDR berücksichtigt werden müssen:

> Die Wirklichkeit, das heißt, berechtigte und auf Erfahrung gründende Sorgen der Nachbarn, holen den Deutschen Bundestag ein. Die Wortblase 'Wiedervereinigung' platzte, weil niemand, der bei Verstand und geschlagen mit Gedächtnis ist, zulassen kann, daß es abermals zu einer Machtballung in der Mitte Europas kommt: Die Großmächte, nun wieder betont als Siegermächte, gewiß nicht, die Polen nicht, die Franzosen nicht, nicht die Holländer, nicht die Dänen. Aber auch wir Deutsche nicht, denn jener Einheitsstaat, dessen wechselnde Vollstrecker während nur knapp fünfundsiebzig Jahren anderen und uns Leid, Trümmer, Niederlagen, Millionen Flüchtlinge, Millionen Tote und die Last nicht zu bewältigender Verbrechen ins Geschichtsbuch geschrieben haben, verlangt nach keiner Neuauflage und sollte — so gutwillig wir uns mittlerweile zu geben verstehen — nie wieder politischen Willen entzünden. (*La*, 7f.)

Gesprochen und verhandelt werden müsse mit den Landsleuten in der DDR "über Deutschland und Deutschland, über zwei Staaten einer Geschichte und einer Kulturnation, über zwei konföderierte Staaten im europäischen Haus" (*La*, 10).

Sehr prononciert erscheint Europa in Grass' als Antwort auf die

---

1. In: Günter Grass: *Deutscher Lastenausgleich. Wider das dumpfe Einheitsgebot. Reden und Gespräche.* Frankfurt/M. 1990. S. 7-12. Künftig zitiert als *La* plus Seitenzahl.

deutsche Frage vorgeschlagenen 5 Punkten für eine Konföderation in seiner "Kurze[n] Rede eines vaterlandslosen Gesellen",[2] und das nicht nur auf Grund der direkten Nennung in den Punkten 1-3; sein Verständnis von "Kulturnation" gehört zur Gegenposition gegen den zu fürchtenden deutschen "Einheitsstaat":

> *Erstens*: Eine deutsche Konföderation hebt das Nachkriegsverhältnis der beiden deutschen Staaten von Ausland zu Ausland auf, legt eine nichtswürdige, auch Europa trennende Grenze nieder und nimmt dennoch Rücksicht auf die Besorgnisse oder gar Ängste ihrer Nachbarn, indem sie in verfassungsgebender Versammlung auf die Wiedervereinigung als Einheitsstaat verzichtet.
>
> *Zweitens*: Eine Konföderation der beiden deutschen Staaten tut weder der nachkriegsgeschichtlichen Entwicklung des einen noch des anderen Staates Gewalt an, sie erlaubt vielmehr Neues: eigenständige Gemeinsamkeit; und sie ist zugleich souverän genug, den jeweils eingegangenen Bündnisverpflichtungen nachzukommen und so dem europäischen Sicherheitskonzept zu entsprechen.
>
> *Drittens*: Eine Konföderation der beiden deutschen Staaten steht dem europäischen Einigungsprozeß näher als ein übergewichtiger Einheitsstaat, zumal das geeinte Europa ein konföderiertes sein wird und deshalb die herkömmliche Nationalstaatlichkeit überwinden muß.
>
> *Viertens*: Eine Konföderation der beiden deutschen Staaten geht den Weg eines anderen, wünschenswert neuen Selbstverständnisses. Der deutschen Geschichte gegenüber trägt sie als Kulturnation gemeinsam Verantwortung. Dieses Verständnis von Nation nimmt die gescheiterten Bemühungen der Paulskirchen-Versammlung auf, versteht sich als erweiterter Kulturbegriff unserer Zeit und eint die Vielfalt deutscher Kultur, ohne nationalstaatliche Einheit proklamieren zu müssen.
>
> *Und fünftens*: Eine Konföderation der beiden deutschen Staaten einer Kulturnation gäbe durch ihre konfliktlösende Existenz Anstoß für die Lösung weltweit unterschiedlicher und dennoch vergleichbarer Konflikte, sei es in Korea, in Irland, auf Zypern und auch im Nahen Osten, überall dort, wo nationalstaatliches Handeln aggressiv Grenzen gesetzt hat oder erweitern will. Die Lösung der deutschen Frage durch Konföderation könnte beispielhaft werden. (*Sch*, 10-12)

Verschärft wird diese Position noch durch den von Grass hier in er-

2. Gehalten in der Evangelischen Akademie Tutzing am 2. Februar 1990. In: Günter Grass: *Ein Schnäppchen namens DDR. Letzte Reden vorm Glockengeläut.* Frankfurt/M. 1990. S. 7-14. Künftig zitiert als *Sch* plus Seitenzahl.

läuternder Anmerkung eingeführten Bezug auf Auschwitz:

Uns sollte bewußt sein, unseren Nachbarn ist bewußt, wieviel Leid dieser Einheitsstaat verursacht, welch Ausmaß Unglück er anderen und uns gebracht hat. Das unter dem Begriff Auschwitz summierte und durch nichts zu relativierende Verbrechen Völkermord lastet auf diesem Einheitsstaat. (*Sch*, 12)

Sein 5-Punkte-Programm, ein bewußt 'kurzgefaßteres' als das 10-Punkte-Programm von Bundeskanzler Helmut Kohl,[3] nimmt (Grass deutet es selbst an [*Sch*, 10]) den von ihm bereits 1967 in einer Rede vor dem Bonner Presseclub[4] vorgebrachten Gedanken einer Konföderation anstelle der vehement abgelehnten Wiedervereinigung auf. Seine damalige These war:

Da wir, gemessen an unserer Veranlagung, keine Nation bilden können, da wir, belehrt durch geschichtliche Erkenntnis — und unserer kulturellen Vielgestalt bewußt — keine Nation bilden sollten, müssen wir endlich den Föderalismus als einzige Chance begreifen. Nicht als geballte Nation, nicht als zwei wider einander gesetzte Nationen, nur als friedlich wettstreitende Länderbünde können wir unseren Nachbarn in Ost und West Sicherheit bieten. (*La*, 104f.)

Konkret sollte das heißen, daß, "bei gleichzeitiger Anerkennung des zweiten Staates und bei Aufgabe des Alleinvertretungsanspruches", der DDR "nahegelegt" werden sollte, "die Länderhoheit innerhalb ihres Staatsbereiches verfassungsmäßig zu verwirklichen". Es gälte, die beiden Armeen abzurüsten, mit den freiwerdenden Mitteln "Forschungsprojekte und Entwicklungshilfe" zu finanzieren und "in beiden konföderierten Staaten die politische Strafjustiz aufzuheben" (*La*, 105). Diese Annäherung sollte keine Wiedervereinigung bedeuten, "sondern Sicherheit garantieren" und "die Entspannung zwischen Ost und West beispielhaft fördern" (*La*, 106).

Schon damals wurde von Grass "Einheit" abgelehnt. Er setzte auf Vielzahl: "Deutschland sollte endlich das Mit-, Neben- und Füreinander der Bayern und Sachsen, der Schwaben und Thüringer, der

---

3. Zehn-Punkte-Programm zur Überwindung der Teilung Deutschlands und Europas, dem Bundestag unterbreitet am 28.11.1989. In: *Texte zur Deutschlandpolitik*. Reihe III/Band 7-1989. Bonn 1990. S. 426-433. (Dort, in Punkt 10, die von Grass in "Lastenausgleich" beanstandete "Wortblase 'Wiedervereinigung'".)

4. Die kommunizierende Mehrzahl (*La*, 89-107).

Westfalen und Mecklenburger werden" (*La*, 106). Was seinerzeit als "geballte Nation" drohte, ist heute als "Einheitsstaat" zu fürchten, mit "größere[r] Staatsfläche, geballte[r] Wirtschaftskraft" (*Sch*, 10), wobei für den jetzigen Gedankengang hinzukommt, daß die vorliegenden 75 Jahre deutscher Einheitsstaat ab 1871 von Grass als "die früh geschaffene Voraussetzung für Auschwitz" angesehen wird, als Staatsform, die "der nationalsozialistischen Rassenideologie zu einer entsetzlich tauglichen Grundlage" verhalf (*Sch*, 13).

An das, was damals als Kritik gegen diese Postion vorgebracht wurde — und nicht nur von christdemokratischer, auch von sozialdemokratischer Seite —, ließe sich heute durchaus anknüpfen. Damals wie heute arbeitet Grass mit einer außerordentlich verkürzenden Geschichts-Vorstellung, mit einem von ihm (auch bei entgegenstehender Faktenlage) hergestellten Geschichts-'Verschnitt', obwohl andererseits gerade seine Verweise auf Geschichte — so auf die 75 Jahre deutscher Einheitsstaat und damit in Zusammenhang stehende Geschehnisse — als *Begründung* dienen für seine politischen Vorstellungen, eben wegen ihrer Faktizität: *daß* sich nämlich etwas in dieser Weise ereignet hat und damit nicht wegdiskutiert oder übergangen werden kann.

Damals hatte zum Beispiel Karl Heinz Drenhaus im sozialdemokratischen *Vorwärts* Grass' Geschichtsbild kritisiert,[5] in welchem der Föderalismus einer "Nation" entgegengesetzt werde, der eine durchgehende Entwicklungslinie zugesprochen wurde. Drenhaus signalisiert, daß Grass "mit der Feststellung quasiaxiomatischer Tatsachen" arbeite, "das heißt mit Behauptungen, die der Diskussion entzogen und erst gar nicht in Frage gestellt werden", auch daß "seine gedanklichen Kategorien [...] sehr undifferenziert [sind]".[6] Er verweist seinerseits auf gravierende Unterschiede zwischen dem 1. und 2. Weltkrieg, dabei u.a. auf Nationales wie auch Allgemein-Europäisches im Zusammenhang mit dem Ersten, auf die Besonderheit der NS-Politik für den Zweiten Weltkrieg. Für Drenhaus sind "Nationalsozialismus und sein Zentralelement, der Rassengedanke, [...] etwas grundsätzlich anderes als Nationalismus und nationalstaatliches Denken, selbst wenn man beide in ihrer abstoßenden Form heran-

5. Sind die Deutschen keine Nation? In: *Vorwärts* (Bonn) vom 6.7.1967. Abgedruckt in: *Günter Grass — Dokumente zur politischen Wirkung*. Hg. von Heinz Ludwig Arnold und Franz Josef Görtz. München 1971. S. 82-87.

6. A.a.O. (Anm. 5). S. 83.

295

zieht". "So gesehen waren die beiden Weltkriege kaum vergleich-
bare Größen und das Jahr 1945 etwas total anderes als das Jahr
1918".[7]

Drenhaus sieht Grass' Föderalismus "als landsmannschaftlich
geprägt", die Formulierung "Länderbünde" ist für ihn ein Zurückgehen noch hinter den Deutschen Bund, das ganze eine "Renaissance
romantischer Vorstellungen".[8]

Ein mit P.A. gezeichneter Beitrag in *Die Andere Zeitung*[9] machte
darauf aufmerksam, daß es für den Grass-Plan faktisch "keine Basis"
gebe, werde doch die alte DDR-Verfassung, die einst [1949] für ein
einheitliches Deutschland gedacht war, demnächst, wie beim VII.
SED-Parteitag [17.-24.4.1967] beschlossen, durch eine neue Verfassung abgelöst, wobei sicher sei, "daß damit die traditionellen
Länder nicht wieder eingeführt werden". Hier kann ergänzt werden,
daß das keine Spekulation war, nichts Überraschendes. Bereits 1952
waren die 5 Länder der DDR durch ein der Verfassung entgegen-
stehendes Gesetz aufgelöst worden, die Länderkammer dann 1958.[10]
Der von Grass zitierte Artikel I [Abs. 1] der DDR-Verfassung (vom
7.10.1949): "Deutschland ist eine unteilbare demokratische Republik;
sie baut sich auf den [korrekt: deutschen, G.L.] Ländern auf" (*La*,
99)[11], bekam in der Verfassung vom 6.4.1968 den Wortlaut: "Die

7. A.a.O. (Anm. 5). S. 85.
8. A.a.O. (Anm. 5). S. 87.
9. Die Länder-Idylle des Günter Grass. In: *Die Andere Zeitung* (Hamburg) vom 8.6.1967. Abgedruckt in: *Günter Grass — Dokumente zur
politischen Wirkung*. A.a.O. (Anm. 5). S. 80-82. Zitate S. 82.
10. Vgl. dazu im einzelnen das Lemma 'Länder' in: *DDR Handbuch*.
Köln, 3. überarb. u. erw. Aufl. 1985.
11. Günter Grass: *Werkausgabe in zehn Bänden*. Hg. von Volker
Neuhaus. Darmstadt u. Neuwied 1987, bringt in den Anmerkungen zu Band
IX: *Essays Reden Briefe Kommentare*, hier zu S. 230, keine Textkorrektur,
bloß einen zur Frage der Länder bezugslosen Hinweis auf Streichungen in
der "nochmaligen Verfassungsänderung von 1974" (S. 973). — Abdruck
der Verfassung von 1949 in Siegfried Mampel: *Die volksdemokratische Ordnung in Mitteldeutschland. Texte zur verfassungsrechtlichen Situation mit
einer Einleitung*. Frankfurt/M. u. Berlin 1963. S. 59-79. Der Absatz 2 von
Art. 1 lautete: "Die Republik entscheidet alle Angelegenheiten, die für den
Bestand und die Entwicklung des deutschen Volkes in seiner Gesamtheit
wesentlich sind; alle übrigen Angelegenheiten werden von den Ländern selbständig entschieden" (S. 60).

Deutsche Demokratische Republik ist ein sozialistischer Staat deutscher Nation. Sie ist die politische Organisation der Werktätigen in Stadt und Land, die gemeinsam unter Führung der Arbeiterklasse und ihrer marxistisch-leninistischen Partei den Sozialismus verwirklichen". In der Fassung vom 7.10.1974, der bis zuletzt gültigen, fiel auch der Hinweis auf die deutsche Nation fort.[12]

Wenn Grass sich heute gegen einen deutschen "Einheitsstaat" ausspricht, bringen seine Anmerkungen zum 5-Punkte-Programm für die Zeit nach 1871 nur eine geringe Differenzierung an: "Deutsches Reich unter preußischer Vorherrschaft", "von Anbeginn vom Scheitern bedrohte Weimarer Republik", "Großdeutsches Reich" (*Sch,* 12). Diese verdeckt mehr, als daß sie stützt. Auch ist Grass ungenau. Selbst setzt man für eine gewisse Zeit preußische Vorherrschaf. an: staatsrechtlich waren sowohl das 2. Kaiserreich als auch die Weimarer Republik ein Bundes- und kein Einheitsstaat. Erst nach Hitlers Machtantritt und unter Ausnutzung des "Gesetzes zur Behebung der Not von Volk und Staat (Ermächtigungsgesetz)" vom 24. März 1933 wurde (nach Volksabstimmung und der Reichstagswahl vom 12.11.1933) mit dem "Gesetz über den Neubau des Reiches" vom 30. Januar 1934 die Länderhoheit, mit Gesetz vom 14. Februar 1934 der Reichsrat aufgehoben, fielen die Vertretungen der Länder beim Reich fort, wurde Deutschland zu solchem Einheitsstaat.[13]

Daß der Einheitsstaat als solcher zu Auschwitz geführt habe, ist eine äußerst fragwürdige Behauptung, einmal abgesehen davon, daß Grass es bei der Behauptung beläßt (er stellt Zusammenhänge her, als wären sie ganz selbstverständlich, geradezu auf der Hand liegend und bedürften keiner weiteren Erläuterung, keiner inhaltlichen Auffüllung oder Präzisierung). Es wäre schon einmal zu entgegnen, daß z.B. Frankreich seit der Französischen Revolution ein zentralisierter Einheitsstaat ist, jedoch keineswegs ein Auschwitz hervorgebracht hat. Die NS-Ideologie dürfte dafür die entscheidende Rolle gespielt haben (neben dem totalitären Staatsgefüge).

Hier ist jedoch nicht der Ort für eine historisch-politologische

12. Vgl. den synoptischen Abdruck der beiden Verfassungen in: *Honekkers neue Verfassung.* Bonn-Bad Godesberg 1975. (Die DDR. Realitäten — Argumente.) Hier S. 51.

13. Vgl. *Der Nationalsozialismus. Dokumente 1933-1945.* Hg. u. komment. von Walther Hofer. Frankfurt/M. 1957 u.ö. Dokumente Nr. 27 (S. 57), Nr. 33a und 33b (S. 63f.).

Diskussion über die generellen Bedingungen von Deutschland-Konzepten. Der Aufweis von Schwachstellen bei Grass sollte genügen. Etwas anderes ist es, auf Kritik einzugehen, die von direkt Betroffenen vorgebracht wird, so die Kritik anläßlich der 1990 im Aufbau-Verlag (Berlin und Weimar) publizierten Grass-Sammlung *Deutscher Lastenausgleich* unter der Rubrik 'Für und Wider' in Heft 9 der *Weimarer Beiträge* 1990.[14] Die Beiträger beziehen sich auf diesen Band, berücksichtigen z.T. aber auch die "Kurze Rede eines vaterlandslosen Gesellen".[15]

Nach Ursula Heukenkamp (Berlin-Ost)[16] war in der DDR schon lange "nicht mehr auf Zukunft gesetzt" worden: "Man sah es dem Boden und dem Wasser an, den Städten und schließlich auch den Gesichtern. Sämtliche Verkehrsformen der Gesellschaft waren nicht, wie Besucher glaubten, angenehm altmodisch, sondern hoffnungslos veraltet".[17] Zur Zeit der Wende im Herbst 1989 seien "sich selbst die unmittelbar Beteiligten nicht bewußt [gewesen], wie hoffnungslos sie in Wirklichkeit waren":

> Ein Außenstehender konnte nicht sehen, daß infolge der unaufhaltsamen Vertrauenskrise die Konföderation[18] bald keinen Sinn mehr ergab. In den

14. Ungeteilte Zustimmung nur bei Friedrich Schorlemmer (Wittenberg): WB 1990. H. 9. S. 1399-1406.

15. Nach Abdruck in *Die Zeit* vom 9.2.1990 oder in *Neue deutsche Literatur* 1990. Heft 5.

16. WB 1990. H. 9. S. 1384-1387.

17. A.a.O. (Anm. 16). S. 1385. Das dürfte Bezug nehmen auf Grass' Hinweis, was für ihn, der mehrmals in der DDR gewesen sei, die DDR [positiv] einzubringen habe, "das uns hier fehlt: ein langsameres Lebenstempo, entsprechend mehr Zeit für Gespräche. Eine interne Nischengesellschaft [...] ist da entstanden, etwas Biedermeierliches wie zu Metternichs Zeiten. Etwas, von dem ich nicht weiß, ob es mit der Öffnung zur Straße und zur Demokratie hin nicht schon wieder vorbei ist". In: *Spiegel*-Gespräch "Viel Gefühl, wenig Bewußtsein" (*La*, 13-25, hier 17).

18. Hier dürfte sie sich beziehen auf Konföderations-Vorstellungen des DDR-Ministerpräsidenten Hans Modrow, in seinem auf der Pressekonferenz in Berlin (Ost) am 1.2.1990 vorgetragenen Konzept "Für Deutschland, einig Vaterland" oder dessen Vorform in seiner Regierungserklärung vom 17.11.1989, wo er eine Wiedervereinigung strikt ablehnte und vorschlug, "die Verantwortungsgemeinschaft beider deutscher Staaten durch eine Vertragsgemeinschaft zu untersetzen [...]". In: *Texte zur Deutschlandpolitik*. Reihe III/Band 8a-1990. Bonn 1991. S. 49-51 bzw. Band 7-1989. Bonn

Köpfen vieler seiner Bürger hatte das Land keine Aussichten mehr. Daran und nicht an Einmischung von außen, "Einverleibung", ging es zugrunde. Die Enttäuschung der Opposition, auch der Schriftsteller, die gerade jetzt "öffentlich" zu arbeiten begannen, kam zustande, weil plötzlich klar wurde, wie weit der Prozeß der geistigen, moralischen und politischen Desintegration vorangekommen war.

Und im Fortlauf des Zitierten bringt Heukenkamp den im Zusammenhang mit den Grass-Vorstellungen meines Erachtens besonders wichtigen Hinweis:

> Die selben Schriftsteller hatten andrerseits seit einem Jahrzehnt getreulich aufgezeichnet, wie das verbraucht und verschlissen wurde, was an der DDR Utopie gewesen war.[19]

Für Heukenkamp hat es Grass mit seiner Ablehnung eines Einheitsstaats leichter, kann er doch seinen politischen Gegnern vorwerfen, "sie nähmen für die Restauration den neuen Nationalismus in Kauf":

> Wen sollen wir des Eigennutzes anklagen, wem die Gefahren der Einheit anlasten? Einem Volk, das unhaltbare Zustände umgestürzt hat, kann man doch nicht entgegenhalten, es habe das Falsche getan.[20]

Das ist auf den Satz im *Spiegel*-Interview "Viel Gefühl, wenig Bewußtsein" zu beziehen: "Die Reihenfolge der Änderungen war falsch",[21] eine Auffassung von Geschichte (und menschlichem Han-

---

1990. S. 422f. Zitat S. 423. Auf letztgenannten Text bezieht sich Grass in der Rede "Lastenausgleich" (18.12.1989), dabei Modrows Zusammenarbeits-Vorschlag in Fragen Sicherung des Friedens, Abrüstung, Wirtschaft, Wissenschaft und Technik, Umweltschutz, Verkehr, Post und Fernmeldewesen, Kultur, Tourismus und den humanitären Bereich verquickend mit eigenen Gedanken: der Regelung eines "der DDR zustehenden Lastenausgleich[s]", der Koordinierung der "Entwicklungspolitik zugunsten der Dritten Welt" sowie einer Anreicherung des "von Johann Gottfried Herder geprägten Begriff[s] der Kulturnation mit neuen Inhalten"(*La*, 10). [Im Gespräch mit Michael Stöber, "Die Schwierigkeit des Anfangs", hieß es von Grass noch: "Herder hat, glaube ich, den Begriff der Kulturnation geprägt" (*taz* vom 14.10.1989.)]

19. A.a.O. (Anm. 16). S. 1386.
20. A.a.O. (Anm. 16). S. 1387.
21. Grass fährt dort erläuternd fort: "Es hätte die innere Demokratisierung weiter vorangetrieben, die Öffnung der Grenzen angekündigt werden müssen. Die Kommunalwahl hätte wiederholt werden müssen. Das wieder-

deln), mit der sich Grass eigentlich selbst desavouiert.

Für Gerd Irrlitz (Berlin-Ost)[22] steht der Gedanke, "die DDR reformsozialistisch sogleich zu erneuern", in einem "ganzen Nebelfeld von Unklarheit", wozu er auch zählt, daß Grass "der geschehenen Geschichte die bessere" vorhalte, die "einer Umstrukturierung der DDR auf der höheren Ebene" (Grass). Seine Entgegnung:

[...] der DDR gelang eine Scheinstabilisierung nur durch Entdemokratisierung. Wie sollte sie nicht in generelle Destabilisierung geraten, wenn sie demokratisiert wird.[23]

Die anschließenden Überlegungen zum Gedanken eines dritten Weges führen Irrlitz zu einer prinzipiellen Feststellung:

Wir erlebten hier nicht die leider falsche Verwirklichung von etwas an sich Richtigem, so daß wir es mit der gleichen Formel noch einmal auf einem anderen Rechenweg versuchen müßten. Vielleicht werden als besserer Sozialismus noch immer recht befangene Vorstellungen bewegt? Vorhanden war jedenfalls auch im kritischeren Bewußtsein meist die tief illusionäre, vor allem moralische Utopie, die höchst dynamischen Differenzierungen und tendenziellen Integrationen der heutigen Zivilisation durch Vereinfachungen auf dem Niveau alltagspraktischer Simplifizierung bewältigen zu können.[24]

Die kommende Einheit ließe sich begreifen "als die reale Lösungsform weiterer Fortschritte in Deutschland und Europa", geradezu als das, "was sie ermöglicht".[25]

Wie Heukenkamp weist auch Irrlitz den Gedanken zurück, der von Besuchern wahrgenommene langsamere Lebensrhythmus sei das gleichsam "gesündere Geschichtstempo". Was die DDR darstelle,

ist die Verbindung einer großen menschheitlichen Idee von gerechter Welt mit ganz vormodern unentfalteter Rechtsform der Gesellschaft und also moralisch und politisch fetischisierter Rechtlosigkeit, die schon im hehren Diktaturbegriff des ganzen Weltprogramms angelegt war. Dahin gehört

---

um hätte zu einer Umstrukturierung der DDR auf der höheren Ebene führen können und auch den Oppositionsgruppen mehr Spielraum gegeben. Sie hätten die politische Praxis gewinnen können, die vielen fehlt" (*La*, 13f.).

22. WB 1990. H. 9. S. 1387-1393.
23. A.a.O. (Anm. 22). S. 1391.
24. A.a.O. (Anm. 22). S. 1391f.
25. Ebd.

die Güte, die aus der Langsamkeit kommt.[26]

Wegen dieser (von ihm differenzierten) Lage stellt er dann die bösartige Frage, ob die, die an einer so angelegten DDR festzuhalten gedenken, diese vielleicht als eine Art "provinzielle Experimentierstelle" erhalten wollten.[27] Die von den beiden Beiträgern aufgeworfenen Fragen sind ausgesprochen provozierend, signalisieren sie doch politische Defizite und Fragwürdigkeiten, die in Grass' Konzept und seinen Vorbedingungen stecken, obwohl er etwas vorträgt als *die* Lösung für die deutsche Frage heute: das einzig verantwortbare Konzept, da es entworfen ist im Rückblick auf die deutsche Geschichte, unter Berücksichtigung der leidvollen Erfahrungen mit Deutschland sowie im Hinblick auf das von allen angestrebte konföderierte Europa.

Hans Kaufmann (Berlin-Ost)[28] nennt die Publikation des Sammelbandes in mehrfacher Weise "mutig", meldet jedoch Bedenken dagegen an, daß jetzt "als einziger übergreifender nationaler Wert die spezifische Kulturleistung der Deutschen, die nationale Kultur, die eine 'Kulturnation' konstituiert", angesetzt wird, zumal Grass "Kultur vorschnell auf Kunst und diese auf Literatur reduziert". Grass nenne Herder als Leitfigur dieses Konzepts, doch das umschreibe "einen (geistes-)geschichtlichen Tatbestand und zugleich eine Utopie. Nicht klar wird, wie von diesem Konzept ein Weg in die reale Politik zu finden wäre".[29] Kaufmann verweist auf einen Satz von Stefan Heym: "Ich glaube nicht, Günter Grass, daß sich die deutsche Frage von der Kultur her aufdröseln läßt".[30] — Das sollte man allerdings im Zusammenhang sehen: Grass hatte sich während der Diskussion mit Stefan Heym in Brüssel (21.11.1984) dafür ausgesprochen, den Begriff der "Kulturnation" in den Vordergrund zu stellen "und nicht den der politischen Einigung", wofür sich anknüpfen ließe an die

26. A.a.O. (Anm. 22). S. 1389.
27. A.a.O. (Anm. 22). S. 1390.
28. WB 1990. H. 9. S. 1393-1395.
29. A.a.O. (Anm. 28). S. 1394. Gleiche Skepsis findet sich auch bei Klaus R. Scherpe (Berlin-West). Für ihn ist der Begriff Kulturnation belastet durch das, was seit dem 19. Jahrhundert deutsche Nationalphilologie und chauvinistische Deutschlandkunde damit gemacht haben. Zum anderen liege "die Erblast der SED-eigenen Nationalkultur auf dem rettenden Begriff der 'Kulturnation'" (WB 1990. H. 9. S. 1395-1399. Zitat S. 1399).
30. A.a.O. (Anm. 28). S. 1394. Heym-Zitat in: *La*, 35.

Debatten in der Paulskirche, also einer Zeit *vor* Bismarck. Hätten sich auch die Zeiten geändert und damit der Kulturbegriff, "böte sich doch ein Rückgriff auf diesen nichtgemachten Versuch an".[31] Es habe sich gezeigt, daß ausgerechnet die Kultur sich "am zähesten dem Teilungsprozeß widersetzt" habe; am Beispiel Literatur ließe sich nachweisen, daß es nicht gelungen ist, eine DDR-Nationalliteratur zu schaffen.[32] Da hingegen die Autoren, "vorbei an der jeweils herrschenden Kulturpolitik", *miteinander* ins Gespräch gekommen seien, glaube er,

> daß der Kulturbegriff, erweitert um unseren gemeinsamen Geschichts
> begriff, eine tragfähige Grundlage wäre für den Versuch, den Begriff
> Nation neu zu definieren, bis ins Praktische hinein.[33]

Wenn es dann noch gelänge, daß die beiden Staaten "auch ihre politische Aufgabe wahrnehmen könnten" — zum Beispiel den Abbau von Spannungen "im eigenen Haus, zwischen den Deutschen" —, "wäre das für mich eigentlich schon als Definition eines neuen Nationbegriffes genug" (*La*, 34f.).

Dem von Kaufmann zitierten Einwand Heyms gegen das Aufdröseln der deutschen Frage von der Kultur her hatte dieser in Brüssel als Begründung folgen lassen:

> Und zwar glaube ich das deshalb nicht, weil bei uns in der DDR die
> Kultur als ein Teil des ideologischen Überbaus und der Ideologie angese
> hen wird, die bekanntlich das Monopol der Leute ist, die bei uns die
> Macht haben. Und da werden die Blockierungen auftreten, wenn Sie da
> kommen und wollen, daß von der Kultur her eine gewisse Einheit oder
> Vereinheitlichung geschaffen wird. (*La*, 35)

Weil als Überbau-Teil nicht ablösbar von Ideologie, ist für Heym Grass' Vorstellung nicht praktikabel. Nicht ohne Grund lenkt er selbst auf die alles andere unterordnende 'große', auf die 'Menschheits'-Frage von Krieg und Frieden, macht er ganz nebenbei das Publikum und Grass darauf aufmerksam, daß dessen Vorschlag einer "Födera-

---

31. Nachdenken über Deutschland. Aus einem Gespräch mit Stefan Heym (*La*, 33-47, hier 33).
32. Ebd.
33. A.a.O. (Anm. 31). S. 34. Für das letzte verwies Grass auf den Streit um den Preußischen Kulturbesitz. Würde man den *gemeinsam* verwalten, könnte "von Punkt zu Punkt etwas Gemeinsames, etwas Gesamtdeutsches entstehen, ohne daß es zu einer Machtzusammenballung [...] käme".

tion der deutschen Staaten und deutschen Länder" "von Ulbricht stammt" (*La*, 44).[34] 'Föderation' sagt eben noch nicht viel; wie der Bezug auf Ulbricht zeigt, ist unter diesem Begriff politisch-konzeptionell ganz Unterschiedliches subsumierbar.

Aufgenommen werden muß hier Kaufmanns Erwähnung des Problematischen des Begriffs 'Kulturnation'. Seit Friedrich Meinecke in *Weltbürgertum und Nationalstaat* (zuerst 1907), wie Otto Dann ausführt, "mit Hilfe der Unterscheidung zwischen 'Staatsnation' und 'Kulturnation' [...] das Spannungsverhältnis zwischen der Politik Preußens als exemplarischem Territorialstaat und der geistigen Bewegung der Kulturnation der deutschen Gebildeten" analysiert und damit "die Problematik der konkurrierenden Staats- und Nationsbildung" in der ersten Hälfte des 19. Jahrhunderts systematisch behandelt hat,[35] habe sich letztgenannter Begriff eingebürgert. Er wird auch von Dann trotz vieler Bedenken wegen der bei Meinecke vorhandenen idealisierenden und völkischen Elemente beibehalten, da er im Kern das Wesentliche treffe: "einen vorwiegend über sprachlich-kulturelle Medien vermittelten kommunikativen Zusammenhalt einer Bevölkerungsgruppe".[36] Meinecke zitiert (in bezug auf die damals aufblühende Nationalliteratur) aus Herders "Briefen zur Beförderung der Humanität": "Die beste Kultur eines Volkes ist nicht schnell...am schönsten, und ich möchte sagen, einzig gedeiht sie auf dem eigenen Boden der Nation". Neben Schiller berücksichtigt

34. Im Dezember 1956 hatte Walter Ulbricht erstmals (bis zur "Wiedervereinigung") eine "Zwischenlösung in Form der Konföderation oder Föderation" vorgeschlagen (*Neues Deutschland* vom 30.12.1956. In: *DDR. Geschichte und Bestandsaufnahme.* Hg. von Ernst Deuerlein. München 1966. Dok. Nr. 76. S. 184f., hier S. 185); auf der Abrüstungskonferenz Ende Juli 1957 legte die DDR einen Plan zur Annäherung durch Bildung eines Staatenbundes vor. In seiner Neujahrsbotschaft 1967 regte Ulbricht erneut eine "Konföderation" an, zu verwirklichen mit einem Zehn-Punkte-Programm. Vgl. hierzu und zum politischen Umfeld: Gerd Labroisse: *25 Jahre geteiltes Deutschland. Ein dokumentarischer Überblick.* Berlin 1970. S. 58ff. und S. 85f.

35. Otto Dann: Nationalismus und sozialer Wandel in Deutschland 1806-1850. In: Otto Dann (Hg.): *Nationalismus und sozialer Wandel.* Hamburg 1978. (Historische Perspektiven 11.) S. 77-128. Zitat S. 79.

36. A.a.O. (Anm. 35). S. 122. Anm. 13.

Meinecke dann ausgiebig die Romantiker.[37] An dieser Stelle ließe sich der Herder-Gedanke anschließen: "[...] der natürlichste Staat ist also auch *ein* Volk, mit *einem* Nationalcharakter".[38] 'Kulturnation' ist in erster Linie also (und das betrifft nicht nur Herder) alles andere als ein politischer Handlungsbegriff (unberücksichtigt lassend, daß bei dieser Art der Herleitung Österreich und die deutschsprachige Schweiz nicht von vornherein daraus ausgeschlossen sind[39]).

Einmal abgesehen von der alles entscheidenden Frage nach der Praktikabilität — und dafür und gerade nicht für neutralere, nicht direkt in politisch-gesellschaftliche Entscheidungs- und Lebensbereiche eingreifende Kulturfragen ist doch Grass' Begriff der Kulturnation gedacht —, läßt sich zudem fragen, ob das, was in Zeiten weltpolitischer Konfrontation auf Grund der ideologisierten Block-Bildung ein sinnvoller, weil doch spannung-abbauender Vorschlag gewesen war (sozusagen eine Brandtsche Ostpolitik auf erweitertem/verändertem Plateau), in der von Grass im Februar 1990 vorgelegten Form seines 5-Punkte-Programms auch heute, *nach* der 'Wende' in der DDR, *nach* Auflösung der Block-Bildung unter *Ablösung* der marxistisch-leninistischen Ideologie-Konfrontation (und ihren militärischpolitischen Auswirkungen) noch ebenso sinnvoll ist. Durch Öffnen der Mauer und Fortfallen der Ideologie-Begrenzung ist der Grassschen Konstruktion die Basis entfallen, — außer man will an ihr festhalten als ein Anti-Einheits-Mittel gegen Europa-Gefährdung.

37. Friedrich Meinecke: *Weltbürgertum und Nationalstaat. Studien zur Genesis des deutschen Nationalstaates*. München u. Berlin [2]1911. S. 28.

38. Johann Gottfried Herder: *Ideen zur Philosophie der Geschichte der Menschheit*. Berlin u. Weimar 1965 (Ausgewählte Werke). Bd. 1. S. 368 [= 9. Buch. Teil IV] (Hervorhebungen im Original). — Der Begriff 'Kulturnation' war von mir bei Herder (siehe Grass-Zitat in meiner Anm. 18) nicht ausfindig zu machen (gäbe es ihn: Meinecke hätte ihn, da umfänglich Belege bringend, sicher auch angeführt). Das von mir gebrachte Zitat ist auch (ungenau und ohne Quelle zitiert) der Bezug im Lemma 'Nation' in: *Kulturpolitisches Wörterbuch Bundesrepublik Deutschland/Deutsche Demokratische Republik im Vergleich*. Hg. von Wolfgang R. Langenbucher u.a. Stuttgart 1983. Hier S. 531.

39. Vgl. u.a. die kritischen Angaben in bezug gerade auf Grass' Überlegungen an genannter Stelle im *Kulturpolitischen Wörterbuch [...] im Vergleich* (Anm. 38).

II

Die weiteren Ausführungen von Grass zur deutschen Frage haben einen markanten Schwerpunkt. Besondere Bedeutung kommt dem zu, was er schon in den Anmerkungen zu seinem Programm vorgebracht hatte: daß Auschwitz "einen zukünftigen deutschen Einheitsstaat aus-[schließt]" (*Sch*, 13). In seiner Frankfurter Poetik-Vorlesung,[40] gehalten am 13. Februar 1990, hat er am Schluß "die Zäsur, den Zivilisationsbruch Auschwitz dem deutschen Verlangen nach Wiedervereinigung konfrontier[t]":

Gegen jeden aus Stimmung, durch Stimmungsmache forcierten Trend, gegen die Kaufkraft der westdeutschen Wirtschaft — für harte DM ist sogar Einheit zu haben —, ja, auch gegen ein Selbstbestimmungsrecht, das anderen Völkern ungeteilt zusteht, gegen all das spricht Auschwitz, weil eine der Voraussetzungen für das Ungeheure, neben anderen älteren Triebkräften, ein starkes, das geeinte Deutschland gewesen ist.
Nicht Preußen, nicht Bayern, selbst Österreich nicht, hätten, einzig aus sich heraus, die Methode und den Willen des organisierten Völkermords entwickeln und vollstrecken können; das ganze Deutschland mußte es sein. Allen Grund haben wir, uns vor uns als handlungsfähige Einheit zu fürchten. Nichts, kein noch so idyllisch koloriertes Nationalgefühl, auch keine Beteuerung nachgeborener Gutwilligkeit können diese Erfahrung, die wir als Täter, die Opfer mit uns als geeinte Deutsche gemacht haben, relativieren oder gar leichtfertig aufheben. Wir kommen an Auschwitz nicht vorbei.[41]

Das wurde kurz aufgegriffen im Streitgespräch mit Rudolf Augstein in der Fernsehsendung "Panorama",[42] ausdrücklich im daran anknüpfenden Offenen Brief an Augstein mit Titel "Der Zug ist abgefahren — aber wohin?" (*Sch*, 15-17). Hier heißt es:

Ich wiederhole: Die grauenhafte und mit nichts zu vergleichende Erfah-

40. Günter Grass: *Schreiben nach Auschwitz. Frankfurter Poetik-Vorlesung.* Frankfurt/M. 1990. Lt. Verlagsangabe hat Grass hiermit am 25.2.1990 auch die Vortragsreihe "Nachdenken über Deutschland" in der Deutschen Staatsoper in Ost-Berlin eröffnet.
41. *Schreiben nach Auschwitz.* A.a.O. (Anm. 40). S. 41f.
42. Geringfügig gekürzter Nachdruck des protokollierten Gesprächs: Die Chance, Deutschland neu zu gestalten. "Auschwitz ist mitzudenken". In: *Saarbrücker Zeitung* vom 5.4.1990. Buchausgabe der gesamten Sendung "Deutschland, einig Vaterland?" unter diesem Titel: Göttingen 1990.

rung Auschwitz, die wir und die Völker Europas mit uns gemacht haben, schließt einen deutschen Einheitsstaat aus. Sollte er trotzdem mit nunmehr wirtschaftlicher Macht durchgesetzt werden, wird uns abermals nachbarschaftliches Mißtrauen umgeben und ausgrenzen. (*Sch*, 16)

Grass hatte dem hinzugefügt, daß die Erfahrung lehre, "daß sich die deutsche Einheit *nur* in ihrer geschichtlich gewachsenen Vielfalt begreifen läßt" (*Sch*, 17 [Hervorhebung G.L.]). Als Konklusion folgt: die von ihm vorgeschlagene Konföderation setze diese Erfahrung um; dagegen gehöre "das Einheitsgebot [...] auf den Müllhaufen unserer Geschichte". Letztes ist leichter gesagt als getan. Sofern man Grass' unkorrekte Begriffsbildung durch das ersetzt, was er hier meint: Vereinigungsgebot, so steht dem, abgesehen von völker- und staatsrechtlichen Problemen, immerhin das Urteil des Bundesverfassungsgerichts vom 31. Juli 1973 zum "Grundlagenvertrag" entgegen, dessen verfassungsrechtliche Interpretation des "Vertrags über die Grundlagen der Beziehungen zwischen der Bundesrepublik Deutschland und der Deutschen Demokratischen Republik" vom 21. Dezember 1972 die "Wiedervereinigung" als "verfassungsrechtliches Gebot" bezeichnet (Teil B III.2) und ausführlich Stellung bezieht zum "Wiedervereinigungsgebot des Grundgesetzes", insbesondere zu Artikel 23GG (Teil B V.1 und V.4).[43]

Grass geht auf diesen Komplex noch einmal nachdrücklich ein im Gespräch vom 3. Juli 1990 in *Die Neue Gesellschaft/Frankfurter Hefte*,[44] zumal er meint, eine Verdeutlichung anbringen zu müssen. Seine Gesprächspartner wenden gegen seine These, Auschwitz war eine Konsequenz des Einheitsstaates, ein:

Der Einheitsstaat — der 1871 gegründete — hat einen wesentlichen Beitrag zum Ersten Weltkrieg geleistet, er hat ein wesentliches Stück Schuld am fehlenden Gleichgewicht in Europa und an diesem Nationalstaats-Wahnsinn in Europa in der Zwischenkriegszeit gehabt, aber er mußte nicht notwendig zum Massenmord an den Juden führen.

43. Urteil des Bundesverfassungsgerichts in: *Dokumente des geteilten Deutschland*. Bd. II: seit 1968. Hg. von Ingo von Münch. Stuttgart 1974. S. 359-383. Text des "Grundlagenvertrags": S. 301-303.
44. "Gegen meinen Willen setzt bei mir so eine Art Absonderung ein". Ein Gespräch mit Günter Grass. In: *Die Neue Gesellschaft/Frankfurter Hefte* 1990. H. 8. S. 702-710. Gesprächspartner waren Ulrike Ackermann, Peter Glotz und Norbert Seitz, aufgeführt in Gruppe unter NG/FH.

Grass antwortet mit einem schief liegenden Argument:

Natürlich *nicht notwendig*. Aber die Tatsachen sprechen eine eindeutige Sprache. Es wäre vor 1871 nicht möglich gewesen, zu dieser industrialisierten Massentötung zu kommen, die stattgefunden hat. Da bedurfte es eines großräumigen Apparates. Für den ist dann der Einheitsstaat die Grundlage gewesen.[45]

Noch einmal wird das Thema von den Gesprächspartnern aufgenommen:

Es geht nicht nur um das Kontinuitätsproblem oder Kausalitätsproblem, sondern darum, daß man Ihnen unterstellt, daß Sie Auschwitz als notwendig — was Sie ja jetzt bestritten haben — aus dem deutschen Nationalstaat erwachsen sehen...

[Grass:]
Dieses Augstein-Gespräch ist ein Spontangespräch, ich habe es an anderer Stelle und vor diesem Gespräch exakter formuliert: *"Wer über die deutsche Einheit spricht, muß Auschwitz mitdenken"*. Diesen Satz möchte ich stehen lassen. Ich glaube nicht, daß sich Auschwitz aus einem neuerlichen Einheitsstaat wiederholen könnte, aber ich sage: mindere Gefahren reichen aus.[46]

Und ein weiteres Mal:

Sie sagen: Auschwitz muß mitgedacht werden. Das ist ein Punkt, der Ihnen beispielsweise von der FAZ vorgeworfen wurde. Stichwort: Instrumentalisierung von Auschwitz. Auschwitz als linker Argumentationsprügel. Die in Schutz genommene Singularität dieses Verbrechens wird ja banal, wenn man sagt, schon wegen Auschwitz müsse es vielleicht die Berliner Mauer oder die Teilung immer noch geben. [...]

[Grass:]
Ich habe nicht gesagt: Der Einheitsstaat muß abermals zu Auschwitz

---

45. A.a.O. (Anm. 44). S. 706 (Hervorhebung im Original).
46. A.a.O. (Anm. 44). S. 706 (Hervorhebung im Original). Grass fährt fort: "Jetzt gerade komme ich aus Polen zurück und habe gesehen, wie die Polen, die dem deutschen Einigungsprozeß bisher wohlwollend gegenüberstehen, sich nun zunehmend realistisch vorstellen, was es für sie bedeutet, wenn die westliche Wohlstandsgrenze in Gestalt der D-Mark an die Oder vorrückt, wie also die ihnen nach einem peinlich langen Prozeß endlich anerkannten Grenzlinien auf andere Art und Weise schon wieder gefährdet sind".

führen, sondern: Er hat dazu geführt. Das ist meine These, eine von vielen.[47]

Damit ist Grass praktisch wieder zur ursprünglichen Behauptung zurückgekehrt: das 'notwendig' ist ersetzt durch ein nicht weniger gewichtiges 'realiter'. Verschärfend sogar ist die Auffassung, "mindere Gefahren" als ein neuerlicher Einheitsstaat reichten aus, Auschwitz zu wiederholen.

Das Wesentliche steckt nicht im (sowieso von Grass nicht erbrachten) Detail, vielmehr darin, daß überhaupt der Begriff Auschwitz einbezogen wird, bekommt 'Einheitsstaat' dadurch doch eine neue Dimension. Erschien anfangs der Einheitsstaat — als Staat mit "größere[r] Staatsfläche, geballte[r] Wirtschaftskraft" (*Sch*, 10) — in Gegensatz zur vorgeschlagenen Konföderation, die noch dazu der deutschen Geschichte gegenüber gemeinsame Verantwortung trägt als Kulturnation, erschien er als mögliche Bedrohung der europäischen Nachbarn, könnten doch mit ihm Besorgnisse geweckt werden oder gar Ängste: mit dem Einbeziehen von Auschwitz, für das der Einheitsstaat "früh geschaffene Voraussetzung" gewesen ist (*Sch*, 13), zu dem er zumindest in der deutschen Geschichte realiter geführt hat, darf ein Einheitsstaat eigentlich gar nicht mehr diskutabel sein. Besorgnisse und Ängste sind etwas Unbestimmtes, sind Empfindungen, Gefühle, damit aber auch etwas Veränderbares, Abbaubares: Auschwitz ist unverrückbar, nicht zu beseitigen, härteste geschichtliche Realität. Verschwindet die Rücksicht auf Europa bzw. Deutschlands Nachbarn auch nicht aus der Diskussion um eine bessere deutsche Lösung, das alles entscheidende Argument für die Konföderation als deutlichsten Anti-Einheitsstaat heißt Auschwitz: Das ist die unauslöschbare Drohung! Das enthebt Grass, seine Auffassung auf Grund der neuen politischen Entwicklungen neu zu bedenken, — obwohl für ein dann geeintes Deutschland auch eine neue Europa-Aufgabe ansteht.

47. A.a.O. (Anm. 44). S. 707. NG/FH nehmen hier Bezug auf Jens Jessen: Leichtfertig. Günter Grass über Auschwitz. In: FAZ vom 15.2.1990. Jessen bleibt viel sachlicher, als es diese Bezugnahme vermuten läßt, auch wenn es bei ihm heißt: "Er [Grass] argumentiert jedoch nicht mit Auschwitz, sondern er jongliert damit; und zwar auf eine aberwitzig leichtfertige Weise". Nach entsprechenden Angaben konkludiert er, m.E. zu Recht: "Auschwitz ist nur die Schelle, die er seinen Gegnern umhängt, um sie als unbelehrbare Chauvinisten erkennbar zu machen".

Grass läßt bei seinen Ausführungen die zu dieser Zeit sich vollziehenden entscheidenden Veränderungen in der internationalen Politik völlig außer Betracht:

— die bereits am 10. Februar 1990 gegebene Zusage der vorher jahrzehntelang in dieser Frage Bewegung blockierenden Sowjetunion, "die Entscheidung der Deutschen, in einem Staat zu leben", "zu respektieren", wobei "es Sache der Deutschen sei, den Zeitpunkt und den Weg der Einigung selbst zu bestimmen".[48]

— die beim Außenministertreffen in Ottawa am 13. Februar 1990 getroffene Vereinbarung, in der Zusammensetzung 2+4 (die beiden deutschen Außenminister und die der Vier Mächte) die "äußeren Aspekte der Herstellung der deutschen Einheit, einschließlich der Fragen der Sicherheit der Nachbarstaaten, zu besprechen",[49] was zu den Treffen in Bonn (5.5.1990), Ost-Berlin (22.6.1990), Paris (17.7.1990, unter Beteiligung des polnischen Außenministers) und Moskau führte, wo am 12. September 1990 der Zwei-plus-Vier-Vertrag unterzeichnet wurde.

Mit diesem Vertrag wurden "die Rechte und Verantwortlichkeiten der Vier Mächte in bezug auf Berlin und Deutschland als Ganzes" zwischen den Vertretern der vier führenden ehemaligen Kriegsalliierten Frankreich, Großbritannien, Sowjetunion und Vereinigte Staaten und der beiden deutschen Staaten abschließend geregelt,

— in dem Bewußtsein, daß ihre Völker seit 1945 miteinander in Frieden leben,
— eingedenk der jüngsten historischen Veränderungen in Europa, die es ermöglichen, die Spaltung des Kontinents zu überwinden,
— [...]
— überzeugt von der Notwendigkeit, Gegensätze endgültig zu überwinden und die Zusammenarbeit in Europa fortzusetzen,
— [...]
— in Würdigung dessen, daß das deutsche Volk in freier Ausübung des Selbstbestimmungsrechts seinen Willen bekundet hat, die staatliche Einheit Deutschlands herzustellen, um als gleichberechtigtes und souveränes Glied in einem vereinten Europa dem Frieden der Welt zu

---

48. Erklärung von Bundeskanzler Kohl vor der Presse in Moskau nach dem Gesprächstreffen mit Generalsekretär Gorbatschow. In: *Texte zur Deutschlandpolitik.* Reihe III/Band 8a-1990. Bonn 1991. S. 85f. Zitate S. 85.
— Wortlaut der entsprechenden TASS-Erklärung: S. 86-88. Hier S. 87.
49. Kommuniqué der 6 Außenminister. In: A.a.O. (Anm. 48). S. 103.

dienen,

— in der Überzeugung, daß die Vereinigung Deutschlands als Staat mit endgültigen Grenzen ein bedeutsamer Beitrag zu Frieden und Stabilität in Europa ist, [...].[50]

Die Erklärungen der Präambel und die Vertragsvereinbarungen im einzelnen[51] bilden die wesentliche Grundlage für die Herstellung einer staatlichen Einheit Deutschlands. Sie markieren die verbindliche politische Einbindung dieses Deutschlands, die den Bedürfnissen aller europäischen Nachbarn entspricht (mit Einschluß der von Grass durchweg übergangenen USA),[52] so daß sie dieser Entwicklung auch zustimmten. Das bringt also in vertraglicher Form auf höchster Ebene alles, was Grass in bezug auf Europa und Deutschlands Nachbarn bedacht wissen will, — mit jetzt sehr realen europäischen Umsetzungsmöglichkeiten, nur eben nicht in Form zweier selbständig bleibender Konföderierten.

III

Grass' weitere Beiträge und Gespräche des Jahres 1990 bringen Wiederholungen der Konföderations-Vorstellung und dabei ein sich versteifendes Bestehen auf seinem dritten Weg als dem — in *seinem* Blick auf die deutsche Geschichte — einzig richtigen. Das nimmt

50. Zwei-plus-Vier-Vertrag über die abschließende Regelung in bezug auf Deutschland. In: *Texte zur Deutschlandpolitik*. Reihe III/Band 8b-1990. Bonn 1991. S. 672-678. Zitat S. 672f.

51. Siehe insbesondere Artikel 1 (1): "Das vereinte Deutschland wird die Gebiete der Bundesrepublik Deutschland, der Deutschen Demokratischen Republik und ganz Berlins umfassen. Seine Außengrenzen werden die Grenzen der Deutschen Demokratischen Republik und der Bundesrepublik Deutschland sein und werden am Tage des Inkrafttretens dieses Vertrags endgültig sein. Die Bestätigung des endgültigen Charakters der Grenzen des vereinten Deutschland ist ein wesentlicher Bestandteil der Friedensordnung in Europa". A.a.O. (Anm. 50). S. 673.

52. So weiterhin mit Artikel 1 (2); "Das vereinte Deutschland und die Republik Polen bestätigen die zwischen ihnen bestehende Grenze in einem völkerrechtlich verbindlichen Vertrag" [abgeschlossen am 14. November 1990], mit Artikel 2, 1. Satz: "Die Regierung der Bundesrepublik Deutschland und der Deutschen Demokratischen Republik bekräftigen ihre Erklärungen, daß von deutschem Boden nur Frieden ausgehen wird". A.a.O. (Anm. 50). S. 674 (Vertrag mit Polen: S. 868f.).

Formen an, die nicht alle als rhetorische Zuspitzungen oder politische Boshaftigkeiten (wie im zu Beginn zitierten Textteil) abgetan werden können.

In "Einige Ausblicke vom Platz der Angeschmierten"[53] meint Grass, daß die DDR-Bürger

> wiederum einem Ismus untertan [sind], diesmal in Gestalt der D-Mark, freilich ausgestattet mit den Angeboten der Reise- und Konsumfreiheit.[54] [...] Harte Währung soll mangelnden Geist wettmachen. Bei kritischer Nachfrage darf ersatzweise der Europagedanke herhalten. (*Sch*, 21)

Und etwas weiter:

> Der Einbruch der D-Mark in die DDR trifft eine unvorbereitete Wirtschaft und eine, was die Tücken und Vorteile der Marktwirtschaft betrifft, ahnungslose Bevölkerung. (*Sch*, 22)

In Anbetracht der völlig neuen, grundlegend veränderten politischen Situation sind Unvorbereitetsein der bislang sozialistischen Zentralwirtschaft und eine gewisse Ahnungslosigkeit der betroffenen Menschen kein Kunststück, in der Zusammenstellung mit der Eingangsformulierung "Der Einbruch" der DM erhält das ganze jedoch einen besonders negativen Wert, zumal wenn es später heißt: "dem Bonner Pfusch zufolge wird sich der lange genug herbeigeredete [sic!] Zusammenbruch der DDR-Wirtschaft tatsächlich ereignen" (*Sch*, 24f.).[55]

53. In: *Sch*, 18-28. Zuerst in: *Die Zeit* vom 11.5.1990 u.d.T. "Was rede ich. Wer hört noch zu".

54. In "Kurze Rede eines vaterlandslosen Gesellen" hatte es in Form einer doch überaus fragwürdigen 'Ideologie'-Parallelisierung (auch Zweiteilung zu Sozialismus) geheißen: "Die westliche Ideologie des Kapitalismus, die jeden anderen ideologischen Ismus ersatzlos gestrichen sehen will, spricht sich wie hinter vorgehaltener Pistole aus: entweder Marktwirtschaft oder... Wer hebt da nicht die Hände und ergibt sich den Segnungen des Stärkeren, dessen Unanständigkeit so sichtbar durch Erfolg relativiert wird" (*Sch*, 14).

55. Grass nahm diesen Gedanken noch einmal auf in: Bericht aus Altdöbern (*Sch*, 29-38: Rede am 16.6.1990 im Berliner Reichstag anläßlich der konstituierenden Sitzung des "Kuratoriums für ein demokratisch verfaßtes Deutschland"): "Doch erst jetzt, vierzehn Tage vor dem schlagartigen Überfall [sic!] auf die unvorbereitete Bevölkerung und Wirtschaft der DDR [gemeint ist der 1. Juli, der Zeitpunkt des Inkrafttretens der Wirtschafts-,

Grass ist offensichtlich nicht bereit, die politischen Willensbekundungen der DDR-Bürger als solche zu akzeptieren, berücksichtigt
nicht, daß der erste Vereinigungsschritt, die Wirtschafts-, Währungs-
und Sozialunion zum 1. Juli 1990, am 24.4.1990 von Bundeskanzler
Kohl und Ministerpräsident de Maizière vereinbart und der nach Ver-
handlungen am 18.5.1990 unterzeichnete Staatsvertrag am 21./22.
Juni 1990 immerhin von den Volksvertretungen beider deutscher
Staaten mit Mehrheiten angenommen worden ist.[56] Grass apostro-
phiert ihn als "nichtswürdige[n] Staatsvertrag", der bei Inkrafttreten
"die bislang erfahrene Barbarei nicht nur verlängern, sondern auch
mit westlichem Beigeschmack anreichern" werde, als "Machwerk",
das "an allen demokratischen Gremien vorbei durchgepaukt wurde".[57] Im Kontext der erstzitierten Textstelle (im Zusammenhang
mit der zukünftigen Wirtschaft) erscheint bereits das Wort "ange-
schlossen", in dem der zweiten erhält das Durchpauken eine Paral-
lele: "flott inszeniert", gehe "ein Gaunerstück, das Beifall findet,
[...] über die Bühne": "mit Hilfe des Anschlußartikels 23 [soll] die
Verpflichtung zur neuen Verfassung ausgehebelt werden". Grass setzt
hier bewußt die politische Negativ-Konnotation des Begriffs 'An-

---

Währungs- und Sozialunion der beiden Deutschland], wird mehr und mehr
Menschen bewußt, welch aufgeblasenem Schwindel sie Glauben geschenkt
und durch Wahlentscheidungen Narrenfreiheit erteilt haben"(Sch, 33). — In
einem in *Neues Deutschland* vom 12.9.1990 abgedruckten Gespräch heißt es:
"[...] die unbarmherzige Wohltat der Währungsunion zeitigt Folgen — von
Woche zu Woche. Man manipuliert jetzt ein wenig die Zahlen. Aber wenn
Sie das zusammenzählen: Innerhalb von 2½ Monaten eine Arbeitslosenzahl
— die Kurzarbeit hinzugerechnet, die ja die wirkliche effektive Arbeits-
losenziffer mit dokumentiert — von annähernd 1,5 Millionen in der DDR!
Das ist das Ergebnis Kohlscher Politik. Und die Schäden sind ja noch
größer, weil mittlerweile Betriebe in den Abgrund hingerissen werden, die
man durchaus hätte sanieren können. Die kriegt nachher niemand mehr auf
die Beine. Angeschlagen war die DDR-Wirtschaft durch die SED-Wirtschaft,
aber wirklich kaputt gemacht worden ist sie durch Herrn Kohl, Herrn
Haussmann und Herrn Waigel".
56. Im Bundestag mit 445:60 Stimmen bei einer Enthaltung, im Bundes-
rat gegen die Stimmen des Saarlands und Niedersachsens; in der Volks-
kammer gegen die Stimmen von PDS und Bündnis 90/Grüne. Vgl. Gebhard
Diemer (Hg.): *Kurze Chronik der Deutschen Frage.* München 1990. (Geschichte und Staat 288.) Siehe chronologische Anordnung.
57. In: Bericht aus Altdöbern (*Sch,* 32 u. 37).

schluß' ein, mit dem im NS-Sprachgebrauch die mit dem Einrücken deutscher Truppen am 12. März 1938 erfolgende Annexion Österreichs verharmlosend bezeichnet wurde. Daß diese Parallelisierung bewußt erfolgt, um den — nach Grass — "bevorstehenden Verfassungsbruch" entsprechend zu charakterisieren, macht die Fortführung deutlich: die deutsche Geschichte werde den einholen, der "den Artikel 23 als *Ermächtigungsgesetz* mißbraucht" (Hervorhebung G.L.).[58]

Grass' Unterstellung, es läge ein "Verfassungsbruch" vor, "wenn der Artikel 146 mißachtet und nicht angewendet wird",[59] ist so nicht haltbar. Beide Vertragspartner hatten sich darauf verständigt, die Einheit Deutschlands durch einen 'Beitritt' der Länder der DDR unter Heranziehung des Artikels 23 zu vollziehen. Dieser beschreibt den Geltungsbereich des Grundgesetzes durch Nennung der einzelnen Bundesländer, gefolgt von dem Satz: "In anderen Teilen Deutschlands ist es nach deren Beitritt in Kraft zu setzen".[60] Entsprechend lautet der Artikel 1 (1) des am 31. August 1990 in Berlin unterzeichneten "Vertrags zwischen der Bundesrepublik Deutschland und der Deutschen Demokratischen Republik über die Herstellung der Einheit Deutschlands — Einigungsvertrag —":

Mit dem Wirksamwerden des Beitritts der Deutschen Demokratischen Republik zur Bundesrepublik Deutschland gemäß Artikel 23 des Grundgesetzes am 3. Oktober 1990 werden die Länder Brandenburg, Mecklenburg-Vorpommern, Sachsen, Sachsen-Anhalt und Thüringen Länder der Bundesrepublik Deutschland.[61]

Ausdrücklich wird dabei Bezug genommen auf Art. 146 GG, und

---

58. *Sch*, 37. — Die Parallelisierung mit Hitler-Deutschland setzt Grass in "Ein Schnäppchen namens DDR" (*Sch*, 39-60) fort, wenn er darauf hinweist, daß die "einst geschlagenen Achsenmächte" [d.i. Deutschland und Japan] "wenig Hemmung zeigen, ihre Macht abermals zu bündeln": neuerdings sei Daimler-Benz und Mitsubishi "eine Technologieachse zwischen Deutschland und Japan planenswert" (*Sch*, 57).

59. *Sch*, 37; formulierungsmäßig noch verschärft in *Sch*, 59f.: "Noch bevor er sich ausrief, brach schon der neue Staat das Grundgesetz und verweigerte dem Volk eine Verfassung".

60. *Grundgesetz für die Bundesrepublik Deutschland*. Bonn 1982 (Textausgabe Stand November 1982). S. 27.

61. In: *Texte zur Deutschlandpolitik*. Reihe III/Band 8b-1990. Bonn 1991. S. 7-37. Hier S. 8.

zwar in Artikel 4, "Beitrittsbedingte Änderungen des Grundgesetzes", wo dieser Artikel jetzt, unter Bezugnahme auf die Präambel,
wie folgt gefaßt wird:

Dieses Grundgesetz, das nach Vollendung der Einheit und Freiheit
Deutschlands für das gesamte deutsche Volk gilt, verliert seine Gültigkeit
an dem Tage, an dem eine Verfassung in Kraft tritt, die von dem deutschen Volke in freier Entscheidung beschlossen worden ist.[62]

Gerade Grass sollte gegenüber dieser Beitrittsform keine Einwände
haben, werden doch hier die wieder hergestellten Länder ausdrücklich
als solche aktiviert, erfolgte eben das, worauf er sich für seinen
"Bund deutscher Länder" im Kern beruft.[63]

Wenn Grass im Zusammenhang mit den vertraglichen Regelungen
den Begriff 'Ermächtigungsgesetz' einsetzt, ist das eine in jeder
Beziehung inakzeptable Diskriminierung, ja Diffamierung von Entscheidungen und ihren Trägern im Politisch-Realen, durch die Ab-
solutsetzung des eigenen Konzepts vor allen Andersdenkenden in
dieser Frage. Das von ihm angesprochene "Gesetz zur Behebung der
Not von Volk und Staat (Ermächtigungsgesetz)" vom 24. März 1933
bildete die Grundlage für die Errichtung der totalitären NS-Herr-
schaft, konnten doch damit Reichsgesetze "auch durch die Reichs-
regierung beschlossen werden" (Art. 1), wobei diese "von der
Reichsverfassung abweichen" konnten (Art. 2).[64] Wollte man etwas
direkt benennen, was zu Auschwitz geführt hat, dann ist es dieses
Gesetz. Das Vorgehen der beiden deutschen Regierungen auf Grund
von Art. 23 GG zu parallelisieren mit Art. 48, Abs. 2 der Weimarer
Verfassung, diesem sog. Notverordnungsparagraphen, mit dem der
Reichspräsident eingreifen konnte unter vorübergehender Aussetzung
eines Teils der Grundrechte, ist, abgesehen davon, daß das Grundgesetz über keinen solchen verfassungsenthebenden Artikel verfügt,
völlig unhaltbar und in dieser Form inkriminierend, zumal sich diese
Herstellung der Einheit Deutschlands unter Zustimmung der unmittel-

---

62. A.a.O. (Anm. 61). S. 10. Im Grundgesetz lautet Art. 146: "Dieses
Grundgesetz verliert seine Gültigkeit an dem Tage, an dem eine Verfassung
in Kraft tritt, die von dem deutschen Volke in freier Entscheidung beschlossen worden ist" (a.a.O. [Anm. 60].

63. Zuletzt: *Sch*, 60.

64. Siehe: *Der Nationalsozialismus. Dokumente 1933-1945*. A.a.O.
(Anm. 13). S. 57.

bar von Hitler-Deutschland betroffenen Staaten vollzog.

Die Argumentation von Grass hat nichts mehr zu tun mit einer auch-möglichen Einschätzung bzw. Bewertung geschichtlich-politischer Sachverhalte und Vorgänge, sie wird zur verfälschenden Manipulation zugunsten unbedingter Rechthaberei. Sie ist zudem ein bedenklicher Rückfall in eine ideologisierte Zweiteilung von Standorten und ihrer Gewichtung: eine wahrhaftige Eigen-Position gegenüber der unwahrhaft-bösartigen der Anderen.

Daß Grass — und das trifft ja nicht nur auf ihn zu — mit seinen Vorstellungen und Vorschlägen von der rasanten realpolitischen Entwicklung überholt worden ist, ist nichts, was negativ zu beurteilen wäre. Äußerst irritierend ist es jedoch, wenn ein politisch engagierter Autor wie Grass, der in der deutschen Frage anfangs so besonders europa- und nachbarn-bedacht auftrat, auf eine solche Weise den Kontakt zu den politischen Realitäten verliert, von den abgegebenen politischen Willensbekundungen großer, auch parlamentarischer Mehrheiten bis hin zu internationalen Vertragswerken, noch dazu solchen mit betonter europäischer und friedenssichernder Ausrichtung.

AMSTERDAMER BEITRÄGE
ZUR NEUEREN GERMANISTIK
herausgegeben von GERD LABROISSE

Die in 1972 gegründete Reihe erscheint seit 1977 in zwangloser Folge in der Form von Thema-Bänden mit jeweils verantwortlichem Herausgeber.

Band 1 — 1972   Hfl. 40,—

Horst Steinmetz: Aufklärung und Tragödie. Lessings Tragödien vor dem Hintergrund des Trauerspielmodells der Aufklärung. **Ferdinand van Ingen:** Tugend bei Lessing. Bemerkungen zu *Miss Sara Sampson*. **Gerd Labroisse:** Zum Gestaltungsprinzip von Lessings *Miß Sara Sampson*. **Klaus F. Gille:** Das astrologische Motiv in Schillers *Wallenstein*. **Luc Lamberechts:** Zur Struktur von Büchners *Woyzeck*. Mit einer Darstellung des dramaturgischen Verhältnisses Büchner —Brecht. **Alexander von Bormann:** "Wohltönend, aber dumm"? Die Stimme der Kultur im Widerstand. **Sjaak Onderdelinden:** Fiktion und Dokument. Zum Dokumentarischen Drama. **Kees Houtman:** Notizen zu Horváths *Gebrauchsanweisung*.

Band 2 — 1973   Hfl. 40,—

Manfred E. Keune: Das Amerikabild in Theodor Fontanes Romanwerk. **Joris Duytschaever:** Eine Pionierleistung des Expressionismus: Alfred Döblins Erzählung *Die Ermordung einer Butterblume*. **Walter Schönau:** In medias res: Zur Aktualisierung des unvermittelten Anfangs moderner Erzähltexte. **Ferdinand van Ingen:** Max Frischs *Homo faber* zwischen Technik und Mythologie. **Harold D. Dickerson, Jr.:** Sixty-Six Voices from Germany: A Thematic Approach. **Erwin Koller:** Beobachtungen eines *Zauberberg*-Lesers zu Thomas Bernhards Roman *Frost*. **Dieter Hensing:** Die Position von Peter Weiss in den Jahren 1947-1965 und der Prosatext *Der Schatten des Körpers des Kutschers*. **Gerd Labroisse:** Bild und Funktion Westdeutschlands in Anna Seghers' Romanen *Die Entscheidung* und *Das Vertrauen*. **Ingeborg Goessl:** Der Engel und die Grenzsituation. Studie zu einer Leitfigur H. E. Nossacks.

Band 3 — 1974: REZEPTION — INTERPRETATION. Beiträge zur Methodendiskussion   Hfl. 40,—

Elrud Kunne-Ibsch: Rezeptionsforschung: Konstanten und Varianten eines literaturwissenschaftlichen Konzepts in Theorie und Praxis. **Horst**

Steinmetz: Rezeption und Interpretation. Versuch einer Abgrenzung. **Ferdinand van Ingen:** Die Revolte des Lesers oder Rezeption versus Interpretation. Zu Fragen der Interpretation und der Rezeptionsästhetik. **Gerd Labroisse:** Überlegungen zu einem Interpretations-Modell. **Edmund Licher:** Kommunikationstheoretische Aspekte der Analyse einiger Gedichte Bertolt Brechts.

Band 4 — 1975   Hfl. 40,—
Roland Duhamel: Schnitzler und Nietzsche. **Marianne Burkhard:** Hofmannsthals *Reitergeschichte* — ein Gegenstück zum Chandosbrief. **Elke Emrich:** Heinrich Manns Roman *Lidice*: eine verschlüsselte Demaskierung faschistischer Strukturen. **G. Richard Dimler, S.J.**: Simplicius Simplicissimus and Oskar Matzerath as Alienated Heroes: Comparison and Contrast. **Carl O. Enderstein:** Zahnsymbolik und ihre Bedeutung in Günter Grass' Werken. **Gerd Labroisse:** Überlegungen zur Interpretationsproblematik von DDR-Literatur an Hand von Plenzdorfs *Die neuen Leiden des jungen W.* **Hans Ester:** 'Ah, les beaux esprits se rencontrent' —Zur Bedeutung eines Satzes in Fontanes *Irrungen, Wirrungen.*

Band 5 — 1976   Hfl. 60,—
Reinhard Hennig: Grabbes *Napoleon* und Venturinis *Chronik von 1815.* Ein Vergleich. **Leif Ludwig Albertsen:** Was Strittmatters *Katzgraben* will und nicht will. Bemerkungen zur Ästhetik des Dramas im sozialistischen Realismus. **Rainer Sell:** Kasper und Moritat: Form und Perspektive in den Dramen von Peter Weiss.
Texte und Textbehandlung in Bernd Alois Zimmermans Lingual *Requiem für einen jungen Dichter*: **Gerd Labroisse:** Einleitung. **Elisabeth J. Bik:** Zur Textbehandlung im Lingual. **Kees Mercks:** Die Majakowskij-Texte im *Requiem.* **Marinus von Hattum:** Der Pound-Text im *Requiem.* **Elisabeth J. Bik:** Die Textstruktur: I) Erläuterungen zur Textstruktur. II) Textstruktur **(Beilagebogen).**

Band 6 — 1977: ZUR DEUTSCHEN EXILLITERATUR IN DEN NIEDERLANDEN 1933-1940. Hrsg. von Hans Würzner   Vergriffen
Hans Würzner: Zur Exilforschung in den Niederlanden. **David Luschnat:** "Amsterdam, April 1933". **David Ruben:** Luschnats Erlebnis. **Elisabeth Augustin:** Eine Grenzüberschreitung und kein Heimweh. **Gerd Roloff:** Irmgard Keun — Vorläufiges zu Leben und Werk. **Joris Duytschaever:** Zur Asylpraxis in Holland und Belgien: Der Fall Hans Bendgens-Henner (1892-1942). **Ludwig Kunz:** Propheten, Philosophen, Parteigründer —eine Erinnerung an Richard Oehring und seinen Kreis. **Hans Keilson:** Gedichte. **Thomas A. Kamla:** Die Sprache der Verbannung. Bemerkungen zu

dem Exilschriftsteller Konrad Merz. **Konrad Merz über sich selbst. Konrad Merz:** 'Kolonne Käse' (aus "Generation ohne Väter"). **Carlos Tindemans:** Transit — Exiltheater und Rezeption in Antwerpen 1933-1940. **Cor de Back:** Die Zeitschrift *Het Fundament* und die deutsche Exilliteratur. **Hans Würzner:** Menno ter Braak als Kritiker der deutschen Emigrantenliteratur. — *Kleine Beiträge.*

Band 7 — 1978: ZUR LITERATUR UND LITERATURWISSENSCHAFT DER DDR. Hrsg. von Gerd Labroisse   Hfl. 60,—
   Gerd Labroisse: DDR-Literatur als literaturwissenschaftliches Problem. **Jos Hoogeveen:** Prolegomena zu einer funktionsgerechten Betrachtung DDR-Literatur. **Adolf Endler:** DDR-Lyrik Mitte der Siebziger. Fragment einer Rezension. **Gregor Laschen:** Das Gedicht als Wahrheit der Geschichte. Überlegungen zum Verhältnis von Geschichte und Gedicht im Werk Erich Arendts. **Ton Naaijkens:** Maskenmundiges Sprechen — Zu Erich Arendts Metaphern in *Ägäis*. **Sigfrid Hoefert:** Die Faust-Problematik in Volker Brauns *Hinze und Kunze*: Zur Erbeaneignung in der DDR. **Gerhard Kluge:** Plenzdorfs neuer Werther — ein Schelm? **I.A. und J.J. White:** Wahrheit und Lüge in Jurek Beckers Roman *Jakob der Lügner*. **Werner Krogmann:** Moralischer Realismus — ein Versuch über Christa Wolf. **Johannes Maassen:** Der Preis der Macht. Zu Günter Kunerts Fortsetzung von Georg Christoph Lichtenbergs *Ausführlicher Erklärung* der Kupferstiche *Industry and Idleness* (*Fleiß und Faulheit*) von William Hogarth. **Gregor Laschen:** Von der Richtung der Märchen. Zwei Notate zum Werk Franz Fühmanns.

Band 8 — 1979: GRUNDFRAGEN DER TEXTWISSENSCHAFT. Linguistische und literaturwissenschaftliche Aspekte. Hrsg. von Wolfgang Frier und Gerd Labroisse   Hfl. 60,—
   Wolfgang Frier: Linguistische Aspekte des Textsortenproblems. **Werner Kallmeyer:** Kritische Momente. Zur Konversationsanalyse von Interaktionsstörungen. **Roland Harweg:** Inhaltsentwurf, Erzählung, Inhaltswiedergabe. **Werner Abraham:** Zur literarischen Analysediskussion. Kritisches und Konstruktives anhand dreier Kafka-Erzählungen. **Ursula Oomen:** Modelle der linguistischen Poetik. **Jos Hoogeveen:** Text und Kontext. Die Infragestellung eines problematischen Verhältnisses. **Jens F. Ihwe:** Sprachphilosophie, Literaturwissenschaft und Ethik: Anregungen zur Diskussion des Fiktionsbegriffs. **Elrud Ibsch:** Das Thema als ästhetische Kategorie. **Siegfried J. Schmidt:** "Bekämpfen Sie das häßliche Laster der Interpretation!/ Bekämpfen Sie das noch häßlichere Laster der richtigen Interpretation!" (Hans Magnus Enzensberger). **Gerd Labroisse:** Interpretation als Entwurf.

Band 9 — 1979: ZUR LITERATUR DER DEUTSCHSPRACHIGEN SCHWEIZ. Hrsg. von Marianne Burkhard und Gerd Labroisse Vergriffen **Ernst Halter:** Auf der Suche nach Solidarität: die Moderne. **Irmengard Rauch:** First-Language Syntax in the New High German of Swiss Authors. **Hans Poser:** *Spiegel, das Kätzchen* — Bürgerliche Welt im Spiegel des Märchens. **Wolfgang Wittkowski:** Erfüllung im Entsagen. Keller: *Der Landvogt vom Greifensee.* **Manfred R. Jacobson:** *Jürg Jenatsch:* The Narration of History. **Sjaak Onderdelinden:** "Er äußerte sich mit behutsamen Worten: '...'". Zur Erzähltechnik Conrad Ferdinand Meyers. **Marianne Burkhard:** Blick in die Tiefe: Spittelers Epos *Prometheus und Epimetheus.* **Madeleine Rietra:** Rezeption und Interpretation von Robert Walsers Roman *Der Gehülfe.* **Rolf Kieser:** Jakob Schaffner. **Cegienas de Groot:** Bildnis, Selbstbildnis und Identität in Max Frischs Romanen *Stiller, Homo faber* und *Mein Name sei Gantenbein.* Ein Vergleich. **Luc Lamberechts:** Das Groteske und das Absurde in Dürrenmatts Dramen. **Johannes Maassen:** Ein hoffnungsvoller Pessimist. Zur Kurz- und Kürzestprosa Heinrich Wiesners. **Rainer Sell:** Stagnation und Aufbruch in Bichsels *Milchmann-* und *Kindergeschichten.*

Band 10 — 1980: GESTALTET UND GESTALTEND. FRAUEN IN DER DEUTSCHEN LITERATUR. Hrsg. von Marianne Burkhard   Vergriffen **Ruth B. Bottigheimer:** The Transformed Queen: A Search for the Origins of Negative Female Archetypes in Grimms' Fairy Tales. **Ruth P. Dawson:** The Feminist Manifesto of Theodor Gottlieb von Hippel (1741-96). **Susan L. Cocalis:** Der Vormund will Vormund sein: Zur Problematik der weiblichen Unmündigkeit im 18. Jahrhundert. **Lilian Hoverland:** Heinrich von Kleist and Luce Irigaray: Visions of the Feminine. **Elke Frederiksen:** Die Frau als Autorin zur Zeit der Romantik: Anfänge einer weiblichen literarischen Tradition.**Gertrud Bauer Pickar**: Annette von Droste-Hülshoff's "Reich der goldnen Phantasie". **Kay Goodman:** The Impact of Rahel Varnhagen on Women in the Nineteenth Century. **Dagmar C.G. Lorenz:** Weibliche Rollenmodelle bei Autoren des "Jungen Deutschland" und des "Biedermeier". **Cegienas de Groot:** Das Bild der Frau in Gottfried Kellers Prosa. **Alexander von Bormann:** Glücksanspruch und Glücksverzicht. Zu einigen Frauengestalten Fontanes. **Richard L. Johnson:** Men's Power over Women in Gabriele Reuter's *Aus guter Familie.* **Ruth-Ellen Boetcher Joeres:** The Ambiguous World of Hedwig Dohm. **Ritta Jo Horslenette Clausen:** The Difficulty of Saying 'I' as Theme and Narrative Technique in the Works of Christa Wolf.

Band 11/12—1981: DDR-ROMAN UND LITERATURGESELLSCHAFT.
Hrsg. von Jos Hoogeveen und Gerd Labroisse   Hfl. 100,—
Heinrich Küntzel: Von *Abschied* bis *Atemnot.* Über die Poetik des
Romans, insbesondere des Bildungs- und Entwicklungsromans, in der
DDR. **Karl-Heinz Hartmann:** Die Darstellung der antifaschistischen
Opposition in der frühen DDR-Prosa. **Jay Rosellini:** Zur Funktionsbe-
stimmung des historischen Romans in der DDR-Literatur. **Jochen Staadt:**
Zur Entwicklung des Schriftstellers Karl-Heinz Jakobs — am Beispiel der
Darstellung von Karrieren und Jugendlichen. **Horst Domdey:** Probleme
mit der Vergangenheitsbewältigung. Beobachtungen an zwei Romanen
von Karl-Heinz Jakobs, *Beschreibung eines Sommers* und *Wilhelmsburg.*
Marleen Parigger und **Stef Pinxt:** Zur Unterhaltungsfunktion von Literatur. Der Zusammenhang von ästhetischer Theoriebildung und ideologischen Prämissen. **Jos Hoogeveen:** Satire als Rezeptionskategorie. Hermann Kants *Aula* in der Diskussion zwischen Ost und West. **Patricia
Herminghouse:** Die Wiederentdeckung der Romantik: Zur Funktion der
Dichterfiguren in der neueren DDR-Literatur. **Bernhard Greiner:** "Sen-
timentaler Stoff und fantastische Form". Zur Erneuerung frühromanti-
scher Tradition im Roman der DDR (Christa Wolf, Fritz Rudolf Fries,
Johannes Bobrowski). **Margret Eifler:** Erik Neutsch: Die Rezeption
seines Romanwerkes. **Marieluise de Waijer-Wilke:** Günter Kunerts Roman *Im Namen der Hüte* — untersucht im Werk- und Kommunika-
tionszusammenhang. **Manfred Jäger:** Bemerkungen zu Brigitte Reimanns
Franziska Linkerhand. **Ingeborg Nordmann:** Die halbierte Geschichtsfä-
higkeit der Frau. Zu Irmtraud Morgners Roman *Leben und Abenteuer der
Trobadora Beatriz nach Zeugnissen ihrer Spielfrau Laura.* **Gerd Labroisse:**
Überlegungen zu Dieter Nolls Roman *Kippenberg.*

Band 13 — 1981: PRAGMATIK. THEORIE UND PRAXIS. Hrsg. von
Wolfgang Frier   Hfl. 100,—
Klaus-Peter Lange: Über Referenzzeichen (bisher bekannt unter den
Namen "Pronomen" und "Artikel"). **Gijsbertha F. Bos:** Kommunikation
und Syntax. **Wolfgang Frier:** Zur linguistischen Beschreibung von Frage-
Antwort-Zusammenhängen. **Stef Pinxt:** Zur Theorie des linguistischen
Interaktionismus. **Manfred Beetz:** Komplimentierverhalten im Barock.
Aspekte linguistischer Pragmatik an einem literaturhistorischen Gegen-
standsbereich. **Dietrich Boueke/Wolfgang Klein:** Alltagsgespräche von
Kindern als "Interaktionsspiele". **Hans Hannappel/Hartmut Melenk:**
Pragmatik der Wertbegriffe. **Paul-Ludwig Völzing:** Metakommunikation
und Argumentation. Oder: die Kunst, einen Drachen zu finden. **Werner
Holly:** Der doppelte Boden in Verhören. Sprachliche Strategien von
Verhörenden. **Werner Nothdurft:** "Ich komme nicht zu Wort". Austausch-

Eigenschaften als Ausschluß-Mechanismen des Patienten in Kranken-haus-Visiten. **Michael Giesecke-Kornelia Rappe:** Rekonstruktionen von Bedeutungszuschreibungen mithilfe der Normalformanalyse. **Konrad Eh-lich:** Zur Analyse der Textart "Exzerpt". **Gerd Antos:** Formulieren als sprachliches Handeln. Ein Plädoyer für eine produktionsorientierte Textpragmatik. **Christoph Sauer/Ans van Berkel:** Diskursanalyse und die Fremdsprachenlehr/lernsituation. **Karl Sornig:** Pragmadidaktische An-sätze im Fremdsprachenunterricht. Oder: Threshold Levels Reconsidered.

Band 14 — 1982: STUDIEN ZUR ÖSTERREICHISCHEN ERZÄHLLI-TERATUR DER GEGENWART. Hrsg. von Herbert Zeman   Hfl. 60,—
Klaus Weissenberger: Sprache als Wirklichkeitsgestaltung. Franz Tumlers Transparenz der epischen Fiktion von *Ein Schloß in Österreich* bis *Pia Faller.* **Joseph P. Strelka:** Humorist des Absurden: Der Erzähler Peter Marginter. **Ferdinand van Ingen:** Denk-Übungen. Zum Prosawerk Thomas Bernhards. **Gudrun B. Mauch:** Thomas Bernhards Roman *Korrektur.* Zum autobiographisch fundierten Pessimismus Thomas Bernhards. **Peter Pütz:** Kontinuität und Wandlung in Peter Handkes Prosa. **Zsusza Széll:** Langsame Heimkehr — wohin? **Edda Zimmermann:** DER FERNE KLANG — Ein Klang der Ferne. Zu Gert Jonkes neueren Texten. **Alexander von Bormann:** "Es ist, als wenn etwas wäre." Überlegungen zu Peter Roseis Prosa. **Ingrid Cella:** 'Das Rätsel Weib' und die Literatur. Feminismus, feministische Ästhetik und die Neue Frauenliteratur in Österreich. **Waltraut Schwarz:** Barbara Frischmuth — Rebellion und Rückkehr. **Wolfgang Neuber:** Fremderfahrungen. Von den kleinen Herr-scherfiguren der Väter. **Werner M. Bauer:** Exempel und Realität. Überle-gungen zum biographischen Roman in der österreichischen Gegenwarts-literatur. **Hans Heinz Hahnl**: Als Autor in Österreich. **Peter Marginter:** Zur Situation des österreichischen Schriftstellers.

Band 15 — 1982: SCHWERPUNKTE DER LITERATURWISSEN-SCHAFT AUSSERHALB DES DEUTSCHEN SPRACHRAUMS. Hrsg. von Elrud Ibsch   Hfl. 70,—
Jonathan Culler: Issues in American Critical Debate. **Cairns Craig:** Critical Theory in Britain. **Mieke Bal:** Structuralism, History and the Semiotics of the Subject. Recent developments in French literary theory. **Pieter de Meijer:** Tradition and Innovation in Italien Literary Theory. **Holger Siegel:** Literatur, Ästhetik, Erkenntnis. Entwicklungsetappen der sowjetischen Literaturwissenschaft. **Henryk Markiewicz:** Traditionen und Gegenwart der polnischen Literaturwissenschaft. **Herta Schmid:** Die 'semantische Geste' als Schlüsselbegriff des Prager literaturwissenschaft-lichen Strukturalismus. **Dmitri Segal:** Israeli Contributions to Literary

Theory. **Ulla Musarra-Schr⌀der:** Tendenzen und Methoden der skandinavischen Literaturwissenschaft. Ein Forschungsbericht. **Hendrik van Gorp:** Literaturwissenschaft in den Niederlanden und Flandern 1970-1980. **Elrud Ibsch:** Leserrollen, Bedeutungstypen und literarische Kommunikation.

Band 16 — 1983: STUDIEN ZUR DRAMATIK IN DER BUNDESREPUBLIK DEUTSCHLAND. Hrsg. von Gerhard Kluge   Hfl. 70,—
I. Das neue Drama im Licht der Tradition: **Bernd Anton:** Ein bayerischer Dichter — Zum Theater Martin Sperrs. **Hans-Peter Bayerdörfer:** Raumproportionen. Versuch einer gattungsgeschichtlichen Spurensicherung in der Dramatik von Botho Strauß. **Gerhard Kluge:** Werkimmanente Poetik in zwei Stücken von Tankred Dorst und Martin Walser oder Wie man das Spiel nach Brecht spielt. **Hans Poser:** Martin Sperr: *Bayrische Trilogie* — Die Bundesrepublik im Spiegel des Volksstücks. **Sabine Schroeder-Krassnow:** Hochhuths *Stellvertreter* und das klassische Drama.
II. Einzeluntersuchungen: **Wolfgang Böth:** Anpassung und Widerstand. Zum Prozeß der Bewußtwerdung Alois Grübels in Martin Walsers *Eiche und Angora*. **Klaus Bohnen:** 'Raum-Höllen' der bürgerlichen Welt. "Gefühlsrealismus" in der Theater- und Filmproduktion Rainer Werner Fassbinders. **Anat Feinberg:** Erwin Sylvanus and the Theatre of the Holocaust. **Dieter Hensing:** Tankred Dorst: Von der geschlossenen zur offenen Figurenkonzeption. **Manfred Kux:** Peter Weiss' *Hölderlin* — ein dramatischer Versuch, Hölderlin politisch zu verstehen. **Sjaak Onderdelinden:** Die theatralische Wut des Rolf Hochhuth. Zur Dramaturgie von *Juristen* und *Ärztinnen*. **Jürgen H. Petersen:** Franz Xaver Kroetz: Von der Tragödie der Unfreiheit zum Lehrstück für Werktätige. **Therese Poser:** Siegfried Lenz: *Zeit der Schuldlosen* und *Das Gesicht*. Zur Problematik des Parabelstücks. **Ulrike Weinhold:** Die Absurdität Wolfgang Hildesheimers.

Band 17 — 1983: LITERATURPSYCHOLOGISCHE STUDIEN UND ANALYSEN. Hrsg. von Walter Schönau   Hfl. 80,—
Studien: **Peter von Matt:** Die Herausforderung der Literaturwissenschaft durch die Psychoanalyse. Eine Skizze. **Wolf Wucherpfennig:** Dilettantisches Reduzieren? Für eine sozialpsychologische Literaturerklärung. **Walter Schönau:** Erdichtete Träume. Zu ihrer Produktion, Interpretation und Rezeption.
Analysen: **Rose Rosenkötter:** Kindheitskonflikte und Reifungserleben im Märchen. **Irmgard Roebling:** Liebe und Variationen. Zu einer biographischen Konstante in Storms Prosawerk. **Jan U. Terpstra:** Die Motivik des Visionären und Märchenhaften in Storms Novelle *Ein Bekenntnis* als

archetypischer Ausdruck des Unbewußten. **Johannes Cremerius:** Schuld und Sühne ohne Ende. Hermann Hesses psychotherapeutische Erfahrungen. **Peter Dettmering:** Aspekte der Spaltung in der Dichtung Kafkas. **Oskar Sahlberg:** Gottfried Benns Psychotherapie bei Hitler. **Frederick Wyatt:** Der frühe Werfel bleibt. Seine Beiträge zu der expressionistischen Gedichtsammlung *Der Kondor*. **Carl Pietzcker:** Brechts Verhältnis zur Psychoanalyse. **Bernhard Greiner:** 'Sujet barré' und Sprache des Begehrens: Die Autorschaft 'Anna Seghers'. — Auswahlbibliographie zur Literaturpsychologie..

Band 18 — 1984: AUFSÄTZE ZU LITERATUR UND KUNST DER JAHRHUNDERTWENDE. Hrsg. von Gerhard Kluge   Hfl. 90,—
Theo Meyer: Nietzsches Kunstauffassung. **Jürg Mathes:** Das Lied bei Nietzsche. **Lothar Köhn:** "Land, das ich ersehne". Hermann Hesse um die Jahrhundertwende. **Gerhard Kluge:** Die Gebärde als Formprinzip in der Lyrik des deutschen Jugendstils. Bemerkungen zu einigen Gedichten. **Willem-Jan Pantus:** Heinrich Vogelers Gedichtband *DIR* als Gesamtkunstwerk des Jugendstils. **Hans de Leeuwe:** Schauspielkunst um die Jahrhundertwende — ein Essayband von Alfred Kerr. **Ulrike Weinhold:** Die Renaissancefrau des Fin de siècle. Untersuchungen zum Frauenbild der Jahrhundertwende am Beispiel von R.M. Rilkes *Die weiße Fürstin* und H. v. Hofmannsthals *Die Frau im Fenster*. **Johanna Bossinade:** "Wenn es aber ... bei mir anders wäre". Die Frage der Geschlechterbeziehungen in Arthur Schnitzlers *Reigen*. **Helga Schiffer:** Experiment und Ethik in Arthur Schnitzlers *Paracelsus*. **Jaak De Vos:** Trakls *Romanze zur Nacht*. Struktur und Stil. **Hans Ester:** Das poetische Echo des Anglo-Burenkrieges 1899-1902.

Band 19 — 1984: LUTHER-BILDER IM 20. JAHRHUNDERT. Symposion an der Freien Universität Amsterdam. In Verbindung mit Cornelis Augustijn und Ulrich Gäbler hrsg. von Ferdinand van Ingen und Gerd Labroisse   Hfl. 60,—
Dieter Hensing: Der Bilder eigner Geist. Das schwierige Verhältnis der Lutherbilder zu ihrem Gegenstand. **Hartmut Laufhütte:** Martin Luther in der deutschen Literatur des 19. und 20. Jahrhunderts. **Alexander von Bormann:** Luther im Nationalsozialismus: Die Versöhnung von Wotan und Christus. **Elrud Ibsch:** Nietzsches Luther-Bild. **Ferdinand van Ingen:** Die Erasmus-Luther-Konstellation bei Stefan Zweig und Thomas Mann. **Gerhard Kluge:** Luther in Thomas Manns *Doktor Faustus*. **Johannes Maassen:** Dunkler Sohn. Luther im katholischen Schrifttum 1910-1960 (*Hochland*, Reinhold Schneider, Theodor Haecker, Elisabeth Langgässer). **Eberhard Mannack:** Luther — ein 'geistiger Ahnherr Hitlers'? **Ulrich**

Gäbler: Drei Typen theologischer Lutherdeutung um 1920: Ernst Troeltsch, Reinhold Seeberg, Karl Holl. **Gottfried Maron:** Das katholische Luther-bild im Wandel. **Sjaak Onderdelinden:** Das Luther-Bild Dieter Fortes. Überlegungen zu *Martin Luther & Thomas Münzer oder Die Einführung der Buchhaltung.* **Cornelis Augustijn:** Das marxistische Luther-Bild 1983. **Gerd Labroisse:** Der neue Luther in der DDR. Luther-Gestaltungen bei Claus Hammel, Stefan Heym, Helga Schütz und Bernd Schremmer.

Band 20 — 1985/1986: DER MODERNE DEUTSCHE SCHELMEN-ROMAN. INTERPRETATIONEN. Hrsg. von Gerhart Hoffmeister
Hfl. 70,—

Gerhart Hoffmeister: Einleitung. **Jürgen Jacobs:** Bildungsroman und Pikaroroman. Versuch einer Abgrenzung. **Helmut Koopmann:** Pikaro in der Romantik? Eine Spurensuche. **Gerhard Kluge:** Heinrich Heines Fragment *Aus den Memoiren des Herren von Schnabelewopski* und das Problem des Schelmischen. **Hans Wagener:** Die Renaissance des Schelms im modernen Drama. **Ursula R. Mahlendorf:** Schelm und Verbrecher: Döblins *Berlin Alexanderplatz.* **Laurence A. Rickels:** *Die Blechtrommel* zwischen Schelmen- und Bildungsroman. **Thomas Sebastian:** *Felix Krull*: Pikareske Parodie des Bildungsromans. **Manfred Kremer:** A.V. Thelens Roman *Die Insel des zweiten Gesichts.* Adaption einer alten Form? **Erhard Friedrichsmeyer:** Die utopischen Schelme Heinrich Bölls. **Ferdinand van Ingen:** Der Pikaro als Apostel der Lust. Zu Gerhard Zwerenz' *Casanova oder der Kleine Herr in Krieg und Frieden.* **Nancy Lukens:** Schelm im Ghetto — Jurek Beckers Roman *Jakob der Lügner.* **Frederick Alfred Lubich:** Bernward Vespers *Die Reise* — Der Untergang des modernen Pikaro. — Bibliographie.

Band 21 — 1986: SEHNSUCHTSANGST. Zur österreichischen Literatur der Gegenwart. Colloquium an der Universität von Amsterdam. Hrsg. von Alexander von Bormann
Hfl. 70,—

Dieter Hensing: Von den Schwierigkeiten und Möglichkeiten, H.C. Artmann zu lesen. **Ulrich Janetzki:** "es gibt nichts was zu erreichen wäre ausser dem tod". Über Konrad Bayer. **Christa Bürger:** Schreiben als Lebensnotwendigkeit. Zu den autobiographischen Fragmenten Thomas Bernhards. **Horst Albert Glaser:** Die Krankheit zum Tode oder der Wille zum Leben. Überlegungen zu Thomas Bernhards Autobiographie. **Madeleine Rietra:** Thomas Bernhards *Über allen Gipfeln ist Ruh* — eine fröhliche Literatursatire? **Peter Pabisch:** Zum Abklang der Diastole in der Dialektwelle: Die Lyriker Bernhard C. Bünker und Ossi Sölderer. **Wolfgang Kaempfer:** Im Sprachraum. Über Helmut Eisendle. **Sigrid Schmid-Bortenschlager:** Sozialgeschichte als Literatur. Zu Wolfgang

Georg Fischer. **Heinz F. Schafroth:** Mythos und großer Raum in der österreichischen Gegenwartsliteratur. Über Marianne Fritz und Klaus Hoffer. **Joachim von der Thüsen:** Die Stimme hinter der Wand. Über Marlen Haushofer. **Alexander von Bormann:** Der Schatten der Worte. Gert Jonkes sprachliche Mystik. Zu seiner Erzählung *Erwachen zum großen Schlafkrieg*. **Wolfgang Hemel:** Die Frechheit, Kunst zu machen. Marie-Thérèse Kerschbauer — Bilder einer Dichterin. **Germinal Čivikov:** "Als sei das andere / gleich gesagt / anders". Marginalien zur Sprachskepsis und Sprachkritik in den Gedichten von Alfred Kolleritsch. **Werner Abraham:** Friederike Mayröckers poetische Syntax. **Ferdinand van Ingen / Dick van Stekelenburg:** Gerhard Roths perspektivische Blicke. Am Beispiel des Romans *Winterreise*. **Eric Vos:** Wiener Konkretismus: eine Gruppe und ihr Stil.

Band 22 — 1987: BLICK AUF DIE SCHWEIZ. Zur Frage der Eigenständigkeit der Schweizer Literatur seit 1970. Hrsg. von Robert Acker und Marianne Burkhard   Hfl. 55,—
   Elsbeth Pulver: Als es noch Grenzen gab: Zur Literatur der deutschen Schweiz seit 1970. **Dennis Mueller:** Overcoming the Obstacles: Contemporary Swiss-German Writers and their Country. **Hans Ester:** Heimat und Identität im Werk Silvio Blatters. **Todd C. Hanlin:** Individuality and Tradition in the Works of Gerold Späth. **Hans Wysling:** "Die Suche nach dem verlorenen Paradies". Zu Hans Boeschs Roman *Der Kiosk*. **Michael Ossar:** Das Unbehagen in der Kultur: Switzerland and China in Adolf Muschg's *Baiyun*. **Johannes Maassen:** Die Stadt am Ende der Zeit. Zur Prosa von Kurt Marti 1970-1985. **Judith Ricker-Abderhalden:** Niklaus Meienberg: der Günter Wallraff der deutschen Schweiz? **Robert Acker:** Swiss-German Literature: Can It Be Defined?

Band 23 — 1987: REZEPTIONSFORSCHUNG ZWISCHEN HERMENEUTIK UND EMPIRIK. Hrsg. von Elrud Ibsch und Dick H. Schram
                                                                      Hfl. 75,—
   Elrud Ibsch: Hermeneutik und Empirik im Universitätsbetrieb. **Siegfried J. Schmidt:** Text — Rezeption — Interpretation. **Jürgen Kriz:** Dimensionen des Verstehens. Verstehensprozesse zwischen Subjektivität und Objektivität. **Norbert Groeben:** Verstehen, Erklären, Bewerten in einer empirischen Literaturwissenschaft. **Lothar Bredella:** Das Verstehen und Interpretieren literarischer Texte: Erziehung zur Objektivität oder zur Kreativität? **Horst Steinmetz:** Literaturwissenschaftliche Interpretation? **Gerd Labroisse:** Interpretation als Diskurs. Überlegungen zur Verwissenschaftlichung literatur-interpretativer Aussagen. **Uwe Japp:** Argument und Beispiel in der Literaturwissenschaft. **Dick H. Schram:** Funktion und

Relevanz der Literatur und der Literaturwissenschaft unter hermeneutischer und empirischer Perspektive. **Douwe Fokkema:** Versuche zur Erklärung literarischer Evolution. **Els Andringa:** Rezeption und Situation. Zur Subjektivität literarischen Verstehens.

Band 24 — 1988: LITERARISCHE TRADITION HEUTE. Deutschsprachige Gegenwartsliteratur in ihrem Verhältnis zur Tradition. Hrsg. von Gerd Labroisse und Gerhard P. Knapp. Hfl. 105,—
Jürgen H. Petersen: Moderne, Postmoderne und Epigonentum im deutschen Gedicht der Gegenwart. **Dietmar Goltschnigg:** Intertextuelle Traditionsbezüge im Medium des Zitats am Beispiel von Erich Frieds lyrischem Dialog mit Paul Celan. **Oscar van Weerdenburg:** Hölderlin am Prenzlauer Berg. Zur Hölderlin-Rezeption Hans-Eckardt Wenzels. **Sigrid Mayer:** Zwischen Utopie und Apokalypse: Der Schriftsteller als 'Seher' im neueren Werk von Günter Grass. **Hans Wagener:** Simplex, Felix, Oskar und andere — Zur barocken Tradition im zeitgenössischen Schelmenroman. **Andrea Allerkamp:** Stationen der Reise durch die Ich-Landschaften — Zwischen Arthur Rimbaud und Ingeborg Bachmann. **Heidy M. Müller:** Transformationen romantischer Inspirationsquellen im *Jungen Mann* von Botho Strauß. **Alexander von Bormann:** *Groß und klein* — Existentialismus ohne Subjekt? Zur theatralischen Semiosis bei Botho Strauß. **Gerhard P. Knapp:** Grenzgang zwischen Mythos, Utopie und Geschichte: Tankred Dorsts *Merlin* und sein Verhältnis zur literarischen Tradition. **Dieter Hensing:** Die Marionetten und Spieler bei Tankred Dorst — Tradition und Verarbeitung. **Klaus L. Berghahn:** Den Faust-Mythos zu Ende bringen: Von Volker Brauns *Hans Faust* zu *Hinze und Kunze*. **Gerhard Kluge:** Ist das 'neue Volksstück' noch ein Volksstück? Vorüberlegungen zu einer Frage.

Band 25 — 1988: LITERATURSZENE BUNDESREPUBLIK — EIN BLICK VON DRAUSSEN. Symposion an der Freien Universität Amsterdam. Hrsg. von Ferdinand van Ingen und Gerd Labroisse Hfl. 110,—
Viktor Žmegač: "Die Bücher und die Taten": Zur Geschichte des Schriftstellers. **Synnöve Clason:** Deutsche Erzähler und die Fähigkeit zu trauern oder "Wenn der Chef noch eine Heimat hätte, dachte Xaver, würde er auch nicht immer hinter Mozartopern herfahren". **Klaus Bohnen:** Die Literatur der Bundesrepublik Deutschland im Spiegel dänischer Kritik. **Keith Bullivant:** Gewissen der Nation? Schriftsteller und Politik in der Bundesrepublik. **Jost Hermand:** "Weil man in ihnen etwas erlebt, was man sonst nicht erlebt." Bestseller und Heftchenromane in der Bundesrepublik seit 1965. **Ferdinand van Ingen:** Zur Uwe-Johnson-Rezeption in den Niederlanden. **Dieter Hensing:** Entgeschichtlichung und

Erprobung geschichtlichen Bewußtseins in der westdeutschen Literatur nach 1945. **Gerd Labroisse:** DDR-Literatur — ein westdeutsches Syndrom? **Luc Lamberechts:** Literaturszene Bundesrepublik Deutschland: Interkulturelle Betrachtungen über produktive Anomie versus Provinzialismus. **Fernand Hoffmann:** Von Weimar bis Bonn. Zwei deutsche Republiken und ihre Dichter. **Michel-François Demet:** Rezeption der deutschen Literatur in Frankreich aufgrund einiger editorischer Erfahrungen: ein Überblick. **Bernard Lortholary:** Zur französischen Rezeption der bundesdeutschen Erzählliteratur in den letzten vierzig Jahren. Überlegungen eines mehrfach Beteiligten. **Italo Michele Battafarano:** Zweimal Italien: Peter Schneiders *Lenz* (1973) und Günter Herburgers *Capri* (1984). **Antal Mádl:** Zur Rezeption der Literatur der Bundesrepublik in Ungarn. **Manfred Durzak:** Ist die deutsche Literatur provinziell? Ein Blick auf die deutsche Literaturszene von den Rändern her. **Jürgen Lodemann:** Die Epoche des Depressionismus. Zum Amsterdamer Symposion 'Ein Blick von draußen'.

Band 26 — 1988: DDR-LYRIK IM KONTEXT. Hrsg. von Christine Cosentino, Wolfgang Ertl und Gerd Labroisse   Hfl. 110,—
Anneli Hartmann: Schreiben in der Tradition der Avantgarde: Neue Lyrik in der DDR. **Ursula Heukenkamp:** Das Zeichen ZUKUNFT. **Peter Geist:** Die Metapher in der poetologischen Reflexion und Dichtungspraxis von DDR-Lyrikern in den siebziger und achtziger Jahren. Eine Problemskizze. **Alexander von Bormann:** Rede-Wendungen. Zur Rhetorik des gegenwärtigen Gedichts in der DDR. **Gerd Labroisse:** Frauenliteratur-Lyrik in der DDR. **Christine Cosentino:** "ich habe ausser meiner sprache keine / mittel meine sprache zu verlassen": Überlegungen zur Lyrik Sascha Andersons. **Christel** und **Walfried Hartinger:** "Der Lorbeer bloßen Wollens hat nie gegrünt..." — Zu Volker Brauns Gedichtband *Langsamer knirschender Morgen*. **Klaus Schuhmann:** Volker Brauns Lyrik der siebziger und achtziger Jahre im Spiegel der Gedichtgruppe "Der Stoff zum Leben". **Wolfgang Ertl:** "Des Wortes sichere Küste": Zu Hanns Cibulkas Lyrik. **Anthonya Visser:** Überlegungen zur Lyrik Uwe Kolbes. **Marieluise de Waijer-Wilke:** "Denken in Bildern". Zur Relation von Wort und Bild in der Lyrik Günter Kunerts.

Band 27 — 1988: WANDLUNGEN DES LITERATURBEGRIFFS IN DEN DEUTSCHSPRACHIGEN LÄNDERN SEIT 1945. Hrsg. von Gerhard P. Knapp und Gerd Labroisse   Hfl. 110,—
Wolfgang Paulsen: Das Ich im Spiegel der Sprache: Autobiographie als Genre der literarischen Moderne und Postmoderne. **Jürgen H. Petersen:** Absolute Prosa. **Dieter Hensing:** Eine Literatur der Vermeidungsstrate-

gien — Zum literarischen Wandel der sechziger Jahre. **Wolfram Buddecke und Jörg Hienger**: Genre und Medium. Überlegungen zu Formen populärer Unterhaltung in Literatur und Film. **Sigrid Mayer**: Eine Auseinandersetzung mit dem mittelalterlichen Stoff der Apokalypse, vermittelt durch Umberto Eco. **Detlef C. Kochan**: Einhorn und Dame. Zur Legende des Einhorn-Fanges in der literarischen Tradition. **Wolff A. von Schmidt**: Betrachtungen zur Integrierung Gotthold Ephraim Lessings in den Kulturbestand der DDR. **Thomas Rietzschel**: Warum Angst vor Friedrich Nietzsche? Annotationen zu einem aktuellen Streit um die Grenzen kritischer Rezeption im Sozialismus. **Eva-Maria Metcalf**: Concepts of Childhood in Peter Handke's *Kindergeschichte* and Christine Nöstlinger's *Hugo, das Kind in den besten Jahren*. **Monika Shafi**: Der Blick zurück in die Zukunft. Eine vergleichende Analyse von Friedrich Dürrenmatts "Der Winterkrieg in Tibet" und Christa Wolfs *Kassandra*. **Irmgard Elsner Hunt**: Utopia ist weiblich: Der utopische Gedanke in deutschsprachigen Prosatexten der achtziger Jahre. **Beatrix Müller-Kampel**: Verspäteter Aufbruch. Zum akademischen Literaturbegriff in Österreich (1945-1980)

Band 28 — 1989: OUT OF LINE / *AUSGEFALLEN*: The Paradox of Marginality in the Writings of Nineteenth-Century German Women. Ed. by Ruth-Ellen Boetcher Joeres and Marianne Burkhard

Geb. Hfl. 140,—, brosch. Hfl. 40,—

English Abstracts of German Essays. Introduction. RE-DISCOVERIES: **Christina Klausmann**: Louise Dittmar (1807-1884): Ergebnisse einer biographischen Spurensuche. **Janette Hudson**: "Sieh so schreib ich Bücher...": Ottilie Wildermuth (1817-1877). **Doris Stump**: "So gewiß ist es, daß wo wir Brod finden, unser Vaterland ist": Die Lebensbeschreibung der Schweizer Offiziersgattin Regula Engel-Egli (1761-1853). RE-INTERPRETATIONS: **Edith Waldstein**: Identity as Conflict and Conversation in Rahel Varnhagen (1771-1833). **Elke Frederiksen** und **Monika Shafi**: Annette von Droste-Hülshoff (1797-1848): Konfliktstrukturen im Frühwerk. **Konstanze Bäumer**: Reisen als Moment der Erinnerung: Fanny Lewalds (1811-1889) 'Lehr- und Wanderjahre'. RE-INCORPORATIONS: **Linda Kraus Worley**: Louise von François (1817-1893): Scripting a Life. **Katherine R. Goodman**: Johanna Schopenhauer (1766-1838), or Pride and Resignation. **Margret Brügmann**: Eine Klavierspielerin ohne Klavier: Anmerkungen zu Martha Fontanes (1860-1917) Briefen an die Eltern. **Barbara Becker-Cantarino**: Revolution im Patriarchat: Therese Forster-Huber (1764-1829). **Patricia A. Herminghouse**: Seeing Double: Ida Hahn-Hahn's (1805-1880) Challenge to Feminist Criticism. **Ruth-Ellen Boetcher Joeres**: Spirit in Struggle: The Radical Vision of Louise Dittmar (1807-1884).

setzen! Kanon-Problem und Kanon-Revision in Österreich. An Beispielen. **Bernhard Meier:** "Schultag um Schultag nach vorgegebenen Regeln" —Zum Implikationszusammenhang von didaktischer Theorie, Lektürekanon des Lehrplans und Literaturunterricht in der Deutschen Demokratischen Republik. **Wolfgang Schemme:** "... der Himmel behüte uns vor ewigen Werken" — Von der kanonischen Gefangenschaft der Iphigenie. **Elisabeth Katharina Paefgen:** Uhland — Goethe — Geibel. Anmerkungen zur lyrischen Kanonentwicklung im "Echtermeyer" des 19. Jahrhunderts: Volkstümlichkeit — Klassik — Nationales. **Hubert Ivo:** Warum nicht zehn Werke für alle verbindlich? Bildungspolitische Erinnerungen an Hessens Weg aus verordneten Geschichtsbildern. **Jürgen Hein:** Kanon-Diskussion in Literaturdidaktik und Öffentlichkeit. Eine Bestandsaufnahme.

Band 31-33 — 1991: AUTOREN DAMALS UND HEUTE. LITERATUR-GESCHICHTLICHE BEISPIELE VERÄNDERTER WIRKUNGSHORI-ZONTE. Hrsg.von Gerhard P. Knapp.

ISBN: 90-5183-262-1   Geb. Hfl. 320,—;
ISBN: 90-5183-263-X   brosch.Hfl. 95,—

Gerhard P. Knapp: Vorbemerkungen. **Wolff A. von Schmidt:** Justus Möser: Advokat eines historisch-organischen und partikularistischen Kulturbewußtseins. **Holger A. Pausch:** "Vergessene" Autoren bei Arno Schmidt: Das Beispiel Johann Carl Wezel. Über den Grad der Wahrheitsfindung. **Hugo Aust:** Emanuel Schikaneders "Kreis der Schöpfung". **Walter Schmitz:** "... nur eine Skizze, aber durchaus in einem großen Stil": Dorothea Schlegel. **Christoph E. Schweitzer:** Friedrich Wilhelm Carové, Autor eines einzigartigen Kunstmärchens. **Jeffrey L. Sammons:** Charles Sealsfield: A Case of Non-Canonicity. **Heinz Wetzel:** "Fremd zieh' ich wieder aus." Fragen an Wilhelm Müller. **Martha Kaarsberg Wallach:** Talvj: Lebenserfahrung und Gesellschaftskritik der frühen Erzählungen. **Lynne Tatlock:** Gendering Fashion and Politics in the Fatherland: Willibald Alexis' "Doppelroman" *Die Hosen des Herrn von Bredow*. **Winfried Freund:** Demokrat, Richter, Kriminalautor. Eine Wiederbegegnung mit Jodokus Donatus Hubertus Temme. **Irene Stocksieker Di Maio:** Jewish Emancipation and Integration: Fanny Lewald's Narrative Strategies. **Thomas C. Fox:** Louise von François Rediscovered. **Gerwin Marahrens:** Über den problematischen humanistischen Idealismus von Karl Hillebrand. **Carl Steiner:** Deutscher und Jude: Das Leben und Werk des Karl Emil Franzos (1848-1904). **Rüdiger Bernhardt:** Asket oder Voyeur? Der Wanderer zwischen den Welten Peter Hille. **Linda Kraus Worley:** Gabriele Reuter: Reading Women in the "Kaiserreich". **Joachim Bark:** Zwischen Hochschätzung und Obskurität. Die Rolle der Anthologien in der Kanonbildung des 19. Jahrhunderts. **Sigrid Bauschinger:** "Ein Kind ihrer Zeit": Annette Kolb. **Hans Bänziger:** Literarische Konsequenzen einer nationalistischen Utopie: Jakob Schaffner. **Thomas Rietzschel:** Dichtung des Mythos — Mythos der Dichtung. Ein Hinweis auf Theodor Däubler. **David Shepherd:** The Dramas of Erich Mühsam: The Form/Content Relation and Anarchist Literature. **Irmgard Elsner Hunt:** Die Berlin-Romane Paul Gurks: Mythos Stadt, Mythos Mensch. **Günter Helmes:** "Er hatte sich mit Urkräften ringen sehen und blätterte beschriebenes Papier um." Einführendes zu Leben und Werk des Wiener Expressionisten, Literaturmanagers und Aktivisten Robert Müller (1887-1924). **Hans-Joachim Schulz:** Utopie des Herzens: Franz Jung zwischen Expressionismus und proletarischer Literatur. **Rodney Taylor:** The Concepts of Reality and Transcendental Being in Franz Werfel's *Das Lied von Bernadette*. **Helmut F. Pfanner:** Karl Jakob Hirsch: Schriftsteller, Maler, Musikexperte und Humanist. **Monika Shafi:** Gertrud Kolmar: "Niemals 'die Eine' immer 'die Andere' ". Zur Künstlerproblematik in Gertrud Kolmars Prosa. **Helmut Heinze:** Faktographie romancée — ein erster Blick auf das literarische Werk Arno Schirokauers (1899-1954). **Dieter Sevin:** Moralist in 'apokalyptischer Zeit': Joachim Maass' schwieriger Weg zum Erfolg. **Ulrich Profitlich:** Ulrich Bechers *Der Bockerer*: "Eine schwejkartige Satire auf sieben Jahre Hitlerei in Österreich". **Margret Eifler:** Unica Zürn: Surreale Lebensbeschreibung.

Band 34 — 1991: ROMANTIK — EINE LEBENSKRÄFTIGE KRANKHEIT: IHRE LITERARISCHEN NACHWIRKUNGEN IN DER MODERNE. Hrsg. von Erika Tunner.
ISBN: 90-5183-280-X   Geb. Hfl. 100,—
ISBN: 90-5183-290-7   brosch. Hfl. 39,50
Inhalt: **Erika Tunner:** Vorbemerkungen. **Uwe Henrik Peters:** Morbide Theorien zur seelischen Gesundheit. Einige romantische Wurzeln der gegenwärtigen Psychiatrie bei E.T.A. Hoffmann. **Marianne Kesting:** Das imaginierte Kunstwerk. E.T.A. Hoffmann und Balzacs *Chef-d'oeuvre inconnu*, mit einem Ausblick auf die gegenwärtige Situation. **John Fetzer:** Mediation as Medication for the Romantic Malady? John Erpenbecks *Heillose Flucht.* **Jaak de Vos:** "Du knüpfest zwischen Nationen / Aus noch getrennten, fernen Zonen / Ein heiliges, geweihtes Band". Novalis und Hölderlin in der Lyrik der ehemaligen DDR. **Claudia Albert:** Eine verunglückte Bettine. Romantikrezeption in der Nachfolge Christa Wolfs. **Gizela Kurpanik-Malinowska:** Stil und Traditionsbezüge gehören zusammen. Zu Christa Wolfs Aufarbeitung der deutschen Romantik. **Jacques Lajarrige:** Wahnsinn mit Gänsefüßchen. Zur Rehabilitierung Heinrich von Kleists in Günter Kunerts *Ein anderer K.* **Marieke Krajenbrink:**

"Romantiker der elektronischen Revolution?" Zur Verwendung romantischer Elemente in Botho Strauß' *Der junge Mann*. **Sigrid Berka:** "Vorsicht Lebensgefahr". Die Spätfolgen der Romantik bei Botho Strauß. **Kurt Bartsch:** Affinität und Distanz. Ingeborg Bachmann und die Romantik. **Erika Tunner:** Fabelhafte Begebenheiten. Aus den Papieren eines reisenden Enthusiasten.

conditio Judaica

Studien und Quellen
zur deutsch-jüdischen Literatur-
und Kulturgeschichte
In Verbindung mit ITTA SHEDLETZKY
herausgegeben von HANS OTTO HORCH

Die neue Buchreihe »Conditio Judaica«
ist interdisziplinär ausgerichtet; sie umfaßt (in deutscher oder englischer Sprache) wissenschaftliche Monographien,
Aufsatzsammlungen und kommentierte
Quellen-Editionen zur deutsch-jüdischen
Literatur- und Kulturgeschichte vor allem
des Zeitraums vom 18. bis zum 20. Jahrhundert.

The Jewish Reception of Heinrich Heine

Edited by MARK H. GELBER

*1992. VI, 234 Seiten. Kart. ca. DM 96.–.
ISBN 3-484-65101-6 (Band 1)*

This volume contains the lectures, many
substantially expanded and revised,
which were delivered at an international
conference held at Ben-Gurion University in Beersheva in 1990. By utilizing the
methodological guidelines and insights
of reception aesthetics, a range of Jewish
readings of Heine's works and his com-
plex literary personality are analyzed.
Considerations of his impact on major
figures, like Sigmund Freud, Karl Marx,
Theodor Herzl, Max Nordau, Karl Kraus,
Else Lasker-Schüler, Lion Feuchtwanger,
and Max Brod comprise the major part of
the book. In addition, there are readings
of Heine by minor or neglected Jewish
writers and poets, including, for example,
Aron Bernstein and Fritz Heymann, and
by Jewish writers in Hebrew and Yiddish
literature, as well as by Jewish readers
within other national readerships, for example, the American and Croatian. In the
process of this analysis, the notion of
Jewish reception itself is naturally sub-
jected to critical scrutiny.

Michael Mandelartz
Poetik und Historik

Christliche und jüdische Konstruktion
der Geschichte bei Leo Perutz

*1992. VII, 207 Seiten. Kart. ca. DM 88.–.
ISBN 3-484-65102-4 (Band 2)*

Ausgehend von einer Kritik der einschlägigen Theorien zur Phantastik und zum
Historischen Roman, an die bislang die
Forschung zum Werk des jüdischen Autors Leo Perutz (1882–1957) anschloß,
sucht die vorliegende Untersuchung neue
Wege. Die Analyse von zwei biographisch weit auseinanderliegenden Werken (»Die dritte Kugel«, 1915, sowie der
Prag-Roman »Nachts unter der steiner-
nen Brücke«, 1953) verdeutlicht die
Spannweite wie die Kontinuität der Pe-
rutzschen Konzeption des historischen
Romans, in der der Standort der Moderne
ausgelotet wird. Aus dem Fundus der
christlichen und jüdischen Geschichtstheologie konstruiert Perutz das Weltbild,
innerhalb dessen die handelnden Personen ihre Handlungsziele stets verfehlen:
Sie sind durch die ›Logik der Geschichte‹
bereits vorherbestimmt und zielen auf die
Vernichtung der Akteure. In Umkehrung
des Hegelschen Diktums verläuft Geschichte im Sinne der ›List der Widerver-
nunft‹.
Mit der gewichtigen Ausnahme des Prag-
Romans greift Perutz jüdische Themen
zwar nur gelegentlich und meistens als
Zitat christlichen Antisemitismus auf; die
Arbeit zeigt aber, wie seine radikal säku-
lare Geschichtsauffassung aus der Situation des jüdischen Außenseiters erwächst.

Max Niemeyer Verlag
GmbH & Co. KG
P.O.Box 21 40 · D-7400 Tübingen

Niemeyer

Jahre des Unmuts

Thomas Manns Briefwechsel mit René Schickele 1930–1940
Herausgegeben von Hans Wysling und Cornelia Bernini

1992. 416 Seiten. Ln DM 126.–   ISBN 3-465-02517-2
Thomas-Mann-Studien Band 10

Die Emigration hat beide zusammengeführt. Zwar kannten sie sich schon von der Preußischen Akademie der Künste her persönlich, und 1931, auf seiner Heimreise von Paris, hatte Thomas Mann bei Schickele in Badenweiler vorgesprochen. Annette Kolb, die gemeinsame Freundin, dürfte den Besuch in die Wege geleitet haben. Aber zu einem engeren Verhältnis kam es erst 1933, in Sanary-sur-mer, dem Treffpunkt deutscher Emigranten. An der französischen Südküste hielten sich 1933 und später Dutzende von Geflohenen auf, abwartend, hoffend, verzweifelnd. Die hier abgedruckten Briefe beleuchten es neu. Heinrich Mann, Lion Feuchtwanger, Wilhelm Herzog, Hermann Kesten, Ludwig Marcuse, Bertolt Brecht, Erwin Piscator, Ernst Toller, Julius Meier-Graefe, Franz Werfel, die Mann-Kinder: Sie alle waren da, einige ein paar Tage, andere wochen- oder jahrelang, bis es 1940, als die deutschen Armeen südwärts stießen, weiterzuflüchten galt. Der Briefwechsel ist ein beredtes Zeugnis zu einem Jahrzehnt deutscher Geschichte der Emigration.
Erhalten sind insgesamt 86 Briefe, 53 von Thomas Mann, 34 von René Schickele. Die Briefe sind ausführlich kommentiert. In einem Anhang sind vor allem Dokumente wiedergegeben, die das Verhältnis der beiden Autoren vor der Zeit des Briefwechsels beleuchten.

VITTORIO KLOSTERMANN · FRANKFURT AM MAIN

DDR-SCHRIFTSTELLER SPRECHEN IN DER ZEIT. EINE DOKUMEN-
TATION. Hrsg. von Gerd Labroisse und Ian Wallace. Amsterdam/Atlanta,
GA 1992. 311 pp. (German Monitor 27)
ISBN: 90-5183-335-0   Hfl. 50,—/US-$ 25.-
Mit diesem Band werden alle Gespräche mit Autoren aus der DDR, die in
dem Referatenorgan *Deutsche Bücher* erschienen sind, gesammelt vorgelegt,
gegebenenfalls mit den vorangestellten Antworten auf die von den Heraus-
gebern jedem Autor vorgelegten neuen (einheitlichen) Fragen. Die Herausgeber haben sich für eine chronologische Präsentation der Gespräche (nach
Abdruck in *Deutsche Bücher*) entschieden, weil sie meinen, daß es dadurch
eher möglich ist, entsprechende geschichtlich-literaturhistorische Kontexte
herzustellen. Aus diesem Grunde wurden im Anhang die Werk-Angaben bei
den Autoren auf dem Stand der Interview-Zeit belassen.
Die Texte werden in der seinerzeit von den Autoren akzeptierten Fassung
abgedruckt. Sie wurden noch einmal zur Kontrolle übersandt. Adolf Endler
hat seinen früheren Text erheblich gekürzt und leicht redigiert; Kito Lorenc
und Brigitte Struzyk haben kleine Verbesserungen vorgenommen.
Die beiden Herausgeber, durch ihre Reihen *Amsterdamer Beiträge zur
neueren Germanistik* und *GDR Monitor* (seit 1991: *German Monitor*)
verbunden mit dem Verlag Rodopi, bei dem die Rechte für Texte von
Deutsche Bücher liegen, haben sich zu dieser Sammel-Ausgabe entschlossen,
weil sie der Meinung sind, daß es für die heutige Diskussion wichtig ist zu
wissen, wie Autoren in den früheren Jahren sich und ihre Arbeit in
entsprechenden gesellschaftlichen Verhältnissen eingeschätzt haben. In den
Gesprächen für *Deutsche Bücher* stand das Literarische stets im
Vordergrund. Die Herausgeber haben eine Reaktion von Richard Pietraß
aufgegriffen und diesen Band "Eine Dokumentation" genannt.

**DIES IST NICHT UNSER HAUS. Die Rolle der katholischen Kirche in den
politischen Entwicklungen der DDR.** Hrsg. von H. Ester, H. Häring, E.
Poettgens und K. Sonnberger. Amsterdam/Atlanta, GA 1992. 166 pp.
(German Monitor 28) ISBN: 90-5183-334-2   Hfl. 55,—/US-$ 27.50
Inhalt: Vorwort. Prof. Dr. Hermann Häring: Zur Einführung. Auf der
Suche nach einer solidarischen Gesellschaft. Die Aufgaben der Kirche auf
dem Weg in die Zukunft. Klaus Sonnberger: Aspekte — Die katholische
Kirche in der DDR. Dr. Bernhard Dittrich: Stützen oder Kritiker eines
sozialistischen Staates? Die Kirchen am Vorabend der Revolution. Dr.
Friedrich Rebbelmund: Politisches Engagement und Kirche von unten.
Nicht aufmucken, um Schlimmeres zu verhüten? Dr. Joachim Garstecki:
Teilnahme mit beschränkter Haftung? Die Rolle der Kirchen aus
ökumenischer Sicht. Klaus Sonnberger: Zwischen Taktik und Verweige-
rung. Das offizielle Selbstverständnis der katholische Kirche unter SED -
Herrschaft. Anhang. Literatur.

Rodopi

A Journal of Germanic Studies

---

seminar

Seminar wird seit 1965 im Auftrag des kanadischen Germanistenverbandes (CAUTG) unter Mitarbeit der Germanistenvereinigung von Australien und Neuseeland (German Section, AUMLLA) herausgegeben. Die Zeitschrift bringt Beiträge und Rezensionen zu allen Gebieten der deutschen Literatur und erscheint viermal im Jahr.

Manuskripte, die nach dem *MLA Style Manual* (1985) einzurichten sind, werden in je zwei Exemplaren in deutscher, englischer oder französischer Sprache erbeten an:

Professor Rodney Symington   oder   Professor August Obermayer
Editor, *Seminar*   Associate Editor, *Seminar*
Department of Germanic Studies   Department of German
University of Victoria   University of Otago
Box 3045   Dunedin
Victoria, BC   New Zealand
Canada V8W 3P4

Bestellungen sind zu richten an:

University of Toronto Press, Journals Department
Downsview, Ontario, Canada M3H 5T8.
Der Subskriptionspreis beträgt CAN $35.00 jährlich.
Einzelhefte $7.50.

Ingrid Strohschneider-Kohrs
Vernunft als Weisheit
Studien zum späten Lessing

1991. X, 304 Seiten. Kart. DM 98.–. ISBN 3-484-15065-3 Band 65)

Es gibt für Lessing eine Erfahrung der Vernunft, die ihre Bedingtheit und ihre Grenzen wahrzunehmen und anzuerkennen fähig ist. Diese Erfahrung hat als eine von Lessings Antworten auf die kognitive Krise seiner Epoche zu gelten. In seinen Spätschriften zeichnen sich Einsichten ab, die rationaler Hybris ebenso fern sind wie den nur ins Pragmatische sich wendenden Agnostizismen. Einsichten solcher Art und die »Gesinnung von der historischen Wahrheit« der Religion finden indes nicht anders als in einer Sprache selbstkritischer Bewußtheit oder in Kunstformen parabolischer Ästhetizität ihre Mitteilung: in Lessings Nathan-Drama und in der den Prosaschriften ablesbaren Sprachgestik von Lessings *ars socratica*. Um diese Zusammenhänge aufzuzeigen, wählen die vorliegenden Studien – angesichts einer reichen, nicht widerspruchsfreien Forschungsliteratur und einer an Stereotypien gewöhnten Lessing-Deutung – den Weg historisch differenzierender und textnaher Betrachtung für folgende Themenkreise:
1. Lessings Nathan-Dichtung mit ihren Hinweisen auf eine authentische, personale *religio*-Erfahrung und deren Konnotation in der Hiob-Thematik.
2. Lessings kritisch-denkerische Verständigung mit Mendelssohn über die *fides historica* und die Wahrheit »unter mehr als einer Gestalt«.

3. Sprachformen kritischen Vorbehalts, die ein Grenzbewußtsein annoncieren und damit die Relation von Vernunfterfahrung und Gleichnis-Sprache vergegenwärtigen können.
Jedem der Themen ist eine besondere Lizenz zur Deutung der Lessingischen ›Vernunft als Weisheit‹ abzulesen.

Frank Baudach
Planeten der Unschuld – Kinder der Natur
Die Naturstandsutopie in der deutschen und westeuropäischen Literatur des 17. und 18. Jahrhunderts

Ca. 770 Seiten. Kart. ca. DM 238.–. ISBN 3-484-15066-1 (Band 66)

Die Arbeit untersucht eine bislang weitgehend unbekannte Sonderform der literarischen Utopie im 17. und 18. Jahrhundert, in der Gemeinwesen geschildert werden, deren Bewohner im ›Naturzustand‹ leben und moralisch vollkommen sind. Derartige ›Naturstandsutopien‹ treten in zwei verschiedenen Formen auf: Die älteren christlichen Planetenutopien stellen sündelose Gemeinwesen auf fremden Planeten dar, die späteren säkularen Naturvölkerutopien verarbeiten das kulturkritische Idealbild des ›Guten Wilden‹. Es werden deutsche, englische und französische Texte aus den Jahren 1638–1784 analysiert, wobei die Utopien Christoph Martin Wielands im Mittelpunkt stehen.

Nax Niemeyer Verlag GmbH & Co. KG
Postfach 21 40 · D-7400 Tübingen

Niemeyer

MICHAEL NEUMANN

Unterwegs zu den Inseln des Scheins

Kunstbegriff und literarische Form in der Romantik von Novalis bis Nietzsche

1991. 642 Seiten. Ln DM 148.– ISBN 3-465-02514-8
Das Abendland N. F. Band 19

Dichtung und Kunstreflexion der Romantik haben die wesentliche „Andersheit" der Kunst entdeckt und damit den Grund für das Kunstverständnis der Moderne gelegt. Die Fragestellung der vorliegenden Arbeit geht von dem Begriff der Andersheit aus, wie ihn Octavio Paz in seinen poetologischen Essays expliziert hat. Im ersten Teil verfolgt sie an zwei Beispielen die Entwicklung dieses neuen Kunstbegriffs: Unabhängig voneinander kommen Novalis und Wackenroder zu der Überzeugung, daß die Kunst mit genuin eigenen, durch keine rationale Rede einzuholenden Mitteln die Wirklichkeit und die dieser zugrundeliegende Wahrheit erschließt. Der zweite Teil sucht die spezifische Differenz der romantischen Literatur an dem auf, was das Sprachkunstwerk von anderen Gebrauchsformen der Sprache unterscheidet: der Kunstform. Am Beispiel der Erzählperspektive, der Stileinheit und der Rahmenerzählung wird vorgeführt, wie Ludwig Tieck und E.T.A. Hoffmann traditionelle Formen des Erzählens zunächst bewußt zerbrechen, später dann zum Teil in neuer Gestalt restituieren. Was so als Form-Eigenheit romantischen Erzählens hervortritt – die Relativität der Perspektive, die Problematik der Stileinheit und die Komplementarität der Vernunft mit ihrem Anderen –, wird dann, so der dritte Teil, bei Nietzsche zum Gegenstand einer Reflexion, welche die metaphysischen Voraussetzungen der Romantik zu überwinden sucht.

VITTORIO KLOSTERMANN · FRANKFURT AM MAIN